"十二五"江苏省高等学校重点教材

物流学导论

概念、技术与应用

（第2版）

WULIUXUE DAOLUN

GAINIAN JISHU YU YINGYONG

王仲君 王臣昊 编著

江苏大学出版社
JIANGSU UNIVERSITY PRESS
镇 江

图书在版编目(CIP)数据

物流学导论：概念、技术与应用 / 王仲君，王臣昊编著. — 2版. — 镇江：江苏大学出版社，2018.1(2025.8重印)
ISBN 978-7-5684-0685-7

Ⅰ. ①物… Ⅱ. ①王… ②王… Ⅲ. ①物流—高等学校—教材 Ⅳ. ①F252

中国版本图书馆CIP数据核字(2017)第327104号

物流学导论：概念、技术与应用. 2版

Wuliuxue Daolun：Gainian，Jishu Yu Yingyong. 2 Ban

编　　著/王仲君　王臣昊
责任编辑/李经晶
出版发行/江苏大学出版社
地　　址/江苏省镇江市京口区学府路301号(邮编：212013)
电　　话/0511-84446464(传真)
网　　址/http://press.ujs.edu.cn
印　　刷/广东虎彩云印刷有限公司
开　　本/718 mm×1 000 mm　1/16
印　　张/25
字　　数/500千字
版　　次/2018年1月第2版
印　　次/2025年8月第6次印刷
书　　号/ISBN 978-7-5684-0685-7
定　　价/75.00元

第 2 版前言

快速发展的物流业，不时刷新对物流的认知，尤其是来自企业人士、同仁的交流，教学中的感触、体验以及学生的反馈，促使我们对物流学相关问题的思考深化，形成一些新的感悟和新理解，本着不断吸收和完善之念，尽快推出了本教材第二版。

第二版对初版最主要的改动：第一，将原第三章“物流网络工程”后移改为第六章，原第四章“企业物流、城市物流与全球物流”、第五章“特种货物物流”和第六章“生态物流”相应依次前移，分别改为第三章、第四章和第五章，其他未变。第二，部分章节内容删改或改写、补充，重点是第六章（原第三章）中“物流信息网络”部分有压缩，并改写了“实物流网络”，补充了“物流组织网络”；改写了第三章（原第四章）“城市物流”部分和补充了家庭及个人生活物流；第四章（原第五章）中“邮政物流”部分改换为“托运行李物流”；第八章“网下物流”部分补充了“收集货”；其他章节也有些修改和润色。第三，调整和更换了部分案例。

第二版的全书内容主要包括物流概念、物流要素、物流系统和物流理念（第一章）；物流环节（包装、装卸搬运、运输、储存、流通加工、配送和信息处理）及其技术（第二章）；企业内部一体化物流、城市物流、社区物流、家庭及个人生活物流、供应链全球化与全球物流（第三章）；冷链物流、危险货物物流、超限货物物流、应急物流、军事物流、贵重货物物流、活体动物物流和托运行李物流（第四章）；物流生态系统、逆向物流和废弃物物流（第五章）；物流信息网络、实物流网络与物流组织网络（第六章）；自营物流、物流外包与物流服务、外包物流（第三方物流、第四方物流）、高端物流、金融物流与供应链金融、工程物流与会展物流（第七章）；网上物流、网下物流（第八章）；物流战略管理、物流流程管理、物流质量管理与标准化、物流企业社会责任（第九章）等。

期待本教材能对读者学习和掌握物流知识有更多的助益；同时，继续关注物流业新发展和物流学理前沿成果，本教材也将会在持续探索中相应更新和完善。

前　言

这是一本导论性的教科书，将精要又浅显地描述物流学科所涉广博领域的大跨度、广覆盖的专业知识，使读者能对该学科有一个整体上的初步认知和概要性的了解，既为后续深度学习铺垫扎实的专业知识基础，又恰当地衔接相关知识内容，力图自成体系且保持内容的相对系统性和完整性，有相当的技术知识满足对物流素养修炼的基本需求；同时，顺应物流业发展趋势和物流人才需求动态，强化了知识内容的技术含量，且前沿、新颖、务实，注重应用性及相关案例的匹配度，力求使之成为物流技术类或实务类教程。此乃本教材编著的目标取向，也是主旨所在。

本教材的编著，立意于有所创新，不同于按物流功能或物流活动、物流类型构架的流行体系，而是基于物流系统以物流运作为主线构架体系框架，力求尝试内容体系创新。书中主要内容包括物流概念、物流要素、物流系统和物流理念；物流环节与技术；企业内部一体化物流、城市物流与社区物流、供应链一体化与全球物流；冷链物流、生鲜食品物流、冷藏药品物流、危险货物物流、超限货物物流、应急物流、军事物流、贵重货物物流、活体动物物流和邮政物流；物流信息网络工程技术、物联网与智能物流、实物流网络工程；自营物流、物流外包与物流服务、外包物流（第三方物流、第四方物流）、高端物流、金融物流与供应链金融、项目物流；网上物流、网下物流；物流生态系统、逆向物流、废弃物物流；物流战略管理、物流流程管理及流程设计、物流质量管理与标准化、物流企业社会责任等。

此外，想拿一个现成的物流案例来简单套用并期待立马见效是不靠谱的，需要联系和深入具体实际加以提升、优化，尤其是创新，但成功的案例多少有些启迪和借鉴作用，甚至可消化、效仿；即使是失败的案例，也总是有所警示的。为此，教材中选用了相关案例。选取的案例，不仅注重案例与知识内容的匹配度，且尽量贴近实际，通俗又时新。

在总体上，本教材有意提供一个物流学导论性教程新体系，以及相应的新内容，特别是应用性技术知识及相关案例，且正基于此，将之取名为《物流学导论：概念、技术与应用》。

本教材的编著和出版已列入江苏省教育厅批准的"十二五"高等学校重点教材立项建设项目，可作为物流管理专业及相关专业本科生、研究生的教材使用，也可作为其他读者的物流知识入门读本。

目　录

第一章
绪论:什么是物流

物流是物体被人为作用在一定时空通流。物流要素包括流体、主体、载体、流向、流程、流量与流速。物流是一个复杂系统,其纵贯始端到终端相对独立的若干环节联结为环节链,并形成物流流程;横穿联结不同跨度的若干涵盖面,构成社会物流系统集;不仅包括社会物流、企业物流和行业物流,也包括区域物流、社区物流和全球物流,与之相辅相成的多样化的各类货品物流,以及物流生态与生态物流、全覆盖性的物流网络工程。发展中的物流,伴生相应的物流理念。

第一节　物流:物体被人为作用在一定时空通流

每天,人们生活,吃、穿、住、行、用、娱缺一不可;每天,每个人都需要消费或使用多种多样的用品,如食物、餐具、衣服、鞋袜、床被、家具、家电、书刊和其他生活品。通常,这些用品几乎都是由生产者产出,再流转到人们手中才被消费或使用,此间所发生的和必须发生的,定然牵涉物流。

物流,就在人们身边,且无处不在、无时不有,属于人类生活不可或缺的一个领域。显然,物流不应该令人陌生茫然,但似乎也并不能很简单地就让人清晰知晓,人们对物流的认知不尽相同。因此,首先要解决的一个最基本问题,即究竟什么是物流?

一、美国:“实物配送”与“物流”

最为流行的一种说法是,物流概念最早出现于20世纪初的美国,文献原文用以表达的专用名词,一个是“Physical Distribution”,一个是“Logistics”。

“Physical Distribution”,通常汉译为“实物配送”,意思是包含于销售或市场营销中的产品及服务从生产地到消费地的流通。1901年,格鲁威尔(John F. Growell)在《农产品流通产业委员会报告》中,首次探讨了农产品配送(Physical Distribution)的影响因素。萧(Arch W. Shaw)于1915年在《市场流通中的若干问题》和威尔特(L. D. H. Weld)于1916年在《农场产品市场营销》中,也都分别研究了“Physical Distribution”的各种活动①。

“Logistics”，本义为“后勤”，也含有“补给保障”之意。1905年，美军少校贝克尔（Chauncey B. Baker）在其著作《军队和军需品运输》中，较完整地论述了“Logistics”，即“那个与军备的移动与供应相关的战争的艺术的分支”。因此，在英语中，“Logistics”最初是指军事后勤②。

1927年，美国学者鲍索蒂（R. Borsodid）在《配送时代》一文中，第一次使用“Logistics”称呼物流。1935年，美国市场营销协会（American Marketing Association）的《市场营销用语集》中，解释“物流是市场营销活动中所伴随的物质资料从产出地到消费地的种种企业活动，包括服务过程”。1960年，美国物流管理协会（National Council of Physical Distribution Management）提出，“物流就是把完成品从生产线的终点有效地移动到消费者手里的广范围的活动，有时也包括从原材料供给源到生产线始点的移动”。

到了20世纪80年代，美国学者们对物流的认识逐渐趋向成熟，认为“Logistics”比“Physical Distribution”包含的范围和涉及的活动更宽广、连贯，又有整体性，不仅内含实物配送，还可扩展到生产过程和流通过程等更广范围的综合领域；而“Physical Distribution”只是“Logistics”的一个组成部分或一项功能。于是，“Logistics”一词被迅速用于经济领域。1985年，美国物流管理协会（英文名称改为Council of Logistics Management）修改了物流定义：“所谓物流，就是为了满足顾客需要而对原材料、半成品、成品及其相关信息从产出地到消费地有效率或有效益地移动和保管进行计划、实施、统管的过程。这些活动包括但不局限于顾客服务、搬运及运输、仓库保管、工厂和仓库选址、库存管理、接受订货、流通信息、采购、装卸、零件供应并提供服务、废弃物回收处理、包装、退货业务、需求预测等。”此后，“Logistics”成为物流概念的英语标准用语。

2002年，美国物流管理协会再次修改物流定义：“物流是供应链运作的一部分，是为了满足客户要求而对货物、服务及相关信息在产出地到消费地之间实现高效和经济的正向及反向流动与储存所进行的计划、实施和控制过程。”这一定义是国际上最具代表性的，也是最流行的。但是，它所定义的，不是物流本身，而是物流管理——“计划、实施和控制过程”。

国际上有许多的物流定义，大多是美国的翻版或演变。如，1985年，加拿大物流管理协会（Canadian Association of Logistics Management）提出：“物流是为满

① 索海尔·乔德利，侯汉平，李令遐：《物流理论演化的历史考证与最新发展》，《北京交通大学学报（社会科学版）》，2010年第1期。

② 同①。“Logistics”源于古希腊语“Logistike”或“Logistikes”，意思是“精于计算”。1838年，瑞士人约米尼（Antoine-Henri Jomini）在《战争艺术》中，提出了“Strategy, Ground Tactics and Logistics（战略、战术和后勤）”三位一体的战争理论。

足顾客要求，对原材料、在制品、产成品库存及相关信息从起源地到消费地的有效率、有效益地流动和储存进行计划、执行和控制的过程。该过程包括进向、去向和内部流动。”1994 年，欧洲物流协会（European Logistics Association）公布的物流术语中，定义“物流是为了达到特定的目的，在一个系统内对人员或商品的运输、安排及与此相关的支持活动的计划、执行与控制”。2010 年，英国皇家物流与运输协会（The Chartered Institute of Logistics and Transport）在《物流与配送管理手册》（第四版）中的释义：“物流是为提供顾客满意的服务而对货物从资源供应地通过生产地到消费地转移进行有效管理。”这些对物流定义的范式和美国的定义差不多，也不是指物流本身，而是指物流管理。此外，欧洲物流协会还将“人员”的运输、安排归于物流范畴。

二、日本：从“物之流”到“物流”

日本从美国引进了物流的概念，1956 年秋，日本“流通技术专业考察团”前往美国考察物流。在美国期间，该考察团不仅了解到美国经济发展中物流所发挥的作用，还发现原来在日本被称为流通技术的运输、包装等活动，美国人称为“Physical Distribution”。日本考察团回国后，向政府提出应重视物流，并在产业界开展“Physical Distribution”启蒙。日本能率协会、流通经济研究所等纷纷设立了“Physical Distribution”研究会。

1964 年 7 月，日本通产省在研讨物流预算案时，就“Physical Distribution”的日语表达，邀请日本装卸协会会长平原直和日本通运株式会社专务董事内山九万进行商议，并确定为“物の流”（汉语即“物之流”）。此后，“物の流”逐渐传遍日本。1970 年，日本学者又将“物の流”简化为“物流”。

在日本，对物流也有多种解释。1981 年，日本日通综合研究所在其《物流手册》中这样定义：“物流是物质资料从供给者向需要者的物理性移动，是创造时间性、场所性价值的经济活动。从物流的范畴来看，包括包装、装卸、保管、库存管理、流通加工、运输、配送等诸种活动。”这个定义，一是反向物流的涵盖不甚明显；二是认定物流为“经济活动”，因而未能涵盖非经济性的物流，如应急物流、军事物流等。

三、中国：物流概念争议

按照通行的说法，现今在中国广为传播的物流概念引自日本。1978 年初冬，中国物资工作考察团赴日本考察物流情况；在考察报告中，首次使用了日语“物流”一词，并介绍了物流概念及日本物流合理化管理经验。

2001 年，国家标准《GB/T 18354－2001 物流术语》中定义：“物流是物品从供应地向接收地的实体流动过程。根据实际需要，将运输、储存、装卸、搬运、包装、流通加工、配送、信息处理等基本功能实施有机结合。”2006 年，国家标准

《GB/T 18354－2006 物流术语》仍采用了原物流定义。

这一定义在框架上,大体基于日本日通综合研究所物流定义的范本,尽管没提及"是创造时间性、场所性价值的经济活动",但涉及难以涵盖发生于一"地"的生产物流;特别是和国外一些物流定义一样,其内涵没能把水流、泥石流等自然力作用下或自然状态下所发生的物体物理性空间位移,与受非自然力作用所发生的物体物理性空间位移区分开来,也未予以相应界定。

首先,物流概念在2 000多年以前的中国古文献中早有记载。其一,战国时期的杰出思想家荀况(约公元前313—前238年)曾留下这样的经典论述:"通流财物粟米,无有滞留,使相归移也。"①意思是,财物、粮食流转顺畅,没有发生阻滞积留,尽可遂愿通达。其二,西汉著名财政家桑弘羊(公元前152—前80年)也有精辟言论传世:"均有无而通万物";"山居泽处,蓬蒿墝埆,财物流通,有以均之"。② 意思是,应调节有无,让各种产物流通;深山沼泽、荒野贫瘠的地方,应施以财物流通,使互通有无。此间,撇开可能牵涉的诸如商品流通、商品贸易、商物合流等一些异议,无论是"通流财物"抑或"财物流通",都已将"物"与"流"相联结,且有其毋庸置疑的和几可导向现代之义演绎的内涵——物之"通流"或物之"流通";也有其相对确定的外延——凡"财物粟米"或"万物"。这就是中国最早的"物流"概念,只是未概括成"物流"一词而已。

中国不乏传统物流概念,所短缺的且事实上也确于20世纪70年代末从国外引入的,乃是植根于发达市场经济的和顺应着经济全球化、网络化发展趋势的现代物流理念及物流技术。

其次,2004年,北京交通大学徐寿波教授提出物流即"物的流动"(Material Flow);2005年又探讨并形成其"大物流论";基于"大物流论",于2010年针对国家标准《GB/T 18354－2006 物流术语》中的物流定义所存在的问题,概括了"大物流论"的物流定义:"物流是物的实体流动;由物质M、流动F、主体O、地域R、时间T、信息I六要素组成;有自然界、社会界和经济界物流三大类;除了自然界物流外,经济界和社会界物流一般包括运输、储存、装卸搬运、流通加工等四个基本的实体环节。"③

此定义将物流概念的外延扩展到自然界,还将经济界和社会界物流分类,只是无论自然界或社会界,无论宏观或微观,凡"物的流动"现象所表达的,似超物

---

① 荀子:《王制篇》卷五,杨倞注,纪昀,等纂《影印文渊阁四库全书》(电子版)子部1,儒家类,上海人民出版社,1999年。

② 桓宽:《盐铁论·通有第三》卷一,张之象注,纪昀,等纂《影印文渊阁四库全书》(电子版)子部1,儒家类,上海人民出版社,1999年。

③ 徐寿波:《"物流科学技术"的研究和发展前沿》,《北京交通大学学报(社会科学版)》,2004年第3期;徐寿波:《大物流论》,《中国流通经济》,2005年第5期;徐寿波:《大物流再论》,《中国流通经济》,2007年第10期;宋伯慧,徐寿波:《物流定义探讨》,《北京交通大学学报(社会科学版)》,2010年第3期。

流泛化,其中的任一现象并非都可归属于具有物流学意义的“物流”现象。

四、物流:是什么与为什么

世界上有万事万物,而且生生不息,运动不止。“物的流动”现象遍布自然界和人类社会。但是,对物流现象的认知和识别,不能简单地停留于“物的流动”,关键是“物的流动”何以发生,是纯自然力作用或固有状态,还是被人为作用的?

(一)物流之“物”

物流之“物”,即“物体(object)”,泛指被人为作用可按预定方向发生物理性空间位移的一切具有物质特性和物质形态(有形或无形)的实物。它至少必须同时具备以下最基本特征:

(1)具有物质特性和物质形态。凡非物质的,如口述艺术、习俗、文化、知识等(不包括服饰和道具、习俗用品及文化知识载体),一概除外。

(2)可发生物理性空间位移(以地球为参照系)。凡自然的和非自然的固定地物,如土地、植物和建筑物等,均不在其中。

(3)位移被人为作用,且按预定方向发生。凡在纯自然状态下或固有状态下发生物理性空间位移之物,均不属其中,如涌泉、流水、水中鱼介、水面漂流物、水下冲移物,气流、风、沙尘、落叶、吹移物,飞禽、走兽,泥石流、滑坡山体,地下河流、地下岩浆等,也盖莫谓是。①

(二)物流之“流”

物流之“流”,即“通流(flow)”,指被人为作用可按预定方向发生物理性空间位移的物体的流动,包括在一定时空的不位移(相对静止)状态,以及与此相关的各种服务和信息流。这种“流”至少也必须同时具备以下最基本特征:

(1)以地球为参照系。如果物体相对于地球(地面)的位置在变化,则表明该物体在运动;如果物体相对于地球(地面)的位置不变,则表明该物体处于相对静止状态。

(2)所发生的主要是物的物理性空间运动。凡物的非物理性运动,如化学运动、机械运动和生物运动之类的现象,均不在此列,但又包含着部分特定的社会运动现象——与物的物理性运动相关的各种服务和信息流等。

(3)必须是被人为作用,且按预定方向发生的物体物理性空间位移。凡物体不发生物理性空间位移的,诸如建筑物被永久性固定、树木未被移植或砍伐、矿体未被开采等,以及凡属纯自然状态或固有状态下发生的物的物理性空间位移,如“蚂蚁搬家”和飞禽走兽捕食、取食、贮食等,均不在物流之“流”的范畴中。②

---

① 非物流之“物”,是在物流学之外的其他相关学科根据需要所研究的。

② 非物流之“流”,也是在物流学之外的其他相关学科根据需要所研究的。

只有在人为作用下，当建筑物整体移位或拆移，树木移植或砍伐成木材，矿体开采成矿石，昆虫、飞禽走兽被人捕获后成笼/箱中之物，并按预定方向发生了物理性位移的，才可归入物流之“流”。

（三）物流定义

为从理论上深化对物流的认知，在充分汲取合理成分的基础上，我们尝试给出这样的定义：

物流是物体被人为作用在一定时空通流。

如此定义，绝非否定别的定义，只是更合理地确认定义域理解和演绎的空间。

（1）物流应该是一个社会范畴，也只能是一个社会范畴。物流学意义上的物流，是在人的能动作用下，而且应该是由人在有意图的能动作用下才发生的，即使其成效或最终结果未达到人所预定的目标。那种纯自然状态或固有状态和其他非人为作用下的“物的流动”无一谓是，除非以包含某种人为元素的方式或在某种条件下被人所利用。

（2）物流可以是一个经济范畴，但不一定只能是一个经济范畴。人的意图能动作用于物体；物体受人的能动作用，通过人所选用的某种方式，并按人所预定的方向发生通流，有经济的，但也有非经济的。经济领域的物流，似乎更受人关注；非经济领域的物流可能人们并不很在意。然而，不管是经济领域的物流，还是非经济领域的物流，都是人类社会所不可或缺的。

（3）物流无疑是一个时空意义上的物理性运动范畴，且更应是一个时空意义上有节奏的物理性运动范畴。世界是一个时空世界；时间有长有短，也可长可短；空间有大有小，又可大可小。无论时间长短、空间大小，世界的一切都是发生在某一时空的。其中之一，那就是在人为作用下所发生的物流。物流总是发生在一定时空，且必须发生在一定时空；发生在一定时空的物流处于运动态是绝对的，但又会在一定时空发生不运动态——处于相对静止态。这种相对静止态是物流的一种节奏，同属于物流。

案例1-1　一封快件的跨省之旅

14 h内，身经7道“巴枪”扫描，先后搭乘自行车、电动车、汽车和飞机4种交通工具后，我完成了一趟超过2 000 km的春运之旅。

我是一件普通的新年贺卡。2012年1月14日，主人决定通过快递的方式将我从广州寄给远在北京的朋友。春运一到，全国大小快递公司频频爆仓，考虑良久后，主人挑选了一家信誉好的快递公司。

主人的这一决定来得很突然，当晚19:30，她抱着试一试的心态，致电给快递公司总服务台。根据主人的来电手机IP(Internet Protocol),系统自动将电话转到广州地区的服务台,客户服务人员一边询问主人需要寄件的地点、物品类型,一边将相关信息即时输入全国联网的内部信息系统,待主人电话完毕,相关的寄件信息已即时传递到负责相应区域快递员的手持电子终端上。20:10,距离主人家最近的快递员就按响了主人家的门铃。

穿着带有公司LOGO(Logotype)的统一服装、背着背包的快递员让主人填写发货单上的信息,我则被装进一个大大的信封中,运单上的条形码,也就成了我的新"身份证"。收件完毕后,我的发货详细信息被录入公司的信息系统,开始了我全程被"监控"的旅程。

21:34,"收揽"了各种包裹的当班快递员回到海珠区的仓库。这是一间临街的小门店,面积只有20 m^2 多,各种大大小小的包裹将这个空间挤得满满的。我被从车上卸载下来后,经"巴枪"扫描入仓。随后,我与其他几十件包裹一起,被装上公司的载运车,开始出发走向公司的广州分拨中心。

与小仓库不同,分拨中心的规模大很多,又被扫描后,我与其他包裹一起,被卸载到传送带上。分拨中心,就是将在广州市内所收到的所有包裹根据包裹物品类型、被寄往区域进行分类的地方。与普通的快递公司不同,这家公司的分拣中心设有一条长长的回旋传输带,分拣员们则在传输带旁进行流水线作业。让我觉得高兴的是,听说这家公司给员工发了一本几厘米厚的内部操作守则,特别是对于分拣流程,要求十分细致,而在整个分拨中心还设有多个摄像头,对员工的操作进行实时监控。如此规范操作,看来我被"暴力"对待的可能性会降低不少。

在等待被分拣的时间里,我偷偷观察了仓库里的伙伴们,奇怪的是,它们大多是下午被收揽回来的,上午甚至更早时间的包裹基本看不到身影。原来,为了保证快件送达的时效性,公司按照24 h的周期,分成几个班次,每个班次时间一到,即便当时只有1份快件,公司也会按照正常的流程分拣、发货。这既保证了每份快件的服务效率和时效性,又积累了品牌美誉度。

经过分拣后,我被确定为即将发往北京分拨中心的航空件。在第二天凌晨03:59,我搭乘的公司专机航班正式从广州起飞,2.5 h左右后,降落在北京国际机场。随后,我被卸载到公司的载运车里,开始被"移交"给北京区域的员工们。

再一次扫描后,根据北京各区仓库的区域划分,我被发往海淀区。11:22,我来到了位于海淀区的小仓库,经过再经分拣后出仓。

当班的分拣员根据收件人地址快速对我们再细分。11:42,我又一次被扫描出仓，正式向目的地进发。与在广州不同的是，这一次我搭乘的交通工具是已几乎被人们“遗忘”的自行车。原来，许多大城市里常会塞车，为了节省时间，提高效率，公司采用了包括自行车在内的多种交通工具并用的方式进行收、发件。12:17，坐着许久未坐过的自行车，快递员带我来到了目的地。

随着收件人签收完毕，送件完成的信息被即时发送到了主人的手机上，我也顺利结束了我的旅行。

（陈红霞：《一封快件的跨省之旅》，《第一财经日报》，2012－01－19）

第二节 物流要素

物流呈现为一个过程，从始端到终端，或者从起始地到目的地。这一过程的发生有若干要素存在于过程中任一环节的动态截面，主要包括流体、主体、载体、流向、流量、流程与流速。

一、物流要素：流体、主体与载体

一个完整的物流过程应具备多个固有要素。其中，具有实体性的要素，主要是流体、主体与载体。

（一）流体

流体（object of flow），即物流之“物”，有固体、液体、气体。流体可分为有形的和无形的，食品、服装、钢材、水泥、酒品、饮料、自来水等，是有形的；天然气、煤气、氧气、氢气等，是无形的。流体都具有自然属性和社会属性。

1．流体的自然属性

流体的自然属性，即其固有的特性。例如，吸湿性物，如水泥、粮谷等；染尘性物，如茶叶、纤维材料、胶状物等；冻结性物，如低温含水量大的矿石、煤炭，低温环境中的蔬菜、鲜果等；热变性物和易腐性物，如鲜奶制品、禽畜肉类、鱼类及蔬菜等；自热性物，如煤炭氧化生热、粮谷生物化学反应生热等；自燃性物，如煤炭自燃、含油脂的纤维自燃等；锈蚀性物，绝大多数金属及其制品被氧化易锈蚀；易碎性物和脆弱性物，如玻璃及其制品、陶瓷品、精密仪器等；危险性物，如易燃物、易爆品、剧毒物等。

流体的不同特性由其本身组成物质的化学性质、物理性质、生物性质和机械性质决定。

（1）物的化学性质是指物在光、氧、水、酸、碱等作用下发生改变物质本身化学变化的性质。铁质生锈、肥料失效、食糖霉变和火药爆炸等，都是化学变化。物发生化学变化，意味着物的质起了变化，轻者使物遭受损失，重者还会殃及他物，发生严重事故。

（2）物的物理性质是指物受外界的湿、热、光、雨等因素的影响而发生物理变化的性质。物的物理变化不改变物质的化学组成，但会造成物减量、品质降低。固体的软化、熔化或溶解，液体的汽化、凝固或冻结，气体的压力变化或爆破，以及固体物质吸收或散发水分，都是物常发生的物理变化。

（3）物的生物性质指有生命的有机物及寄生于物的生物体在外界条件影响下为维持生命而发生生物变化的性质。粮谷、豆类、油籽、果蔬、禽蛋等都存在维持生命的活动，通过缓慢氧化（呼吸）维持生命；鲜鱼、肉类等主要由微生物的生命活动而使营养物质分解。在温度较高、水分含量较多的情况下，生命活动较为旺盛；在低温、干燥的条件下，生命活动被抑制。

（4）物的机械性质指货品在受到外力作用时具有抵抗变形或破坏的性质。橡胶制品、塑料制品，特别是有热变性的橡胶、塑料制品，在高温条件下受重压、久压更易变形；液体容易发生渗漏；玻璃制品、陶瓷制品易破碎。

2. 流体的社会属性

流体的社会属性是流体所体现的价值，可用价值密度来反映其价值特性。价值密度是单位流体所含的价值，可以是每吨流体的价值、每立方流体的价值、每件流体的价值。流体的价值密度是有多种用途的重要参数，可反映流体的贵贱、生产过程的技术构成等，对确定物流作业方案、流体保险条款都有参考价值。

物流要求流体质量的完好和安全，确保其自然属性和社会属性不受任何损害，提高物流效率。

3. 不同领域的流体

从具体的不同领域来看，由于习惯或词义上的差异，流体即物流之“物”是有所不一的。

（1）物资，通常笼统地指可用于和经回收处理后可循环用于生产、生活、公共服务的所有物化资源，现倾向于指各类生产资料、公共资料（军用物、救灾物）和逆向回收物（不合格的返工、返修、退换产品以及周转使用的包装容器等），但部分不能发生物理性位移的生产资料和公共资料（如建筑设施、土地等）则例外。这是宏观领域中物流之“物”。

（2）物料，一般泛指生产企业内在产成品最终产出之前，随生产工艺流程而流转的被加工制造的和辅助性的各类物化资源，包括原材料、燃料、辅料、零部件、半成品、在制件、外协件（本企业自己购买原材料，由外单位协作加工后按协议价格购回的产品部件）、外购件（由外协单位负责购买原材料并加工，本企业购回并可直接投入生产的部件）、包装材料，以及生产过程中必然产生的边角余料、废料和各种废物。这是生产领域中物流之“物”。

(3) 货物或货品,即凡可供出售和进入商贸流通领域进行商业性销售的,或者进入交通运输领域进行非商业性输运的各类物化资源。这是商贸流通领域和交通运输领域中通用的物流之“物”。不过,凡可供出售的和进入商贸流通领域进行商业性销售的各类货品,都是商品;而凡进入交通运输领域进行非商业性输运的各类货品,则有可能是商品,也有可能是非商品。

(4) 物品,一般指可用于生产领域中非生产性消费、非生产领域消费、生活和公共消费的各类常用品,以及其中部分经回收处理后成为再生性资源的废旧物和部分完全失去可利用性的废弃物。在生产领域中,它指不进入产品实体,而仅在管理、后勤、教育等方面使用的物件;在非生产领域、生活领域和公共服务领域中,它多指与行政、办公、生活消费等有关的所有物件。这是非生产性领域、生活领域和公共服务领域中常用的物流之“物”。

(二) 主体

主体(subject)泛指可作用于流体使之发生位移的有能动性的人,以及由具有能动性的人所组成的团队、组织,为属性所依附的实体。物流应是由人为作用发生的一种行为。能动运作物流的人,就是物流行为的属性所依附的人,也就是物流的主体。

物流主体,主要包括物主或所有人、运作人、操作人及其团队、企业等,也可包括需求人和相关的其他人。正是这些人的作用,主宰和主导着物流的发生,并使其达到预定的目的。

(三) 载体

载体(carrier)指运载流体使实现空间位移的物流基础设施和物流设备。物流基础设施(logistics infrastructure)即提供公共服务的与物流相关的工程设施,主要是铁路、公路、水路、管道、桥隧、车站、港口、机场、堆场,以及配送中心、物流中心、物流园区等。这是物流赖以发生和发展的基本物质条件,关系到物流网络的形成、运行和物流的战略发展。

物流设备(logistics equipment)是指直接承载并传递能量、运送流体的成套建筑和器物,主要包括铁路列车、汽车及其他车辆、船舶、排筏、飞机及其他飞行器、管线、装卸搬运机械、包装机械、储存建筑及储存保管机械、流通加工装备、信息处理装备,以及其他相关器件,也包括无人机、无人车、机器人等人工智能装备;还包括人、非机动车辆、牲畜(主要是马、驴、骡、牛等)、动物(骆驼、大象、狗和信鸽等)。其中,传动设备、器物实现流体空间位移的动力,包括机械力、电力、人力、畜力,以及被人利用的水力等某些自然力。

现时代的物流设备,通常指铁路列车、汽车、船舶、飞机、管线、装卸搬运机械、储存保管机械、信息处理装备,以及无人机、无人车、机器人等人工智能装备等。物流载体是物流最重要的资源,决定着物流的质量、效率和效益。

二、物流要素:流向、流量、流程与流速

从物流学意义上看,物流要素中,除了具有实体性的流体、主体与载体之外,还有非实体性的流向、流量、流程与流速。

(一)流向

流向(direction of flow)是指流体从始端到终端的流动方向。通常表现为正向物流和反向物流。

(1)正向物流(forward logistics)也被称为“动脉物流”:起自供应链上游始端向下游终端的流向。它是物流的主导流向。正向物流示意见图1-1。

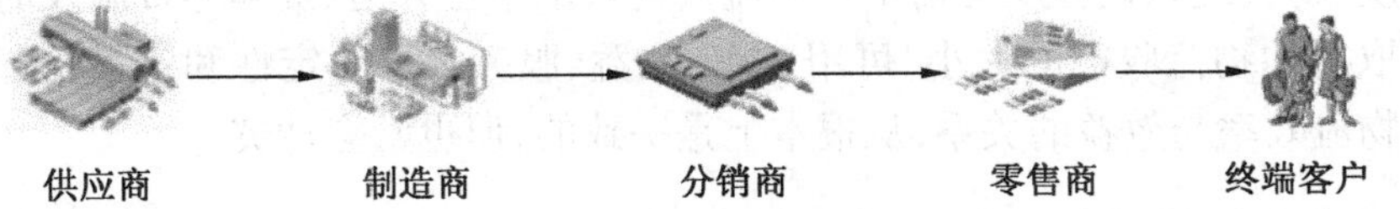

图1-1　正向物流示意

正向物流主要包括自然流向,即由原产地到消费地的流向;市场流向,即市场决定的从供给地到销售地的流向;实际流向,即物流中实际发生的流向。这三者之间是会出现不一致的。

(2)反向物流(reverse Logistics)或逆向物流,也被称为“静脉物流”:主要呈现为起自供应链下游终端向上游始端的流向。

反向物流发生的情形,主要有发货误差、收货误差、用户退货、返工维修、产品召回、贸易壁垒、包装回收、托盘周转、废物处理等。反向物流的发生是正常的和不可避免的。反向物流示意见图1-2。

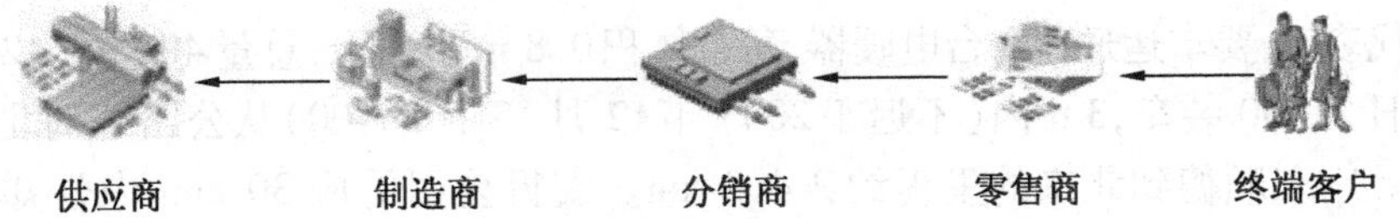

图1-2　反向物流示意

(二)流量

流量(amount and volume of flow)是流体在一定流向上的数量。流量分为实际流量和理论流量。实际流量指实际发生的流体数量;理论流量即应合理发生的流体数量。理想状况下,流体的流量应达到流体的供求均衡,但实际上,更多的只是使流体的供求趋向均衡。

(三)流程

流程(distance of flow)即流体按一定流向的空间里程。流程×流量是重要的物流向量指标,如吨·千米(t·km)。流程也可以分为自然流程、市场流程和

实际流程。但最优流程应该是物流成本最小化、物流效率和效益最大化的流程。这需要进行物流方案设计和选择。

(四)流速

流速(speed of flow)即流体在一定流程单位时间内的流动速度。流速取决于流程和所用时间。流速=流程/时间。流体在流动中总处于两种状态:运输和储存。储存会导致流速降低;运输工具及装卸搬运方式的不同也会影响流速。

同时,物流也涉及流效(effectiveness of flow)问题,也就是流体发生流动的效率与效益,即物流效率与物流效益。物流效率反映单位人力、资本等资源及时间投入所完成的物流量的大小;以物流反应速度、订货处理周期、劳动生产率、物流集成度、物流组织化程度等衡量。物流效益表示单位人力、资本等资源及时间投入所取得的物流收益的大小,可用成本、收益、服务水平等定性和定量指标来衡量。物流效率与效益的关系,从根本上是一致的,但也常会冲突。

三、物流要素:一个典型实例

物流要素流体、主体、载体、流向、流量、流程与流速,缺一不可,且是交互关联的。流体的自然属性限制载体的类型和规模,流体的社会属性影响流向、流量和流速;载体与流向、流量、流速相互约束,载体与流向、流量、流速又都制约流体的自然属性和社会属性的体现;流体、载体、流向、流量、流程、流速与流效相互关联;而主体是能动要素,作用于流体、载体、流向、流量、流程、流速,关系到物流效率与物流效益,也会有条件受制于流体、载体、流向、流量、流程、流速。

交互关联中的流体、主体、载体、流向、流量、流程与流速,集合一体,自成物流。

2003年12月10日19:00,美的公司厨具事业部A电话联系安得物流公司客户代表B,要求运送500台电暖器,每台体积0.8 m^3、25 kg,总量400 m^3,12.5 t;在当日21:00装车,3 d内(不迟于2003年12月13日24:00)从公路送到北京的客户。广东顺德到北京的里程约2 400 km。安得公司答应30 min内告知车辆调度情况。19:30,安得公司回电可从广州调派1辆额定载重量为20 t的卡车,但需等待1.5 h。21:00,B带卡车到美的公司仓库。21:30,500台电暖器被装上车、交接,盖上苫布,卡车出发。美的公司要求安得公司实时跟踪,且每8 h报告车辆位置。12月13日22:30,卡车安全抵达北京目的地,并卸货、验交入库。A和其北京客户都很满意,并按合同向B支付运费。美的公司电暖器运送全程物流要素见表1-1。

表 1-1　美的公司电暖器运送全程物流要素一览表

流体	主体	载体	流量	流向	流程	流速
电暖器	美的公司 安得公司	卡车 1 辆,额定载重 20 t	500 台,每台 0.8 m^3、25 kg;共 400 m^3,12.5 t	广东顺德至北京	2 400 km	3 d,平均 33 km/h

第三节　物流:一个复杂系统

物流是一个复杂系统,既包括物流环节链动态系统化,又因其要素的不同存在环境、对应状态与指向,表现为不同的要素组合、结构的纵横层级、断面的错综繁复且多样化。示例:物流系统结构见图 1-3。

一、物流系统:物流环节链及物流流程

物流纵贯始端到终端,内含相对独立的若干环节,各环节又相互联结,集合为环节链。物流环节链形成完整的物流流程。

第一,物流从始端到终端的动态,包括动素(therbligs)、动作(motion)、作业(operation)和作业环节(chain of operations)。其中,动素是完成某一项工作所需人体或人的身体某一部分做出的基本动作元素,如伸手、握取、移物、定位、装配、拆卸、使用、放手、检查等;动作是相关动素在时间和空间上组成的动态序列;作业是相关动作在时间和空间上按某一方式、某一顺序的集成;作业环节是时间和空间上相互关联的若干作业围绕核心作业在一定方式、一定顺序集成序列中的某一作业。

物流作业环节主要有包装、装卸搬运、运输、储存、流通加工、配送、信息处理等。其中,每一物流作业又都有各自的作业序列,并成为一个相对独立的作业环节。如,运输作业序列就是由组配、装车、驾驶、卸货等作业组成的,并成为物流的一个环节。

第二,物流并不是单一的孤立的某一个环节,而是相互联系又相互制约的连带性多环节。如,包装不当,便影响装卸、搬运和运输;减少库存,则增加配送次数等等。但物流各个环节在不同的存在环境和对应状态,不一定都是必需的。其中,包装、装卸搬运、运输、储存是主要环节。

第三,物流环节具有整合性、协调性、一体性、关联性、互动性和平衡性,相互构成一条组合式环节链——纵向物流系统,而每一物流环节又各自成系统,成为一个个子系统。如,包装系统、装卸搬运系统、运输系统、储存系统、流通加工系统、配送系统、物流信息系统等。

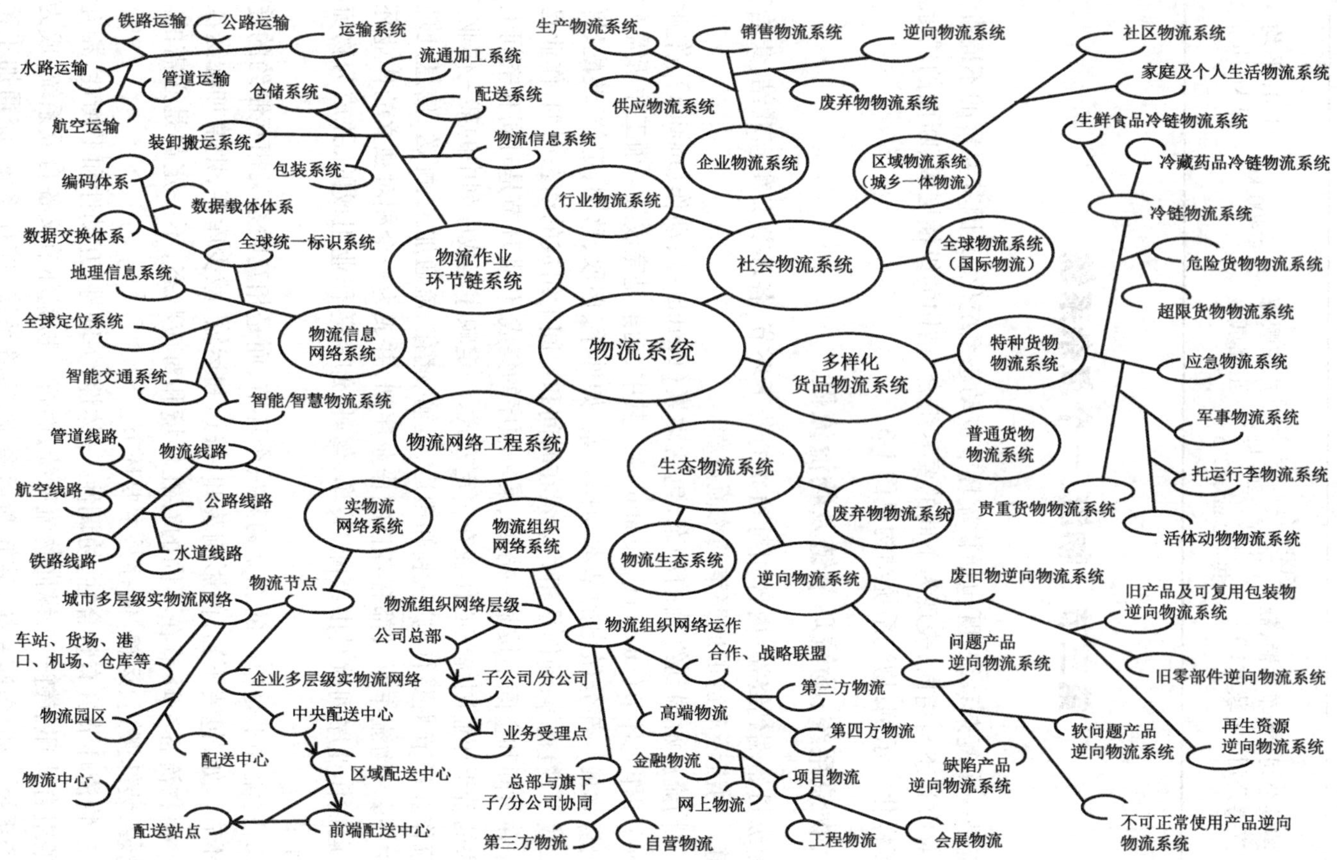
物流系统
物流作业环节链系统
运输系统
铁路运输
公路运输
水路运输
管道运输
航空运输
流通加工系统
仓储系统
配送系统
装卸搬运系统
物流信息系统
包装系统
物流信息网络系统
编码体系
数据载体体系
数据交换体系
全球统一标识系统
地理信息系统
全球定位系统
智能交通系统
智能/智慧物流系统
物流网络工程系统
实物流网络系统
物流线路
管道线路
航空线路
公路线路
铁路线路
水道线路
物流节点
城市多层级实物流网络
车站、货场、港口、机场、仓库等
物流园区
配送中心
物流中心
企业多层级实物流网络
中央配送中心
区域配送中心
前端配送中心
配送站点
物流组织网络系统
物流组织网络层级
公司总部
子公司/分公司
业务受理点
物流组织网络运作
合作、战略联盟
第三方物流
第四方物流
高端物流
金融物流
网上物流
项目物流
工程物流
会展物流
总部与旗下子/分公司协同
第三方物流
自营物流
社会物流系统
行业物流系统
企业物流系统
生产物流系统
销售物流系统
逆向物流系统
供应物流系统
废弃物物流系统
区域物流系统（城乡一体物流）
社区物流系统
家庭及个人生活物流系统
全球物流系统（国际物流）
多样化货品物流系统
特种货物物流系统
冷链物流系统
生鲜食品冷链物流系统
冷藏药品冷链物流系统
危险货物物流系统
超限货物物流系统
应急物流系统
军事物流系统
托运行李物流系统
贵重货物物流系统
活体动物物流系统
普通货物物流系统
生态物流系统
废弃物物流系统
物流生态系统
逆向物流系统
废旧物逆向物流系统
旧产品及可复用包装物逆向物流系统
旧零部件逆向物流系统
再生资源逆向物流系统
问题产品逆向物流系统
软问题产品逆向物流系统
缺陷产品逆向物流系统
不可正常使用产品逆向物流系统

图 1-3　物流系统结构

第四,物流流程(logistics process)就是物流作业环节链顺序连续运作的系列化进程。一般地说,它是物体从始端向终端按环节有序地在一定时空位移通流的完整过程。这是物流的要点所在。

二、物流系统:社会物流、企业物流与行业物流

物流横穿联结不同跨度的若干涵盖面域,构成社会物流系统集,包括社会物流及其涵盖的企业物流、与企业物流关联的行业物流。

(一)社会物流

社会物流(external logistics):全社会范围内发生的物流。通常,社会物流泛指一国国境内(或地区境内)所发生的物流,亦即国内物流(或境内物流),又称为宏观物流。

社会物流指向社会且又在社会环境中运行,有其体系结构,但侧重于一国宏观物流总量、物流总量的经济占比、物流整体运行状态,以及物流网络工程,包括物流基础设施建设,如公路、港口、机场、铁路、物流园区的建设,各种设施、装置、机械、作业的标准化等。

社会物流,相对于某一企业,又指向该企业外部发生的物流,即外部物流。

(二)企业物流

企业物流(internal logistics):企业内由其生产或服务活动所发生的物流,即内部物流,也称为微观物流。企业物流系统的子系统,一般包括供应物流、生产物流、销售物流、逆向物流和废弃物物流。

企业物流是微观物流的典型领域。通常情况下,企业物流多指生产性企业,如工业企业、农业企业等;也包括部分流通企业,如商贸企业及物流企业的部分延伸业务等。多个同业的企业集合形成行业,一定条件下会出现行业物流。

(三)行业物流

行业物流(industry logistics):同一行业各企业协作所发生的物流。一般来说,同一行业的各个企业往往在经营上互为竞争对手,但在物流领域中却因共同的利益又常常互相协作。如,在国内外有许多行业,有共同的运输系统和零部件仓库,以实行统一的协同配送;有共同的新旧设备及零部件流通中心等。行业物流协同化,使行业内的各个企业都得到相应的利益。

三、物流系统:区域物流、社区物流与全球物流

社会物流系统集,不仅包括微观企业物流和宏观社会物流,也包括区域物流(含城市物流和农村物流)、社区物流和全球物流。

(一)区域物流

区域物流(regional logistics):一定区域内所发生的物流。区域有行政区划,如北京地区、上海地区、江苏地区等;也有地理区划,如长江三角洲地区、珠江三

角洲地区、沿海地区、环渤海湾地区、环太湖地区等。

区域物流系统是社会物流系统的子系统,适应区域经济发展,尤其适应区域经济一体化趋势。其中,依托某一城市/城市群的区域物流系统,或者跨区域物流系统的节点是城市物流;城市物流又涵盖和辐射农村物流。

城市物流(urban logistics):城市域内生产、流通、生活和公共服务所发生的物流,包括城市与外部区域的货物集散及城市废弃物物流。它以公路运输为主,物流结点多、运送批量小、品种多、频率高。

农村物流(rural logistics):农村域内生产、流通、生活和公共服务所发生的物流,包括农村与城市等外部区域的物流及农村废弃物物流。它散布面广、有季节性需求、生鲜保质要求高。

城市物流和农村物流趋于一体化发展。同时,城市物流和农村物流是依托城市的一种区域物流,都属于中观物流。

(二) 社区物流

城市物流系统的子系统是社区物流。社区是城市及乡镇的空间基本单位,而且数量众多。

社区物流(community logistics):社区内所发生的物流;以公务和商务函件、快速消费品为主,以定制服务为特征的物流,也包括大部分家庭及个人生活物流。社区物流是城市物流系统的子系统。

社区是城市及乡镇的空间基本单位,家庭及个人是社会的细胞。社区物流属于微观物流;而家庭及个人生活物流,则属于典型的微物流。

(三) 全球物流

一国(或地区)的境内物流跨国跨境(地区境)发展,呈现物流国际化、全球化,构成全球物流。

全球物流(global logistics):泛指遍及全球、跨洲所发生的物流;也指全球一体化物流,包括国际物流。

国际物流(international logistics):国家与国家(或地区)跨境(国境或地区境)所发生的物流。国际物流指向国际环境,自成系统,适应国际商贸、开放经济、国际产业链与供应链、国际分工与协作、跨国经营,体现经济国际化趋势,以及适应自由贸易区、自由港的发展。

四、物流系统:多样化货品物流

社会物流系统极错综繁复,与之相辅相成的是多样化的各类货品物流。世上货品种类超过 2.5×10^5 种。不同类货品,因其本身性质、价值或质量等条件不尽相同,物流环节及技术各有所异。货品物流是更复杂、更多样化的物流系统。

普通货物(general cargo):收接、装卸、积载、运输、储存、保管、交付无须特殊设备和特殊处理的各类货物。例如,砂石、煤炭、钢材、粮食、日用百货(消费品)、图书报刊等。此类货物物流即普通货物物流(general cargo logistics),简称普货物流。

特种货物(special cargo):收接、装卸、积载、运输、储存、保管、交付需要具备特殊条件、使用特殊设备和采取特殊措施进行特殊处理的各类货物。例如,鲜活易腐货物、危险货物、急件货物、超大超重货物、贵重货物、押运货物、活体动物、生物制品、菌种毒种、人体器官、骨髓血浆、灵柩骨灰、植物和植物产品、家禽种蛋、枪械弹药、外交信袋、紧急航材,以及作为货物运输的行李等。

特种货物之"特",主要在于货物本身的性质、价值、重量或体积等。例如,保鲜保质要求高的蔬菜、瓜果、鲜花、鱼介、肉类等,属鲜活易腐货物;摩丝、冷烫液、指甲油、灭蚊剂、杀虫剂、烟花、打火机、液化天然气、汽油等易燃易爆,是危险货物;珍稀的钻石、玉石、文物古董、钱币,以及高尖端产品、高价产品等,是贵重货物;超过限定重量或体积的单件货物,便是超限货物。此外,还有应急物资、军用物资等,各有特性,且与普通货物有明显差异,为特种货物。此类货物物流因"特"而特,归属特种货物物流。

特种货物物流(special cargo logistics),即特种货物在相应的特殊条件和特殊措施作用下所发生的物流。它也可理解为特种货物的物流环节、作业和流程的统称。不同特种货物的物流需要具备不同的特殊条件,采取不同的特殊措施。例如,生鲜易腐货物物流必须有冷冻冷藏低温设施设备,而鲜活鱼介的储运需要专门的供氧设备条件;危险货物物流的特殊条件是防燃、防爆、防滴、防撒、防漏等的设施装备;贵重货物物流必须有包括押运在内要求更高的防盗、防劫、防损等安全条件保障;超限货物物流对车船等运载工具、搬运装卸的包装设备,以及线路、货场空间等有特殊条件要求;医药品物流、应急物流、军事物流,以及其他特种货物物流,也各有其"特"。特种货物物流是物流系统的一个重要子系统。

五、物流系统:物流生态与生态物流

物流系统本身应该是一个物流生态系统。物流生态的发展和物流生态规划,将是物流现代化最为理想的发展方式,也是地球生态的未来发展新态势。而生态物流是一种自然选择。

物流生态系统既要防范和化解物流非生态风险,又要健全和保持物流生态链,涵盖包装、搬运装卸、运输、仓储、流通加工、配送等物流环节作业,以及物流产业全面生态化和供应链生态物流运作。

同时,物流生态系统子系统包括逆向物流和废弃物物流。逆向物流是一种正常物流现象和物流形态,主要包括问题产品逆向物流、废旧物逆向物流及再生资源逆向物流。废弃物物流也是一种常态物流现象,主要涉及被永久抛弃的各类废物、垃圾处理处置。

物流生态系统广覆盖全社会、全球范围各领域，以及各行业企业，也关联家庭及个人。

六、物流系统：全覆盖性物流网络工程

物流系统的正常运转，包括纵向物流环节链、物流流程及其各层级子系统，横向社会物流系统集及其各层级子系统，以及多样化的各货品物流系统，有赖于物流网络工程系统。

物流网络工程系统（logistics network engineering system）是基于物流系统化所形成的物流服务网络体系，包括物流信息网络、实物流网络和物流组织网络。它是整个物流系统的基本构件，支撑整个物流系统；又是整个物流系统中基于物流运作维度的子系统，且全覆盖和全渗透于整个物流系统。

（1）物流信息网络（logistics information network）是一个全方位的物流信息生成、采集、处理、传输和共享，并由此传动和支持跨区域、广覆盖、多结点的物流系统运转，以及实现所有物流环节及物流作业过程联动的网络。它既包括依托物流管理信息技术的企业内部物流信息网络，又包括基于互联网技术、定位技术、智能技术、物联网技术连接外界的企业外部物流信息网络。物流信息网络的核心，在于实现物流信息资源充分共享。

（2）实物流网络（real logistics network）是以公路、铁路、水路、航空和管道为物流线路元素，以车站、港口、机场、储库、货场或物流园区、物流中心、配送中心及配送网点等为物流节点元素，由此所组成具有一定的空间布局及其层次结构，并与环境相适应的复杂网状体系。物流全程就是在物流线路和物流节点进行的。其中，在物流线路上进行的，主要是运输，包括集货运输、干线运输、配送运输等；在物流节点完成的，主要包括搬运装卸、储存保管、分拣配货、流通加工、信息处理等。

（3）物流组织网络（logistics organization network）是一个以资金或合约关系组成，并采用某种组织形式的层级结构严密、职能分工又协同的物流运作主体网络。它是在开放中内外对接、多边互动，从而充分共享资源和信息，且可动态重组优化，形成若干不同类型的物流服务组织，包括物流企业联盟或整合其他企业资源的供应链集成商（含物流组织网络化的虚拟组织形态）；相应地，选用自营物流和第三方物流、第四方物流等，组织和实施物流运作及物流运营管理，并在创新中推进物流高端化，包括电子商务物流、供应链金融、项目物流等。

物流网络工程系统不仅存在于符合一定规模条件的某一企业个体（但绝非所有企业），而且以其宏观视野也适用于全社会乃至全球。

第四节　发展中的理性认知:物流理念

物流在历史上,最初应该是相伴于人类的原始生存活动,采集野果,取回猎物及剩余食物等的储存,且是缺之不可的。公元前 27 世纪,古埃及金字塔建造用料巨石的搬运;中国古代万里长城修筑的浩大城墙砖石土方输送,以及京杭大运河、丝绸之路、漕运等,物流促进了世界文明的发展。对于人类进步、世界文明和社会发展,物流的贡献是无可替代的,尽管是古老的、传统意义上的。

20 世纪初,世界开始关注农产品营销中的物流作用;20 世纪 60 年代至今,从产品配送发展到综合物流,继而快速趋向供应链管理一体化。进入 21 世纪,中国物流后发势头强劲,正全面接轨和融入全球化物流发展趋势。人们对发展中的物流,在认识上也在不断深化,且更趋理性化。

一、商物分流

流通,常泛指商品流通,包括直接以物易物的商品交易过程,现多指以货币为媒介的连续性商品交易过程。在这一过程中,一要使商品从生产者所有转变为用户所有,即完成产品所有权的转让,以实现其价值;二要使已变更了所有权的产品从生产者手中转移到用户手中,以实现其使用价值,也就是在空间上完成物的流转,前者称为“商流(commercial flow)”,后者便称之为“物流”。

显然,流通本身包括商流和物流两个方面。在有些情况下,可以“商物合流”,也可以“商物分流”。因而,物流仅仅是流通的一个方面。商物合流与商物分流示意见图 1-4。

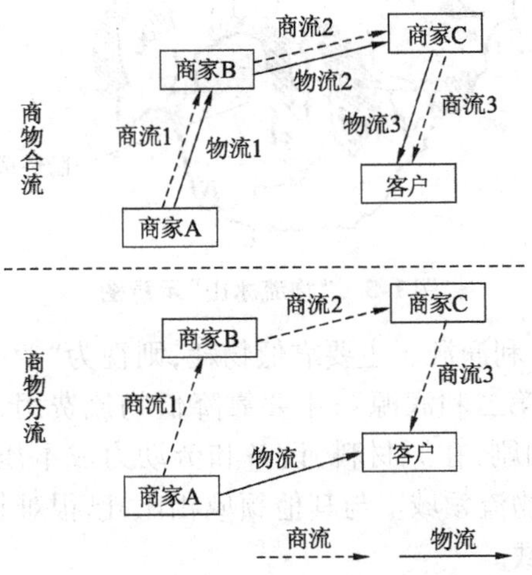

图 1-4　商物合流与商物分流示意

流通的发生仅限于商品交易领域，而物流不只限于流通领域，也涵盖生产、非生产、生活和公共服务领域，涉及货品被人为作用按预定方向发生物理性空间位移的所有非流通领域，如企业内部物流、应急物流、军事物流、家庭及个人生活物流等。

二、“黑大陆”“物流冰山”与“第三利润源”

1962 年，美国著名学者彼得·德鲁克(Peter F. Drucker)在《财富》杂志上发表了题为《经济的黑色大陆》一文，提出“流通是经济领域里的黑大陆”。德鲁克在本意上，用“黑大陆”来比拟流通是一个尚未被认识的领域，其中的物流未知的东西更多，如果理论研究和实践探索照亮了这一未知领域，摆在人们面前的可能是一片不毛之地，也可能是一个宝库。在某种意义上，“黑大陆说”对于物流领域的研究起到了启迪和召唤作用。

1970 年，日本早稻田大学教授西泽修在其《主要社会的物流战》一书中指出：物流费用犹如“冰山”，大部分沉没在水下，可见费用只是露在海面的“冰山一角”，因而人们对物流费用知之甚少，更多的都被隐藏起来，使人不得而知。“物流冰山”示意见图 1-5。

西泽修用“物流冰山”论证了德鲁克的“黑大陆”说，证明物流领域的方方面面远未被人们所看清，在“黑大陆”或“冰山”的水下部分，正是物流尚待开发的领域，也是物流的潜力所在。进而，西泽修把其著作《流通费用》的副标题写作“不为人知的第三利润源”，意在改进物流系统将是尚待挖掘的“第三利润源”。

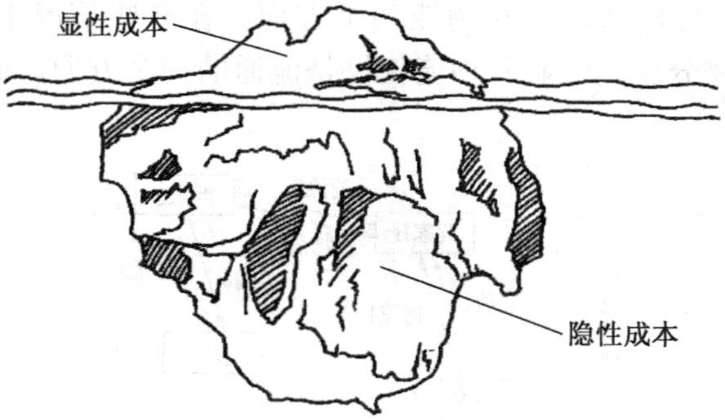

图 1-5 “物流冰山”示意图

市场经济条件下，利润源于主要靠低物耗，则视为“第一利润源”；主要靠节省人力耗用，称之为“第二利润源”；主要靠降低物流费用，按序列排为“第三利润源”。市场竞争的加剧，在原材料、设备和劳动力成本压缩的空间趋小化后，对成本的控制将转为物流领域。与其他领域相比，已很难找到一如“物流”这般潜藏高利润空间的领域。

“黑大陆”说、“物流冰山”论与“第三利润源”召唤人们转变和更新观念，重视对物流认知，也动员企业开阔视野，开发未知获利潜力的物流领域，挖掘“第三利润源”；正是在这一理念的开启和引导下，现代物流发展迅猛。而且，它的影响将是深远的。

三、“效益背反”与“物流森林”

1956年，美国学者莱维斯(Howard T. Lewls)、克里顿(James W. Culliton)和斯蒂勒(Jack D. Steele)撰写的《物流中航空货运的作用》中，首次揭示了物流运行中存在“效益背反”(trade off)现象——在某一物流环节作业优化和利益发生的同时，必然会存在另一个或几个环节的利益损失，又被称为物流成本交替损益，即物流各环节作业所发生的物流成本，呈现一种此长彼消、此盈彼亏的现象。例如，减少库存据点并尽量减少库存，势必使库存补充变得频繁，必然增加运输次数；简化包装，则包装强度降低，仓库里的货品就不能堆放过高，会降低保管效率，且装卸和运输过程中容易出现破损，以致搬运效率下降，破损率增加。这些就是“效益背反”的实证。

解决“效益背反”现象，应着眼于物流系统化和整体最优化，不仅将物流细分成包装、运输、保管等若干作业环节，而且找出各环节的有机联系，以一个系统整体把控物流，从而追求整体物流的效果。

美国学者用“物流森林”的结构概念来表述物流的整体观念，指出物流是一种“结构”，对物流的认识不能只见功能要素而不见结构，即只见树木不见森林；物流的总体效果是森林的效果，即使有和森林一样多的树木，如果一棵棵树木独自孤立存在，那也不是物流的总体效果。因此，“物流是一片森林而非一棵棵树木。”

这就要求，要实现各种物流环节的合理衔接，并取得最佳的经济效益，应该将各个物流环节(子系统)系统化，进行整体设计和管理，以最佳结构优化组合，就能较好地克服“效益背反”现象。

四、供应链管理与需求链管理

1982年，英国物流专家奥立夫(Keith R. Oliver)和威波尔(Michael D. Webber)在《观察》杂志上发表的《供应链管理：物流的更新战略》一文中，首次提出供应链管理概念。1985年，美国学者哈里斯(William Harris)和吉姆斯(Storck Gems)在密西根州立大学发表了题为“市场营销与物流的再结合——历史与未来的展望”的演讲，推动了物流顾客服务战略及供应链管理战略的研究。到20世纪90年代中期，出现了一大批供应链理论的研究成果。2005年1月1日，美国物流管理协会正式更名为美国供应链管理专业协会(Council of Supply Chain Management Professionals，简称CSCMP)。20世纪末到21世纪初，供应链(Supply Chain，简称SC)、供应链管理(Supply Chain Management，简称SCM)及其相关理论在中国物流界得到迅速传播。供应链管理成为现代物流学的核心理念之一。

1. **供应链与供应链管理**

供应链:生产及流通过程中,涉及将产品或服务提供给最终用户活动的上游与下游企业所形成的网链结构。它是围绕核心企业的一种网链关系,包括核心企业与供应商、供应商的供应商乃至一切前向的关系,与用户、用户的用户及一切后向的关系,并构成自采购原材料,到将它们转换为中间产品和成品,再将成品销售到用户的网链。供应链网链示意见图 1-6。

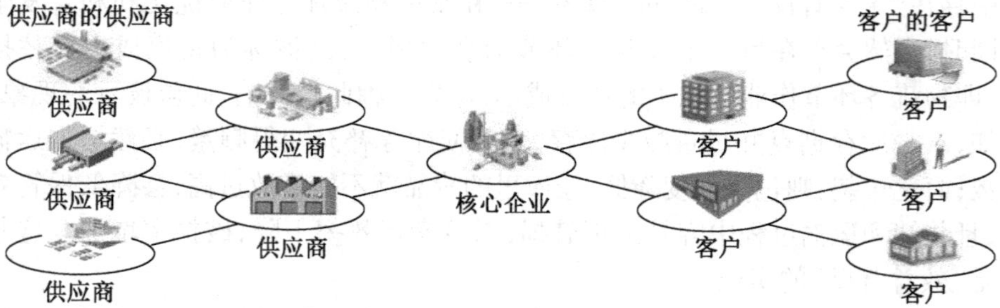

图 1-6 供应链网链示意

供应链概念不仅是对物流概念的扩展,还反映了与相关企业业务、资源的集成和一体化。物流是供应链运作的一部分。

供应链管理:对供应链涉及的全部活动进行计划、组织、协调与控制。美国物流管理协会这样定义:"供应链管理包括涉及采购、外包、转化等过程的全部计划和管理活动,以及全部物流管理活动;更重要的是,它也包括了与渠道伙伴之间的协调和协作,涉及供应商、分销商、第三方服务供应商和客户。从本质上说,供应链管理是企业内部和企业之间的供给和需求管理的集成。"也可以说,供应链管理是一种集成的管理思想和方法,表现了企业在战略和战术上对整个作业流程的优化,基于客户需求,整合并优化了供应商、制造商、零售商的业务效率,使货品以适当数量、适当品质,在适当地点,以适当时间、最低成本进行生产和销售。

很明显,供应链管理要比物流所涉及的管理领域和范围更加广泛,将管理的触角扩展到外包管理、渠道伙伴关系管理等领域,也包括了生产运作,它驱动企业内部和企业之间的营销、销售、产品设计、财务和信息处理等过程和活动的协调一致。

供应链管理的关键,在于其联盟战略——共享收益和共担风险的企业之间一种典型的、多方位的、目标导向的长期合作关系。供应链联盟战略会为合作双方带来长期战略利益:一是零售商-供应商联盟战略,零售商与供应商伙伴关系的联盟战略可看成一个连续体,一端是信息共享,零售商帮助供应商更有效地做计划,另一端是寄售方式,供应商完全管理和拥有库存直到零售商将产品售出为止;二是经销商一体化战略,经销商拥有客户需求和市场的大量信息,成功的制造商在开发新产品时会重视这些信息;三是第三方物流联盟战略,集中体现了第三方物流的优势,即集中核心竞争力、体现技术和管理的灵活性等。

当然,供应链管理以顾客为中心,以顾客需求为起点,供应链每一环节都必须满足顾客需求,且应使每个环节之间表现出需求决定关系;同时,顾客的需求满足和顾客的价值实现,又是分散在供应链上的各个环节,需要每个环节相对应联系,在整体上协同而不发生脱节。这正表明与供应链并存一个需求链——它表现为一种逆供应链状态——顺流而下的是不断增值的产品或服务传递流程;逆流而上的是顾客需求信息传递流程。因此,供应链管理也就是需求链管理。

2. **需求链与需求链管理**

1985 年,美国著名管理学家波特(Michael Porter)在其著作《竞争优势》论及价值链时,最先提出需求链(demand chain)概念,用于解决价值链中市场、销售和服务的需求,并包含了用户需求或供应链的市场需求因素。1998 年,英国学者克里斯托弗(Martin Christopher)给供应链视角增加了市场驱动的维度,并认为供应链管理应被称为需求链管理(Demand Chain Management,简称 DCM)。2001 年,美国学者兰格皮尔(Jim R. Langabeer)和罗斯(J. Rose)将需求链视为一个独立的概念,并区分了供应链和需求链及需求管理和需求链管理。

需求链:由用户需求驱动并最终满足用户需求的所涉产品或服务供应同步的上游与下游企业所形成的网链结构。它由用户需求驱动整条供应链的运作,产品和服务由需求拉动,实现从用户经零售商到制造商、再到原材料供应商的一个序列。需求链与供应链网链示意见图 1-7。

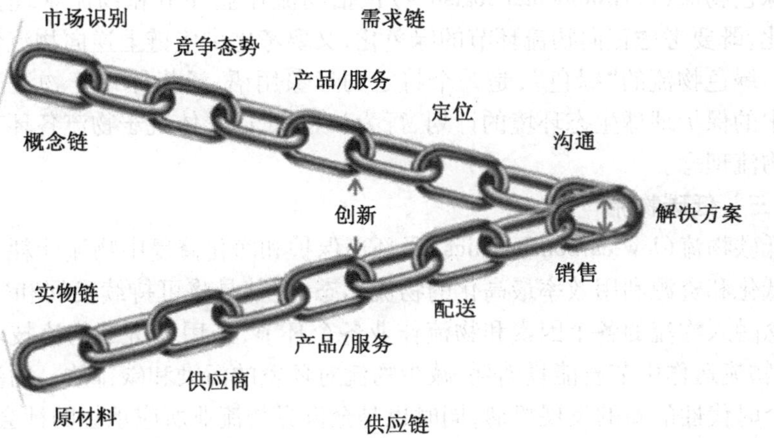

图 1-7　需求链与供应链网链示意

需求链管理可以简单描述为以顾客需求为导向的供应链管理。它将顾客的需求作为整个链条的起点,并按照链条的上下游关系将顾客的需求在链条的每个环节逐步转换为每个环节行为，链条的每个环节都按照成本最低、流程时间最短的原则进行设置，从而既能真正满足顾客的需求，提升顾客的价值，又能使需求链上各个相互关联的环节按照市场的一般供求关系建立联系。

五、生态物流、绿色物流与低碳物流

生态物流、绿色物流概念产生和发展于20世纪90年代，低碳物流概念则出现于2009年之后，顺应了全球环境保护和生态文明的发展潮流，是可持续发展的必然要求和趋势。

（一）生态物流

生态物流（ecology logistics）是环境保护和净化修复中物流生态最优化，以及环境污染和资源消耗最小化的物流形态。它围绕和突出生态环境保护，规划、改进和完善物流体系，抑制物流活动对环境的污染，减少资源消耗。尤其是着眼于全局和长远的利益，应用高新技术和物流技术，全面实现从粗放型向集约型发展，不断提升生活质量，确立与环境和谐相处的态度和全新理念，力求设计和建立一个环境友好型的循环生态物流系统，包括整合、集约优化配置物流资源，提高资源利用率，减少资源浪费；提高包装材料的回收利用率，有效控制资源消耗，避免环境污染；合理布局与规划运输线路，优化运输路线，提高车辆装载率，使用清洁燃料，减少能耗及尾气排放；合理布局和选址，仓储面积利用最大化，减少仓储成本；废弃物处理生态化；等等。这是一种顺应可持续发展趋势的物流发展方式，也是生态文明的一种自然选择。

（二）绿色物流

绿色物流（environmental logistics）包括物流作业环节和物流管理全过程的绿色化，既要考虑正向物流环节的绿色化，又要考虑供应链上逆向物流体系的绿色化。绿色物流的“绿色”，是一个特定的形象用语，泛指体现于物流及其管理活动中的保护地球生态环境的计划、行为和观念，以及体现于物流各环节作业的绿色物流理念。

（三）低碳物流

低碳物流（low-carbon logistics）是环境保护和净化修复中物流能耗、污染、排放最低化和资源利用效率最高化的物流形态，尤其是将可持续发展和“碳减排”的理念融入物流的各个因素和物流作业各个环节，采用先进的物流技术和管理方法，物流运作中节省能量消耗，减少物流对环境的污染和碳排放。物流低碳化是一个时代性的新的发展机遇，同时也是全世界物流业所应承担的社会责任。

生态物流与绿色物流、低碳物流属于同一范畴的不同表述，既是同质的概念和一种全新的物流理念，又是一种新的物流发展方式。

思考题

1. 结合案例说明什么是物流。

2. 结合案例说明物流要素。

3. 结合案例理解和把握物流是一个复杂系统。

4. 结合案例领会主要物流理念。

5. 案例分析：阅读所给的案例材料，结合所学的相关知识展开分析，并加深对知识的理解。

案例1-2 洗发水的故事

当你从超市货架上取走1瓶清扬洗发水时意味着什么？也许只是你简单的举手之劳，但对联合利华（中国）公司来说，答案却是牵动1 500家供应商、2.53×10^5 m^2 的生产基地、9个区域分仓、300个零售商和经销商的大运作。

如果让它的全貌更明晰一些，你将会看到它的一头连接着遍布全球的1 500家供应商，另一头则是共约300个零售商与经销商所提供的超过 8×10^4 个销售终端，包括沃尔玛、乐购、屈臣氏和麦德龙等在内。但仅凭这条单一的纵贯线，还不足以支撑起其复杂和庞大的体系。再有两个维度是，清扬洗发水、力士香皂、中华牙膏、奥妙洗衣粉等16个品牌将近3 000多种规格（SKU）①的产品，以及这家公司在中国超过 1×10^{10} 元的年销售额。

如何让这个体量庞大的组织灵活运转起来？事实上，每当你从超市货架上取走1瓶清扬洗发水时，这个极为平常的、每天每时都有可能发生的小举动，便开始对联合利华整个供应链组织的运转造成影响。

你的这个小举动将被联合利华迅速捕获，成为它组织生产和销售1瓶洗发水的依据。不同于家电、汽车等耐用消费品能够比较容易预测消费的趋势和周期性，快速消费品行业的预测有点麻烦。因为，消费者的购买频次更高，消费结构也更为复杂，同时还充满许多不确定性。如果让一个联合利华的销售人员列举他最头疼的情况，大客户采购一定是其中之一。因为，超市的现有库存可能顷刻间被耗尽，货架上随即贴出明黄色"暂时无货"标签，会在一堆价牌中发出一个不和谐的信号，告知推着购物车前来的顾客无须靠近，而他手头的工作会立即变为

① SKU = stock keeping unit（库存量单位），即库存进出计量的单位，可以是以件、盒、托盘等为单位。SKU是对于大型连锁超市DC（配送中心）物流管理的一个必要的方法。现在已经被引申为产品统一编号的简称，每种产品均对应有唯一的SKU号。

去修复这个棘手的问题。

为了避免类似的手忙脚乱，或者说得更商业一些，如果不想产生多余的库存，继而带来更多的成本，又不想丢掉生意，联合利华需要准确地预测出自己未来的销售情况。

这份工作的第一步，更像是一个需要精力和耐力的体力活：千方百计地去捕捉消费者们随时产生的购买行为，或者换种称呼方式，即"历史销售数据"。

每一天，分散在全国各地的联合利华销售人员在巡店后，会将数据输入一个类似手机的手持终端，源源不断地把销售情况汇总到公司数据库中心的主机里，再加上直接对接着的诸如沃尔玛 POS 机系统和经销商的库存系统等，联合利华的管理人员不管是在上海的中国总部办公室，还是在伦敦的全球总部办公室，都可了解到在中国超过 1×10^4 家零售门店任何一天的销售情况。其余还有 7×10^4 多个销售终端，数据更新以周为单位。

计划经理们热爱这些在统计学上被视为大样本的数据来源。这可以保证对销售预测的波动，包括那位销售人员所头疼的难以预料的团购情况，将能被控制在合理的水平。

但仅仅通过汇总消费者们的购买行为这类数据，还不足以让需求计划经理胜任，准确预测出联合利华未来一段时间（例如 13 周内）的销售情况，尽管那些代表预测销量和实际销量的分析曲线，也实时在他们的电脑屏幕上循环滚动着——依赖数学模型和复杂计算只能在理论上完成工作。

要对这瓶洗发水背后的庞大体系有所理解，更需要经验，包括联合利华的市场部门对特定一款洗发水制定了是降价还是买赠的促销方案、在多长时间段内投入多大宣传力度、覆盖多少区域或渠道等，都会影响这款洗发水最终增加的销量。因此，这位需求计划经理也同时要懂营销、懂生产，并且常常要和销售、财务、市场等团队进行沟通。

联合利华按照 16 个品牌的产品形态划分出四大业务类别，每个类别都有一组团队来预测产品的销售情况。只有通过他们，诸如从超市货架上取走 1 瓶清扬洗发水的这一小小举动，才得以进而影响采购生产环节的实际运作。

在超市，当洗发水成品按瓶为单位被销售出去时，联合利华的采购部门得到的信息，则是原材料 A 和包装材料 B 又将会有新的需求。在采购人员的计算机里，1 瓶清扬洗发水会被分解成 40 多种原材料，在材料清单表（bill of material）上化为许多个普通人不太接触的专业名词。按照联合利华实行全球化的采购与生产体系，消费者购买行为将对采购甚至全球性需求链产生影响。

到2012年6月,联合利华公司旗下400多个品牌的产品,在六大洲270个生产基地生产,所有涉及原料和包装材料的采购问题,包括采购地和供应商的选择,以及采购规模及频次的安排,都由全球统一进行调配。这种全球化的操作将在成本集约上体现出规模效应,但也对公司的供应商管理水平提出了挑战。

2002年,联合利华公司在上海成立了全球采购中心,在世界最大原材料生产地之一的中国,向全球出口原料及成品——它在合肥的生产基地就是在这之后建立起来的。这里生产的牙膏,最远要销售到智利。针对联合利华(中国)的供应商总数在1 500家左右。而公司的采购、质量管理和研发部门将共同承担对供应商的管理工作。

一些能够同时提高双方效率的合作会在这里开展:一些在内部被评定为A级的供应商,被视作公司的战略合作伙伴。它们会为联合利华生产定制化的材料,而联合利华自己的设计人员和研发人员,往往也对供应商的设备、流程等都很熟悉,双方会针对一款新产品在很早期就开始合作,联合利华会从技术方面对供应商提供指导。

但这样的合作是有前提的,联合利华对供应商有一套全球共同执行的标准。公司一个跨部门的管理团队,每年会对这些A级供应商到场审计两次,除了审查技术水平、产品质量、资金规模等常规方面外,还包括检查污水处理装置这类关于环保、用工条件等社会责任方面的状况。供应商如果在其中哪个方面没能达到要求,就将面临从联合利华的采购名单里消失的风险。

接下来,生产部门也将和计划部门对接,对这瓶从货架上被你拿走的清扬洗发水做出响应。

根据你所购买的具体是哪款洗发水,生产计划经理将做出决策。他必须通过采购团队掌握所有供应商的交货能力,通过工厂负责人了解生产线上的实际产能;通过需求计划经理们得到销售预测——它来自这家公司对你最初那个购买行为的灵敏捕捉。之后,他将这三类信息汇聚在一起,统筹出下一段时期内(例如13周至1年)该产品的产能供应水平。

根据你所购买的是具体哪款洗发水,最终的生产安排将被制定出来,用以指挥一个年产值为1.4×10^{10}元的生产基地具体在每一周、每一天里如何动用它的每一家工厂、每一条生产线。例如,按照速度和专长不同,10来条洗发水生产线该如何安排去生产联合利华旗下300多个规格(SKU)的洗发水,以尽可能达到产能最大化,好让那些分散在全国各地甚至世界其他地区不断增长的购买需求得到满足。

2003 年,联合利华在合肥工业园建立了家庭及个人护理产品生产基地。到 2012 年 6 月,该基地的面积已扩张到了 $2.53\times10^5\ m^2$。2011 年的产值已是 2003 年时 5×10^8 元的 28 倍,成为联合利华全球最大的生产基地。

至于你打算在何时何地购买这瓶清扬洗发水这个小行为,将给联合利华的分销资源计划员(distribution resource planner)带来一道复杂的统筹学问题。

联合利华在中国设有 9 个销售大区,合肥生产基地制造出的成品,将首先从总仓被发往上海、广州、北京、沈阳、成都等 9 个城市的区域分仓中。为了保证这瓶洗发水能够准时到达最终的货架,这位分销资源计划员既要规划路线,又要考虑库存成本和各条运输线上波动的运输能力。

例如,春节是联合利华产品的销售旺季,而临近春节时往西方向的铁路线会很拥挤,公路运输也比较忙——这还没算上很多会在路上临时突发的状况。联合利华的分销资源计划部门就要和业务部门、生产部门、物流部门等沟通,规划如何在西区提前建立库存。

最终,这瓶洗发水从工厂出发,在经历诸如交付和收货的环节后,被联合利华的供应链团队移交给了零售商或经销商的供应链团队,到达超市货架。然而,联合利华还得努力确保消费者在货架前取下的那瓶洗发水恰好来自自己,而不是竞争对手——那些和自己做着类似的广告、把产品摆进类似超市的其他品牌供应商。这又取决于品牌影响力、市场营销策略。那是这瓶洗发水另一个版本的故事。

这家公司庞大的供应链系统,还会为你在货架前那个小小的举动做些什么?

事实上,联合利华并不直接和超市货架前的你产生联系,普通消费者和联合利华的中间隔着诸如乐购、沃尔玛这样的大型连锁超市。因此,为了让客户更愿意帮助自己卖出产品,联合利华的做法是把供应链一直延伸到货架前,站在客户的角度为客户提供服务。

货架上的缺货标签代表着供应链的某个环节出现了偏差,而缺货将导致一堆合作伙伴的生意受到影响。当很多供应商都把改善缺货问题的努力集中在满足订单这个环节时,联合利华则走得稍微靠前一些,它为自己设置了一个"货架有货率"(On-Shelf Availability,简称 OSA)的指标。这之后,联合利华客户服务团队的 Y 和 H 成为对乐购货架的直接负责人。她们可不是促销员,前者是 OSA 专家,后者是乐购客户服务小组的组长。

她们进入一个个乐购门店的后仓察看,追踪所有联合利华产品在那里的入库、上架及销售数据,分析出导致 1 瓶清扬洗发水在货架上缺货的真正原因——到底是门店方面没有及时下单,还是系统虚库存,又或者是因为库存堆放问题而让负责货架的促销人员总是不能及时在后仓找到商品……之后，她们通过示范和建立流程，如给乐购门店的仓储管理人员做培训，帮助他们建立起一个更好的库存整理模式。

这让她们的角色看上去更像是提供建议和解决方案的商业顾问。在2009年前，联合利华100多人规模的客户服务团队，还是以处理订单问题为工作重心。如，响应客户投诉、反馈物流情况等，整天和电话、邮件、表格和报告打交道。2010年，联合利华通过改造计算机系统来处理此类工作，客户服务人员被解放出来，去做一些更有意义的事。这在联合利华被称为客户增值服务，作为供应链服务的一种延伸。

这番努力的结果是，联合利华的产品在乐购上海重点门店的货架满足率提高到98%。通俗说来，就是理应出现在货架上的100种商品实际出现98种，而之前的这一水平一直停留在90%左右。对于联合利华和乐购来说，数字指标提升的背后是生意的切实增长。以整个联合利华（全球）在重点客户门店实行"货架有货率"项目的经验来看，货架有货率每提高3%，就会带动产品销售提高1%。

在2011年联合利华和乐购供应链部门的商业合作计划（Joint Business Plan）里，双方启动了回程车项目（Backhaul），在联合利华合肥总仓、乐购嘉善总仓、乐购合肥门店之间，把双方的取货、发货和运输线路放在一起进行设计，减少返程时的空车率。回程车项目可以节约10%左右的物流成本，同时也在完成公司对碳排放降低的要求。类似的合作还在双方的冷链车上进行。

当联合利华的客户服务团队通过诸如"货架有货率"项目，想办法把更多的产品摆上货架时，客户发展团队（即销售团队）则在想办法帮助乐购利用同样的货架空间卖出更多的产品。这时候，关于一款清扬洗发水该如何在乐购超市货架上陈列的讨论，就可能会在一个270°的大屏幕前展开。这个屏幕是联合利华客户洞察力及创新中心（Customer Insight & Innovation Center）的一部分，它以实景模拟的方式，显示顾客在货架前的行为，从行走的路线到目光的移转。

当联合利华的消费者研究专家得到一些结论后，这些研究经验也会很快被分享给零售商。例如，在给麦德龙运送货物的物流车里，你将会看到同样的清扬洗发水被放进一种特别印制了颜色和图案的包装箱——考虑到麦德龙的消费者以批发采购为主，更经常直接成箱购买，联合利华使用了可以直接放上货架的运送包装。而其他一些出自消费者研究室的经验，则通过联合利华客户发展团队被传递给一线的门店促销人员。

一个周末下午，乐购上海光新门店的联合利华促销员，刚刚在当天定时开仓的时间段里取到了清扬洗发水，"为货架补齐了门牙"。

在此之前的两天里，这瓶洗发水经历了一次旅行。无论是颇具大工业生产的魅力，追求有序、精确和高效的采购生产体系，还是直接在为客户的生意操心，把供应链服务一直延伸到超市货架前的客户服务与发展团队——联合利华这些庞大的组织体系里所有环节的存在，都是在对你购买1瓶清扬洗发水的小行为做出回应。

（赵蓉:《洗发水的故事》,《第一财经周刊》,2012年总第211期）

第二章
物流环节及其技术

物流环节主要包括包装、装卸搬运、运输、储存、流通加工、配送和信息处理等。物流各环节作业中所采用的各种设施、设备装置、工具与工艺，以及由相关科学理论知识和实践经验发展而成的各种方法、作业技能等，即物流技术。

第一节　包装与集装化技术

继起的社会再生产过程中，从社会物流系统的物流环节链上截取的物流始端环节，理应是包装。

一、包装与物流

包装是物流环节之一，一个直接关系到流体质量和影响物流效率、物流效益的环节，在物流环节链中是不可或缺的。

包装(packaging)：按一定技术方法，使用容器、材料及辅助物将产品/货品包封，并施以加标、裹包或捆扎等的作业。简言之，包装是包装物及包装操作的总称。

通常，产品生产工艺的最后一道工序，便是包装。包装意味着产品的生产过程终止；与此同时，也是该产品/货品的社会物流起始，包装后的产品/货品，适宜于物流，尽管在后续某一物流环节可能会被再次包装。包装，通常可分为销售包装和运输包装。与物流相关更直接的，主要是运输包装。

对于物流，包装可以保护货品，使之不受任何损伤、损坏、损失，确保完好、安全地完成物流全程；方便物流，便利其他物流环节作业，保障能快捷、高效地完成物流全程；适当的包装可促进销售，加速和扩大商流，带来社会物流量的扩增；包装容器上标注或印刷必要的各种标识，可方便理货、识别和引起应有的注意，按标识指示进行作业，确保物流安全、无误。

包装是一个物流环节，但也并非任何种类物流中的货品都必须包装。一是有些货品在某种环境下无须包装，如大批量矿物、沙石、圆木等；二是无包装、散装，如大批量粮食、油品等。这也是一种包装类型。

二、充填、封口、裹包与加标:包装操作技术

包装操作技术涉及面很广,最基本和最常见的主要有充填、封口、裹包、加标和捆扎技术。

(一)充填技术

充填是将产品/货品装入包装容器的操作。譬如,装盒、装箱、装袋等,就是将产品/货品往盒、箱、袋等容器的充填,主要有装放、填充与灌装。

1. 装放

装放是将产品/货品合理置放于包装容器的操作。包装容器不同,装放技术与方法也有区别。例如,装盒技术。盒是指体积小的容器,如牙膏盒、肥皂盒、药品盒、文教用品盒和各种食品盒。大部分盒用纸板制成。有时装瓶、装袋后再装盒,或装小盒后再装较大的盒。装盒技术从手工操作向机械化、半自动化和全自动化发展。

(1) 手工装盒法。最简便的装盒方法就是手工装盒,不需要设备和维修,但速度慢,对于食品和药品等卫生条件要求高的货品来说,易受污染。

(2) 半自动装盒方法。由操作工配合装盒机来完成装盒过程。用手工将货品装入盒中,其余工序,如取盒坯、打印、撑开、封底、封盖等都由机器来完成;有的货品需要装进说明书,如药品和化学用品等,仍用手工放入。

(3) 全自动装盒方法。除了向盒坯贮架内放置盒坯外,其余工序均由机器按设定程序自动完成。

2. 填充

填充是将固体或液体产品/货品装入包装容器的操作,可分为固体物料填充和液体物料填充。

填充是产品/货品包装中最常用的一种装料方法,是包装过程的中间工序。在填充之前,是物料的供送和容器的准备工序,如成型、清洗、消毒、干燥或排列等,此后是密封、封口、贴标、打印等辅助工序。可填充的产品/货品范围很广、种类繁多,有颗粒填充物、粉末填充物、块状填充物、液体灌装等;或者装瓶、装罐、装袋、装盒、装箱等。被填充物的种类、形态、流动性及价值等各不相同,计量方法也不相同,有容积填充法、称重填充法和计数填充法。

填充精度。填充精度是指装入包装容器内物料的实际数量值与要求数量值的误差范围。填充精度低,允许的误差范围大,容易产生填充不足或填充过量。

填充工艺选用。填充的工艺方法很多,一般要求计量准确,不损坏内装物和包装容器;填充食品和药品,应注意清洁卫生;填充危险品,应注意安全防护。在选择填充方法时,应该综合考虑货品的物理状态、性质、价值,以及包装容器的种类、填充精度、包装成本、生产效率、设备与操作成本等。

3. 灌装

灌装是将液体产品/货品装入瓶、罐、桶等包装容器内的操作，也就是液体物料填充。液体灌装是填充工艺的一种，液体物料与固体物料相比，具有流动性好、密度比较稳定等特点。

被灌装的液体物料涉及面很广泛，种类很多，有各类食品、饮料、调味品、工业品、化工原料、医药、农药等。它们的物理、化学性质差异很大，对灌装的要求也各不相同。液体灌装是将液体从贮液缸中取出，经过管道，按一定的流速或流量流入包装容器。管道中流体的运动是依靠流入端与流出端压力差，即流入端压力必须高于流出端压力。液体物料性能不同，有的靠自重即可灌入包装容器，有的需要防静电袋施加压力才能灌入包装容器。

（二）封口

封口是将充填有包装物的容器口子进行封闭的操作。在产品/货品装入包装容器后，为了使产品/货品得以密封保存，保持货品质量，避免货品流失，需要对包装容器进行封口。这种操作是在封口机上完成的。

制作包装容器的材料很多，如纸类、塑料、玻璃、陶瓷、金属、复合材料等，包装容器的形态及物理性能也各不相同，所采用的封口形式及封口装置也不一样。譬如，对纸类材料，一般采用在封口处涂刷黏合剂，再施以机械压力封口；对具有良好的热塑性的塑料制作的塑料袋或复合袋，一般采用在封口处直接加热并施以机械压力，使封口熔合；对常见的豆浆杯、奶茶杯等，通过加热使杯沿和膜黏合，使容器密封；等等。

（三）裹包

裹包是用挠性材料包覆货品或包装件的操作。裹包使用较薄的柔性材料，如纸、塑料薄膜、金属箔及它们的复合材料，将货品或经过原包装的货品全部或大部分包起来。裹包用料省，操作简单，包装成本低，应用范围广泛。从包装固体物料扩展到各种黏度的液体物料；从剃须刀片到直径近 1 m 的卷筒纸；从几克重的小袋调味品到几十千克重的大袋水泥、化肥，以及其他较大物件。

（四）加标和捆扎技术

加标是按相关标准规范，将标签粘贴、拴挂在包装件或直接在货品包装上做有关标记的操作。

捆扎是用绳或带等挠性材料扎牢固定或加固货品和包装件的操作。捆扎操作技术，将捆扎带放到包装件上的合适位置，然后环绕包装件，抽紧捆扎带，切断余带，带两端相接，移出被捆包装件。就带两端相接的方式而言，塑料带，利用热熔搭接式进行封接；绳子，打结等。

包装操作可分人工操作与机械操作。包装技术的发展，促成包装操作机械化、自动化。包装机械种类繁多，常见的主要有装箱机械、装盒机械、装袋机械、灌装机械等填充类包装机械，裹包机械、捆扎机械、封条和加标机械、封口机械等裹包和捆扎类机械，以及收缩包装机械、热成型包装机械、拉伸包装机械等包装技术类机械。

案例 2-1　可口可乐瓶装操作

可口可乐公司是全球最大的饮料厂商。2016 年 10 月，可口可乐公司排全球 100 大最有价值品牌第三。可口可乐的生产是全自动、机械化的。以玻璃瓶装可乐为例，一瓶 1 元的可口可乐生产灌装的主要步骤，包括原料配送、洁净与冲洗、混合搅拌、装瓶、压盖、标签、打码、检验、包装(外包装)等。

(1) 原料配送。可口可乐的生产，除了需要甜味剂、二氧化碳、水这些原料及秘而不宣的配方之外，还有诸如瓶子、易拉罐、标签和包装等其他材料。其中，瓶子，在美国本土之外，许多工厂出于经济考虑，会被多次利用；在美国本土则将一次性瓶子运到工厂后，先进行仔细检查，之后再进行洁净和清洗。

(2) 洁净与冲洗。可口可乐公司对瓶子的洁净度规定了严格的标准。为此，瓶子先要放进洗瓶机用清洗喷头冲洗除污垢，浸泡在高浓度杀菌清洁剂中去除残留物，并进行消毒，接着送到"高压冲洗"处做更彻底的高压喷射冲洗，通过目检或电子空瓶检查机检验后，空瓶送进罐装机待用。

(3) 混合搅拌。可口可乐的生产采用连续混合系统，先简单地将净化水与甜味剂进行调和，制成一种非碳酸饮料，并用饮料配比仪器按一定的比例进行搅拌，以准确地测量每次的规定比例，然后将搅拌物送到碳酸化合器里，加入纯度比 99.99% 还高的 CO_2 气体，给饮料醇加碳酸气，最后进入混比冷却系统净化，混合成汽水并冷却到 4℃，使饮料增添沸腾的气体，又带来独特和熟悉的味道。

(4) 装瓶。当所有的原料混合搅拌成饮料后，经输送管注入灌装机(工作效率是 300 瓶/min)，就可以开始装瓶了。装瓶过程非常复杂，每一步都需要准确无误。先将瓶子精确无误地传送到灌装机前，以保证灌装过程能同步完成；将瓶子传送到灌装机前，由灵活的平夹将玻璃瓶紧紧夹稳，或由定位装置(centering device)将玻璃瓶精准地定位在灌装处；在灌装前，瓶子的内部需要先加压，以使饮料注入时可以顺利流入瓶中，尽量避免和减少产生泡沫。

(5) 压盖。饮料装瓶后需要压盖。不同的瓶子需要不同的盖子——玻璃瓶一般使用皇冠盖(crown)，塑料瓶主要使用的是塑料螺旋盖。每种盖型都要经过不同的检测点,以保证盖子没有划痕,并准确地压放在瓶口上,在4个大气压下将瓶盖紧紧地封盖。

可口可乐生产线在压盖过程中使用了“无盖(no-closure)”检测仪,用来加测螺旋盖和皇冠盖是否盖到了瓶口上;如果检测仪没有发现瓶盖,检测程序就会停止。在装盖后使用“通止规(go-no-go-guage)”和“扭矩测试仪(torgue meter)”。其中,“通止规”负责检测压盖的折边,而“扭矩检测仪”负责保证螺旋盖的完好和旋紧。如果压盖不到位,饮料的CO_2就会漏失,造成含气不足或出现其他不利情况。这样,产品就必须捡出报废。

(6) 贴标签。完成瓶装和压盖后,即可开始贴标签。标签经由辊轴传送,再被剪切粘贴到瓶子上。若是为特殊纪念意义的瓶子所定制的标签,如足球比赛,要先获得许可才能使用。有时,有特殊纪念意义的瓶子只能适用于特定的地点,如为全国性足球锦标赛而特制的瓶子,只适合用于当地的锦标赛球队。

(7) 打码。可口可乐生产的每瓶饮料都需要打码,以便记录饮料的生产信息。比如,产品的装瓶或压盖日期。有些号码以日期戳的形式出现;有些则更复杂,采用字母和数字元的组合编码,表明饮料生产的日、月、班次和工厂。如果在包装上找不到打码,可能是因为有些装瓶厂采用了隐形墨水,只能通过特殊的仪器才能看到。给产品打码能确保消费者买到最优质的产品。

(8) 检验。可口可乐产品的质检过程非常严谨,需进行多次。对于可多次使用的玻璃瓶,从其一进厂就需要进行检验,在清洗后和装瓶后还进行多次检验。检验员要注意瓶子的外观有无破损,验明灌装量是否相等。尽管机器不能完全代替人工检验,可口可乐生产线同时也采用检验仪器进行质检。检验空瓶时,检验仪会发出一束强光,通过瓶底照射到对面的光集束器上,如果光波产生变化说明瓶子已不能再使用。装瓶后,有些工厂使用精密仪器来检测瓶中的饮料容量是否准确,每个装瓶厂还需在实验室里抽检瓶装产品的样品,以保证质量达标。

(9) 外包装。饮料一旦装瓶并通过质检,就要进入包装机(500瓶/台)开始外包装(包括运输包装),以方便向各地分销。一般,外包装的整个过程涉及从最初的瓶子设计到标签的设计,再到纸箱、托盘,甚至集装箱等。

整箱的成品饮料会存入仓库(不含直接装运的),每个仓库每天都会存放成千上万箱,并按“先进先出”顺序出库入库。出库时将饮料装上可口可乐独具特色的装货车,这些送货卡车将新鲜的饮料运送到离消费者最近的超市、商场、现调机售卖点和自动贩卖机。

（佚名:《可口可乐的生产工艺流程》,2011 - 04 - 26. http://wenku. baidu. com/view/f0a2468a84868762caaed5db. html. ）

三、包装标识

物流包装容器上的标注或印刷文字、图形,供以信息识别,指示物流操作,以保障物流作业质量。

包装标识(packaging mark):包装容器上传递信息或吸引注意力的带有被设计成文字或图形的视觉展示。这主要有包装标签和包装标志,包括内包装和外包装或运输包装。在物流领域,常见的主要有运输标签、认证标志、指示标志和危险品标志①等。

(一) 运输标签

运输标签(shipping label),即唛头(shipping mark),也就是运输包装收发货标志。通常,它是外包装件上的货品分类图示标志及文字说明、排列格式的信息标示,主要包括货品分类图示标志、供货号、货号、品名规格、生产厂家、体积、重量(毛重、净重)、收货人或发货人、件数等。运输包装收发货标志见表2-1。

表2-1　运输包装收发货标志

代号	中文	英文	含义
FL	货品分类图示标志	CLASSIFICATION MARKS	表明货品类别的特定符号
GH	供货号	CONTRACT NO	供应该批货品的供货清单号码(出口货品用合同号码)
HH	货号	ART NO	货品顺序编号,以便出入库,收发货登记和核定货品价格
PG	品名规格	SPECIFICATIONS	货品名称或代号;标明单一货品的规格、型号、尺寸、花色等
SL	数量	QUANTITY	包装容器内含的货品数量
ZL	重量(毛重) (净重)	GBOSS WT NET WT	包装件的重量(kg),包括毛重和净重
CQ	生产日期	DATE OF PRODUCTION	货品生产的年、月、日

① 危险品标志详见第四章第二节“危险货物物流”。

续表

代号	中文	英文	含义
CC	生产工厂	MANUFACTURER	生产该货品的工厂全称
TJ	体积	VOLUME	包装件的外形尺寸长(mm)×宽(mm)×高(mm)=体积(mm^3)
XQ	有效期限	TERM OF VALIDITY	货品有限期至××××年××月
SH	收货地点和单位	PLACE OF DESTINATION ANDCONSIGNEE	货品到达站、港和某单位(人)收(可用贴签或涂写)
FH	发货单位	CONSIGNOR	发货单位(人)
YH	运输号码	SHIPPING NO	运输单号码
JS	发运件数	SHIPPING PIECES	发运的件数
说明	(1)分类标志一定要有,其他各项合理选用。 (2)外贸出口货品根据国外客户要求,以中、英文对照,印制相应的标志。 (3)国内销售的货品包装上不填英文项目。		

运输标签可使货品在物流作业的每个环节便于识别,以免发生错装、错运、错转、错交和无法交付等情况。当由于某种原因发生票、货分离时,也便于作业人员快速确认货品所有人。

收发货标志的字体。标志的全部内容,中文都用仿宋体字,代号用汉语拼音大写字母;数码用阿拉伯数字,英文用大写的拉丁文字母。

运输包装收发货标志位置,按箱、袋、桶等包装容器或挂签不同是有区别的,需符合标准规范的要求。

(二)认证标志

认证标志(certification mark)是指证明产品、服务、管理体系通过认证的专有符号、图案或者符号、图案以及文字的组合。用于包装的认证标志有多种,特别是预包装食品①。其中,与运输包装有关的,按照国家标准《进出境货物木质包装材料检疫管理准则》(GB/T28060—2011),木质包装必须有"IPPC"标志。

"IPPC"即"International Plant Protection Convention"(国际植物保护公约)缩

① 国家标准《食品安全国家标准 预包装食品标签通则》(GB 7718—2011)规定,预包装食品是指预先定量包装或者制作在包装材料和容器中的食品,包括预先定量包装以及预先定量制作在包装材料和容器中,且在一定量限范围内具有统一的质量或体积标识的食品。预包装食品的认证标识有"R"标记(register,注册商标)、"CCC"标识(China Compulsory Certification,中国强制认证)、"国家免检"、绿色食品、有机产品、原产地域产品、保健食品等。

写。它用于包装或加固货物的木板箱、木条箱、木托盘、木框、木桶、木板、木轴、木楔、垫木、枕木、衬木等的木质包装，表示已经过 IPPC 检疫标准处理，是符合 IPPC 标准的木质包装。“IPPC”标志式样见图 2-1、图 2-2。

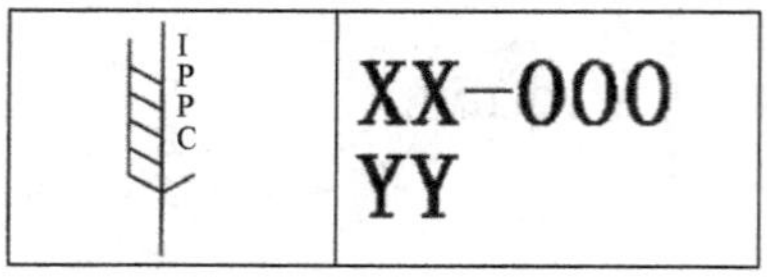

图 2-1 “IPPC”标志式样(进境)

IPPC—《国际植物保护公约》的英文缩写；

XX—国际标准化组织(ISO)规定的 2 个字母国家编号；

000—输出国家或地区植物检疫机构批准的木质包装材料生产企业编号；

YY—确认的检疫处理方法，如溴甲烷熏蒸为 MB，热处理为 HT。

注意：输出国家或地区官方植物检疫机构或木质包装材料生产单位可以根据需要增加其他信息，如去除树皮以 DB 表示。

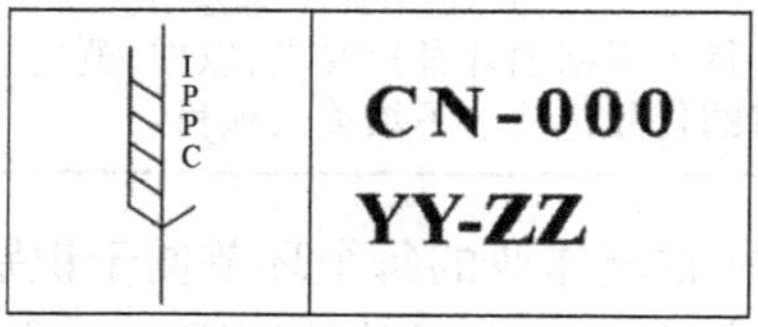

图 2-2 “IPPC”标志式样(出境)

IPPC—《国际植物保护公约》的英文缩写；

CN—国际标准化组织(ISO)规定的 2 个字母中国的国家编号；

000—主管部门批准的木质包装生产企业编号；

YY—确认的检疫处理方法，如溴甲烷熏蒸为 MB，热处理为 HT；

ZZ—主管部门或木质包装材料生产单位可以根据需要增加其他信息，如去除树皮以 DB 表示。

标志应加施于木质包装材料显著位置，至少应在相对的两面；应清晰易辨、永久且不能移动；应避免使用红色或橙色。

(三) 指示标志

指示标志(mandatory sign)是用来指明被包装货品的性质和物流作业安全，以及理货、分运需要注意的文字和图形。这种标志主要表示货品的性质、堆放、开启、吊运等的作业方法，用于指示运输、装卸、保管人员作业时需要注意的事项，以保证物流安全。

国家标准《GB/T 191-2008 包装储运图示标志》规定，在有特殊要求的货品外包装上粘贴、涂打、钉附不同名称的标志，如“易碎货品”“向上”“防潮”“小心轻放”“由此吊起”“重心”等，共 17 个指示标志。包装储运图示标志示例见图 2-3。

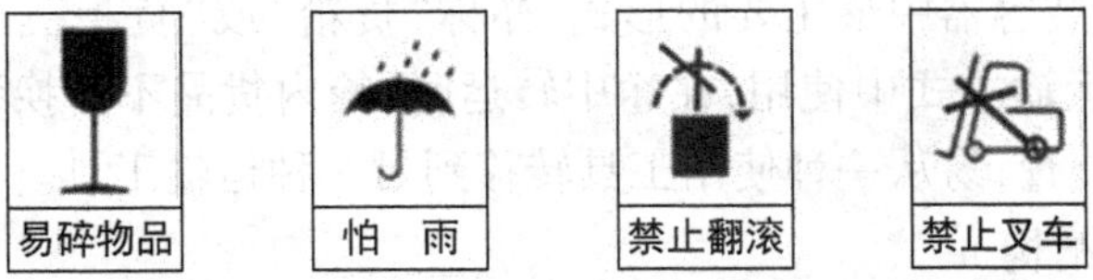

易碎物品标志　怕雨标志　禁止翻滚标志　禁止叉车标志

图 2-3　包装储运图示标志示例

包装储运图形符号及标志外框尺寸有标准规范。标志颜色一般为黑色。如果包装的颜色使标志显得不清晰，则应在印刷面上用适当的对比色，黑色标志最好以白色作为标志的底色。必要时，标志也可使用其他颜色，除非另有规定，一般应避免采用红色、橙色或黄色，以避免同危险品标志相混淆。

（四）包装标识规范

物流包装标识，无论是印刷文字或是图形，都是用以传递信息或吸引注意力的，因而为确保信息识别，应符合规范要求。

（1）必须按照有关规定办理。对货品包装标签和标志所使用的文字、符号、图形及使用方法，都有统一的规定。

（2）必须简明清晰、易于辨认。包装标签和标志要文字少，图案清楚，易于制作，一目了然，方便查对。标签和标志的文字、字母及数字号码的大小，应与包装件的标记和标志的尺寸相称，笔画粗细要适当。

（3）涂刷、拴挂、粘贴标签和标志的部位要适当。所有的标签和标志，都应位于搬运、装卸作业时易见的地方。为防止在物流中某些标签和标志被抹掉或不清楚而难以辨认，应尽可能在同一包装物的不同部位制作两个相同的标签和标志。

（4）制作标签和标志的颜料应具备耐温、耐晒、耐摩擦等性能，以免发生褪色、脱落等现象。

四、集装化与集合包装

集装化（containerization）也称为组合化和单元化，是指将一定数量的散装或零星成件货品组合为一个整件的包装方式。

集装化货品的载体是集合包装。集合包装就是将若干个相同或不同的包装单位汇集成一个更大的包装单位，或装入一个更大的包装容器内的包装。比如，把许多货品包装成一个包，若干包又打成一个件，最后若干件装入一个集装箱。这便是集合包装的简单组合过程。

（一）集装箱：专供周转使用的大型装货容器

集装箱（container）：具有一定强度、刚度和规格，专供周转使用的大型装货容器，是集合包装容器中最主要的形式，亦称“货箱”或“货柜”。集装箱适用于在一种或几种运输方式中使用，在途中转运时，箱内货品不需换装；箱上装有便于装卸搬运的装置，易从一种使用工具转移到另一种运输工具。

1. 集装箱结构

通常，集装箱是六面形的箱体，由两个侧壁、一个端壁、一个箱顶、一个箱底和一对箱门所组成。集装箱结构示例见图 2-4。

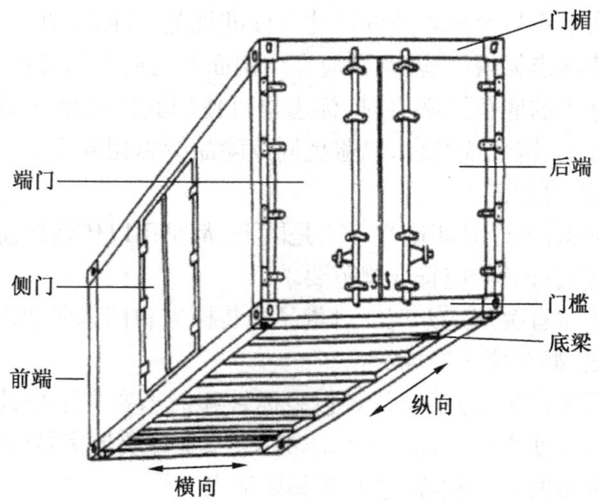

图 2-4　集装箱结构示意图

2. 集装箱尺寸与类型代号

集装箱尺寸与类型代号由 4 位数字组成：前 2 位数字为集装箱长度与高度的代号，后 2 位为类型代号。

（1）集装箱的尺寸代码必须用 2 位字符表示：第 1 位，用数字或拉丁字母表示箱长；第 2 位，用数字或拉丁字母表示箱宽和箱高。另外，特殊箱长和不是 8′宽度的集装箱代号，用英文字母反映。

国际上通常使用的干货柜（dry container）有：外尺寸为 20′ ×8′ ×8′6″，简称 20′货柜；外尺寸为 40′ ×8′ ×8′6″，简称 40′货柜；外尺寸为 40′ ×8′ ×9′6″，简称 40′高柜。

（2）集装箱箱型代码由 2 位字符表示：第 1 位，由 1 位拉丁字母表示箱型；第 2 位，由 1 位数字表示该箱型的特征。

例如：22G1 指箱长为 20′（6 096 mm），箱宽为 8′（2 438 mm），箱高为 8′6″（2 621 mm），上方有透气罩的通用集装箱。

3. 国际标准箱

国际上,集装箱大小是不一样的。为了便于计算集装箱数量,以 20′(6 096 mm)的集装箱为标准箱(Twenty-foot Equivalent Unit,简称 TEU),也称国际标准箱单位。通常,TEU 用来表示船舶装载集装箱的能力,也是集装箱和港口吞吐量的重要统计和换算单位,其余规格的集装箱折合为 20′(6 096 mm)计算。

例如,国际通用的干货普通集装箱:20′货柜 = 1 TEU、40′货柜 = 2 TEU、40′高柜 = 2 TEU、45′高柜 = 2.25 TEU 等。

4. 集装箱标记

为了便于海关及其他相关方面对在国际流通的集装箱进行监督和管理,每一个集装箱均需在适当和明显部位涂刷永久性标志。示例:香港东方海外货柜航运公司 40′普通集装箱端门标志和 40′高集装箱侧板标志分别见图 2-5、图 2-6。

国际标准化组织规定的集装箱标记有 3 类,即识别标记、作业标记和通行标记。其中,识别标记主要包括箱主代号、箱号或顺序号、核对号(必备)、国家和地区代号、集装箱尺寸及类型代号(自选);作业标记主要包括额定重量和自重标记、空陆水联运集装箱标记、登箱顶触电警告标记(必备)和集装箱超高标记(自选);通行标记主要有国际铁路联盟集装箱通行标记、集装箱铭牌或标牌(含集装箱批准牌照、安全合格牌照等)和集装箱检验合格徽标等。

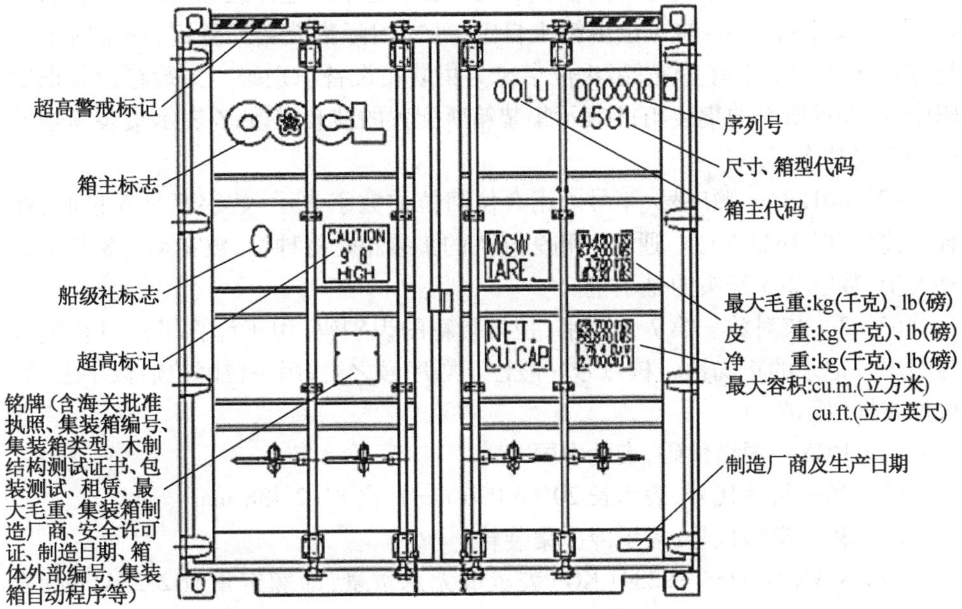

图 2-5 香港东方海外货柜航运公司 40′普通集装箱端门标志示例

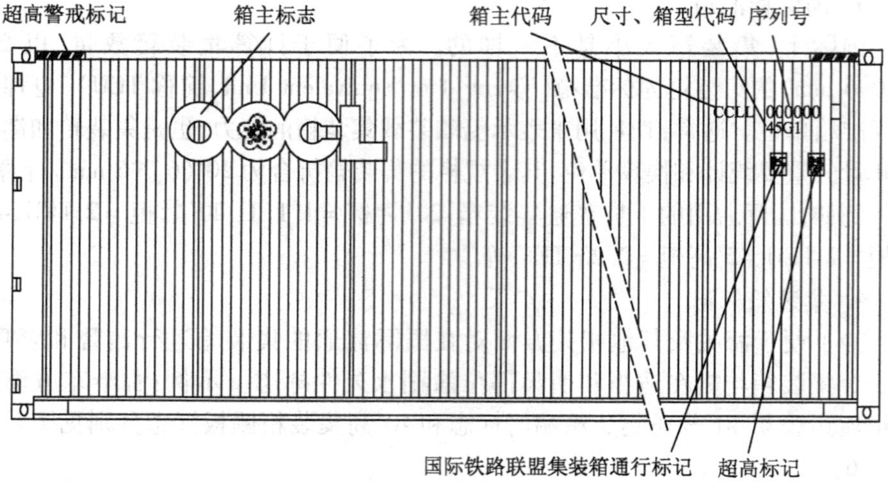

图 2-6　香港东方海外货柜航运公司 40′高集装箱侧板标志示例

示例:COSU 0012342

RCX2030

MAX GROSS:2234(KG)

TARE　382(KG)

(1) COSU—箱主代号和设备识别码。表示是中国远洋运输(集团)公司,用4位拉丁文字母表示:前3位由箱主自定,并向国际集装箱局登记,登记时不得与登记在先的箱主有重复;第4位字母为集装箱设备识别码。集装箱设备识别码中,U表示所有的集装箱;J表示集装箱所配置的挂装设备;Z表示集装箱拖挂车和底盘挂车。

(2) 001234—顺序号、箱号。用6位阿拉伯数字表示,数字不足6位时,在数字前用"0"补足6位。通常1和9开头的集装箱是特种箱,数字4、7、8开头的是大柜,数字2、3开头的是小柜。

(3) 2—核对数。第7个数字,是集装箱的识别码,用于计算机核对箱主号与顺序号记录的正确性。核对号一般位于顺序号之后,用一位阿拉伯数字表示,可加方框以示醒目。

(4) RCX—国籍代码,表示中国。

(5) 20—尺寸代号,表示长20′(6 096 mm),高8′(2 438 mm)。

(6) 30—类型代号,表示冷冻集装箱。

(7) MAX GROSS—2234(KG)表示最大总重量,即额定重量2 234(kg)或4 925磅(lb)——"kg"和"lb"需同时表示。

(8) TARE—382(KG)表示空箱重量即自重382(kg)或842磅(lb)——"kg"和"lb"需同时表示。

5. **集装箱货品装箱方式**

整箱货（Full Container Load，简称 FCL）：货主向承运人或租赁公司租用一定的集装箱。空箱运到工厂仓库后在海关人员监管下，货主把货装入箱内，加锁铅封后，交承运人并取得站场收据，最后凭收据换取提单或运单。

拼箱货（Less Than Container Load，简称 LCL）：承运人接受货主托运的数量不足整箱的小票货运后，根据货类性质和目的地进行分类整理，把送往同一目的地的货，集中到一定数量，拼装入箱。

6. **集装箱分类**

集装箱有许多种类，如通用集装箱、专用集装箱、保温集装箱、罐式集装箱、干散货集装箱、平台式集装箱、折叠式集装箱、挂式集装箱、柱式集装箱、多层合成集装箱、抽屉式集装箱、牲畜集装箱等。

（二）托盘：一种特殊的集装单元工具

托盘（pallet）：用于集装、堆放、搬运和运输，放置作为单元负荷的货品和制品的水平平台装置。在运输、搬运和储存过程中，将货品规整为货品单元时，托盘可用以将零散的货品组成一个较大的整体，从货品集装码盘开始，贯穿于包装、装卸搬运、储存、运输等物流环节，是一种特殊的集装单元工具。

1. **托盘结构**

托盘的基本结构，在两层面板中间夹以纵梁（或柱脚）或单层面板下设纵梁（垫板或柱脚）组成的一种平闭结构。示例：托盘结构见图 2-7。

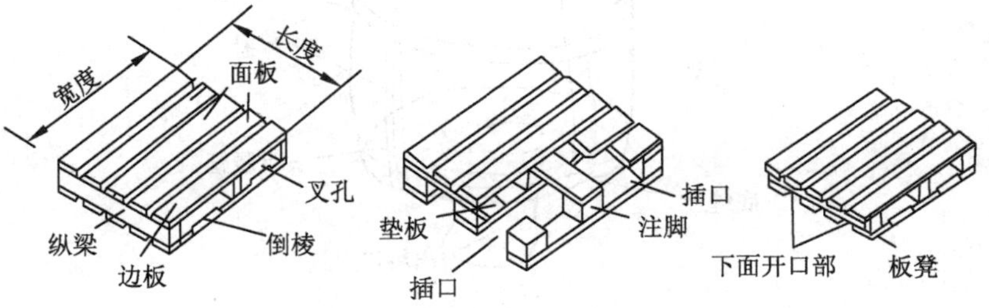

图 2-7 托盘结构

（1）叉孔或插口有 4 个方向的结构，叉车的货叉可以从托盘的前后、左右 4 方向进出。

（2）叉孔或插口有 2 个方向的结构，叉车的货叉可以从托盘的前、后 2 个方向进出。

此外，托盘还有其他结构。如，立柱式托盘、箱式托盘、轮式托盘、专用托盘等。

2. **托盘规格**

托盘规格，即托盘的长与宽，通常用长 × 宽来表示。2003 年，ISO 国际标准化组织规定托盘规格为:1 200 mm ×1 600 mm、1 200 mm ×1 000 mm、1 219 mm ×1 016 mm、1 140 mm ×1 140 mm、1 100 mm ×1 100 mm、1 067 mm ×1 067 mm。

2008 年,中国国家标准托盘规格:1 200 mm ×1 000 mm、1 100 mm ×1 100 mm,并向企业优先推荐使用1 200 mm ×1 000 mm 的托盘。

(三)集装袋与货捆

集合包装除了集装箱、托盘之外,常用的其他集装化,还有集装袋、货捆。

1. 集装袋

集装袋(flexible freight bags)是一种柔性的、可折叠的包装容器,因而也称为软容器。它主要用于盛装颗粒物、粉末物、块状物等,如粮食、矿砂、化工原料和货品等。

集装袋有圆形袋、方形袋,顶部吊袋、底部吊袋,有卸料口袋和无卸料口袋之分等。示例:集装袋结构见图 2-8。

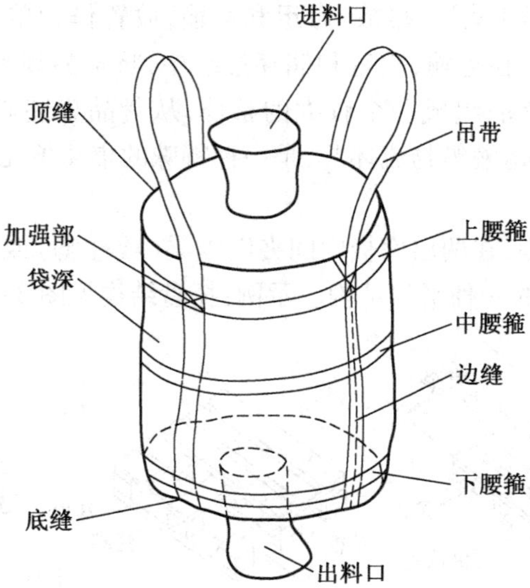

图 2-8 集装袋结构

2. 货捆

货捆(bundle of goods)是集装化的一种形式。它是采用各种材料的绳索,将货品进行多种形式的捆扎,使若干件单件货品汇集成一个单元。货捆示意见图 2-9。

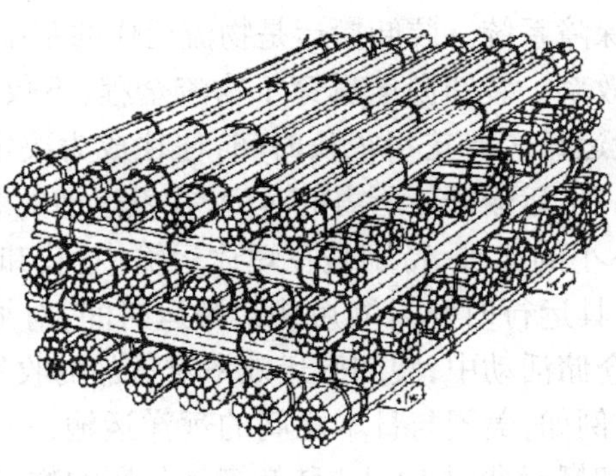

图 2-9　货捆示意图

第二节　装卸、运输与储存

装卸、运输与储存是三个关联度高、协同性强的传统的主要物流环节。其中，运输与储存，素以“储运”并称，组合构成“动”与“静”节奏协调合理的物流环节链，并分别成为物流环节链中“一动一静”两大主环节。

一、装卸及其作业技术

装卸是一个连环性物流环节，在整个物流环节链中，往往连环性相伴其他物流环节。

（一）装卸与物流

装卸在大多场合，常常与搬运相依相伴。装卸与搬运，都可归属物流作业。装卸(loading and unloading)是指将货品施以上下位移为主的作业；而搬运(handling carrying)则指将货品施以水平位移为主的作业。

装卸与搬运虽不尽相同，却又有某些联系，惯常合称装卸搬运，即使有时候或在特定场合单称“装卸”或单称“搬运”，也含“装卸搬运”之义。在实际操作中，装卸与搬运更是密不可分，二者往往会一起发生。因此，在物流学意义上，并不过分看重二者的差别，更多的是合一而论的。

装卸搬运在物流环节链中有其独特性，正是由它才使不同形态的散装、包装或整体的原料、半成品或成品能适时和适量地移至适当的位置或场所，才使其他物流环节的作业得以顺利完成并环环扣接成链，从而成全了物流，并作用于物流。

第一，连接其他物流环节。物流环节之间特别是运输与储存，以及同一环节的不同作业之间，都是由装卸搬运作业加以连接的，从而使货品在各环节、各种作业中处于连续动态位移；同时，不同运输方式协调联运，也是由装卸搬运实现对接转载。在生产领域中，装卸搬运作业已成为生产过程中不可缺少的组成部分，属于直接生产的保障系统。装卸搬运是物流运作的基础和必要条件。

第二，影响物流效率。装卸搬运贯穿于物流全程，不仅发生次数频繁，而且其作业繁多。装卸搬运每次要花费很长时间，往往成为决定流速的关键。在货品运输过程中，完成一次运输循环所需的时间，在发运地的装车时间和在目的地的卸车时间中占有不小的比重，特别是在短途运输中，装卸搬运耗时占比更大，有时甚至超过运输工具运行时间。缩短装卸搬运时间，对加速车船和货品的周转具有重要作用；在仓储活动中，装卸搬运效率对货品的收发速度和货品的周转速度产生直接影响。例如，美国与日本之间的远洋运输，一个往返需 25 d，但海运时间为 13 d，而装卸搬运费时 12 d。装卸搬运是影响物流效率的重要环节。

第三，关系到物流质量、成本与安全。装卸搬运操作时总会接触货品，无论是使货品发生上下位移还是水平位移，货品在移动过程中均受到各种外力作用，如振动、撞击、挤压等，容易使货品包装和货品本身发生破损、变形、破碎、散失、损耗、混杂等。例如，袋装水泥纸袋破损和水泥散失，主要发生在装卸搬运过程中。玻璃、机械、器皿、煤炭等货品在装卸时最容易造成损失。而且，装卸搬运作业量较大，往往是货品运量和库存量的若干倍，所需装卸搬运人员和设备数量亦比较大，即要有较多的活劳动和物化劳动投入。比如，机械厂每生产 1 t 成品，需进行 252 吨次的装卸搬运。如果能减少用于装卸搬运的劳动消耗，就可以降低物流成本。装卸搬运作业中，将货品进行上下位移，不安全因素比较多。特别是一些危险品，如果违反操作规程，发生野蛮装卸，就很容易造成燃烧、爆炸、泄漏等重大事故。

（二）装卸作业

装卸搬运作业，包括将货品在运输工具（如车、船等）、输送设备（如输送带、辊道等）、固定设备（如货架等）装上、装入或卸下、取出；货品出库、入库短距离搬送移动，以及堆垛、拆垛、拣选、堆码、分拣、配货和理货等。

堆垛：把货品分类堆放成货垛（堆放成某一形状的一定数量货品）。

拆垛：将货垛上的货品取下。

拣选：按订单或出单从储存场所选出货品，并放置在指定地点。

堆码：将货品整齐、规整地摆放成货垛。

分拣：将货品按品种、出入库先后顺序和指定地点进行分类分放。

配货：按订单或出单将货品备齐待随时装货。

理货：货品装卸中，对照货品运输票据进行理/点数、计量、检查残缺、指导积载、核对标记、检查包装、分标志和现场签证。

装卸搬运作业分为人力和机械，技术的发展促使装卸搬运机械化、自动化程度越来越高。装卸搬运的机械设备繁多，主要有各式叉车、起重机、输送机、升降机、装车机，以及牵引车、挂车、翻车机、手动/电动葫芦、卷扬机、吊钩、抓斗、堆取料机、堆垛机、拆垛机、分拣设备等。装卸搬运机械化、自动化作业也是多样化的。比较常见的，有“叉上叉下”“吊上吊下”“滚上滚下”及散装散卸等。

1.“叉上叉下”

“叉上叉下”即用叉车从托盘或货品底部托起货品，并依靠叉车将需装卸搬运的货品放置到指定位置的作业。叉车“叉上叉下”整个作业过程，货品可不经中途落地直接一次性完成作业。

叉车：一种能把水平运送和垂直升降有效结合起来的装卸机械，可综合用于装卸、起重及运输等，工作效率高、操作使用方便、机动灵活，其标准化和通用性也很高，被广泛应用于车站、机场、码头、货栈、仓库、车间和建筑工地，可对成件、成箱或散装货品进行装卸、堆垛及短途搬运、牵引和吊装工作。

叉车款式种类很多，分为叉式装卸车、平衡重式叉车、插腿式叉车、侧面式叉车、前移式叉车、高货位拣选式叉车、集装箱叉车、通用叉车、内燃式叉车、电动式叉车等。叉车外形尺寸小、重量轻，能在作业区域内任意调动，适应货品数量及货流方向的改变，可机动地与其他起重运输机械配合工作。它还可以“一机多用”，在配备与使用货叉、铲斗、臂架、串杆、货夹、抓取器、倾翻叉等各种工作属具以后，能适应各种品种、形状和大小货品的装卸作业。

2.“吊上吊下”

“吊上吊下”即用起重机（吊车）、手动/电动葫芦、卷扬机、吊钩、抓斗等各种起重机械从货品上部起吊，依靠起吊装置的垂直移动进行装卸作业，并在起重机械运行的范围内或回转的范围内进行搬运作业。

起重机是一种用来垂直升降货品或兼作货品水平移动的周期性循环、间歇运动的机械设备。它能用于货品装卸、转载等作业，在各个领域如港口、仓库、车站等被广泛运用。

起重机的类型也很多，主要有桥式类型起重机，包括梁式起重机、通用桥式起重机、龙门起重机、冶金桥式起重机、缆索起重机等；固定旋转起重机，包括门座起重机、塔式起重机、汽车起重机、轮胎起重机、履带起重机、铁路起重机、浮式起重机、臂架型起重机等。

3.“滚上滚下”

“滚上滚下”即用叉车或半挂车、平车或汽车承载货品，连同车辆一起开上船，到达目的地后货品连同车辆再从船上开下的作业。其中，叉车上船卸货后必须离船；半挂车、平车由拖车拖拉上船后，拖车离船而载货车辆连同货品一起运到目的地，再由拖车上船将半挂车、平车连同货品从船上拖拉下；汽车上船后连同货品一起由船舶运到目的地，再由原车从船上开下。这是港口的一种水平装卸作业，需要有一种专用船舶，称“滚装船”。

4.散装散卸

散装散卸即用输送机、装车/船/机等机械设备载移散装的颗粒、粉末、块状或袋装货品，从装货点直到卸货点货品不再落地，流水般持续进行装卸搬运。这是集装卸与搬运于一体的作业方式。

输送机是以连续方式沿着一定线路从装货点到卸货点均匀输送货品和成件包装货品的搬运设备；主要有带式输送机、螺旋输送机、辊道式输送机、气力输送机、斗式输送机、链式输送机、垂直输送机等。

此外，还有“移上移下”，即在两车厢间进行靠接，然后利用平移方式，不使货品垂直运动，而靠水平移动从一车辆上推移到另一车辆上。“移上移下”需要使两种车辆水平靠接。因此，对站台或车辆货台需进行改变，并配合移动工具进行作业。

（三）装卸作业技术优化

装卸搬运连接各物流环节，贯穿于物流全程，作业量多又大，直接关系到物流效率和物流运作质量，其操作技术需要不断优化。

（1）防止和消除无效作业。减少装卸搬运作业数特别是倒搬次数，使搬运距离尽可能缩短；提高装卸搬运纯度，去除杂质，只搬运必要的货品；提高装载效率，充分发挥搬运机器的能力和装载空间；中空的物件可以填装其他小货品后再作业等。

（2）尽可能消除重力不利影响，减少人体上下运动，避免人力反复从地面搬起重物、抬运或搬送货品。有条件的，在货品搬运、装卸和堆存时，尽可能利用重力移动货品，以节省能量和投资。在保证货品安全的前提下，尽可能减少附加工属具的自重，避免过度包装，减少无效负荷。

（3）货品支承保持高灵便度。货品支承即货品所处的放置状态。在堆放货品时，事先要考虑到便利货品的装卸搬运作业，使之保持随时可移动的机动灵便度。比如，装上时要方便卸下，入库时要方便出库，还要有易于装卸搬运的环境和使用易于装卸搬运的包装。

（4）只要具备条件的，应尽可能利用机械化作业，特别是对于劳动强度大、工作条件差、装卸搬运频繁、动作重复的环节作业。

（5）零散货品应扩大采用托盘、集装箱等归整为统一标准的集装单元化，更有利于发挥机械效能，提高作业效率，方便装卸搬运，灵活性好；负载的大小均匀，利于实行作业标准化；在作业过程中避免货品损伤，利于保护货品。

二、运输技术

运输是直接实现物体在空间上大跨度位移的关键，是物流环节链中一个集中展现“流”的主环节。

（一）运输与物流

通常情况下，运输（transportation）就是用设备和工具将人或物从一地点向另一地点运送。在物流学范畴中，运输指用专用载运设备和工具将物件从一地点向另一地点运送，包括集货、搬运、装上、卸下、中转、分散等一系列作业。

运输一般是发生在不同地域之间的“物”的空间位移。如，两个城市、两个工厂之间，或一个大企业内相距较远的两车间之间等。运输的“运”与搬运的

“运”理应有别。搬运通常发生在同一地域的小范围内,而运输则发生在有一定空间距离的较大范围内,两者是量变到质变的关系,中间并无一个绝对的界限。物流环节中完成物体大跨度空间位移的,是运输环节。

(1) 运输所实现的,是货品在一定空间由供应地向需求地的位移。处于整个产业链中的货品,无论是将被转移到下游产业制造工艺,还是更接近最终顾客,运输始终是必不可少的,也是最主要的。

(2) 运输缩小了货品交流的空间,扩大了经济活动空间或拓展了市场边界。通俗地说,运输解决了需要的东西在异地这一问题,成为物的有用性得以实现的媒介,并在价值链中来回转移,实现了货品价值的平均化、合理化,也带来了新的地点价值。

(3) 运输可临时储存货品,也就是将车辆、船舶等运输工具临时作为储存设施。这是一种不太寻常的运输作业。例如,在仓库空间有限的情况下,可将货品装上运输车辆,采用耗时大于直接线路的迂回线路或间接线路运往目的地。这样运输车辆被用作一种移动的临时储存设施。还有,如果处在物流中的货品需要储存,但在短时间内(例如几天后)又将重新移动,那么,该货品在仓库卸下和再装上的成本也许会超过储存在运输工具中每天支付的费用。这种情况下,利用运输工具储存也许不失为一种可行的选择。因此,尽管用运输工具储存货品可能是昂贵的,但当需要考虑装卸成本、储存能力,或延长前置时间的能力时,仍是合理的。

(4) 运输现实物件的空间位移,其在物流中的贡献巨大,直接关系到物流成本和物流效益。运输产生幅员经济、密度经济和距离经济。

幅员经济(economies of size),即在运输设施设备的利用率(密度)保持不变的情况下,依靠增加运输线路或运输设施设备,扩大运输网络系统的产出和运输网络幅员,使平均成本下降。

密度经济(economies of density),即在不增加运输线路的基础上,依靠提高运输设施设备利用率,增加运输网络系统的产出,使平均成本下降。

距离经济(economy of distance)指当货物吨数不变时,总运输成本随着运输距离的增加而增加,但总成本增加的幅度越来越小。用吨·千米(t·km)表示的每单位运输成本就会随着距离的增加而下降,称为“运输成本以远以减规则”。例如,当其他因素相同时,一次500 km的运输要比两次250 km的运输的成本要低。这是因为,总成本中有部分成本是不随运距的变化而变化的。如,端点成本即运输服务在端点发生的成本(货物接收、运单处理、装运、卸货、递送、临时短期储存等活动的成本)随着运距的增加,分摊到每单位运距上的这部分成本就会下降。此外,运输费率或费用随着距离的增加也是减少的,距离越长每单位货物承担的费用就越低。

（二）运输方式：技术优势比较与选择

运输方式是运输所赖以完成的手段、方法与形式，是为完成运输而采取一定性质、类别的技术装备（运输线路和运输工具）和一定的管理手段。现代运输方式主要有公路运输、铁路运输、水路运输、航空运输和管道运输等。

1. 公路运输技术

公路运输（highway transportation）是陆地上最普及的利用道路以多种运载工具载运货品的运输方式。一般多指汽车运输。

（1）公路运输主要技术设施和设备

公路运输的主要基础设施是公路，包括路基、桥梁、隧道等，主要设备是各种汽车（货运汽车）。

货运汽车种类很多，有卡车、厢式货车、拖车，以及油罐汽车、混凝土搅拌汽车、粉粒运输汽车、冷藏冷冻汽车、集装箱运输汽车、自动卸货汽车等专用货车。货运汽车有大型化趋势，但小型货车的适用范围也很广。

（2）公路运输技术优势

公路运输最适用于近距离、小批量、多品种、多批次，“轻”“薄”“短”“小”件和小批量货品，以及农副产品的运输；也是最机动灵活的一种运输方式，可以“门到门”直达。

当然，公路运输运能较弱，运量小，运输成本高，安全性较低，交通事故多；污染环境较大，汽车尾气和噪声成为城市环境的最大污染源之一。

2. 铁路运输技术

铁路运输（railway transportation）是陆地上用轨道运行列车载运货品的运输方式。它以机车或动车牵引车列，沿着两条平行的钢轨运送货品。

（1）铁路运输主要技术设施设备

铁路运输的技术设施设备可分为固定设施设备和活动设备。固定设施设备主要包括线路、车站、通信信号设备、检修设备、给水设备，以及电气化铁路的供电设备等；活动设备主要有机车、货车等。

第一，机车。机车是牵引和推送车辆运行于铁路线上且本身不能载荷的车辆，有蒸汽机车、内燃机车、电力机车，现在主要是电力机车。

第二，货车。货车是铁路运输的基本载运工具。它主要分为敞车、棚车、平车、罐车和冷藏车等。

（2）铁路运输主要技术优势

铁路运输是陆地中长距离运输的最主要方式，适用于大批量干线运输，多是“重”“厚”“长”“大”件货品和大宗货品的首选，具有鲜明的技术优势。

但是，铁路运输因列车只能在固定线路上行驶，而且车站之间距离比较远，缺乏灵活性，很少能实现“门到门”直达，在运输的起点和终点常常需要汽车进行转运，因而增加了装卸次数。

3. **水路运输技术**

水路运输(water transportation)是沿航道水域以水上运载工具载运货品的一种运输方式。通航水域包括海洋和内河(江、河、湖泊、水库等)。水路运输大体可分为远洋运输、沿海运输和内河运输。通常,远洋运输是沿海水域以外的所有海上运输;沿海运输是沿海水域的运输;内河运输是内陆江、河、湖泊、水库及人工水道等水域的运输。

(1) 水路运输主要技术设施和设备

水路运输的基本设施和设备主要是港口(包括码头、栈桥、泊位等)。其主要元素是船道和船舶。其中,船舶是水路运输的主要工具。船舶的种类很多,运输船舶可分为干货船和油槽船。干货船,主要包括杂货船、干散货船、冷藏船、集装箱船、滚装船和载驳船;油槽船,主要包括油轮和液化天然气船;还有客货船,以及内河货船。

(2) 水路运输技术优势

水路运输是长距离运输的最主要方式,适用于远距离、大批量货品的水道干线运输,货品多是非短时间急用的"重""厚""长""大"件货品,尤其是"超大""超重"货品,以及大宗、低值和散装货品。

但是,水上航行速度慢,航行周期长,远洋运输有时以数月为周期;受自然条件影响较大,内河航道和某些港口冬季结冰,或枯水期水位变低,难以保证全年通航;气候影响也会使航期不能保证;受制于河道通航,多半不能"门到门"直达。

4. **航空运输技术**

航空运输(air transportation)是沿航空线以航空器载运货品的一种运输方式。可用于航空运输的航空器主要有气球、飞艇、飞机、直升机等。现代航空运输使用的航空器主要是飞机,其次是直升机。

(1) 航空运输基本设施和设备

航空运输的基本设施和设备,主要是航空港(包括跑道、塔台、停机坪等)、航线和飞机。

飞机是航空运输的主要工具。它的种类很多,可分为军用飞机和民用飞机。军用飞机用于军用品、货品等运输,主要有军用运输机、空中加油机等;民用飞机用于货品运输,主要有客机(附载货)、客货机、货机等。

(2) 航空运输技术优势

航空运输是速度最快的一种运输方式,主要承担快速运输,尤其适用于小批量的高档品、易腐烂变质的鲜活品、时效性强的货品、节令货品,以及抢险品、应急品的运输。

但是,航空运输运能、运量小,运输成本高,能耗大;受气候影响大,技术复杂;不适合低值货品的运输,对大件货品或大批量货品的运输有一定的限制;也大多不能“门到门”直达。

5. 管道运输技术

管道运输（pipeline transportation）是以管道输送货品的一种长距离运输方式。通常，管道输送适合于货源稳定量大的原油、成品油、天然气、煤气、暖气、自来水等货品的运输；也可用于煤炭、矿石等固体物料运输，以及废水、泥浆甚至啤酒的管道传送。气动管道（pneumatic tube）可以压缩气体输送固体舱装载货品进行输送，还可用于解决散状物料、成件货物、集装物料的运输，以及发展容器式管道输送系统。

（1）管道运输技术设施与设备

管道是用管子、管子连接件和阀门等连接成的用于输送气体、液体或带固体颗粒的流体的装置。通常，流体经鼓风机、压缩机、泵和锅炉等增压后，从管道的高压处流向低压处，也可利用流体自身的压力或重力输送。

管道运输技术主要可分为油品管道运输技术、天然气管道运输技术和固体浆管道运输技术等。

第一，油品管道或输油管道（包括原油管道和成品油管道）运输技术。低凝固点、低黏度的原油常用等温输送方法，即原油直接进入管道输送，其输送温度等于管道周围的环境温度。易凝、易黏油品需加热输送，即采取加热站或热泵站加热所输油品，使其不凝、低黏，从而降低输油的动力消耗。

汽油、柴油、航空煤油、民用液态燃料等成品油，多采用油品顺序输送方法，即在一条管道中，按一定顺序连续输送多种油品。油品输送顺序的排列原则是：相邻油品的基本物理、化学性质要相近，以减少混油量。如，法国成品油管道中输送成品油和原油的油品输送顺序：优质汽油→常规汽油→喷气燃料→柴油→民间燃料→柴油→轻质原油→中/重质原油，然后再按相反的顺序排列输送。输油时，相邻两种油品会产生混油现象。因此，当油输送到终点后，要进入分输站，分切纯油与混油。

第二，输气管道运输技术。管道输气工艺流程：先对来自气井的天然气进行加热、降压、分离、计量，然后将天然气输至天然气处理厂，脱除水、硫化氢、二氧化碳后进入压气站，经除尘、增压、冷却，输入输气管道进行运输。天然气输送到终点后进入调压计量站和储气库，然后再输往配气管网供给用户。

第三，固体料浆管道运输技术。固体料浆管道运输就是将固体破碎成粉粒状，与适量的液体配制成浆液，利用管道进行长距离输送；主要用于输送煤，以及赤铁矿、磷矿、铜矿、铝矾土和石灰石等矿物。长距离、大输量的固体料浆管道都采用浆液输送工艺，主要包括制浆、管道输送和固液分离等。

（2）管道运输技术优势

管道运输是运输货品品种最有限的运输方式，适合于货源稳定量大的原油、成品油、天然气、煤气，以及生产和民用水等流体货品的运输，也可用于煤炭、矿石等固体物料的运输。

但是,管道运输专用性强,承运的货品比较单一;货源减少时不能改变路线,灵活不足,部分不能“门到门”直达。

6. **运输方式选择**

不同的运输方式和运输工具各有其技术优势,不同类货品对运输的要求也不尽相同。运输方式选择主要是评估不同运输方式的运距、运能、运量、运速、运费(运输成本)、灵便、安全、气候、污染、货品等技术比较优势,并做出选择,使优势互补,多式联运。运输方式技术比较优势见表2-2。

表2-2 运输方式技术比较优势

运输方式	技术比较优势			
	运距、运能、运量、运速、运费	灵便性	安全、气候影响、污染	适用货品
公路	运能弱,运量小,短途运送速度快,运输成本高	机动灵活,“门到门”直达	安全性较低,能耗较大,污染较大	轻、薄、短、小件货品,小批量货品,农副货品
铁路	运能强,运量大,中远距离速度快,运输成本较低	线路固定,很少能“门到门”直达	安全性较高,能耗较少,污染轻微	重、厚、长、大件货品,大宗货品
水路	长距离运能强,运量大,速度慢,运输成本低	航道固定,多半不能“门到门”直达	安全性偏低,能耗较大,受自然条件和气候影响较大	重、厚、长、大件,尤其超大、超重货品,大宗、低值和散装货品
航空	运能弱,运量小,远途运送速度快,运输成本高	机动灵便,大多不能“门到门”直达	安全,能耗大,受气候影响大	高档品、鲜活品、时效和节令品、应急品,小批量货品
管道	运能强,运量大,远途运送不间断,运输成本低	管线固定,灵活不足,部分不能“门到门”直达	安全,不受气候影响,低碳生态	原油、成品油,天然气、煤气等,货源稳定又量大

在各种运输方式中,选择适当的运输方式是物流合理化的关键。一般按货品种类、运输期限、运输成本、运输距离与运输批量,对照不同运输方式的技术比较优势,选用一种运输方式,也可以铁路、公路、水路和航空等多式组合联运,优势互补,扬长避短,协同完成运输作业。

(三)货运操作技术

运输方式有多种选择,也可以多式联运,而货品的种类更是繁多,运输操作技术要求不尽相同。其中,进出口货物运输归属国际物流①范畴。

① 参见第三章第三节“国际物流”。

1. 公路货运操作技术

公路运输操作的主要环节包括接单、登记、调用安排、车队交接、提货发运、在途追踪、到达签收、回单和运输结算。

(1) 接单。客户托运;承运人受理,并从客户处接受出库提货单证;单证核对。

(2) 登记。承运人在登记表上分列送货目的地、收货客户标定提货号码;交接提货单,并确认签收。

(3) 调用安排。拟订运输计划,包括线路选择;填写运输在途、送到情况,追踪反馈表,并输入管理系统。

(4) 车队交接。按送货方向和货品数量、重量、体积,统筹安排车辆;报送运输计划给客户,并确认提货时间。

(5) 提货发运。按时到达客户提货仓库;检查车辆情况;办理提货手续;提货、装货;办理出库手续;通知收货客户预计到达时间。

(6) 在途追踪。建立收货客户档案;及时反馈途中信息;与收货客户电话联系送货情况;填写跟踪记录。有异常情况及时与客户联系。

(7) 到达签收。确认到达时间;按时准确到达指定卸货地点;卸货,验交,签收运输单;定期将回单送至客户。

(8) 运输结算。整理收费票据;做好收费汇总表交至客户,确认后交回结算中心。结算中心开具发票,向客户收取运费。

2. 铁路货运操作技术

铁路货运操作技术中,最常见的主要有发送作业、途中作业和到达作业。

(1) 发送作业主要包括托运、受理、进货验收、制票承运、装车、发运等环节。

托运。托运人向承运人提出货运订单和运输要求,填写货运单。

受理。承运人核对运单,认可承运即予以签证,并指定货物运入日期和地点;报批用车计划。

进货验收。托运货物运进站内仓库,承运人对照运单审验、过磅、贴签,双方办理交接;承运人配货入站至货位。

制票承运。按运单制作货票,核收运输费用,并在运单上加盖站名日期戳以示承运。

装车。空车皮送到装车处后,按货运线路、站点、中转安排,进行货品装车。

运送。及时联系挂车,编组;发运。

(2) 途中作业主要包括途中货物交接、检查,货物换装整理,运输变更,整车分卸及运输障碍处理等。

换装整理。货车在运输过程中,发现可能危及行车安全或货物完整的情况时,进行更换货车或整理货物处理。

运输合同变更。根据变化情况,变更到站,变更收货人。

整车分卸。在途中分卸站进行货物分卸。

运输故障处理。因风灾、水灾、地震等不可抗力致使行车中断,行车遇到阻碍时绕路运输;必要时先将货物卸下,妥为保管,待恢复行车时择机再行装车运送。

(3) 到达作业主要包括单货核对、卸货、货物催领、持证提货、交付和搬出。

核验卸货。单据交接,单货核对;重车卸货;通知收货人提货。

凭单取货。收货人持领货凭证和规定的证件,办理货物领取手续;凭运单取货,运单和货票加盖交付日期戳,运单交给收货人;收货人持运单到货物存放地点提货。

货物交付和搬出。单货核验、点交货物,在运单上加盖"货物交讫"戳记,并记录交付时间,运单交还给收货人,凭单装货运出货场。

3. 水路货运操作技术

水路货运操作技术涉及多方面,一般包括托运人申请托运或揽货、承运确认、接货装船、发运、卸货、提货、货物交付与运出等。

(1) 托运人向承运人(船主或船公司)申请货物运输或订舱,填写货物托运单;或者,船主或船公司以各种途径向货主揽货,争取货源,货主填制托运单。

(2) 承运人确认,并对托运人或货主予以承诺,安排船只和舱位,签发装货单。

(3) 凭装货单接货装船。托运人将托运的货物送至码头承运船舶泊位边,并进行交接;由装货港指定的装船代理人,在码头仓库接受托运人运来的货物(主要是件杂货),单货核验、交接,将货物集中且按货物的卸货次序适当分类,装船。

(4) 换取提单。货物装船完毕,由承运人或船长签发场站收据,托运人凭此换取提单。

(5) 载货船舶起航运送。

(6) 船舶到港后,由卸货港或船公司指定的卸货代理人先将货物卸至码头仓库,再向收货人交付。

(7) 通知收货人提货。收货人将注明已接受承运人或船公司交付的货物并签章的提单,交给卸货代理人;经审核无误后,卸货代理人签发提货单交给收货人;收货人凭提货单到码头仓库提取货物;货物交付,运出港区。

4. 航空货运操作技术

航空货运操作技术主要涉及托运人下单、签订航空货运单、订舱、安排航班、货物收运、核验制单、安检、打板/装箱、装机、航班运送、卸货、提货与交付等。

(1) 托运货物。托运人凭有效证件填写货物托运书;各外贸公司及工贸企业在备齐货物、收到信用证经审核(或经修改)无误后,就可办理托运,即按信用证和合同有关装运条款,以及货物名称、件数、装运日期、目的地等填写托运单,并提供有关单证,送交承运人用于航班预订。

(2) 签订航空货运单。承运人确认托运书和托运单,并与托运人签订航空货运单,核算运费,办理保险。

(3) 订舱与安排航班。按航空货运单订舱、安排航班,并发出送货单。当天下午的飞机,通常要求09:00左右将货物送入机场;21:00以后的飞机,货物最迟在13:00左右送到机场;预订第二天起飞的飞机,一般要求货物最迟在当天14:00之前必须运达机场。

(4) 货物收运。货物在飞机起飞前至少6 h需送入机场货站仓库,经对称重和体积重量(托运单上报的货物重量与实际进仓库的重量误差率控制在3%以内)、限制运输货品有效证明、货物包装等的核验,并报托运人确认,入库制单。

(5) 安检。机场货站交货,对货物进行安全检测。对24 h以内装机发送的货物,开箱检查或使用专门仪器进行特殊安全检查,其他货物执行一般安全检查。化工品需要提供化工品鉴定书,并符合包装要求;不符合要求的属危险品,按危险品的运价及出货方式出货。液体一般是禁运的。通过安检的货物放行。

(6) 打板①/装箱。安检后的货物需核签,并装上一定规格的机舱专用板,即集装器,规格分别为低板限量4.5 t(4 500 kg)、限体积12 m^3;中板限量4.8 t或6 t(4 800 kg或6 000 kg)、限体积14~15 m^3;高板限量6.5 t(6 500 kg)、限体积18 m^3;箱子重量在800~1 300 kg、限体积3 m^3。一块板上,一般是重货与轻抛货混装。

(7) 装机。按订舱航班装机;签发航空运单,向收货人发出装运通知。

(8) 运送。货物出港、运输、进港。承运人在机场进行货物出港和进港作业,并进行途中跟踪。

(9) 卸货。货物运达后,卸货,核对单货,并及时向收货人发出到货通知。

(10) 提货与交付。收货人凭到货通知和有关证件提取货物;单货核验,收货人在货运单上签收,货物交付。

三、储存与仓储技术

储存表现为物体在一定时间内相对静止于特定空间的不位移状态,关系到物

---

① 打板,是将需要装进机舱的货物先按照一定的规格装上集装器;与海运装箱概念一样。除了特别小的飞机没有集装器而只装散货舱外,其他飞机通常都有集装器(板或者箱)。板,相当于箱,是航空公司的专用装货设备;每块板都有编号,以便查询装在上面的货物情况。板有一定的规格,分大板(318 mm×244 mm)、小板(318 mm×224 mm),也分高板、中板、低板等。每块板、箱都有体积(容积)、重量的限制。打板的要求按所预订的舱位确定。

打板包含装箱作业,就是将货物按照一定的规律,如下重上泡,装在板上或者箱里,蒙上网罩或者关上箱门,再由划平衡的人员根据板箱的重量划平衡,把板箱号标注在配载单上。装货人员根据配载单子把事先打好的板或箱按顺序装到机舱的指定位置。

体实现空间位移在时间上的节奏,是物流环节链中“流”的一个特殊状态的环节。

(一) 储存与物流

储存(storing)是指用专用设施、设备和工具将未即时使用或输运的货品收存、储蓄、保管及发放交付,包括搬运、入库、存放、贮存、保管、调控、出库、换载,以及流通加工、配送、配载等一系列作业。

储存与库存、储备并不完全等同。库存指的是仓库中处于暂时停滞状态的货品存量,可能是有意图的存储,也可能是被动的超储,甚至完全是积压。储备是有目的、有计划、较长时期保持一定数量的贮存货品备用。储存可包含库存和储备的部分状态或现象,但更多的则是一种物流作业,是一个必不可少的物流环节。

(1) 存储保管货品,调节余缺。物流中,因生产与消费在时间和空间上存在节奏差异,往往需要货品在某些环节有储蓄保存。例如,电风扇等的生产是均衡的,消费季节性是不均衡的;粮食生产节奏有间隔,而消费则是连续的。这就要有储存作为平衡环节加以调控,并创造货品时间价值。同时,储存的货品为保证不丢失、不损坏、不变质,需要配有相应的设备进行保管,以保持储存货品完好。例如,对水果、鱼介、肉类货品要实施温度控制;精密仪器应防潮、防尘等。

储存保管货品的一定空间场所,是物流网络中以储存为主的结点。大型仓库是物流中心以储存、调节为主的储调中心;局部地域仓库是位于支线上的物流网点。仓储如同“蓄水池”,不仅调节源与流,而且是货品集散的中心环节。

(2) 调节货品运输能力。各种运输工具的运量相差很大,船舶运量大,海运船只载重一般在万吨以上,内河船也以百吨或千吨计;铁路货运列车的运量至少4 000 t;飞机一般载重30 ~ 50 t;汽车的运量最小,普通中小型货车每车只有5 ~ 10 t。在这些运输工具之间转运时,运输能力是很不匹配的,需要在储存环节进行调节和衔接。

(3) 流通加工和配送、配载。因需求的多样化、个性化,以及货品生产的多变、快变,加上成本控制,生产厂商一般将货品的定型、分装、组装、捆包、装潢等工序留到进入流通领域最接近货品销售的储存环节,同时该环节又具有存储集货、分拣分散配送功能,由此衍生了现代物流的流通加工、配送及配载环节。

(二) 仓库及其布局技术

储存有很强的技术性,需要具备专用技术设施、设备和工具;现代社会中,主要是仓库和储存器具。

1. 仓库

仓库一般指存放、保管货品的建筑物和场所。它可以是房屋建筑、大型容器、洞穴或特定的场地等。按储存技术条件,仓库种类主要有普通仓库、保温仓库、恒温恒湿仓库、冷藏仓库、露天堆场、水上仓库、地下仓库、散装仓库、危险品仓库、特种仓库,以及自动化仓库等。在生产企业,仓库泛指存放燃料和各种原材料、零部件、设备、机具、半成品、成品的场所。

2. 仓库主要技术装备

仓库中的主要技术装备包括货架、托盘、液压车、叉车、堆垛起重和装卸设备、储存容器、射频扫描设备、全自动输送装备、计量装置、检验器具等。

（1）货架，泛指存放货品的架子。在仓库设备中，货架是指专门用于存放成件货品的保管设备。

货架在物流及仓储管理中是非常重要的。第一，货架是一种架式结构物，可充分利用仓库空间，提高库容利用率，扩大仓库储存能力。第二，存入货架中的货品，互不挤压，货品损耗小，可完整保证货品本身的功能，减少货品的损失。第三，货架中的货品，存取方便，便于清点及计量，可做到先进先出。第四，可以采取防潮、防尘、防盗、防破坏等措施，提高货品存储质量。第五，很多新型货架的结构及功能有利于实现仓库的机械化及自动化管理。

通用货架主要包括层架、层格架、抽屉式货架、柜式货架、U 形架、栅架、悬臂架等；新型货架包括调节式货架、装配式货架、转动式货架、活动货架、横梁式货架、重力式货架、高层货架。

（2）自动化仓库中的专用堆垛起重、装卸设备是巷道堆垛起重机。巷道堆垛起重机可分为有轨巷道堆垛起重机、无轨巷道堆垛起重机，单立柱式巷道堆垛起重机、双立柱框架式巷道堆垛起重机。单立柱式巷道堆垛起重机用于较低层货架巷道中，双立柱框架式巷道堆垛起重机稳定性好，用于中、高层货架的巷道中。

（3）储存容器。例如，贮仓，又称料仓，是专门用于存放粉状、颗粒状、块状等散状非包装货品的刚性容器。贮罐，是专门用于存放液体、气体货品的刚性容器。这里所说的贮罐也是一种密存型贮存设施，全部仓容都可用于贮存，贮罐大多采用全封闭结构，以及料盘、周转箱等储存载体。

3. 货位布置

货位是指仓库中货品存放的具体位置。合理设置货位，可以方便货品出入库和对库存货品的管理。货位布置要紧凑，提高仓容利用率；便于收货、发货、检查、包装及装卸车，灵活合理；堆垛稳固，操作安全；通道流畅便利，叉车行走距离短。

对货区内的货垛、通道、垛间（架间）距等进行合理规划，并正确处理它们的相对位置。平面布置的形式有垂直式布置和倾斜式布置。其中，垂直式布置，即货垛或货架的排列与仓库的侧墙互相垂直或平行，具体包括横列式布局、纵列式布局和纵横式布局；倾斜式布置，即货垛或货架与仓库侧墙或主通道成 60°，45°或 30°夹角，具体包括货垛（架）倾斜式布局和通道倾斜式布局。

（三）货位编号技术

货品的理化性质与储存要求不同，应分库、分区、分类将货品按固定区域与位置存放。为防止和减少出入库和库存管理出错,需要进行货位编号。

货位编号的方法有多种,但常用的为"四号定位"法,即采用4个数字号码对应库房(货场)、货架(货区)、层次(排次)、货位(垛位)进行统一编号。

(1)库房货位编号。例如,"6-2-3-12",即指6号库房(6号货场)2号货架(2号货区)第3层(第3排)12号货位(12号垛位)。

编号时,为防止出现错觉,可在第一位数字后加上拼音字母"K""C"或"P",这3个字母分别代表库房、货场、货棚。例如,12K-11-3-22,即为12号库11号货架第3层第22号。

(2)货架货位编号。库区号:整个仓库的分区编号;货架号:面向货架从左至右编号。库区号编号示例见图2-10。

A通道

3	2	1
4	5	6

B通道

9	8	7
10	11	12

图2-10 库区号编号示例

货架层次号:从下层向上层依次编号;货架列号:面对货架从左侧起横向依次编号。例如,3号库存2号货架第4层第3列,即"3-2-4-3";A库房1号货架第3层第2列,即"AK-1-3-2"。

(3)货场货位编号。货场货位编号一般有两种方法,一是按照货位的排列编成排号,再在排号内顺序编号;二是不编排号,采取自左至右和自前至后的方法,顺序编号。例如,4货场2号位3排1位,即"4C-2-3-1"。

(4)托盘编码。托盘编码可采用流水编码方法,即按阿拉伯数字顺序往下编排。层次编码法,将编码分成若干层级,与分类对象的分类层级相对应,代码自左至右表示层级由高至低。例如,编码00102001:001表示企业代码;02代表仓库代码;001代表托盘流水代码。

(四)货品堆码技术

根据仓储货品的属性、形态、包装、轻重等不同,可选择的堆码技术方法分别为散堆法、垛堆法和货架堆码法。

(1)散堆法:散装堆放货品的方法,适用于没有包装或不需要包装的大宗货品,如煤炭、砂石、小块生铁等。

(2)垛堆法:把货品堆码成一定垛形的方法,适用于有包装或裸装但尺寸较整齐划一的大件货品,如钢材的型钢、钢板等。最常见的垛堆技术有重叠式、纵横交错式、仰伏相间式、衬垫式、栽柱式、压缝式等,还有行列式、串联式、宝塔式等货品堆码方法。一个货垛的形式可能是多样的,如箱装薄板在下几层是重叠式的,最上一层可能是压缝式的。这样,可以使货垛稳固,也可以充分利用地坪负荷。有些货垛形式因不适应机械化作业基本被淘汰,如鱼鳞式。有些货垛形式也较少采用了,如衬垫式(用木材较多)、纵横交错式(不适应叉车作业)等,这些货垛的形式趋于简单。现在为适应机械化作业,大量使用货架和托盘。储存金属、木材等货品仓库主要用垛堆法。

(3)"五五化"堆垛:在货品堆码作业中,常常运用"五五化"堆垛方法。所谓"五五化",即是以"五"为基本计算单位,根据货品的不同形状,码成各种垛形,其总数均是"五"的倍数,使货品"五五成行、五五成方、五五成包、五五成堆、五五成层",堆放整齐,上下垂直,过目知数,便于货品的数量控制、清点盘存。示例:"五五化"堆垛基数示意见图2-11。

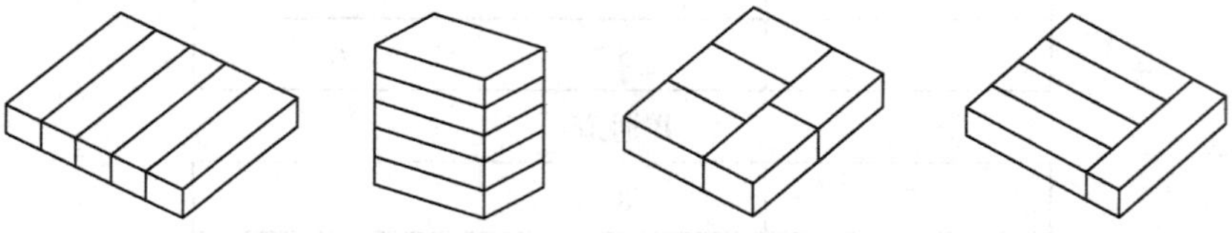

图2-11 "五五化"堆垛基数示意

(4)货架堆码法:把货品堆放在货架上的方法,适用于标准化的货品、带包装密度较小的货品,以及不带外包装的各种零星小货品。商业百货仓库主要用货架堆码法。货架上货品存放重量不得超过货架设计载荷;在托盘上码放货品时,托盘间应预留合理距离,以便于移动,并避免货品错放。

(五)仓储作业操作技术

储存需要一系列相应的作业操作技术,包括货品入库、储位分配、货品出库、日常管理、盘点、库存调整、设备管理、危险品管理、环境卫生与害虫防治、温湿度控制,以及安全与健康保障、应急处理等。

1. 货品入库

货品入库操作主要是做好入库准备、验货、卸货、接货、审核、登录建档、单证处理和退货进仓。

(1)按预定入库日期,做入库排程,确认到货时间,预先安排车位、库位,或准备好托盘;货品入库当日,按货单上的品种及数量,安排卸货。

(2)货品到库后,进行验货、卸货、接货、货品编号,并运到库位或托盘堆叠。一般货品入库堆叠于托盘之后,入库上架,或者将货品送往指定的出货码头或暂时存放地点。

(3)卸货完毕后,核对实际收货规格、数量是否与货单一致;当品项或数量不符时即时做适当的修正或处理，并将入库资料登录建档。按照实际收货规格、数量签收送货单并盖章，填写货位卡上的货品规格、数量、库位、入库日期并签名，移交所有文件。

（4）单证处理。按照货品入库的实际收货规格、数量、库位输入电脑系统，打印当日入库汇总表，并传真给客户核对；核对无误后，数据备份，将所有文件归档。

（5）退货入库。退货及退货数量经确认、仔细清点、品检、分类处理后，登录入库。

2. 库存管理

库存管理操作要做的主要是库区管理、温湿度控制、维护保养、检查、盘点、安全管理、库存控制、拣货及补货、流通加工等。

（1）库区内货品摆放方式、分布，货位调整及变动、倒垛、数据登录。

（2）库区温湿度控制，货品维护保养、检查、盘点，以及安全管理。

（3）库存数量控制，依照一般货品出库数量、入库所需时间等确定进货数量及进货时点，并做好进货时点预警系统。

（4）当库存数足以供应出货需求量时，可依据需求数印制出库拣货单及各项拣货指示，做拣货区的规划布置等，并补充拣货架上货品，使拣货流畅而不至于缺货。

（5）货品送出之前，根据需要，可做流通加工处理，包含货品分类、过磅、拆箱重包装、贴标签及组合包装等，以提高货品的附加值。

3. 货品出库

货品出库操作主要包括出库准备、移交发货、货品装车、配送、单证处理、报废品处理。

（1）完成货品的拣取及流通加工作业后，即可执行货品出库作业，做好出库准备，包括提前取得出库计划与装车单；确认车辆到达时间；根据实际的场地及车辆到达情况安排备货；打印出库单，按出库单到指定库区取货、分货、包装、堆放集货；集货完毕后，核对库位、规格、数量是否与装车单一致，并在库位卡上填写出货数量、结存数量、出货日期、客户名称、单证号、签名，核对结存实际数量是否一致；备货完毕后，进行复核和发货检查。

（2）车辆进库登记，核对出库单与装车单是否一致；清点货品，无误后移交、发货装车。

（3）货品装车时，按事先规划配送区划分或配送路线的先后次序，安排装车顺序；装车时，由仓库原因造成的货品损坏应及时调换；装车完毕后发车。配送途中做好货品的追踪及控制、意外状况处理。

（4）单证处理。按照出库单上的实际发货规格、数量、库位输入电脑系统，生成并打印出库表，同时传真给客户核对；核对无误后进行数据备份，并将所有文件归档。

（5）报废品处理。货品因自身质量问题需报废处理的，交由客户处理；储存中损坏的，移入特定库区待处理，月底时赔偿客户。

第三节 流通加工、配送与信息处理

流通加工、配送与物流信息处理加入物流环节链，分别导入了新理念，注入了新技术，不仅各自成为物流环节，更重要的是促成传统物流演化为现代物流。

一、流通加工及其典型作业技术

流通加工进入物流环节链，成为一个现代物流环节，其不仅可提高物流效率和水平，更重要的是可增加附加值，扩增物流效益。

（一）流通加工与物流

流通加工（distribution processing）是产品在从生产地到消费地的过程中，根据需要施加包装、分割、计量、分拣、刷标志、拴标签、组装等的简单作业，也就是在流通过程中的辅助性加工作业。

流通与加工的概念属于不同范畴。加工可改变物的形状和性质，形成一种新形态的产品；而流通则是改变物所处的空间与时间状态。流通加工组合了加工和流通的特性，与一般生产加工的方法、组织、管理并无显著区别，但其他方面却有明显差别。比如，流通加工发生在流通领域，大多是简单加工，只是对发生在生产领域的生产加工的一种辅助及补充；一般地，如果必须进行复杂加工才能形成人们所需的产品，那么，这种复杂加工应由专设的生产加工完成大部分加工作业。流通加工绝不是对生产加工的取消或代替。而且，生产加工的目的在于创造使用价值和价值；但流通加工的目的只是完善使用价值，一般在不对加工对象做大改变的情况下增加附加值。正是基于如此特性，流通加工才成为现代物流环节之一。

（1）提升物流效率和水平。过大、过重货品不进行适当分解，就无法装卸运输；生鲜食品不经过冷冻、保鲜处理，在物流中就容易变质腐烂等，对此类货品进行适当加工，可以方便装卸搬运、储存、运输和配送；混凝土搅拌车可根据客户要求，把沙子、水泥、石子、水等各种不同材料按比例要求装入可旋转的车罐，在配送路途中边行驶边搅拌，到达施工现场即可卸下搅拌均匀的混凝土直接使用；在干线运输和支线运输的结点设置流通加工环节，可以有效解决大批量、长距离的干线运输与多品种、少批量、多批次的末端运输和集货运输之间的衔接问题等，所有这些都可提升物流效率和物流水平。

（2）流通加工是一种低投入高产出的加工方式，往往以简单加工解决大问题。流通加工中，将单一的标准化货品进行多样化的改制加工，将运输包装改换成销售包装，或改变装潢，可使货品档次跃升而充分增加其价值；集中下料，合理套裁，可将货品利用率提高 20% ~50%；等等。流通加工为流通企业带来利润，其成效并不亚于其他物流环节所发掘的利润，是物流中的重要利润源。

（二）典型流通加工作业技术

流通加工的动因不同，有的为适应多样化需求、方便消费，有的为保护产品、弥补生产加工不足、促进销售、提高加工效率，还有的为提高物流效率、降低物流损失、衔接不同运输方式、实施配送等，是多样化的。而且，流通加工涉及的货品领域也是多样化的。其中，木材、煤炭、食品等较为典型。

1. 木材流通加工

木材流通加工可依据木材种类、地点等，选择不同的加工方式。在木材产区可对原木进行流通加工，使之成为容易装载、易于运输的形状。

（1）磨制木屑、压缩输送。木材是容重轻的货品，在运输时占有相当大的容积，往往使车船满装但不能满载，且装载、捆扎也比较困难。从林区外送的原木中，有相当一部分是造纸材，木屑可以制成便于运输的形状，以供进一步加工。这样，可以提高原木利用率、出材率，也可以提高运输效率。例如，美国采取的方式是在林木生产地就地将原木磨成木屑，然后压缩，使之成为容重较大、容易装运的形状，而后运至靠近消费地的造纸厂，比直接运送原木可节约一半的运费。

（2）集中开木下料。在流通加工点将原木锯截成各种规格的锯材，同时将碎木、碎屑集中加工成各种规格板，甚至还可进行打眼、凿孔等初级加工。如果由用户直接使用原木，不但加工复杂、加工场地大、加工设备多，更严重的是资源浪费严重，木材平均利用率不到 50%，平均出材率不到 40%。实行集中下料、按用户要求供应规格料，可以使原木利用率提高到 95%，出材率提高到 72% 左右。

2. 煤炭流通加工

煤炭消耗量非常大，进行煤炭流通加工很有潜力，可以大大节约运输能源，降低运输费用，具有很好的技术和经济价值。煤炭流通加工有多种形式。其中，主要的是除矸加工、煤浆加工、配煤加工。

（1）除矸加工。一般煤炭中混入的矸石，有一定发热量，在规定限度内是允许的。但是，有时则不允许煤炭中混入矸石，要求充分利用运力、降低成本，多运“纯煤”，少运矸石。在这种情况下，可以采用除矸的流通加工方法排除矸石，以提高煤炭运输效益和经济效益，减少运输能力浪费。

（2）煤浆加工。用运输工具载运煤炭，运输中损失浪费比较大，又容易发生火灾。将煤炭制成煤浆并采用管道输送，是一种新兴的加工技术管道运输方式，可减少煤炭消耗，提高煤炭利用率。这种方法需要先将煤炭磨成细粉，再用水调和成浆状，使其更具备流动性，可以像其他液体一样进行管道输送。这种方式不与现有运输系统争夺运力,输送连续、稳定、快速,是一种经济的物流技术。

(3) 配煤加工。在使用地设置集中加工点,将各种煤及一些其他发热物质,按不同配方进行掺配加工,可生产出各种不同发热量的燃料。配煤加工可以按需要发热量生产和供应燃料,防止热能浪费和“大材小用”,也防止因发热量过小而不能满足使用要求。工业用煤经过配煤加工,还可以起到便于计量控制和稳定生产过程的作用。

3. 食品流通加工

食品的流通加工种类很多,在超市货柜里摆放的各类净菜、鱼丸、肉末、鸡翅等,都是流通加工的结果。这些货品进行了分类、清洗、剁肉、切割、制作、包装等,在摆进货柜之前就已进行了加工作业。这些流通加工都不是在产地,而是脱离了生产领域,进入流通领域。

(1) 冷冻加工。为了解决鲜肉、鲜鱼等生鲜食品在流通中保鲜及装卸搬运的问题,采取低温冷藏冷冻方式的加工。这种方式也适用于某些液体货品、药品等。

(2) 分选加工。农副产品规格、质量离散情况较大,为获得一定规格的货品,可采取人工或机械分选的方式加工。这种方式广泛用于瓜果、谷物、棉毛原料等。如,净菜产品,瓜果类、根茎类、叶菜类、果蔬沙拉类,即食即用净菜,新鲜蔬菜、瓜果经过冷杀菌技术处理,既有利于保持食品中功能成分的生理活性,又有利于保持色、香、味及营养成分,并严格执行各项检测,再整理加工、清洗、无菌真空包装,为消费者提供了最新鲜最优质的即食好营养的菜品。示例:蔬菜流通加工流程见图 2-12。

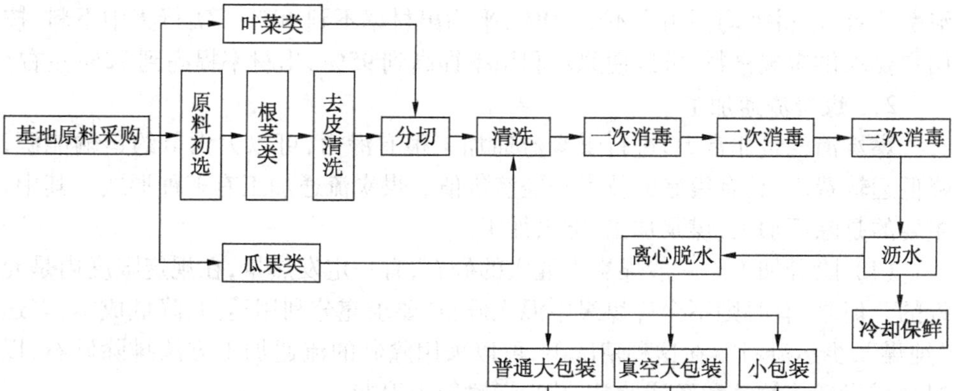

图 2-12　蔬菜流通加工流程

(3) 精制加工。农、牧、副、渔等货品的精制加工,是在产地或销售地设置加工点,去除无用部分,甚至可以进行切分、洗净、分装等加工,分类销售。这种加工不但大大方便了购买者,而且还可以对加工过程中的淘汰物进行综合利用。比如,鱼类的精制加工所剔除的内脏,可以制成某些药物或用作饲料,鱼鳞可以制高级黏合剂,头尾可以制鱼粉等;蔬菜的加工剩余物可以制饲料、肥料等。

(4) 分装加工。许多生鲜食品零售起点较小,而为了保证高效输送出厂,包装一般比较大,也有一些是采用集装运输方式运达销售地区的。为了便于销售,在销售地区按所要求的零售起点进行新的包装,即大包装改小包装、散装改小包装、运输包装改销售包装,以满足消费者对不同包装规格的需求,从而达到促销的目的。

(5) 农产品半成品加工、快餐食品加工也成为流通加工的组成部分。这种加工形式,节约了运输等物流成本,保护了货品质量,增加了货品的附加价值。如葡萄酒是液体,从产地批量将原液运至消费地配制、装瓶、贴商标,包装后出售,既可以节约运费,又安全保险,以较低的成本卖出较高的价格,附加值大幅度增加。

此外,各种钢材(钢板、型钢、线材等)的长度、规格有时不完全适用于客户。比如,热轧厚钢板等板材最大交货长度可达 7 ~ 12 m,有的是成卷交货,对于使用钢板的用户,如果采用单独剪板、下料方式,设备闲置时间长,也不容易采用先进方法,采用集中剪板、集中下料方式,可以避免单独剪板、下料的一些弊病,提高材料利用率。玻璃集中下料,特别是家用玻璃,同样可提高材料利用率。还有部分机电产品装配比较简单,装配技术要求不高,不需要进行复杂的检测及调试,可采用半成品大容量包装出厂、在消费地拆箱组装的方式;自行车也可在销售地组装后随即销售。

二、配送及配送作业

配送是现代物流环节之一,与其他物流环节或多或少有联系,是一个兼容其他物流环节若干作业但又相对独立、有特殊性的物流环节。

(一) 配送与物流

配送(distribution)是在经济合理区域范围内,根据用户要求,对货品进行拣选、加工、包装、分割、组配等作业,并按时送达指定地点的物流作业。

配送运作从物流据点至用户,是一种“门到门”服务,旨在客户需要什么送什么;必须在一定中转环节集货。因此,配送必然带有中转性,是“中转”型送货,有别于生产什么送什么或有什么送什么的一般送货。更确切地说,配送是“配”与“送”的整合,即利用有效的分拣、配货、理货等作业,使送货达到一定的规模,并以规模优势保持较低的送货成本,体现的是“配”与“送”的整合优势。

配送几乎涵盖了物流中所有的要素和环节,是物流的一个缩影或某一范围内物流环节链的一个集成。物流和配送的联系十分紧密。配送本身就是一种物流，它包含在物流之中，也可看成是一种物流，特别是当成一种短物流。例如，将货品从工厂直接送到销售门店的情况下，物流和配送就合二为一。这时，可以将这种作业称作物流，也可称作配送。但是，配送与物流又有差异，一是配送辐射范围小，通常有一定的区域范围，而物流可以是覆盖全球的；二是配送一般长于多品种、小批量、多批次，物流则少品种、大批量、少批次。简言之，配送是一种最常规性的物流，是综合的物流作业。

（二）配送作业

配送作业具有物流作业的集合优势，其作业环节及操作最基本的包括备货、储存、分拣及配货、配装、运送、送达和配送加工。

（1）备货。备货作业包括筹集货源、订货或购货、集货、进货及有关的质量检查、结算、交接等。配送的优势之一，就是可以集中用户的需求进行一定规模的备货。

（2）储存。配送中的储存，一是按一定时期的配送业务所需的资源确保必需的储存量，一般存量较大，库存结构也较完善，视货源及到货情况，可有计划地确定周转储存结构及数量；二是在具体配送时，按分拣、配货要求，在理货场地所做的少量暂存，会影响作业方便与否。

（3）分拣及配货。按客户订单的品类、规格、数量，对货品进行分拣、配货、理货，并移送到待装区堆放。

（4）配装。在向单个客户配送的货品数量不能达到车辆有效载运负荷时，可进行合理配装。

（5）运送。末端运输、支线运输，距离短、规模小、频度高，一般采用汽车运送。配送客户多，城市交通路线又较复杂，需要对配装和路线进行优化组合。

（6）送达。将货品送达、移交，并方便地处理卸货、堆放等相关手续，完成结算，尽量让客户满意。

（7）配送加工。配送加工作业尽管不具有普遍性，只是根据客户要求，但往往可大大提高客户对配送的满意度，如拆装、放置、安装、调试、试用等。

但是，并不是所有的配送都按此流程进行。不同货品的配送可能有独特之处，如燃料油配送就不存在配货、分放、配装工序；水泥及木材配送又多出了一些流通加工的过程，而流通加工又可能在不同环节出现。

三、物流信息处理

物流信息是物流的重要资源。物流信息处理串联各物流环节，使成为动态的和充满活力的环节链。物流信息处理也自成为一个现代物流环节。

（一）物流信息处理与物流

物流信息（logistics information）：所有直接或间接与物流相关的各种消息、指令、音讯、数据，以及其他所有可识别的符号，包括数字、文字、图形和声音等。狭义的物流信息是指所有与包装、装卸搬运、运输、储存、流通加工、配送等物流环节或作业有关的信息;广义的物流信息不仅指所有与各物流环节有关的信息,而且包含与其他商流有关的信息,如市场信息、产业信息等。

1. 物流信息:物流运转与联动中枢

物流信息是维系和调控物流环节链运转、物流作业联动,以及物流运行传动的神经中枢系统。

(1) 物流信息密切串联运输、储存等各个物流环节,沟通互相间的联系,使物流环节链保持连贯协调的工作状态。物流环节作业的高效化需要物流信息的支持,运输工具选择、运输线路确定、在途货品实时跟踪、订单处理、库存控制、配送优化设计等,都需要详细和准确的物流信息。

(2) 高效和经济的物流必须不间断地对各项物流作业进行动态分析和计划预测,也就必须相应地及时提供物流费用、生产情况、市场动态等有关信息。只有及时收集和传输有关信息,才能科学决策,使物流通畅化、最优化。

2. 物流信息采集与传递

物流信息既有来自物流系统内部的各种信息,又有来自外部的生产领域、消费领域、公众机构及国内外市场等信息。其中,部分属于相对稳定的固定信息,包括物流生产标准信息、物流计划信息、物流查询信息,部分属于动态的流动信息,以物流各作业统计信息为主。例如,某一时刻某一物流环节作业的实际进度、计划完成情况,以及各项指标的对比关系等。

物流信息的采集和处理,最简单的是人工方式,但效率低、误差大。采用网络方式,可以避免人工方式的高失误率和低效率缺陷,也可大大降低运行费用,提高物流整体水平。网络传输方式主要有条形码、电子数据交换、物联网与智能物流等。

(二) 物流信息系统

物流信息系统(logistics information system):由人员、设备和程序组成,与物流作业系统同步运行,提供执行物流的计划、实施、控制等信息的交互系统。它可以是小到一个具体的物流管理软件,也可以是大到利用覆盖全球的互联网将所有相关的合作伙伴、供应链成员连接在一起提供物流信息服务的系统①。

物流信息系统作为整个物流系统的指挥和控制系统,包括数据收集、信息存储、信息传输、信息处理、信息输出,且有相关的多个子系统。例如,物流企业管理信息系统,作为物流企业管理现代化和物流信息共享、物流交易信息化的基础平台,主要应包括订单处理系统、仓储管理系统、运输管理系统、分拣配送系统、库存管理系统、客户关系管理系统、财务结算系统、人力资源管理系统、决策支持

① 参见第六章第一节“物流信息网络”。

系统、电子数据交换(EDI)等。

思考题

1. 结合案例解读包装与集装化技术。

2. 结合案例解读装卸及其作业技术。

3. 结合案例解读运输方式选择。

4. 结合案例解读储存与仓储技术。

5. 结合案例解读流通加工及其作业技术。

6. 结合案例解读配送及其作业技术。

7. 结合案例解读物流信息处理。

8. 案例分析:阅读所给的案例材料,结合所学的相关知识展开分析,并加深对知识的理解。

案例2-2　一粒沙子的3 000 km奥运之旅

2008年,北京奥运会沙滩排球的比赛场馆设在北京朝阳公园,球场的用沙来自中国海南省东方市的八所石英砂矿。这是中国沙首次登上奥运舞台。

奥运会沙排比赛对场地用沙的要求极为苛刻,一直以来,符合国际排联要求的沙子主要来自北欧三国:芬兰、丹麦和瑞典。为满足北京奥运会比赛要求,又能最大限度地降低成本,北京奥运组委会从场馆建设之初就开始了漫长而艰苦的“淘沙之旅”。

淘沙:6次考察,北京奥运会用上中国沙

不是所有的沙子都可以成为“奥运沙”的,按照国际排联对沙滩排球比赛的用沙标准:沙子颗粒的形状、大小、颜色以及沙子的磨圆度、棱角等都要经检测,且必须是符合要求的颗粒均匀、色泽柔和的专用沙子;它既不能太粗糙,不能有碎石、危险颗粒,又不能有过细和过多的粉沙,以及其他可能损害运动员皮肤的隐患。同时,为保证电视转播效果,沙子颜色还不能太白或太黄。判断沙子好不好的一个便捷方法,就是将与矿泉水勾兑好的沙子放在矿泉水瓶里摇晃,没多久沙子就沉到底部,而矿泉水马上就能喝,又不会喝到沙子。

为了寻找符合标准的沙子,北京奥运组委会耗时1年寻找沙源,在一个偶然的机会,获悉海南八所的石英砂矿质量很好,海南博鳌的高尔夫球场就曾使用过那里的石英砂,专家先后去了海南八所6次进行考察,最终挑选了海南东方市八所镇和海南儋州市、广东阳江市的沙子,送交国际排联进行检测。经国际奥委会指定的加拿大实验室进行专业而复杂的精细检测，海南八所镇的沙样得到了国际排联专家的认可，被确定为北京2008年奥运会沙滩排球比赛场地用沙。

生产:5道工序选择标准沙

奥运比赛用沙的筛选生产要远比想象的复杂。海南八所镇的沙子并非采集于海边，而是从八所镇皇宁村附近的八所石英砂矿7号矿体的沙矿里选出，选用的两种沙子一种类似白色，一种是浅黄色，全部来自离地面2 m深的地下。沙子质量虽属上乘，但依然要精益求精，要通过多种专业机械的数道工序才能完成筛选。

八所石英砂矿离三亚市200 km，矿场1 000 m^2 左右，四周没有围墙，被选中的沙子就是从这里开始长达3 000 km的奥运之旅。

从矿场地下采出原沙后，第一道工序进行除杂质处理；第二道工序通过双层筛除去掉颗粒较粗大的沙子；第三道工序经过螺旋洗沙机用水冲洗除去泥土，并用磁选法分离出沙子中的铁粉、铁钉等；第四道工序经水力分解机选出符合标准的沙子；第五道工序再经小型电磁振动筛筛除个别不符合标准的沙子。

按照要求，直径0.25～1.0 mm的沙子要占沙体的80%～92%，直径0.15～0.25 mm的沙子占7%～18%。矿区采用了国内先进的沙子分离方法——水力受阻沉降法，把沙子传送到圆形水池中，从水池底部向上涌出压力较大的水柱，在水的阻力作用下，沙子从水池底部往上涌，颗粒小的沙子会被抛出，符合要求的、体积稍大的沙子就会被保留下来。洗得干干净净，才能最终亮相奥运赛场，可以说每一粒“奥运沙”都走过了这么一段不平凡的路。

勾兑:黄沙、白沙按比例兑成奥运沙

标准沙选出后，重新使用螺旋洗沙机将完全符合标准的黄沙和白沙，按照6:4的比例机械勾兑色度；混合以后的沙子将作为北京奥运沙滩排球项目比赛用沙。2007年4月22日—6月10日正是砂矿勾兑“奥运沙”的时段。

运沙:全面洗船,“无缝”装船,密封远航

2007年6月18日，海南八所镇沙场，工人们在为奥运沙滩排球场地用沙进京装车做最后的准备。

为了顺利将奥运沙滩排球场地用沙从海南运抵北京，严格确保沙子在运输途中不被污染，经周密研究和比较，最终确定了从海南海运到天津，再车运至北京、分两批运输的方案，并准备了所有能够发挥作用的保护措施。

全面洗船。2007 年 6 月 28 日，首批被选中的 1×10^4 t（总共 1.7×10^4 t）“奥运沙”将被运往码头，等待着它们的专用船舶是“力鹏 3 号”。因是装载煤炭抵达码头的，“力鹏 3 号”必须先“洗澡”，十几个工人用高压水枪 48 h 不间断地冲洗后，分别装载了 3 000 t 多煤炭的三段船舱一尘不染。“我不能错过任何一个角落。不够干净，沙子是绝对不能上船的。”在“奥运沙”正式上船前，受国际奥委会和国际排联委托的加拿大专家托德，戴着白手套在对装沙船进行最后的检测，达标后才准许装船。

“无缝”装船。八所石英砂矿离八所港 6 000 m，为将 1×10^4 t 沙子快速装船，厂方找来了 16 辆每辆装有 3 个料斗的卡车，每个料斗可以装载 8 t 沙子，到达港口后，3 辆吊车直接吊起车上料斗将沙子倒入船舱。这种“无缝对接”有效避免了沙子在装船过程中可能的污染。经过 48 h、16 辆车每辆往返 26 次后，首批万吨沙子顺利上船。

密封远航。装船后，每段船舱都上了盖，并专门做了铅封，以防止任何杂质进入船舱。经过 8 d 的海上航行，首批 1×10^4 t 比赛场地用沙抵达天津港。经过每辆 40 t 载重汽车 259 车次的连续运输，终于顺利运抵朝阳公园沙滩排球场馆工地。

7 月 15 日，加拿大专家托德来到奥运沙滩排球场施工现场，通过取样机、天平、振动机等测试装置对抵京的首批万吨奥运用沙再次进行了检验，最终认定首批奥运用沙全部合格。

7 月 23 日，第二批 7 000 t 沙，也经历同样的历程运达北京。总共 1.7×10^4 t“奥运沙”，其费用包括运输成本在内，约为 1×10^7 元，只相当于进口沙子费用的 1/3。

守护：隔离包裹呵护备至

沙子运达场馆施工现场后，并没有直接铺入场地，而是选择在主赛场西侧的水泥平地前期存放。在此期间，为了避免任何杂质的侵袭，对沙子进行了全方位防护，安排专人全程监控车辆卸载，严格清理所有可能混入的杂质；卸毕后，“奥运沙”被严实地包裹上了绿色密度双层毡布。这主要针对冬天的大风和落叶，具有良好透气性，一旦遇到下雪天，雪水将渗过沙层，通过专门建造的排水系统流入奥运沙排场东边的湖中。北京的冬天又经常刮风，风力会把细小颗粒的沙子吹走，造成场内沙子比例失调；就连落叶也会污染沙子，降低沙子的纯洁度，正是靠着绿色毡布才起到隔离保护的作用。同时，再加上 48 名保安人员 24 h 轮流值守，使奥运用沙真正实现了“完全隔离”。

除了要穿“防护服”，干燥的冬天“奥运沙”还要经常“喝水”，专家定期要对沙子的含水量进行检测，如果发现 10 cm 以下没有湿沙，还会喷洒净水为沙子补水。2008 年 3 月,从美国进口的两个沙子清理机对“奥运沙”进行了一轮清理。

铺沙:19 节传送带安全运送,45 cm 厚沙下有三层保护

沙滩排球场地铺沙面积为 $2\times10^4\ m^2$,沙层厚度为 45 cm,为有效保护沙子,在沙池最底层铺设了 5 cm 厚的混凝土层,混凝土上依次为 20 cm 的粗石层、5 cm 的细石层,为了防止沙子渗漏,细石层上还铺有土工膜。沙池底下还有排水系统,下雨时,雨水可从沙层渗透到排水系统,最终流入湖中。

奥运前夕,国际排联专家对场地和沙子进行审核,随后开始铺装沙子,先铺主比赛场,再是 2 块热身场和 6 块训练场。为有效降低对沙子的污染,沙子铺设过程主要使用传送带运送。传送带共有 19 节,最远距离达到 170 m 多。在“奥运沙”铺设完毕后,它们享受到 24 h 的监控守护,在场地的不同位置共安装了 24 个监控摄像头,场地安保人员 24 h 巡视在四周。

(陈均:《沙滩排球赛场:一粒沙子的 3000km 奥运之旅》,《东方早报》,2008 - 08 - 20;范帆:《众里寻“沙”千百度中国沙落户奥运沙排场》,2007 - 08 - 13. http://2008.beijing.cn/news/luckybj/s214038096/n214039222.shtml. 等)

第三章
企业物流、城市物流与全球物流

物流系统子系统之一的社会物流系统集,又有多个子系统。其中,最主要和最集中的,是企业物流、城市物流和全球物流。企业物流是集成和实现从生产用品采购到产品交付所有物流环节的一体化物流。城市物流是依托城市的区域物流,涵盖城乡物流一体化,也包括社区物流、家庭及个人生活物流。供应链全球化将伴生包括国际物流在内的全球一体化物流,即全球物流。

第一节　企业物流:内部一体化物流

企业是微观经济活动的主体,同样是微观物流的主体。企业物流,即内部物流,一般包括供应物流、生产物流、销售物流,以及逆向物流和废弃物物流。它基于一个企业的供产销协同,不仅存在于企业内部相关职能部门之间,也涵盖企业外部所发生业务关系的不同供货商及用户,是集成和实现从生产用品采购到产品交付所有物流环节的一体化物流。

一、工业企业:工厂物流与工序物流

工业企业购进生产所需的原材料和零部件等各种生产资料,并将之入库、保管、出库投产,进行制造加工,产出产品、包装,产成品运到厂内成品库或者运至物流中心,经流通加工(有必要时)、分拨等,出货销售(由零售商或经销商)。一个典型的工厂物流(factory logistics)包括入厂物流、工序物流、出厂物流,以及其间或售后发生的逆向物流和废弃物物流。其中,鲜明的行业性特色就在于工序物流。示例:工厂物流流程见图 3-1。

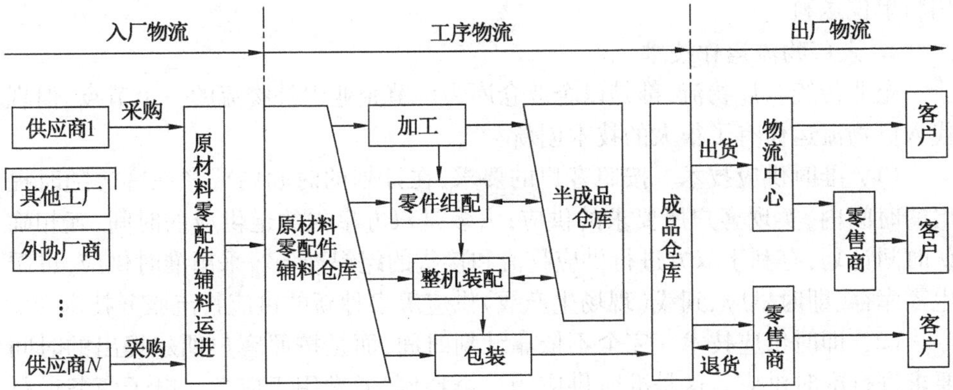

图 3-1　工厂物流流程

（一）入厂物流

入厂物流（inbound logistics），即供应物流（supply logistics）：企业的原材料、零部件、燃料、辅助材料等一切生产资料的采购、进货运输、仓储和供送所发生的物流，也称为原材料采购物流。它接收、存储并为生产提供资源，包括物料的搬运与存储、库存控制、车辆调度及物料容器返回供应商等，是连接供应商（一级）与工厂之间物料供应的重要环节。

1. 入厂物流流程

各类企业的物流模式不同，某些物流环节可能很复杂，但一般的入厂物流流程是相同的，基本包括采购货品、运送到厂、厂内供应。

(1) 采购货品。按生产计划要求，选择适当的供应商购得所需的货品（生产资料）。它是工厂物流与社会物流的衔接点，依据企业生产计划所需的品种、规格、数量制订采购计划，并进行外购，包括市场资源、供货厂家、市场变化等信息的采集和反馈。

(2) 运送到厂。采购到的货品从供应地运达厂内。这发生在企业外部向内部的转移、衔接阶段，往往需要多个装卸搬运、储存、运输等物流作业环节，才能到达厂门或工厂仓库。

(3) 厂内供应。生产所需的货品一经运入厂门或工厂仓库，接着便会从厂门或工厂仓库开始，继续向车间或生产线流转，即厂内供应。这是入厂物流与工序物流的衔接点。

其中，仓储作业是入厂物流的转换点，负责生产资料的接货和发货，以及物料保管工作；库存管理作业主要是依据生产计划制订供应和采购计划，并负责库存控制，以及计划的执行与反馈修改；装卸搬运作业是原材料等接货、发货、堆码时进行的操作，按生产计划实现生产资料供应，完成供应物流与生产物流的衔接。厂内供应，一是指用料单位到供应部门领料；二是指供应部门按时、按量向用料单位送料。

2. 入厂物流运作技术

企业传统入厂物流，都是以企业仓库为调节企业内外物流的一个节点，但现代入厂物流运作有了很大的技术创新。

(1) 准时供应技术。按照客户的要求，在计划的时间内或者在客户随时提出的时间内，实现客户所要求的供应；大多是双方事先约定供应的时间，互相确认时间计划，有利于双方进行供应物流和接货的组织准备。采用准时供应，可派生零库存、即时供应、到线(现场生产线)供应等多种新的供应物流服务技术。

(2) 即时供应技术。完全不依靠计划时间，而是按照客户偶尔提出的时间要求进行准时供应。这是准时供应的一个特例，通常用于应急。电子商务运行中，消费者所提出的服务要求大多缺乏计划性，而又有严格的时间要求，即时供应技术有被广泛采用的趋势。

(3) 看板技术。看板(kanban)是一种传递信号控制生产的工具。它可以是某种“板”，如卡片、指示牌、电子显示屏等，也可以是能表示某种信息的任何其他形式，如方格标识、信号灯等，专用于表示现场生产线或生产现场某工序何时需要供应多少数量何种物料的信息。其一，生产看板，用于指挥生产线或现场生产，传递所生产的零件及其数量等作业指令信息。其二，传送看板，用于指挥零件在前后两道工序之间移动，并传递包括零件号、零件数量、产品数量、状态等信息。

看板技术是准时供应中的一种简单又有效的技术，就是利用看板在各工序、各车间、各工厂以及与协作厂之间或在生产企业与供应者之间传送作业指令，使各工序都按照看板所传递的信息执行，由日本丰田公司首先采用；依凭看板，由下一环节根据自身节奏，逆生产流程方向，向上一环节指定供应，从而协调关系，做到准时同步。采用看板技术，有可能使供应库存实现零库存。

(二) 工序物流

工序物流(process logistics)，即生产物流(production logistics)：企业内部生产过程中原材料、燃料、在制品、配件和半成品等，按工厂布局、产品生产过程和工序依次所发生的物流。它的边界起于原材料、外构件的投入，止于成品仓库，贯穿于生产全过程，横跨整个企业(车间、工段，甚至大型企业各分厂)，其流经的范围是全厂性的、全过程的；涵盖工厂内部原料库与车间、车间与车间、工序与工序、工位与工位、车间与成品库、总厂与分厂之间，离开上一工序进入下一工序，不断发生向前移动、暂时停滞等流转，并相应地改变实物形态(如加工、装配、储存、搬运和等待等状态)和场所位置(各车间、工段、工作地和仓库等)，也称厂内物流，或车间物流。

工序物流通畅，能够减少甚至消除寻找、滞留时间，改善物料在库存的周转率。

1. **工序物流流程**

工序物流是与整个生产工艺流程伴生的,实际上已构成生产工艺流程的一部分。但是,加工制造产业不同、企业不同、产品不同、同一产品生产工艺不同,工序物流流程也不尽相同。一般地,工序物流流程,即原材料、燃料和外构件等物料从厂内原料库或厂门口进入到生产线的起端,伴随生产工艺加工过程,借助一定的运送装置流转,同时产生一些废料、余料,直到生产加工终结,再经包装后"流"入成品仓库。

(1) 物料投产。生产所需的原材料、零部件、燃料、辅助材料等各种物料从企业仓库出库,或者进入厂门向生产现场供应,并按生产工艺投入到第一道工序或者生产线的起端,入厂物流与工序物流衔接,工序物流开始。

(2) 产中流转。通常原材料、燃料、外购件投入生产后,经过下料、发料,运送到各加工点和存储点,以在制品的形态,从一个生产单位(仓库)流入另一个生产单位,按照规定的工艺流程进行加工、储存,借助一定的运、搬装置,在某个点内流转,又从该点流出,物料实物在被加工中伴随工艺流程、生产过程,经一道道工序流转,同时产生一些废料、余料。例如,在制品不断离开上一工序,进入下一工序,便会不断发生搬上搬下、向前移动、暂时停放等物流作业。实际上,一个生产周期,物流作业所用的时间远多于实际加工的时间。

(3) 包装入库。在制品经过最后一道工序生产加工,成品包装下生产线,再运送入库或直接装运分销,工序物流终结,并转向出厂物流。

2. **工序物流主要技术**

不同的加工制造业,如钢铁工业、电子工业、服装工业、食品工业等,其工序物流技术是有很大差异的。但是,工序物流技术一般均包括工厂布置技术、工艺流程技术和装卸搬运技术等。

(1) 工厂布置技术。厂内符合生产所需的机械装备、仓库、厂房等技术设施和设备,以及其他配套的建筑设施布局设计、位置设定、流程规划等,是工序物流的基础和前提。工厂布置时,单考虑工艺是不够的,必须结合工序物流流程。

(2) 工艺流程技术。技术加工过程、化学反应过程与物流过程的一体化,构成工艺流程技术。工艺流程技术的重点,在于优化厂内起始仓库搬运路线,尽可能减少装卸搬运次数;仓库与各车间相对位置合理化,避免工艺流程中物料的过长运动、迂回运动和相向运动等。

典型的工艺流程技术,一是土木建筑、桥梁工程、船舶制造等被加工物固定,加工和制造操作处于物流态;二是高炉冶金生产工艺、轧钢工艺,以及水泥生产中窑炉内物料不停运动完成高温热化学反应工艺等,尤其是流水线装配机械、汽车、电视机等,加工和制造操作固定,被加工物处于物流态。这种工艺技术更广泛化。被加工物及加工操作都是在运动中完成加工的工艺技术,还有更多其他的过渡形式。

(3) 装卸搬运技术。工序物流中,装卸搬运是一种发生最广泛、频度最高的物流作业,甚至对整个生产方式和生产水平会起决定性作用。例如,用输送机传送带式工艺取代"岛式"工艺,省却了反复的装卸搬运,形成了一种生产和管理的新模式。而且,装卸搬运作业也是可挖掘的主要"利润源"。

输送机使用于生产工艺,一是物料输送,例如矿石、煤炭原料的运送;二是装配用的主要机具,工人固定在装配线上某一位置,每个工人完成一种标准的作业,随输送机不停运行,从输送机一端进入的半成品(如汽车骨架)在输送机前进过程中,不断安装各个组件、零件,在输送机另一端输出制成品。采用输送机作为装配线或生产工艺的生产领域,主要有汽车工业、家用电器工业、电子工业、仪表工业、机械制造工业等。

3. 工序物流精益化

工序物流贯穿于整个生产过程,在精益生产状态下,应是一种典型的精益物流。精益生产起源于日本丰田汽车公司,其核心是追求最大限度地消灭一切环节中的浪费。它落实到生产工序及工序物流,便是采用包括看板技术在内的精益化管理技术,追求最快速度,无休止降低成本;追求零库存,消灭残次品;追求尽善尽美,提供全面、高效、灵活、优质的服务。

(1) 设计合理的作业场所,包括厂内车间与车间之间、车间与库房之间,以及分厂与分厂之间、分厂与总厂之间在平面和空间上的设置布局,满足物流顺畅、高效的要求,消除那些忙乱、阻滞、走弯路等浪费物流资源的现象,降低物流成本。

(2) 以科学合理的物料需求计划,紧密衔接各物流环节,消除时间上的浪费,且使物流环节没有多余;同时,以看板管理严格规定原材料和各种在制品的数量,理论上可进行零库存运作。

(3) 在物流作业中,实施物流统一标准,使各物流环节无缝对接和全面贯通,从而实现物料在生产工序转换中阻力减小,甚至达到畅通无阻的目的。

(三) 出厂物流

出厂物流(outbound logistics),即销售物流(distribution logistics):产成品从最后一道工序起,经由运载工具运送到最终客户所发生的物流。它集中体现的是生产企业的货品经分销渠道(包括电子商务网上渠道)流转、运输、储存、流通加工、售出、配送或运送,从生产地到客户的时间和空间位移。它与企业销售系统相配合,共同完成产成品的销售任务。

1. 出厂物流流程

出厂物流是一个逐渐发散的物流过程,和入厂物流形成一定程度的镜像对称,通过这种发散的物流,使资源得以广泛配置。

(1) 出厂物流的起点,通常情况下是生产企业的产成品仓库,经过分销,完成长距离、干线运输,到达区域配送中心或仓储中心。

（2）由区域配送中心或仓储中心经流通加工、配货、装运，运送到终端客户。在货品短缺热销的情况下，出厂物流流程从生产企业的生产线产成品包装下线开始，直接装运，经干线运输或配送，运送到终端客户。

2. 出厂物流环节及其作业技术

出厂物流环节及其作业技术主要包括包装、信息搜集与处理、订单处理、运输与储存、流通加工和配送，以及退换货处理等。

（1）包装。产品包装是产品生产加工的最后一道工序，是工序物流与出厂物流的衔接点，也是工厂物流与社会物流的又一个衔接点。其中，销售包装适用于向消费者展示，利于吸引顾客、方便零售；运输包装适用于保护货品，便于其他物流环节作业。

（2）信息搜集与处理。出厂物流归根到底是由客户订单驱动的，而物流的终点又是客户。因此，出厂物流之前（更准确地说应该是产前甚至入厂物流之前）就需要进行各种市场活动，包括确定客户（潜在客户、目标客户）、与客户的联系、产品展示、客户询价、报价跟踪等，搜集并进行信息处理。

（3）订单处理。在客户接受报价后，开始进行订单处理。订单记录客户的需求、订货价格，并检查客户信用度和可用的物料等。然后，根据销售订单安排实施其他物流作业。客户在考虑批量折扣、订货费用和存货成本的基础上，会合理地订货；企业若能为客户提供方便、经济的订货方式，就能引来更多的客户。

（4）运输或储存。根据订单，有库存的产品，则生成产品提货通知单，并按提货通知单生成物流配送单，进行销售运输、组织配送等；没有库存的产品，生成产品需求单（包括采购单），再把信息传递给工序物流管理系统或入厂物流管理系统。

尚未接到订单的库存货品，保持储存状态，并通过库存管理与控制、销售促进等，降低库存水平。

（5）流通加工和配送。区域配送中心或仓储中心根据发货通知、订单，经流通加工（包括废物再生利用等）、配货、发货、装运，运送到终端客户。

（6）退换货处理。在销售活动中会经常发生退换货。退换货处理主要包括售后反馈的退换货信息处理、确认后登记做卡、替换品出库并核对，做到卡物相符。退换品返回、验收入库，同时更新登记卡，生成报表，待处置。

（四）逆向物流和废弃物物流

工业企业在供、产、销的经营活动（包括物流）和客户消费使用过程中，总会产生一些问题产品和各种边角余料、废料、废旧品等，还有各种废弃物。它们被逆向移动或者废弃，是需要由物流作业完成的。

逆向物流和废弃物物流①,都可归属于生态物流范畴,对于再生资源利用、低碳和资源节约、节能环保、生态保护有特别重要的意义。

案例 3-1　戴尔公司物流系统:入厂、生产和出厂

戴尔公司总部位于美国得克萨斯州朗德罗克,以生产、设计、销售家用及办公室电脑而闻名,也涉足高端电脑市场,生产与销售服务器、数据储存设备、网络调和等。2013 年,戴尔的销售额约 5.7×10^{10} 美元。

1. 戴尔公司的供应物流主要涉及公司商务计划和物料采购等环节,其目标是在保证物料供应的基础上库存最小。戴尔将零部件生产交由 Intel 等硬件生产厂家完成。

戴尔的供应物流采用第三方物流模式,关键是供应商管理库存(VMI)和信息共享。戴尔先和供应商签订合同,要求每个供应商都必须按照戴尔的生产计划,按 8 ~ 10 d 的用量将物料存放在由第三方物流企业管理的供应商管理仓库。例如,戴尔在中国市场的物流服务商是伯灵顿。戴尔确认客户订单后,系统会自动生成一个采购订单给伯灵顿;伯灵顿在 90 min 内迅速将零部件运送到戴尔的装配厂(戴尔称之为客户服务中心);最后由供应商根据伯灵顿提供的送货单与戴尔结账。为了使库存包括供应商的库存都尽可能降到最低,应沟通获取供应商真实的需求信息,且所有交易数据都在互联网上不断往返,实现以信息代替库存。敏捷的供应物流,能确保戴尔的零部件库存周期一直维持在 4 d 以内,远低于行业 30 ~ 40 d 的平均水平。零部件库存的减少是戴尔增加利润的一个重要来源,也是规避因 IT 行业零部件和产成品更新加快而产生贬值风险的一种重要手段。

2. 戴尔生产的是定制产品,每一台计算机可能就是一种规格,要求不同的零部件和组装方式,弹性很强。因此,戴尔必须选择与此匹配的装配生产方式和物流运作方式。

戴尔的客户订单确立后,系统在传递物料采购信息的同时,迅速将顾客订单安排到具体的生产线上。零部件由第三方物流企业运送到戴尔客户服务中心之后,经 4 个步骤完成生产运作和生产物流的过程。

(1) 配料。工人根据客户下的订单连同规格要求,组配好各种零件并放入一个盒子中,然后送往具体的组装生产线。

(2) 组装生产。每个生产线上的组装工人根据规格要求,从盒子

① “逆向物流和废弃物物流”详见第五章“生态物流”。

中取出零件进行装配。一个人完成整机的装配工作。

(3) 对整机进行硬件和软件配制的测试。通过专有软件进行2 ~ 10 h的自动测试,如果发现问题,返回到组装生产线上进行修正。

(4) 包装。整机包装,并从生产线下来后,运送到特定区域分区配送。从整个流程来看,零部件从送进戴尔的客户服务中心到产成品运出,通常只需要4 ~6 h。

3. 戴尔的销售物流采用外包形式,在全球承担戴尔销售物流的有联邦快递、伯灵顿和敦豪等企业。在销售物流环节,产品直接从戴尔的客户服务中心运送到客户手中,省掉了中转环节,极大地缩短了产品送达的时间,降低了物流成本。第三方物流企业早在戴尔的客户订单确立时,就已被告知物流要求,提前制订配送计划、运输路线、车辆调度及人员配备等,使戴尔产品可立即送往客户处。在整个物流过程中,戴尔可通过第三方物流企业的信息管理系统实施跟踪,监控销售物流的质量和效率。

4. 电脑元件中的有毒物质会造成环境污染,戴尔除了采用绿色材料之外,还提供"免费回收个人电子废弃物"服务,并于 2006 年 6 月宣布将这一做法从美国本土推广至全球。消费者只要拨打戴尔的免费回收热线,工作人员就会上门领取。所有回收到的物料由戴尔委托的专业服务供应商按环保法律法规和戴尔的全球标准来处理。截至 2009 年 7 月,戴尔在全球已免费回收了 1.25×10^8 kg 电子废弃物。

(李燕,刘志学:《戴尔的敏捷物流管理模式》,《中国物流与采购》,2006 年第 6 期;陈楠:《戴尔:以最环保科技公司为愿景》,《商务周刊》,2009 年第 15 期——经整理)

二、农业企业物流

农业企业包括种植企业、林业企业、畜牧企业、养殖企业、渔业企业等。农业企业物流在其系统构成上,与工业企业物流是有共性的。但是,由于农业与工业的行业特性存在很大差别,因而两者在内部物流上又是有差异的,主要集中于生产物流。示例:农业企业物流流程见图 3-2。

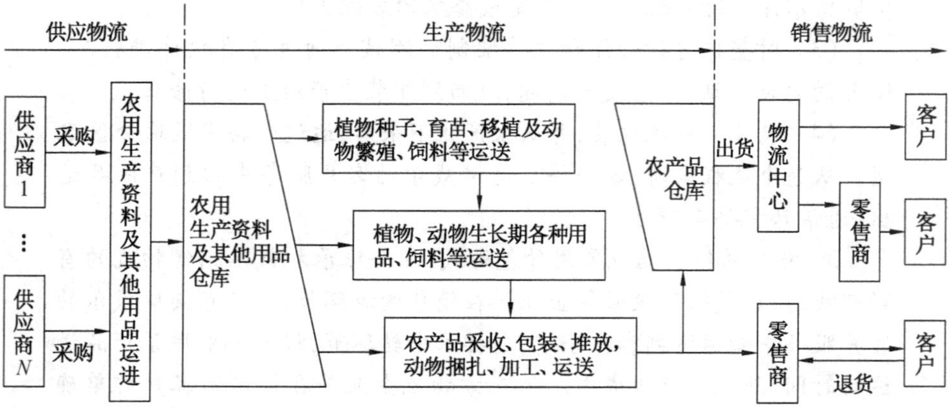

图3-2 农业企业物流流程

（一）农用生产资料供应物流

农用生产资料供应物流（supply logistics for agricultural production materials），即农用生产资料的采购、进货运输、储存和供送。农用生产资料主要包括种子（种苗、种畜、种禽等）、肥料、农药、兽药、饲料、地膜、农机具，以及农业生产所需的其他原料、材料、燃料等，也包括电力资源和水利资源，还涉及农业生产资料使用与市场的信息服务。

大体上，农业企业供应物流流程与工业企业并无多大差异，但其有季节性，一定时间内的频率低、批次少，向生产现场流转的准时性时段较大，且现代供应物流运作技术的适用性有相对制约。

（二）农业生产物流

农业生产物流（agricultural production logistics）：指农业企业内部从动植物和微生物的种养殖活动直到农产品产出整个过程中，由相关生产用品配置和使用所发生的物流。这也就是农业企业生产过程中种子（种苗、畜仔、禽仔等）、肥料、农药、兽药、饲料、地膜、农机具，以及其他原料、材料、燃料等相伴生产阶段、时节或过程流转；大致可分3个环节：种（植）养（殖）物流、生长物流和产出物流。

（1）种（植）养（殖）物流，即包括农作物播种、育苗、移植，菌类栽培，蚕种、禽类种蛋孵化，鱼介水产种苗，畜类和其他动物苗仔繁殖与分养，圈场建舍和其他生产设施建设等所发生的种子、种苗、种蛋、苗仔及相关生产用品的物流。

（2）生长物流，即农作物生长过程中包括嫁接、除草、施肥、用药、浇灌、整枝、果实护理等，菌类培育、桑蚕养护，或者禽类、鱼介水产类、畜类等其他动物生长过程中包括饲养、微生物培养、场舍和生产设施维护等所发生的相关生产用品的物流。

（3）产出物流，即包括农作物采摘、收割、脱粒、晾晒或保鲜，或者蚕茧采收、禽蛋收集、牛（马、羊）奶采集、羊（兔）毛剪割、肉禽和肉畜及其他动物捕捉、鱼介水产品捕捞(也可包括法律许可采摘或捕猎的野生植物、果实或动物)等所发生的各类相关农产品及生产用品的物流。

农业生产物流与工业企业工序物流有明显区别。第一,农作物在生产过程中一经移植,几乎不再发生空间位移;蚕、禽、畜、鱼介及其他动物的养殖,一般也很少会发生成群成批的人为搬移(牧区和野生自然状态的除外);而工业企业的在制件会随工艺流程和工序不断位移。因此,农业生产过程中,主要是生产手段,如肥料、农药、农机具、饲料、兽药等的流转。第二,农业生产物流周期长,且有明显的季节性,而一般工业企业工序物流周期较短,大多无明显的季节性。

(三)农产品销售物流

农产品销售物流(agricultural products sales logistics),即农产品的加工、保鲜、包装、运输、储存、分销、配送。农产品主要包括粮食产品、经济作物产品、畜牧产品、禽类产品、水产品和林业产品等。其中,有些产品鲜活、生鲜、易腐,有些产品体大、轻泡或笨重、量多、低值,而且产销地域广阔分散,品质差异大,市价波动大,季节性强,其储存、运输、包装、装卸搬运、配送等的难度一般要大于工业品,部分生鲜易腐农产品必须纳入专业化的冷链物流。

农产品销售物流流程与工业企业也没有质的区别,只是大多情况下,无论农产品是否短缺热销,通常经干线运输,主要依靠仓库、流通加工、配送或运送,尤其是粮食等产出季节性很强的生产物储存量大、储存时间长,但部分情况下也适宜从原产地现场直接向客户配送。

(四)农业逆向物流和废弃物物流

农业企业的逆向物流,与工业企业的逆向物流大致相同,内容包括农用品包装物、周转使用的包装容器或器具等。

在农业生产和农产品物流中,会有无用的废弃物和可再利用物料生成,对它们的处理过程形成农业废弃物物流。农业企业废弃物物流不同于一般工业企业的废弃物物流,主要表现为量大,且多以就地生物链处置。例如,稻、麦等秸秆,可直接还田增肥;低质谷类、废弃果蔬可加工成饲料,饲料喂养家禽、家畜;家禽、家畜排泄物转化为有机肥增肥土壤,促进作物生长等,既节支又增收,实现了循环经济。

农业企业逆向物流和废弃物物流,按生态物流理念,实现绿色环保和循环经济,是时代趋势。

案例3-2　五芳斋:一粒大米的旅程

浙江五芳斋(米业)的特色产品粽子,以稻米为主料。为了确保粽子的优质美味,五芳斋曾一路北上寻求优质糯米稻源。2008年起,五芳斋在广袤的东北，经对东北稻米不同产地的日照、土壤、气候进行比较分析，选定黑龙江省的五常市、方正县、宝清县，分别建成了三大稻米种植和加工基地，并构建了从原粮产区选择到稻种培育、基地种植、田间管理、原粮收购，再到恒温仓储、精细加工、物流配送，直至终端销售环节，即从种子到筷子最大程度保障每一粒大米安全、健康的产业链。由此，也成就了五芳斋优质东北大米“稻花香”“长粒香”“珍珠米”系列。

精耕细作

一粒五芳斋的优质东北大米，原产地为黑龙江省的五常市，或者是方正县、宝清县。五常稻作区地处黑龙江最南端，属中温带大陆气候，光照充足，昼夜平均温差13℃，无污染、天然水源自流灌溉。距五常市约300 km的方正县，位于黑龙江省中南部，土壤肥沃，溪涧山泉围绕。宝清县位于黑龙江东部，地处三江平原的腹地，气候独特，降水充沛，一年之中大部分时间在冰霜统治之下，病虫害少，生态环境利于稻米生长。

稻米之生，不仅是自然之事，也需要耕作之勤。五芳斋的优质大米就始于这片土地上的耕作。

20世纪80年代中期，日本北海道的水稻专家带来“旱育稀植”栽培技术。这项技术的推广和持续改进，以及现代农业科技的发展，促使东北地区寒地水稻种植明显增产增收。在五芳斋的五常和方正稻米基地，五芳斋联合当地的农业科研机构，严选高品质稻种，提供给自有种植基地和订单农户，从源头上确保了稻米品种的纯正。在宝清基地，五芳斋联合农技推广服务中心，精选上等稻种，通过智能浸种、大棚育秧、建设标准化农田等高新技术培育稻种手段，对水稻催芽育种全部实现网络监控管理。

水稻的一生要经历营养生长和生殖生长两个时期。其中，营养生长期主要包括秧苗期和分蘖期，生殖生长期包括拔节孕穗期、抽穗开花期和灌浆结实期。夏季，水稻进入生殖生长期，经过抽穗、开花、结实，形成和充实籽粒，是稻谷成熟的关键阶段。由于水稻是穗、花同步作物，即抽穗2 d进入开花，边抽穗边开花，抽穗完成2～3 d且开花结束后进入灌浆期。水稻籽实产量形成的95%来源于出穗后期，出穗后的光合作用、空间营养对稻谷的品质产生极其重要的影响。

因此，五芳斋在东北稻米基地出穗后期的田间管理上下足功夫，依托当地农业技术推广部门的专业人员深入田间地头，提供全程技术指导服务，根据水稻生物学特性和当地气候变化规律，采取有效的栽培技术措施，实现了水稻常年的优质稳产。

丰年丰产

到了金秋时节，在五芳斋宝清县稻米基地，大型联合收割机在金黄色的稻田里来回穿梭，稻谷在收割机的"隆隆"声中被"一扫而光"；蓝天白云下，粒粒稻谷填满了车厢。2008 年以来，合作社数百家农户，每年都和五芳斋米业签下订单，企业提供技术指导。收购时，当遇到市场价格偏低，五芳斋就按每 500 g 高于国家最低保护价 0.1 元的价格收购，农户一垧地（1 hm^2）能多得数千元的收入。五芳斋还发动农户种植糯米创收，大大调动了当地农民的积极性。由于种粮的效益远远高于传统的大豆、玉米，越来越多的农民选择加入合作社，种植水稻。

在五芳斋五常的"稻花香"米基地，由于"稻花香"出米率较低，如果采用机械收割的方法，虽劳动效率高但损耗大，因而还保持着传统的自然耕作和人工收割方法。一望无边的金色稻田连接天际，农民挥舞镰刀，一捆捆刚刚割下的水稻整齐地码放在田间。五芳斋"稻花香"对生长环境要求高，只适合小范围种植，而且相比其他东北大米，出米率只有 50% ~60%，产量也比普通大米低，亩（1/15 hm^2）产在 450 ~550 kg。但一直以来，五芳斋都坚持选用纯正的"稻花香"品种种植、加工，为的是让消费者能品尝到真正高品质的五常"稻花香"米。

仓储加工

稻子从一丛丛青翠的秧苗，出落成为黄金稻谷，再到收割存储，如仓储不当，极易霉变造成损失。因此，为了保证原粮的"原汁原味"，在粮食储存方面，五芳斋自建标准化隔热钢板筒仓，夏季恒温 20℃，冬季恒温 -5℃，并设定粮层测温点，实行自动化监控，通过人机分离实时监控生产环节，采用严格的操作与卫生标准保证生产过程零污染，并对原粮品质安全进行跟踪预警防控。同时，东北得天独厚的自然环境造就了稻米的高品质，而大米的新鲜度和口感则依赖于大米的精深加工。

五芳斋大米的专业技术人员潜心研究各项加工参数对大米食味值的影响，分别在宝清、五常、方正稻米基地投资建立了五芳斋大米加工厂，引进国际领先的大米加工设备，电脑全程监控生产线，在低温加工的环境下，通过一次去壳、四次碾米、一次筛米的前道工序，以及二次循环去石、抛光、色选等环节实行全程封闭生产，严格监测碎米含量及病斑、黄粒等不完善粒的数量等指标，保障大米加工全过程的安全性和高质量。此外，五芳斋又在浙江嘉善、绍兴两地建立了五芳斋大米加工、配送基地，让长三角地区的消费者能第一时间品尝到最为新鲜纯正的高品质大米。

五芳斋作为农业产业化国家重点龙头企业，贯穿种植、加工、仓储、销售的五芳斋稻米供应链，为企业大力拓展米业市场夯实了基础。基地出产的稻米，一方面为五芳斋粽子等食品生产提供了优质、稳定的粮源，还通过日本自动化米饭生产线，为五芳斋快餐连锁店提供成品米饭；另一方面，五芳斋大米产销一体化的经营模式，也为开拓小包装品牌大米市场创造了良好的条件。

多渠道销售

从田间到餐桌的大米产业链“上游”的建设，五芳斋打造了三个系列品牌精品大米，即“五芳极稻”五常“稻花香”米、“优米原道”东北“长粒香”米和“五芳传香”东北“珍珠米”，并为其品质保障奠定了坚实的基础。

五芳斋“稻花香”大米，米粒均匀，色泽光亮，芳香四溢，煮成饭后口感绵软而不失韧性，爽滑且有嚼劲，唇齿留芳，一口难忘，被称为“世界上最好吃的大米”；“长粒香”大米，富有蛋白质及多种微量元素和矿物质，品质好，被称为富硒大米；“珍珠米”大米皎莹如玉，富含多种氨基酸及钙、铁、锌等多种人体所需的微量元素。五芳斋大米凭借自身品牌影响力，全力做强“下游”，做实终端，做大规模，重点是采取现代化的营销方式，多渠道推动五芳斋东北优质大米的市场化。

2013 年，五芳斋东北优质大米新上市，在嘉兴、湖州、上海、杭州、宁波、南京、苏州等长三角主要城市的 700 多个终端销售点、电子商务网络销售店，以及近 300 家五芳斋连锁门店，都可购买到五芳斋为顾客精心培育的高品质大米。

同时，首家“五芳斋大米专卖店”于 2013 年 12 月在嘉兴越秀北路开业，馆内除了展示五芳斋大米全系列产品外，还将向市民传播稻米相关科普知识，并传授如何用好米煮好饭的操作技巧，让消费者深入体验五芳斋大米与众不同的高品质。

（杨晓东：《五芳斋：一粒大米的四季旅程》，《嘉兴日报》，2013－12－31——经删改及整理）

三、商贸企业：供应物流与销售物流

商贸企业是设有商品营业柜台、场所，不自产商品（自产自销除外）、直接面向最终消费者的商业零售企业，主要包括百货商店、商场、商城、商厦、购物中心、大卖场、超级市场、连锁超级市场、综合商店、专营商店，以及贸易公司、进出口贸易公司等。

（一）商贸企业没有生产物流

商贸企业物流系统中，凡流通加工企业物流，与一般工业企业物流很相近，甚至有些基本相同，只是发生领域不同，技术和工序更简化；其他商贸企业物流，除了逆向物流和废弃物物流与一般工业企业物流大体类似之外，主要区别在于没有生产物流（自产自销除外），只有供应物流和销售物流，甚至仅有销售物流（含储存、流通加工、销售、配送），且各家不尽相同。示例：商贸物流流程见图 3-3。

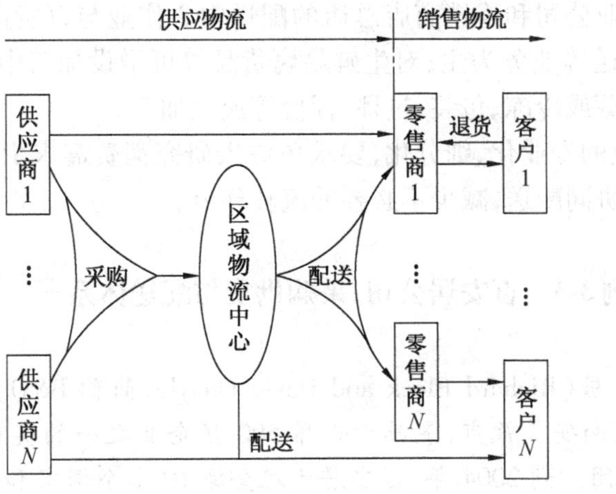

图 3-3　商贸物流流程

（1）商贸企业供应物流：商贸企业按计划组织货源，选择适当的供应商采购或代销货品（成品）、进货运输、储存、流通加工、分拣备货。它的一般流程包括采购进货、入库储存、流通加工、分拣备货。其中，仓储作业是转换点，负责进货、接货和流通加工，以及货品保管、库存控制，计划的执行与反馈修改；装卸搬运作业主要负责接货、堆码时进行的操作。

（2）商贸企业销售物流：商贸企业购进或代销货品经分销渠道（包括电子商务网上渠道）流转、售出，并配送或运送到终端客户。在货品短缺热销的情况下，商贸企业销售物流流程同样会从生产企业的生产线产成品包装下线开始，直接装运，经干线运输或配送，运送到终端客户；在作业技术上，也包括订单处理、储存和退换货处理等。

（二）商贸企业物流操作技术

零售企业以直接将货品供应给消费者用于生活消费，或供应给社会组织用于非生产性消费为基本任务。它的业务过程是货品从流通领域最终进入消费领域的过程。因而，零售企业处于供应链的末端。

（1）在商、物合流的情况下，零售商店的收货、检验、暂时保管、分类、发货等物流作业，均由售货员承担，主要适用于小商店。

（2）在商、物分流的情况下，百货商店、专营商店及连锁商店的物流形态，有从工厂、批发企业等购进货品的采购物流；有将一些货品通过配送中心转运到各个连锁门店和销售店的配送物流；还有把货品发送到消费者手中的销售物流。

首先，百货商店购进的货品，其中部分货品如食品、家具等，以及贵金属类可直接进入商店，其他部分货品则进入配送中心，经加工、分拣后转运到总店和门店，或者按订单要求直接送到顾客指定场所。货品的收货、检验、暂时保管、分拣、发货等作业，主要发生在配送中心。

其次，专业公司和连锁商店总店的配送中心作业与百货商店大体相同。仓库以保管、发送等业务为主；对生鲜易腐货品等可增设加工中心进行有效处理，包括分拣、冷藏或冷冻、包装、过秤、标价等流通加工。

商贸企业的专业化、细分化，要求更深入研究消费需求引起的货品流动，采取共同进货、协同配送，减少不必要的流转环节。

案例3-3 百安居公司：采购供货与配送体系

百安居（Richard Block and David Quayle，简称B&Q）诞生于1969年的英国南安普敦市，隶属于世界500强企业之一的英国翠丰（Kingfisher）集团。到2004年，百安居已在全球10多个国家和地区拥有700多家仓储式装饰建材连锁超市，销售额位列欧洲第一、世界第三。1999年6月18日，百安居的第一家大陆连锁店——上海沪太店开业。截至2003年，百安居（中国）已相继在上海、苏州、昆明、深圳、杭州、青岛、武汉、广州、北京、福州、南京等地开设了20家分店，拥有较大的市场份额。

完善采购供货体系

百安居的商品采购有总部统一采购、地区采购、门店采购等不同的方式。在中国，总部的采购部负责进口商品、自有品牌商品与厂商直供商品的全国统一采购，下达采购订单后，商品由百安居的签约第三方物流公司——上海佳宇物流公司负责运送到百安居的物流中心或遍布全国的门店；超过 2×10^4 种特殊商品，则由各门店的订货办直接向供货商下单采购，再由供货商或其经销商直接送到门店，也可直接送达顾客家中，并负责安装、退换货等售后服务。

百安居始终把满足客户需求放在第一位。进入中国以来，百安居通过一系列措施优化采购流程，降低采购成本，减少缺货现象。

（1）建立合作伙伴关系。百安居与供货商是共同合作的商业伙伴关系，供货商的产品能逐步进入翠丰集团亚洲中心的采购体系，有机会进入欧洲市场和全球其他建材连锁超市。

（2）减少供应商数量。百安居在达到一定规模、运行逐渐平稳后，开始对供应链进行优化。截至2003年，已经有200个区域型、中小型供应商被百安居淘汰。

（3）引入厂商直供模式。2004年，百安居宣布将对销售额排名前200位的供货商（占百安居整个销售额的70%～80%）推行厂商直供模式，即由百安居总部统一向供货商采购，供货商直接送货到百安居的门店或物流中心。厂商直供的商品采购成本比中间商供货可下降25%以上。百安居已经与科勒、东海瓷砖厂等部分厂家签订了直供协议。

（4）加速发展自有品牌商品。百安居（中国）总部提供的信息显示，2004年5月以来，全新面世的百安居自有品牌商品系列超过10个，几乎覆盖家庭装潢、居家生活等各领域。

（5）采用先进的信息系统理顺进销存信息。作为一家经营品类超过5×10^4种的零售企业，百安居每天要管理众多的商品，涉及繁复的商品采购、记账、库存与销售管理。2001年12月3日，百安居正式上线世界领先的SAP（System Applications and Products）零售业管理信息系统。总部可以实现实时、可视化管理，随时了解任何门店在任何时间的销售与库存情况，便于评估整个公司的经营情况，以加强统一管理，减少库存，降低成本。并且，大幅度缩短了结账时间，对赊账和应收账款的管理也有了很大改善。

同时，百安居开发面向供应商的B to B采购平台，于2005年3月投入运行。采用该系统后，供应商可以直接上网查询自己商品的销售情况，其最终目的是变百安居的被动采购为供应商的自动补货。

建立高效的配送体系

百安居的配送也是交给第三方物流公司完成的。百安居先考察众多物流公司并公开招标，对中标企业再进行全面考核，只有通过考核的才能成为百安居的物流服务商；之后，对物流公司的人员进行专门培训，提出具体的服务要求，包括必须有足够的车辆，可以满足百安居不同销售时期的配送需要；准时送货上门，协助顾客签收、验货；送货后的客户回访率不得低于20%等。在合作中，对物流服务商主要考核准时到达率、商品完好率、对客户的服务态度等。

百安居的每家门店（以百安居北京金四季店为例）都设立了商品部；商品部又分为前台和后台，前台主要负责销售与客户投诉，后台主要有收货部与配送中心两个业务部门。

（1）收货基本安排在百安居的营业时间范围内，从08:00到20:00，为节省费用，尽量避免晚上接货。

收货部接到厂商送货后，同配送中心和销售前台进行交接。如果是现货，属于常规补货，由商品部相关部门人员负责直接送到不同的货位，收货部也有小面积的仓库，可暂时存放商品；如果属于CAB（已经销售出去的产品）特殊订单，则直接交给配送中心，配送中心再根据不同的送货方式——顾客自提、配送（消费者购物额达到6 000元的由百安居负责配送）、电话联系（确定自提或配送）等不同处理。北京金四季店的收货部平均每天约处理120个订单，每月共3 000～4 000个订单。

收货时，SAP系统的流程控制模块SOP严格规定了每个员工的职责。如，货物送到以后，先要由保安进行送货单登记，再由2名收货员分别签字，然后文员进行送货单信息录入（只需在系统显示的相关品项后面添加数量即可），最后由主管复核（每天傍晚抽查）。有了极为严格的监督机制，经层层把关，有效地减少了漏入、录错现象，将收货差错率控制在0.1%～0.2%。

(2) 配送中心主要承担仓储管理与配送管理，按照工作职责设立了文员、仓管员、自提组、发车组、调度组5个工作岗位，分工清晰，各司其职。百安居销售出去的90%的商品都是从这里发出去的。

在配送中心，文员起到物流导航的作用。文员每天到商品部前台取回送货单，再录入到系统中，并对每天的发货数量进行核实、统计。送货之前，文员需要预先同顾客联系好，约定送货时间；送完货之后，文员要马上在系统中登记送货时间、送货司机，便于顾客以后查询商品。

配送中心采用高层货架，商品码放密集但极有条理。库区首先分为自提区与配送区，自提区再按照商品类型划分存储区域，如瓷砖、厨电、浴室设备等分门别类集中存放。货架上层存放整托盘货物，以叉车完成存取；不方便叉车行走的地方，专门存放需要手工搬运的商品，如浴缸等；易碎品如瓷砖等存放在货架上，以避免因不慎造成的损失；对于非标商品，如玻璃淋浴房要垂直竖放，则按照商品的特殊形状与特性专门定做了非标货架。为避免顾客到期限不来提货，占用仓储空间，配送中心有专门人员提醒顾客来提货，并规定如果超过期限，每天收取商品总额的0.1%作为仓储费。

配送中心收货后为每个送货单位都制作了一张标签，贴在商品包装的显著位置，内容包括订单号、顾客姓名、提货时间等信息。每天收货后对配送中心货物进行整理，只需要3个工作人员即可。

配送中心打印出送货单，交给第三方物流公司的送货员。百安居将北京地区划分为十几条线路，同一线路顾客的商品要集中配送，并保证车辆的满载率。前一天晚上，送货司机到百安居的配送中心装车，第二天早上送货。

发货区设在仓库外面,共划分了15个车位,一辆车对应一个车位。按照送货路线,将一个顾客的商品放在一个托盘上,以免出错。物流公司运输车按照实际需要灵活调动,旺季时每天约需20辆车。百安居规定,每辆车一天要完成20个顾客的商品配送。

(江宏,郁林:《百安居:成功源于高效供应链管理》,《物流技术与应用》,2004年第12期)

第二节　城市物流、社区物流与生活物流

城市物流是依托城市并以该城市为集散中心的相应区域物流。城市物流不仅包括中心城市、副中心城市、卫星城市及小城镇,还辐射农村,以及基于城乡物流协同的全区域物流一体化。

一、城市物流:区域物流系统网纲

城市物流可归属中观物流,既有地域边界,又在经济地理上无空间边界,其依托城市,综合服务于城市及附属农村的生产、生活和公共活动,并在城际、城市群圈层或跨区域互动中,促进城市资源配置优化,提升城市效率,协同支持城市可持续发展。

(一)城市物流:集聚与扩散

城市有大有小、有强有弱,且区位有别,环境也不同,总体上存在差异,但在一定区域空间,尤其是相对于广袤的乡间、山区,城市物流系统运行力强或较强,城市物流的集散程度高或较高又速度快或较快。

城市的产业相对集聚,人口多又集中,还有众多公共服务机构,会产生相当大的社会物流需求规模和流量。同时,城市区位相对优越,陆路或陆水空交通网络发达,内外贯通,四通八达;城市拥有不断强化的物流网络系统,包括公共物流信息平台、物联网、智慧物流系统等;陆(含地下)、水、空立体路网,以及车站、机场、港口、仓库、货场,或者物流园区、物流中心、配送中心等;城市物流产业发展快或较快,而且集聚化程度较高,物流组织提供物流服务能力较强。

正因如此,一方面,为保障满足城市生产、生活和公共服务的需要,大量的货品从四面八方向城市集聚;一方面,所集聚的货品又会迅速向用户扩散,还有大量的本地产品向其他城市扩散。所以,城市物流是依托该城市的区域物流集散中心。

由此而论，城市物流运行及城市物流发展，依赖于城市物流系统的优化和运作能力的提升。

（1）强化交通网络和物流节点等城市物流基础设施系统的优化、改造和建设，实现基础设施建设与运行的高效化和优质化。在物流设施智能化互联、城市运营服务智能化互联的不断完善和升级中，建设和推进智慧物流，实现城市物流的全程可视和智慧化。采用先进技术进行持续优化和提升，实现城市物流高效和有质量的运行，不断增强城市竞争力。

（2）继续推进城市物流产业发展，充分利用和发挥城市资源，特别是物流资源优势，全面提高运营商的综合服务能力，最大限度地降低城市交通的压力，实现城市物流运营的有序高效。同时，建立和依托高效的城市物流体系，提供高质量的废弃物物流和再生资源物流，确保城市物流生态化，以及提供有效解决突发性事件所产生的应急物流。

（3）健全和完善城市物流政策体系，主要包括物流法规、物流标准、市场管理（准入、运作、监管）、项目规划、协同制度、技术支持、财政政策、土地政策、税收政策、金融政策和人才政策等整套政策规章。相关政府部门之间高度协调、配合，创造良好软环境，全力支持和切实保障城市物流运行和发展。尤其是城市政府应加强全局统筹、规划协调、科学决策，加大力度改善和建设城市物流基础设施。

（二）同城物流：城乡物流一体化

城市涵盖以该城市为中心的周边附属的一定范围的乡村地区，且城乡密不可分、互动一体。城乡物流一体化是一种自然趋势，属于同城物流。

1. 农村物流及其运作技术

农村是城镇及城镇化之外的地区，包括山区农村地区，主要有农业区、小集镇、村落，并以农产业为主，包括各种农场、畜牧和水产养殖场、林场（林业生产区、果园、茶场）、园艺和蔬菜产区等，也称乡村。农村域内生产、流通、生活和公共服务所发生的物流，便是农村物流。

（1）农村物流大体可涵盖农业物流和农产品物流，即包括农用生产资料的采购供应物流、农业生产物流、农产品（至少部分农产品）销售物流，但它所涉领域又比农业物流、农产品物流更宽更多，还包括农村居民消费品物流、农村地区乡镇和非乡镇工矿企业物流、商贸物流、集市、乡俗节庆，以及与农村地区基础设施、公共服务等相关的其他物流。

（2）农村物流一如城市物流，也属于区域物流范畴，但在运作技术上却不完全同于城市物流。第一，地域空间广大，人口多而分散，相应的物流网络散布各地，且距离远，甚至偏僻，流速慢。这就决定了农村物流多以道路运输为主，特别是在内陆地区；沿江、河、湖、海地区也可根据条件采用水路运输。第二，农业生产和农产品的出产，大多有很明显的季节性，生鲜保质要求高，部分农产品储量大。

2. **农村物流系统：主要依托于城市物流系统**

农村物流系统主要依托的是城市物流系统。其中，城市化在建区及规划区内的，全面融入城市物流系统；此外的，基于城镇化趋势，实现城乡物流一体化。

至于有些僻远地区、山区，或交通欠发达地区的农村、山区，主要是在改造和建设中延伸、扩大城市物流系统的集聚力与辐射力，使之渐进式纳入城市物流系统网络。农村物流系统的重点是道路改造修建、农村公共物流信息平台建设和物流网络节点添加增设，包括县（市）分拨中心、乡镇物流站和村级末端物流网点，以及整合资源，组建和培育一批专业化、规模化、现代化、网络化水平较高的大型涉农第三方物流服务商，尤其是冷链物流服务商，提供快速、准时、安全的农村物流服务；在政策上，全力鼓励和促进农村物流发展。

3. **城乡物流一体化**

城乡物流一体化：城乡物流网络工程实行无缝衔接，形成一体化、多层次、多形态、运作快捷的综合物流体系。

（1）城乡物流网络建设一体化。城乡物流一体化，重点是加大对农村物流基础设施建设，包括立体化交通尤其是高速公路、快速公路路网，以及道路与铁路、港口、机场联网；仓库（粮、油、棉、糖）及冷库的整合、改建或新建，并达到车船、装卸搬运工具、货品储存空间和条件的通行标准，可在运输、仓储、装卸搬运时达到畅通直达，无缝衔接。区域性物流中心、配送中心城乡空间合理布局，保障城乡货品通畅流转。物流信息网络平台城乡一体互联互动，完善或升级城乡物流信息发布、网上订货、展销、交易、竞拍等系统，实现网上网下物流全面一体化。

（2）城乡物流环节联结一体化。依托现有城市物流体系向农村扩展，实现城乡物流环节一体化运行对接，关键是破解城市物流与农村物流的分割、分离，联结各行其道的“物流孤岛”，使“工业品下乡与农产品进城”两道合一，健全城乡双向物流系统，以工业品和农产品的需求链为导向，理顺和统筹相应的供应链各个环节，包括贯通城乡的供应商、生产商、分销商、零售商和终端用户，以及对应的服务链和价值链，实现城乡间产供销业务各个环节联结一体化。

（3）城乡物流运作一体化。培育物流联盟或供应链核心企业，重点整合和重组现有城乡各类商贸企业、供销企业、仓储企业、物流公司、粮食企业、邮政企业、农业公司、农业经纪人等，尤其是农村个体商贸、运输经营者力求转变为现代流通企业或供应链企业，并形成联结农户在内的长期、稳定的共生伙伴关系，密切供应链各环节主体之间的协作，包括仓储保管、加工配送、货运代理、代购代销、易货交易、信息服务等，实现城乡物流高效、安全、生态一体化运作和发展。

（三）城际物流及跨区域物流

城市有规模层级，即超大城市、特大城市、大城市、中等城市和小城市。城市物流既是该城市本级区域物流网络系统中心，又是城际、城市群圈层或跨区域物流网络系统的一个节点①，甚至有些区域中心城市尤其是城市群的核心城市，是国际物流系统或全球物流系统的节点或枢纽。

城际物流及城市群圈层物流主要是短途配送运输；跨区域物流属于中长距离物流，或者属于国际物流。无论如何，城市物流始终是区域及跨区域物流系统网纲。

二、社区物流："最前 1 000 m"和"最后 1 000 m"

城市物流"最前 1 000 m(first mile)"和"最后 1 000 m(last mile)"发生于城市及乡村社区，包括工业社区、商务社区、居民社区、校园社区、公共服务社区等，并由此构成社区物流。它联结城市的社会各业各界和千家万户、百姓万众，事关生产、商务、公共服务和民众生活。社区物流是城市物流的端梢物流，具体运作上则是城市配送、同城配送，或称为城市速递②。

（一）城市快递物流

顺应全球经济一体化进程，以及愈加活跃的电子商务环境新经济发展，社会生产、经营和公共服务高效率和快节奏，寻求闲适社会生活倾向，便捷、及时又体小、多样、少量、分散、频繁的诸类物流需求迅猛增长；与之相应的正是城市快递物流。城市快递是一种新兴的城市物流，且在城市物流系统中的作用越来越大，其地位越来越凸现。

1. 城市快递：重时效、求便捷

城市快递是符合相关规定的快递物件发生门到门快速投递的物流，也称速递物流。它是一种特殊形态的物流；网络分布细密，注重物流的时限时效，力求物流便捷快捷，可全程追踪，保障及时、可靠、准确。

2. 快递物件

快递物件品类繁多，一是函件，包括文件、资料、图纸、贸易单证等；二是样品、高附加值产品等；三是社会活动礼品等；四是快速消费品等。而且，快递物件的单件重量不超过 50 kg；标杆类货物的单件长度不得超出 180 cm；板类货物长宽相加不得超出 150 cm；对于过小的物品最小包装不能小于运单大小；同时，必须严格按照相关规范包装。但是，严禁违禁物品快递。

---

① "物流节点"参见第六章第二节"物流节点"和"多层级实物流网络"。

② 城市物流"最前 1 000 m"（也有称"第一 1 000 m"）和"最后 1 000 m"（也有称"最后 500 m""最后 100 m"的），都仅是一个概数或距离的象征。这至少有两种情形：一种是家庭和个人，以及单位集体宿舍、公寓等个人的私人生活部分。一种是以各行业企业为主，包括个体商户在内的供应商；其中，还可细分为同城近距离供应商与异地远距离供应商。同城近距离的，很可能有一种特殊情形，即"最前 1 000 m"亦即"最后 1 000 m"。至于发生于异地远距离供应商的"最前 1 000 m"和"最后 1 000 m"物流，参见第八章第三节"收集货与落地配""快递自提、众包物流与智能配送"。

3. **快递组织形式**

快递组织形式呈多样化。其中，主要的有：一是传统运输公司转型及新建的快递公司，如USP快递、联邦快递、宅急便、顺丰速运、中通快递、圆通速递、申通快递、韵达快递、德邦物流、中铁快运、京东快递等；二是邮政机构改造的邮政快递，如TNT快递、敦豪邮政快递、中国邮政快递等；三是互联网+快递新形成的众包快递，如人人快递、快递兔、速派得等。此外，还包括"城市货的"等城市轻物流。

（二）快递配送：上门取货与上门送货

上门取货：城市速递配送始端，可以是配送服务人员按客户传唤或下单上门取货，主要面向个人快件发送、中小企业散件发送、包括农产品和土特产品在内的地产地销产品运送，以及本地产业集聚区产业链、供应链上下游企业之间货品近途输送等，也包括电子商务网购货品的线下集发货等。因此，物件自上门取货发出至集货分拣中心的作业，一般可泛称为城市物流"最前1 000 m"。这是一种始端物流配送服务，以方便客户，使省时又省心。

上门送货：速递配送服务人员将上门所取的货件（也包括其他地区货源的货品），经集货、分拣、交仓、运送环节，再从距离收货客户最近的配送中心到收货客户手中的作业，即城市物流"最后1 000 m"。从需求链角度看，在某一收货客户心目中，并无"最后1 000 m"，只有"最前1 000 m"。因为，该客户需要消费一件商品，必须出门购买。

（三）社区物流运作

社区物流运作模式有多样的。其中，上门取货"最前1 000 m"，通常由第三方物流企业承揽运作；至于上门送货"最后1 000 m"，则除了部分自营配送（比如，社区内最常见的单次小量、高频率的就近商店或摊贩直接自营配送）之外，凡从外部流入社区的，由超市、百货商店、专卖店等供应商直接自营配送，或由第三方物流企业配送、电子商务企业自建物流配送部直接自营配送或收货人自提。

其中，第三方物流企业、电子商务企业自建物流配送部在同一社区内的，也可分别设点采用客户自提式配送。例如，与物业公司、社区服务中心或社区便利店合作设立代收点，货到时，收货人收到取货的短信通知，然后按照自己的时间和意愿自提，无须再付费，也可避免送货员上门但家中无人接货的状况。不过，成本更低、效率更高、更为合理的选择是协同配送，且应成为社区物流的主流。

协同配送（也称共同配送、联合配送）：物流企业根据某一地区多个用户的物流服务需求，综合运用仓储、运输车辆等物流资源，统筹安排配送时间、配送次数、配送路线采用组合式配送运作模式；简而言之，就是将按不同货主或多个物流企业分头进行的配送活动，统一由一个组织体系或企业协调对多用户进行的组合式配送。

（1）与社区物业公司、社区服务中心合作设立社区配送站，由物业公司选派或者聘用社区人员配送业务;也可自提。

(2)与社区便利店铺合作,使成为社区配送网点。例如,与连锁企业、超市在社区的店铺合作,实行“双名制”,或者实行委托代理制,委托社区便利店铺或者招聘社区人员,负责该社区配送业务;也可自提。

(3)新组建社区配送中心+加盟社区门店/社区配送网点。社区配送中心与多家物流企业、快递公司合作和对接,实行协同配送到统一标识、统一服务标准、统一流程的加盟社区门店,然后由社区门店配送人员开展配送服务,也可自提;或者设智能快递柜自提。

三、家庭及个人:生活物流

生活物流是城市物流的微物流,发生于每天每时每刻、每个家庭和每个人,却总不被予以应有的重视。生活物流是一个物流学需要认识的领域。

(一)生活物流:生活用品发生的通流

生活物流(living logistics):家庭或个人生活用品所发生的通流;也有称为家庭物流或消费者物流。家庭或个人有日常吃、穿、住、用、学、娱等细小生活需求,这些需求的满足势必使用或消费对应的各类生活用品,由此便发生了生活物流[①]。

生活物流琐碎繁杂,往往与家务或个人生活事务同时同步发生,且不经意。在不同程度上,与家庭和个人的生活理念、生活习惯、生活品位、家庭人口及结构、经济及住房条件、地理气候、家族传统、种族民族、宗教信仰、相关群体等有直接或间接关联,又部分地带有私密性。

每家每户每个人的生活物流各有不同,即使同一家庭的不同成员间也不一定是完全相同的,但又总有所类同。

(二)生活物流系统:进门物流、家内物流和出门物流

生活物流可以发生于家宅居所,也可以发生在回家或出行途中、工作场所、交际及公共场合、户外他地等。

1. 进门物流

家庭及个人的生活,需要消费或使用各种生活用品,这些生活用品几乎都应经购买行为方能用以满足生活需要(有家庭可自产某些生活用品的,另当别论),因而家庭及个人的购物构成主要的进门物流。通常,部分经上街、逛商店,挑选商品后大包小包一路拎回家,通过步行、自行车、私家车、公交车、出租车等;部分经网购配送上门或自提。

(1)日常生活用品采购,主要包括柴、米、油、盐、酱、醋、茶、奶、果蔬等(“菜

① 集体宿舍、公寓住所,以及单位办公室等,凡涉及个人的私人生活用品消费或使用、私人生活事务中的生活物流大体相同或类似,但最典型和有代表性的是家庭和个人的生活物流。

篮子”物流），以及餐具、家具、家电、衣被、鞋帽、药品、书籍报刊（含订阅报刊）、文化娱乐用品、家用饰品、代步工具（包括家用机动车辆）和其他各色生活用品。

此外，还有宠物及其食粮；房屋装修、装饰材料（自建住房的家庭，还需要购买建筑材料，并进行住房建筑施工）；搬家（全部或部分家什搬入新住房或新居所）。

（2）单位发放（可携带回家）的工作用品、劳动防护用品、福利品，接受的各类馈赠品或礼品，以及其他合法的收取物品等。

2. 家内物流

家内物流特指发生在家宅大门之内的生活物流，既包括家庭成员全体共同的，也牵涉部分成员甚至个人分别的。

（1）烹饪餐饮。用物是各种食材及作料、炊具、餐具、茶具、茶叶等。作业内容是，食材作料采购回家后，经淘米洗菜、蒸煮烹饪，做好饭菜；餐后餐具洗收、残羹剩饭处理，包括烧水、沏茶、上茶、茶具洗收等。

（2）清洗衣物。用物是洗衣粉、洗涤液、肥皂、洗衣服盆、清水、温水、搓衣板、洗衣机、刷子等，衣被、窗帘、台布、沙发套及其他织物。作业内容是清理家中织物上的杂物、灰尘：放水浸泡并用手稍用力揉洗，接着捞起，擦肥皂搓洗或盆中放洗衣粉后揉搓；捞出衣物、挤水，再换清水冲洗、挤干。或者，洗衣机中加入洗衣粉或洗涤液和水、放入衣物、启动洗衣机。抖开晾晒，或者烘干。此外，还包括鞋帽洗刷及其他物件清洗等。

（3）室内清洁。用物是清洁液、抹布、刷子、拖把、扫帚、畚箕、垃圾袋等。作业内容是炊具清洁、家什除尘、擦窗、扫/拖地、卫浴洁具清洗等。

（4）居家整理收纳。主要作业内容是厨具放置、收衣叠被、整理衣柜鞋柜、家具饰物摆放、清理杂物等。

炊具餐具收纳：锅碗、碟盆、盘杯、刀铲、砧板、筷勺、调料瓶罐等，分类收纳放置于固定的橱柜、收纳柜、吊柜、储物柜、置物架、置物篮、盘架、挂钩、搁板，确保使用方便。

衣物被褥收纳：长袖衣、短袖衣、长裤、短裤、连帽衣、裙子、毛衣、披肩、围巾、领带、内衣、文胸、短袜、裤袜，床单、床罩、被褥、被套、褥套、枕头、枕套，毛毯、被巾等，分类收纳放置于固定的衣橱、衣柜、衣架、被柜、衣箱、衣框、抽屉（用隔板分隔）等，除了挂放的，都能规整折叠竖立收纳放置，保证取物灵活便捷。

此外，诸如鞋帽、包箱、化妆品、饰品、浴卫用品、文件资料、文具、书籍、音像制品、玩具、健身器具、雨具、针头线脑及其他杂物，同样分类收纳放置于固定专用橱柜或收纳容器。桌椅、沙发、电器、装饰物等相对固定摆放。

（5）宠物喂养、清洁等。

3. 出门物流

家庭成员全体或部分、个人离家出门会随身携带物品，或处理其他物品，形成出门物流。

（1）出行或工作、交际活动所需用品，有便携电脑、手机、证卡、钱币、名片、书籍、文件、饮品、零食、礼品等。

（2）旅行、出差行李，除了公务文件材料之外，主要包括个人的证卡、钱币、名片、相机、便携电脑、手机、充电宝/线、衣物、卫生用品、饮品、食物等私人生活用品。

行李箱衣物打包：通常先将衣裤紧紧卷成轴；将鞋子、雨伞沿箱子边缘排放，然后将长裤放到底层的中间；将卷好的重量稍轻的衣物紧密排列到中上一层；接着放重量最轻的上衣；最顶上放化妆品和手包等，备用药品、充电器、耳机线、针线包等零散物，尽可能袋装或盒装后再放置在边角处。

（3）委托存储或寄存、赠送、捐赠、搬家，包括家具、家电、衣被及其他用具、生活用品等全部或部分家什、物件搬离原住房或原居所。

4. 逆向生活物流与生活废弃物物流

所购物品退换或返修、家用电器等外送维修等；家庭成员全体或部分、个人出门（包括旅行、出差）时所携带的物品，随之如数原件返家，以及搬家，可视作特定含义的逆向生活物流；家中废旧家具、废旧家电、废旧书籍报刊和其他废旧用品/衣物、闲置物件舍弃，以及家庭生活垃圾、建筑及装修垃圾清除等等，构成生活废弃物物流。

（三）生活物流运作：自理与外包

生活物流运作模式，大体上可分为自理、外包、部分自理部分外包、他人相助或志愿者服务。

1. 自理生活物流

生活中，以家人或个人自身“人体”为载体，既可以采用肩挑、肩扛、肩抬、肩挎、身背、头顶、臂抱、手搬、手拎、手抓、手捧及装入随身衣裤口袋等，也可以采用家人或个人自身人力借助手推车、自行车、手提行旅箱等器具，或者家用机动车、畜力车等，此类直接由家庭成员或个人随身携带操作的生活物流，便是自理生活物流。

2. 外包生活物流

家庭和个人生活物流服务需求的满足，是经委托外包，由承接的家政服务公司、第三方物流公司、物业公司等运作的，则归于外包生活物流。例如，全日保姆、钟点工、洗衣、清洗家用电器、换煤气罐、代买菜买粮、外卖快递，网购送货上门、委托存储或寄存、赠送、捐赠、搬家、家庭装修等。

3. 部分自理部分外包生活物流

生活物流服务需求的满足，一种情况是由家庭和个人自理部分家务，如买菜做饭自理，而清洁卫生外包聘用钟点工完成；一种情况是由家庭和个人自理某一事务的一部分，外包委托完成该事务的另一部分，如蔬菜或水果部分（量/次）从实体店商选购并自带回家中，部分（量/次）则经由网购配送。更典型的是旅行行李，航空乘客的行李按相关规定，一般就分为随身携带物品、自理行李（手提行李）和托运行李①。

4. **他人相助或志愿者服务生活物流**

家庭或个人的某些或某次生活物流服务需求的满足，是由亲友、同事、同学、邻居出手相助的；对于孤儿、孤寡老人、独居病残者的全部或部分生活物流服务需求，也可以是由志愿者及公益组织的慈善服务满足的。

案例3-4 迷你考拉：私人储物新模式

迷你考拉仓（北京）仓储服务有限公司成立于2011年，是全国首家且规模最大的O to O物品存储公司。迷你考拉仓严格按照自主仓储国际行业标准，为用户提供一站式仓储服务，帮助都市人群在拥挤的生活环境中拥有一个除家之外的私密存储空间，满足存储、珍藏、出行寄存等需求，包括搬家、装修或出行时临时存放家具和家居物品；优化起居空间或办公空间；存放商务文档、设备和临时库存；存放礼品、艺术品和收藏品，以及为个人用户和企业用户提供多种量身定制的储物解决方案。

迷你考拉仓按照私人仓储国际行业标准进行服务，帮助用户合理优化生活和工作空间。它既能满足用户的生活需求，收存商务人士出差及北漂一族频繁搬迁期间的物品；也能丰富生活，满足用户对换季衣服、个人收藏、家庭孕婴物品的空间诉求；此外，它还承载了用户的情感和记忆。

1. “考拉迷你自助仓”，提供个人仓储和企业商务仓储。一人一仓一卡（实名制门禁卡、客户拥有唯一仓门钥匙），24 h 自助存取（实时监控，免费提供手推车和梯子等工具），空间大小灵活选择（1～30 m^3 空间灵活选择），恒温恒湿（高精温湿度控制系统，温度波动在10 ℃以下，相对湿度保持在40%～60%）、安全放心（24 h 全年无休专人驻守、防入侵报警系统、烟雾报警器、定期清洁除虫），3 元/d 起。客户只需一个电话，服务专员将免费上门量身定制储物方案，并将所需的包装材料送至家中。同时，它还可以协助安排专业的搬运服务或帮助收发包裹邮件，让储物体验轻松愉快；安全私密、先进的温湿度控制的储物空间非常适合存放高档家具、装修材料和个人物品。

① 参见第四章第四节“托运行李物流”。

2. 基于用户的需求并借着 O to O 的热潮,公司推出了实物云存储产品"迷你考拉盒"。迷你考拉盒大小为 59 cm×39 cm×34 cm,在材质选择上,迷你考拉盒选用高强硬度 PP 覆膜材质,承重达 100 kg,且箱体防潮、防水、防挤压;可同时容纳 8 双鞋、35 本书、56 张 CD 以及 2 床厚棉被、马克杯等不同的生活闲置物品。迷你考拉盒的价格每月使用费用仅为 39 元/只。为了保障运输安全,迷你考拉盒为用户设置了 2 500 元的免费基本保险,保证用户物品的安全赔付。当用户需要使用时,迷你考拉盒将在下单后的 24 h 内送到用户手中,用户寄存后,迷你考拉盒将运送到迷你考拉仓,仓内与世界 500 强同步的 ADT 安防系统将保证物品的安全。

3. 迷你考拉仓的运作,所有流程借互联网平台采用私人存储 O to O 模式,由手机端 APP 控制,用户可以足不出户,如果有寄存衣物、书本等小型物品的需求,只需要通过移动端 APP 即时下单,便会有人在 24 h 内上门派送(收取)迷你考拉盒,将用户的闲置物品及换季衣物存放在考拉盒中。

"迷你考拉盒"在行业内首次实现蓝牙解锁、APP 私密授权专属对接,绑定个人账户保证物品安全;用户将物品放入迷你考拉盒后,还可采用拍照记录及音频的方式对存储的物品进行标签归类和备注,方便同时管理多个迷你考拉盒。迷你考拉盒还能实现 APP 全程追踪物品,让用户实时放心。

迷你考拉仓已在京沪两地的核心商圈(国贸、五道口等)开设了 5 家门店,也试水了香港市场。2012 年 4 月到 2012 年末,"考拉迷你仓"开的第一个店,国美第一城大悦城店达到了 98% 的满仓率。2013 年 4 月 18 日,考拉迷你仓第二个店三里屯店开业,2 个月时间就达到了 70% 的满仓率,后五道口店、国贸店及上海尚文路店又相继开业。迷你考拉仓正在步入飞速发展阶段。

(勾蕊:《为幸福创造空间 迷你考拉盒全国首发》,2015-01-27. http://sh.zol.com.cn/504/5044776.html. 等)

第三节 供应链全球化与全球物流

经济国际化、全球化趋势下,国际经济合作、国际贸易和跨国经营迅猛发展,势必促成和推进供应链全球化；同时，从事进出口贸易、来料加工、全球供应、国际采购的跨国企业和本土企业，在选择物流服务提供商时，更注重专业化、一体化和全球化综合物流服务能力。

一、供应链全球化

供应链从采购供应开始经生产、销售到达终端用户。它不是孤立的，而是具备一定流量的环环相扣的“链”，且整个“链”一体化。同时，并存一个逆供应链状态的需求链。这不仅适用于一国（或地区），也存在于国际及全球范围。

（1）供应链全球化：以全球化理念和全球化视野，将供应链系统向全球范围延伸和渗透化。遍历全球的组合供应链系统，便构成全球供应链（Global Supply Chain）。

在全球范围，任何一个企业都不可能拥有包罗一切的核心资源，在跨国化和全球化市场扩展进程中，一种理性的和必然的选择，就是依托自身核心竞争力，依据需要，面向全球各地选取最有竞争力的合作伙伴，在全球范围内与上游、下游企业结成供应链战略联盟，使整个供应链系统覆盖全球。

（2）供应链全球化因应全球消费需求多样性以及资源分布、国际分工和世界市场发展之势，要求全面、迅速地了解全球各地消费者需求，并以此为据，通过计划、协调、控制和优化，在供应链中的核心企业与上游、下游企业（供应商、生产商、分销商）及终端客户之间，依靠现代信息技术和网络技术的支撑，实现供应链全球一体化和快速反应，达到商流、物流、资金流和信息流的协调畅通，快速满足全球消费者需求。这也就是供应链全球化的主旨所在。

（3）供应链全球化将以全球消费者需求为导向，驱动一系列遍布在全球各地、相互关联的企业进行原材料采购、供应、产品生产，以及最终产品的分销和配送，并要求在需求链拉动下，全球范围内供应链上游与下游的所有节点企业同步行动，密切彼此间的协调与合作，根据终端客户需求信息，制订采购、生产和分销配送计划，使供应链上的存货（包含原料或物料、半成品、在制件、最终产品）在一个有序链接的渠道中顺畅通流。这就涉及运输和仓储等主要物流环节的全球化，并构成全球物流，包括国际物流。

二、国际物流

世界开放经济发展的主流，是国与国（或地区）之间的经济交流越来越频繁，因而跨国跨境跨洲的原材料与产品流通也越来越发达。依照国际惯例，利用国际化的物流网络、物流设施和物流技术，高效运作国际物流，将促进区域经济的发展与世界资源的优化配置。

（一）国际物流环境、物流系统、信息系统及标准化

国际分工和产业链跨国化、国际市场发展，以及只要生产和消费在国与国

（或地区）之间存在境内外空间隔离与时间距离，生产用品和消费品就需要也势必会发生国际物流①。从这一意义上看，国际物流是国内（或地区境内）物流的延伸和扩展，是范围扩大了的物的通流，亦即选择最佳的方式与路径，以最低的费用和最小的风险，保质、保量、适时地将货品从一国（或地区）的供应始端运送到他国（或地区）的终端用户②。这就决定了国际物流技术要求更高、更复杂。

1. 物流环境差异大，物流技术复杂度和适应度高

国际物流运作环境因国情不一，在国与国（或地区）之间有很大的差异，尤其是物流软环境差异。如，物流适用法律不一，带来了国际物流运作的难度；经济和科技发展水平有高有低，国际物流所能获得的支撑力度有强有弱，甚至有些地区根本无法应用某些技术而迫使国际物流全系统水平下降；物流标准不同，造成了国际物流对接“瓶颈”；风俗人文也会限制国际物流顺利运转；等等。正是如此的物流环境差异，使一个国际物流系统需要在多个不同法律、人文、习俗、语言、科技、设施的环境下运行，这无疑要求既有高复杂度又有高适应度的国际物流技术。

2. 物流系统复杂化，凸显系统优化和集成化技术

国际物流跨国、跨境运作，不仅地域空间跨度加大、环节增多，而且所涉及的内外因素更多，所需的时间更长，不确定性风险增大，整个物流系统结构和运作更复杂。国际物流系统中，很少有企业能单独依靠自身力量办理和完成复杂的进出口货物的各项业务，而是需要由专门的业务机构或代理人来完成。如，国际货物由报关行或报关公司专门代办进出境报关业务，由国际货物运输服务公司、国际货代公司代理进出口运输；由国际贸易公司、进出口贸易公司、出口打包公司和进口经纪人等中介，接受企业的委托，代理与货物进出口有关的各项业务。

与此相应，国际物流系统优化技术更高，且一旦植入现代化系统技术，其运作更高效。同时，顺应经济全球化“物流无国界”态势，国际竞争促使一国跨部门、跨行业、跨区域和产业链、供应链整体结成“横联纵合”式战略联盟，物流企业群“抱团”集结，所参与的国际物流系统规模越大、竞争力越强、集成化技术更

---

① 国际物流主要是国际商贸物流（与国际贸易伴生），但还包括国际工程物流、国际会展物流、国际邮政物流、国际应急物流、国际军事物流等。

② 国际物流也可含保税物流。保税物流（bonded logistics）：海关所设置的或经海关批准注册的特定全封闭监管区域（保税物流园、保税区、保税库等）内发生的物流；可享受海关实行的“境内关外”制度，以及其他税收、外汇、通关等特殊政策。一是货品在进入保税仓库环节和存储期间，不征收进口关税，免批文，不受配额限制；二是货品可在保税仓库进行包装、分拣、贴唛、换唛、分拆、拼装等流通加工；三是进口货品在保税区可经简单加工后，即转手出口到其他目的国或地区。

保税物流在地理上，发生在一国（或地区）的境内（领土），应属于国内物流或境内物流，但保税物流园、保税区、保税库等都属“境内关外”，有其明显的国际物流特征。因此，保税物流系统边界交叉，可作为国际物流与国内物流或境内物流的对接区。同时，保税物流扩增了海关监管、口岸、保税、报关、退税等物流环节。

高;而且,依托国际中心港口和空港,设有自由贸易区或者保税区、保税仓库和物流产业高集聚的国际物流中心,24 h运营,提供“点到点”“一站式”服务,简化行政手续、提高通关的无障碍便利度,使货物在国际与国内(或地区)两个关税区的转接和跨国、跨境快速流动。

3．信息系统、物流标准化与网络化技术

国际物流尤其是国际联运,以及供应或销售物流决策,有赖于国际化信息系统包括电子数据交换(EDI)、海关公共信息系统的支持,及时掌握有关各个港口、空港和联运线路、站场的运营状况;也有赖于更高要求的国际物流标准化,涉及制定物流系统内设施、机械装备、专用工具等各个分系统的技术标准,各系统内分领域包装、装卸、运输、配送等作业标准,高配合地统一整个国际物流系统的标准,以及国际物流系统与其他相关系统的标准统一;一国(或地区)物流标准力求与国际物流的标准体系相一致,包括物流交易条件、技术装备规格,特别是单证等。信息系统与标准化两大关键技术引领国际物流整合与优化,并共同支撑国际物流运作,借助于储存和运输等系统的参与,以及各种物流设施,形成一个纵横交错、四通八达的物流网络,使国际物流覆盖面扩大化,规模经济效益更高。

(二)国际物流:报检与报关

跨国、跨境运作的国际物流,货物进出口都必须接受海关的监督与检查,履行海关规定的手续通关;经海关同意,货物方可通关放行。办理进出口通关的过程之一,就是报检和报关。报检的对象是进出口商品检验检疫部门,报关的对象是海关。

报检先于报关,只有在进出口商品检验检疫部门检验完毕,并出具出入境货物通关单后,海关才接受报关申请、审单、征税和核准放行。并不是所有的进出口商品都需要报检,只有国家规定的商品才需要报检,但所有进出口商品(除自带、绿色通道)都需要报关。示例:国际物流运作流程见图3-4。

1．报检

报检(declaration of quality inspection and guarantine):依法向进出口商品检验检疫部门申请出入境商品检验、动植物检疫、卫生检疫,以及鉴定或准出入境或取得销售使用的合法凭证、某种公证证明所必须履行的法定程序和手续。

(1)出入境检验检疫报检的范围,主要为商品检验、动植物检疫、卫生检疫,通常称为“三检”。

出入境检验检疫报检,按照海关监管条件不同和检验检疫类别区分,也有不同的。海关监管条件:出口或进口的货物在交由海关监管前所需准备的资料。

(2)进出口报检流程。进出口报检基本流程是接单→审单→预录→申报→验货→放行→下账。

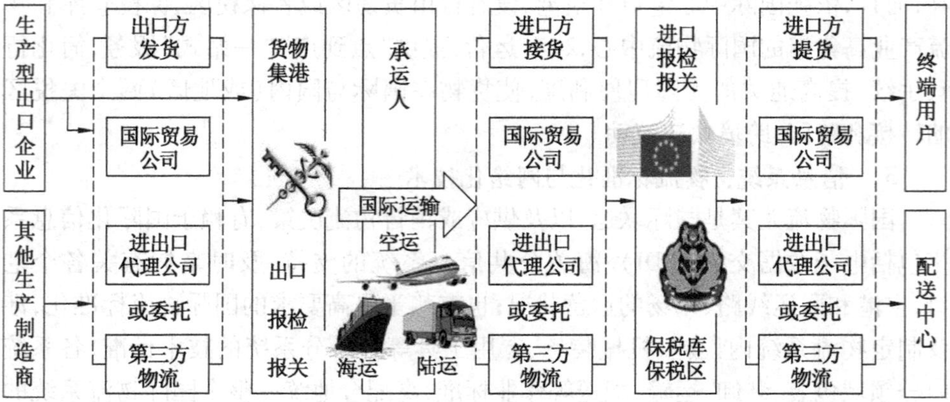

图 3-4　国际物流运作流程

1）接单。接到客户或内部转来的单据后登记，有特殊要求的需注明，询问出口发货、进口到货和报关日期，确认是否出具检疫部门的证书等。

2）审单。核对出口、进口报检单据。

出口报检单据：主要包括发票、装箱单、合同、报检委托书等，以及有特殊要求的其他单据。如，信用证复印件、出境货物运输包装性能检验结果单正本、出境货物换证凭单正本等。

进口报检单据：主要包括发票、装箱单、提单及提货单复印件、报检委托书等，以及需提供的其他单据。如，一般贸易进口货物进出口贸易合同；机电类产品免税表、机电审核等批文；动植物产品审批（检疫局颁发）、兽医卫生证书或植物检疫证书（发货人提供）、原产地证书（发货人提供）；食品标签审核证书（提前在检疫局办理）、无木质包装声明、非针叶木包装声明或官方检疫证书等。

3）预录。审核后的出口单据预录入，并制单和所需单据最终确认、打印和移交报检单；进口报检单据需标明集装箱数量、船名、唛头及原产国家等。

4）申报。填写报验申请单，随附单据并注明；报检单据审查无误后，到报检前台申报，随时解答商检官员对商品的提问；申报单据分转各职能科室，并登记、批签。

5）验货。出口货物及时联系客户验货，约验货时间并告知客户；验货完毕后将单据转回各科室；进口货物预约查验，木质包装商品一般要求在场站实施木质包装检疫，对货物品质等检验需在厂家实施检验。

6）放行。验货单据签发，并在电脑中过机放行；计费、缴纳检疫费；打印出口、进口货物通关单，在单据中注明要否出具检疫证书；放行后通关单签收。

7）下账。出口、进口通关单及商检发票复印、登记留底，下账出号，并注明公司编号，通关单复印留底，正本通关单交给报关使用。

2．报关

报关（customs declaration）：依法向海关申请办理运输工具或货物、物品进出境手续及相关海关事务所必须履行的法定程序和手续，包括向海关申报、交验单据证件，并接受海关的监管和检查等。

（1）报关范围：进出境运输工具和货物、物品。按照法律规定，所有进出境的运输工具和货物、物品都需要办理报关手续。

（2）报关流程。报关的基本程序包括审单、查验、征税、放行4个海关作业环节。进出口货物海运、空运和陆运方式不同，报关有共性，也不尽相同。

1）海运进出口报关流程。海运进出口报关的基本流程是委托报关→接受申报→审核单证→查验货物→办理征税→结关放行。

第一，委托、递送全套报关单证。委托报关行代理报关；收发货人带齐全套报关资料委托报关行代办报关。

进口：发票、装箱单、合同、提货单、报关委托书、其他报关需要递交的单据（如许可证、原产地证、进境货物通关单、运费发票、保单等）。

出口：发票、装箱单、合同、场站收据、核销单、报关委托书、其他报关需要递交的单据（如出境货物通关单等）。

第二，报关行接受委托人申报，查验报关单证。

第三，报关行到海关预录入中心预录入货物信息，进行电子申报，并通过海关内部系统传输给海关审单中心。

第四，审单中心审核通过后（人工审单/电子审单），报关行再将报关单及随附单证递交给海关书面审核。

第五，审单后，需缴进口税的（进口货物），海关核对计算机系统计算的税费，开具税款缴费书和收费票据，进出口货物收发货人或其代理人在规定时间内，持缴款书或收费票据向指定银行办理税费缴付手续；在中国电子口岸网上缴税和付费的海关，进出口货物收发货人或其代理人可以通过电子口岸接收海关发出的税款缴款书和收费票据，在网上向签有协议的银行进行电子支付税费。一旦收到银行缴款成功的信息，即可报请海关办理货物放行手续。

第六，海关审单过程中发现有问题，将送查验科查验。现场查验后，决定是否放行。

第七，海关核验后，在进口货物提货凭证或出口货物装货凭证上签盖“海关放行章”；同时，海关也在电脑中确认放行，使该货物可以通过电子闸门。

第八，进出口货物收发货人或其代理人签收进口提货凭证或出口装货凭证，凭以提取进口货物或将出口货物装运到运输工具上离境。

需要注意两种情况，一是货物已经结关。对于一般进出口货物，放行时进出口货物收发货人或其代理人已经办理了所有海关手续。因此，海关进出境现场放行即等于结关。二是货物尚未结关。对于保税货物、特定减免税货物、暂准进出境货物、部分其他进出境货物，放行时进出境货物的收发货人或其代理人并未全部办完所有的海关手续，海关在一定期限内还需进行后续管理。所以，该类货物的海关进出境现场放行不等于结关。

2）空运进出口报关流程。空运进出口报关基本流程为：申报准备→电子数据申报→现场交单→缴纳税费→配合海关查验→提货或配载。

第一，将全套报关单证邮寄给所委托的机场报关代理，包括报关委托书、报检委托书、抽单[①]委托书（或机场到货通知）、木质包装声明（如系木箱包装）、合同。

第二，报关行凭抽单委托书（或到货通知）前往航空公司代理仓库抽随机文件，包括空运运单、随机文件（发票和装箱单）。

第三，口岸报检，拉通关单。

第四，向海关申报。

第五，海关审单，如审单通过，出税单。

第六，向海关缴税。

第七，核销税款，海关放行。放行前确定是否需要查验，如不需要查验，直接放行货物；如需查验，则查验后凭现场关封查验。

第八，放行后，即可前往航空公司代理仓库提货、配载。提货时可能会发生商检查验包装。

注意事项：一是航空运单不能充当物权凭证，因此不能流通转让；二是空运出口货物无须换单操作。

3）陆运进出口报关流程。陆运进出口报关基本流程为：申报准备→电子数据申报→现场交单→缴纳税费→配合海关查验→核放出关、入关[②]。

第一，委托、递送全套报关单证。委托报关行代理报关；报关行接收报关单证、车牌资料、清单等，确认报关资料是否齐全、合理。

出口报关单证主要包括正本合同或出口手册、正本发票、正本装箱单、外汇核销单、报关委托书、装车单、闸口纸等；特殊单证主要有出口许可证、配额证书、检验检疫证及海关监管条件所要求的其他单证。

进口报关单证主要包括正本合同、发票、装箱单、报关委托书、报检委托书、提货单等；特殊单证包括进口许可证、进口检验检疫证、环保证、机电证、配额证书、减免税证明、商标注册证明书、商标使用授权书等及海关监管条件所要求的其他单证。

第二，提供需要商检货物整理资料；提供司机蓝本，商检无须查货，先出通

---

① 到货后，提货人需要前往承运人处换取提货凭证，海运叫换单，空运叫抽单，其实性质差不多。

② 陆运报关流程和海运报关流程的不同之处：一是陆运报关中，通常由报关员和汽车司机作为货主的代理，配合海关官员进行货物查验。二是核放出关/入关是陆运报关的最后一个环节。在陆运报关过程中，海关对进出口集装箱及其载运工具进行自动核放，而在海运进出口中，收发货人最终通过码头进行装运/提取货物。

关单。

第三，整理报关资料；预录入报关单，无误后向海关发送。

第四，审单中心审核，需外转评估（进口）等；打印纸质报关单向现场海关递单。

第五，现场海关审单。退单（出口），并说明理由。

第六，征税。打印税单企业缴税；确定上货日期，将税单交现场海关。

第七，放行。

第八，海关放行后 3 d 内，司机拿正本报关单捆绑验放①。如需做检疫，提供司机蓝本做完检疫后出关、入关。

第九，司机过关时，通道若报警，经海关查验无误方能通关。

（3）报关注意事项。报关需要注意的事项，主要有申报期限、申报日期、需要修改申报内容或撤销申报、滞纳金和滞报金等。

（4）电子报关。电子报关是一种新型、现代化的报关方式，是指进出口货物的收发货人或其代理人利用现代通信和网络技术，通过微机、网络或终端向海关传递规定格式的电子数据报关单，并根据海关计算机系统反馈的审核及处理结果，办理海关手续的报关方式。随着计算机技术和网络技术的发展，全面推行电子报关是报关方式的发展方向。

中国电子口岸系统，简称电子口岸，是利用互联网信息技术将企业进出口业务数据存放在公共数据中心，为管理部门提供跨部门、跨行业的联网数据核查，为企业提供网上办理各种进出口业务的国家信息系统。

通关作业无纸化是指海关以企业分类管理和风险分析为基础，按照风险等级对进出口货物实施分类，运用信息化技术改变海关查验进出口企业递交书面报关单，以及随附单证办理通关手续的做法，直接对企业联网申报的报关单及随附单证的电子数据进行无纸审核、验放处理的通关管理模式。

（三）国际物流：多式联运为主

国际物流的支点离不开运输与仓储，且仓储和运输的发展愈加现代化，包括装备机械化、自动化和标准化。仓储主要集中于国际航运港口、空港及自由贸易区、保税区等。国际运输中，大宗货品以远洋运输为主；快递、邮政以空运为主；内陆接壤国家（或地区）以道路运输为主，也有部分管道运输，还会渗透其国内（或地区境内）的其他一部分运输，是海、陆、空“立体化”“一条龙”服务的运输体系，特别是远洋运输和国际快运由多种运输方式组合而成，追求整个物流系统的效率化和缩短运输时间。

国际多式联运（international multimodal transport）：按照国际多式联运合同，以至少两种不同的运输方式，由多式联运经营人把货品从一国（或地区）境内接管地点运

① 捆绑验放，即把进出口货物的报关资料（报关单或清单）与载运的货车（运输公司、车牌号）绑在一起，海关在口岸设有电子识别系统，可根据车牌号码查询对应的报关资料，决定是否验放。

至另一国（或地区）境内指定交付地点的运输。如，从上海到南非的约翰内斯堡，经过了海运——从上海到南非的德班（Durban）港，再经陆运——从德班到约翰内斯堡。

国际多式联运应有至少两种不同运输方式的连续运输，所承运的主要是集装箱货品，且是一票到底，实行单一运费率的运输，即发货人只要订立一份合同、一次付费、一次保险，通过一张单证就可完成全程运输。同时，全程运输均是由多式联运经营人组织完成的，无论涉及几种运输方式，分为几个运输区段，由多式联运经营人对货运全程负责。示例：海运干线集装箱多式联运集疏示意见图3-5。

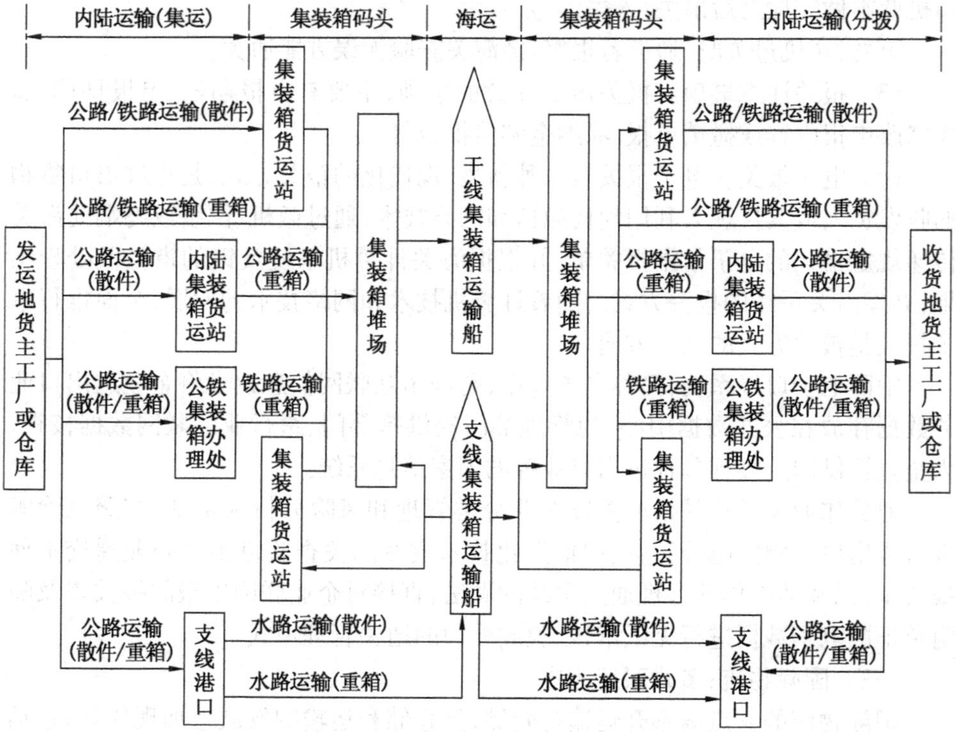

图3-5 海运干线集装箱多式联运集疏示意图

多式联运业务程序主要包括：接受托运申请，订立多式联运合同；发放、提取及运送集装箱；报关；货品装箱及接收货品；订舱及安排货品运送；办理保险；签发多式联运提单，组织完成货品的全程运输；运输过程中的海关业务；货品交付；货运事故处理。

（四）国际集装箱多式联运操作技术

集装箱运输是一种现代化的货物运输流行方式。它在装箱、交接操作上有不同的技术要求。

1．集装箱货物出口操作

（1）订舱、保险。货主或国际货运代理人经询价，选定适当的船舶向承运人

（即船公司或其营业机构）租船订舱、申请运输，并准备向海关办理报关手续，或委托专业（代理）报关公司办理报关手续。承运人给予承诺订舱、运输；货物运输保险。

（2）签发提单号、提箱单、装货单。船公司确认订舱后，开始着手货物装船承运的一系列准备工作，并签发提单号、提箱单、装货单，分送集装箱堆场和集装箱货运站，以安排空箱及办理货运交接。

（3）发送空箱。整箱货运所需的空箱，由船公司送交或货主委托空箱拖运至内陆装箱点交接。拼箱货运所需的空箱，一般由货运站拖送至内陆装箱点交接。

（4）装箱及货运交接。货主收到空箱后，在海关人员的监管下装箱；重箱运至集港区堆场（拼箱货装箱后，在集港区堆场再次装箱或拼箱），货运站根据订舱单核收托运货品，并签发场站货品收据，完成货运交接。

（5）报检与报关。报检，签发出境货物通关单；施检部门检验检疫，出证放行。委托报关，报关单证准备，主要包括出口货物报关单、托运单（即下货纸）、发票1份、贸易合同1份、出口收汇核销单及海关监管条件所涉及的各类证件；报关时限为装货的24 h以前；不需要征税费、查验的货物自接受申报起1 d内办结通关手续。

（6）查验。移箱、开箱，海关核对单货、验证申报审单环节真实，填写一份验货记录，一般包括查验时间、地点、出口货物的收发货人或其代理人名称、申报的货物情况，查验货物的运输包装情况（如运输工具名称、集装箱号、尺码和封号）、货物的名称、规格型号等。需要查验的货物自接受申报起1 d内开出查验通知单，自具备海关查验条件起1 d内完成查验，除需缴税外，自查验完毕4 h内办结通关手续。

（7）放行。缴纳应缴税款（需要征税费的货物，自接受申报起1 d内开出税单，并于缴核税单后2 h内办结通关手续）和有关规定费用后，海关在出口装货单上盖“海关放行章”，凭此装船。申请退关的货物在退关之日起3 d内向海关申报退关，经海关核准后方能将货物运出海关监管场所。对海关接受申报并放行后，因运输工具配载等造成部分货物未能装载上原申报的运输工具的，应及时向海关递交“出口货物报关单更改申请单”及更正后的箱单发票、提单副本进行更正，确保报关单与舱单相符。

（8）签发出口退税报关单。海关放行后，在浅黄色的出口退税专用报关单上加盖“验讫章”和已向税务机关备案的海关审核出口退税负责人的签章，退还报关单位。

（9）进港装船。货主或委托人凭场站收据送到港区集装箱堆场。集装箱堆场制订船舶积载计划，提供“重箱进港单”和“设备交接单”，进港装船。“重箱进港单”和“设备交接单”必须包括待进场的集装箱箱号、铅封号、货名、重量、备装船名、航次、目的港、箱属公司名称、托运人单位名称、承运人单位名称、拖车公司、拖车司机姓名、箱体状况。

(10) 制单与配载。船公司制作出口装船清单、舱单并交码头计划室;码头计划室核单,进行船舶配载。

(11) 起运。装船完毕后,船方(或由理货员代表)与码头办理交接确认手续;船公司指令船舶运输起航。

2. 集装箱货物进口操作

(1) 接货准备。凭收到的出口全套货运单证,着手接货安排;通知收货人船舶到港时间,准备接货;船到港前,船公司代理提前把进口舱单传给码头计划室;将单证分别送代理集装箱货运站和集装箱堆场。

(2) 换取提货单和设备交接单。凭带背书的正本提单(电报放货,可带电报放货的传真件与保函①)到船公司或船舶代理部门换取提货单②和设备交接单,并催促船舶代理部门及时给海关传舱单。

(3) 卸船。审核进口舱单,安排卸船;船到港,卸船;船方(或由理货员代表)与码头办理交接确认手续。同时,向收货人发出到货通知。

(4) 报检。确认监管条件,凭正本箱单发票、合同、进口报关单等报检。法检商品,凭进口商检申请单(带公章)和2份报关单办理登记手续,并在报关单上盖商检登记在案章以便通关,检货手续在最终目的地办理;动植检,凭箱单发票、合同、报关单申请报检,在报关单上盖放行以便通关,检货手续可在通关后堆场进行。通关后,在白色提货单上盖"三检"(商品检验、动植物检疫、卫生检疫)放行章,并结清港杂费。港方将提货联退给提货人供提货用。

(5) 报关。凭白联提货单、正本箱单、正本发票、合同、进口报关单一式两份、正本报关委托协议书、海关监管条件所涉及的各类证件报关。现场审单,进口纳税(部分免税)。

(6) 查验。移箱、开箱,海关核对单货,并出具付汇证明联。

(7) 放箱交货。船公司或代理公司放箱,向收货人交货。整箱的,疏港区堆场根据提货单交收货人集装箱,并与货主方代表办理设备交接单手续;拼箱的,由集装箱货运站凭提单交货。

(8) 提箱。收货人要求船边直提的,可在船舶抵港前提前到业务大厅办理提货单,做好提货预约;船舶靠泊位后,船公司通知车队派车到指定泊位边等候;码头派出卸船作业,安排集装箱直接卸船装车,载运集装箱出闸。非船边直提的,货品到港后,收货人持有效的提单到业务申请台办理提货手续,经核对单证

---

① 保函是由进口方出具给船舶代理的一份请求放货的书面证明。保函内容包括进口港、目的港、船名、航次、提单号、件重尺及进口方签章。

② 提货单分五联:白色提货联、蓝色费用账单、红色费用账单、绿色交货记录、浅绿色交货记录。

无误，换发码头提货凭证（预约单）；收货人派车到码头，凭码头提货凭证连同设备交接单到码头闸口打单，并交给拖车司机进场到指定位置等候提箱装车。提箱过程中应与堆场有关人员共同检查箱体是否有重大残破；如果确认有，就要求港方在设备交接单上签残。

（9）放行。在码头出闸口，出闸口工作人员再次核对箱号，确认无误后予以放行。

（10）掏箱并返还空箱。集装箱运至收货人指定仓库，开箱、掏箱；空箱运至船公司指定场地。

三、全球物流

经济全球化、国际分工和产业链全球化，尤其是供应链全球化，自然生发包括国际物流在内遍及全球跨洲一体化的物流，即全球物流。

（1）经济全球化引致生产要素全球范围内优化配置，并愈益凸显生产全球化。首先，企业跨国扩张，向国际化生产纵深挺进，力图拥有产品核心部件和主体部分的自主知识产权，占据产业发展制高点，在全球范围内选择生产基地和供应源，安排企业生产活动，通过全球化采购、生产、营销等实现资源利用最佳化，成为全球供应链的核心企业，主导全球供应链的运作。其次，企业积极参与和融入跨国集团的制造体系，在大规模定制化战略模式和相应的产业链中，以企业核心竞争力参与国际分工，并适时跨行业渗透，担当全球供应链中的一个环节。再则，企业越发突出强化核心竞争力、外包非核心业务和跨行业全球供应链一体化，势必导向全球采购、全球生产、全球分销，即遍及全球供应链物流一体化。

（2）供应链全球化环境下，企业不单是跨国、跨境采购和销售，还应该是企业的顶层设计和所制定的相应决策，通过总部组织的建设和协调国际化的运作，采用世界级的生产和物流，支持无国界全球化运营；尤其是将分散在全球的货物、人力、财力、信息无缝衔接并整合一体，构建全球物流体系，包括全球的市场需求信息采集、产品设计、采购供应、生产、分销与销售、顾客服务等；重点是需求预测及规划，差异化供应链，协调产能与渠道管理，减少库存积压风险，多方合作联盟，物流业务电子化，及时回应顾客需求，全球化战略。综合性地看，全球物流所依托的是供应链全球化，以及跨国家和跨文化的高度管理信用。这必须有全方位完整的解决方案，以满足物流各个层次的需求，包括运作策略、信息整合、战略合作、合同协定、仓储管理、路线航线选择、订舱、进出口报检报关、货物跟踪等。

（3）从战略上看，全球物流主要包括全球化采购和生产、生产企业与专业第三方物流企业同步全球化和国际运输企业结盟。

第一，全球化采购和生产。生产制造企业在全球范围寻找和挑选货源，采购原材料、零部件，选择适应全球分销和集散的物流中心，连接和使用当地现有的区域物流网络，并及时推广应用先进物流技术与方法；同时，选择全球资源成本、运营成本或比较成本最低的地区投资建厂，将最终产品所需的各种零部件的生产基地分布于全球，标准化的零部件送到企业总部组装，最后再向全球各地分销。例如，苹果公司的一部 iPhone 手机约有 500 个元器件，由上游 200 余家供应商提供。2013 年 1 月，苹果公司在其《供应商责任报告》中，详细披露了所有供应商包括提供原材料、配件和最后组装加工的厂商名称及其地理位置。数据显示，苹果全球有 748 家供应商，遍布亚洲、北美洲和欧洲。其中，欧洲 50 家，北美洲 73 家，亚洲 625 家，而中国大陆占据 331 家、中国台湾 35 家、日本 148 家、韩国 38 家，其他分布于泰国、马来西亚、菲律宾、新加坡等，几乎遍及全球的每一个角落。

商贸零售企业以全球货源和全球采购、全球销售织成遍及全球的物流网络，确保在同等质量的条件下以最低的价格来购进和售出商品。例如，沃尔玛全球采购网络的总部设在中国深圳，并向全球延伸 20 个采购点，划分为大中华及北亚区、东南亚及印度次大陆区、美洲区、欧洲中东及非洲区四大区域；每个区域内按照不同国家设立国别分公司，具体操作采购业务包括工厂认证、质量检验、商品采集、运输等；再下设卫星分公司。大中华及北亚区的采购量最大，全部采购量超过 70%。其中，中国分公司和韩国分公司排采购量的第一、二位。沃尔玛分布在世界各地的专业采购人员有 1 500 名，在全球的供应商总数达 6.8×10^4 家，每年的采购总额近 3×10^{11} 美元。

第二，生产企业与专业物流企业结盟同步全球化。生产企业全球化运营，将长期结盟的第三方物流伙伴带入全球市场；第三方物流企业协同联盟客户（工商企业）布局和实施全球化战略，发展全球化物流。例如，全球最大的家具家居用品商瑞典宜家（IKEA）集团，生产和销售的产品约 1×10^4 种，主要包括座椅/沙发系列、办公用品、卧室系列、厨房系列、照明系列、纺织品、炊具系列、房屋储藏系列、儿童产品系列等。

宜家在全球的 16 个采购贸易区分布于 32 个国家，共设立了 46 个贸易公司；在全球 53 个国家有超过 2 000 个供应商，保持长期合作，产品是从各贸易区域采购后运抵全球 16 个国家的 28 个分销中心，再送货至宜家在全球 38 个国家和地区的 311 个商场。宜家极为看重的一个全球物流协议伙伴，是马士基。马士基集团总部设在丹麦哥本哈根，在全球 135 个国家设有办事机构，拥有约 8.9×10^4 名员工。马士基承揽宜家在全球 29 个国家、2 000 多家供应商、164 家专卖店、1×10^4 多种家具材料的物流任务。宜家“供应商家族”一直保持与马士基合作。

第三，国际物流企业结盟。在全球范围内，任何企业的运输网络要保持正常运行，都需要投入大量的人力、物力和财力，但是物流企业国际结盟却给这个看似不可能的事情带来了一条可行路径。物流企业的联合，能使它们散布于世界各地的区域性运输网络连成一个覆盖多航线的全球网络,形成一个以资源、经营的互补为纽带又分享长远利益的战略联盟,既推进了全球物流更便捷运行,又促成了全球范围内物流资源的更优化配置和高效利用,有效降低了物流成本。世界航运业企业进行航线的联合①,以环球运输实现全球物流。

例如,2011 年 12 月,美国总统轮船、日本商船三井、德国赫伯罗特、日本邮船、中国香港东方海外和韩国现代商船 6 家新世界联盟和大联盟的班轮公司,合并成立 G6 联盟。2012 年 3 月,G6 联盟率先在亚洲至欧洲航线上展开合作。2013 年 5 月,G6 联盟的合作扩大到亚洲至美东航线;2014 年 4 月,合作扩展到亚洲、北美西海岸和跨大西洋航线。G6 联盟形成一个拥有船舶 291 艘、1.81×10^6 TEU,连接 66 个亚洲、美洲和欧洲港口的东西航线网络;航线 29 条,包括亚洲—美西航线 12 条、亚洲—美东航线 6 条、亚洲—欧洲/地中海航线 6 条、泛大西洋航线 3 条、钟摆航线② 2 条,加速整合东西航线网络。2014 年 4 月 1 日,G6 联盟在新加坡成立的一个全球服务中心开始运行。

思考题

1. 结合案例解读企业内部一体化物流。
2. 结合案例解读工、农、商不同行业企业物流的差异。
3. 结合案例解读城市物流。
4. 结合案例解读家庭及个人生活物流。
5. 结合案例解读国际集装箱多式联运操作技术。
6. 结合案例解读全球物流。
7. 案例分析:阅读所给的案例材料,结合所学的相关知识展开分析,并加深对知识的理解。

---

① 2013 年 6 月 18 日,全球最大的 3 家集装箱货运运营商丹麦马士基航运公司、瑞士地中海航运有限公司、法国达飞海运集团达成协议,在东西向航线上组建名为 P3 网络的长期运营联盟,成立一个独立的联合船舶操作中心来进行运营,3 家航运公司在销售、市场及客户服务等业务方面仍独立运作。P3 将投放 255 艘船只组成网络独立运营,总运载量达到 2.6×10^6 TEU,业务范围将在亚欧、跨太平洋、跨大西洋(北欧及地中海),布局 29 条航线,并计划于 2014 年 6 月运营。2014 年 3 月 24 日,美国联邦海事委员会决定批准 P3 网络在美国生效;2014 年 6 月 3 日,欧盟委员会告知 P3 网络成员,将不会对 P3 网络展开反垄断调查,审查结束。但是,2014 年 6 月 17 日,中国商务部发布审查公告,并依据《中华人民共和国反垄断法》,决定禁止此次 P3 网络经营者集中。马士基集团官方回应称,P3 相关成员接受并尊重中国商务部的决定。

② 钟摆航线:连接欧—亚—美区域但又不成环的航线,通常由两条或多条来回航线合成。

案例3-5　ZARA的节奏:全球供应链运作

1975年设立于西班牙拉科鲁尼亚(La Coruña)的ZARA隶属于Inditex集团,是全球排名第三、西班牙排名第一的服装商。它既是服装品牌,也是专营ZARA品牌服装的连锁零售品牌。截至2013年10月31日,ZARA在全球86个国家及地区开设了6 249家专卖店,旗下共有8个服装零售品牌,成功地演绎了时装文化无国界。

极速供应链

5个手指触摸工厂的生产,5个手指感知消费者的需求,ZARA凭借独特的供应链管理模式来到了世界服装舞台中央。

26岁的伊萨贝尔小姐意识到又一次重磅出击的时机到了。伊萨贝尔是西班牙著名时装品牌ZARA女装部产品市场专家,上午接到(公司总部所在地)一家专卖店的经理奥尔加小姐打来的专线电话,说当天刚上架的黄卡其布衬衣在几个小时内全部卖光,且还有很多人想买却没货了。

这正是伊萨贝尔等待的结果。前一天晚上,她决定将一批共2 800件黄卡其布衬衣,分送到经过挑选的ZARA在国内外的507家店铺进行"市场试水"。她拨通了公司在西班牙南部塞维利亚的几家分店的电话,得到的回答是相同的:那批衬衣被抢购一空。伊萨贝尔放下电话,抬头瞥见一位同事身上赫然穿着当天刚投向市场的黄卡其布衬衣。"这是个非常好的信号。因为,这里的职员对时装的要求都异常苛刻。"伊萨贝尔说。接踵而来的各地专卖店的电话报告都显示出市场积极的反应。伊萨贝尔马上启动程序,让车间开始大批量生产,几天之内,ZARA在欧、亚、美三大洲的连锁店里都将出现这种黄卡其布衬衣。

对消费者需求快速而准确的反应能力,使ZARA能够在纽约、巴黎、伦敦、东京等国际大都市的最繁华、最高档的商业区,以相对较低的价格出售全球最新流行的服饰。

ZARA认为,它的产品之所以能够收到消费者的喜爱,不是因为ZARA这个名字,而是因为他们总能最及时、最准确地提供顾客们此时此刻最想要的东西。一个典型的例子是,2001年6月,麦当娜到西班牙巴塞罗那举行演唱会,为期3 d的演出还在进行中,人们就在当地的ZARA店里看到了麦当娜在演唱会上穿的衣服。于是,西班牙大街上掀起了一股麦当娜时装热。

三位一体的空间

几乎所有ZARA的产品都由公司自行设计。2001年,ZARA拥有

260人的“商务团队”,包括设计师、市场专家和进货专员。其中,约100人是设计师,平均年龄为26岁。“商务团队”每年共要设计出 4×10^4 款时装,最终25%会被投入生产。这个团队力图营造一种学院式的气氛:这里没有首席设计师,这里的设计灵感可以来源于世界任何地方的任何场合,如交易会、舞会、街道行人或者杂志,且还有每个零售店的反馈消息。

在ZARA总部那栋洋溢着现代气息的大楼里,女装部、男装部和童装部都分别拥有一个属于自己的宽敞透亮的开放空间。在每个部门的空间里,一般分为三个区域:左边是设计师们的天地,中间属于市场专家,而右边则是进货专家(进货和生产的规划者)的办公区。大厅正中央有几张大圆桌,以供临时召开会议用。

设计师首先手绘出设计草图,然后和其他设计师、市场专家及进货专家一起就草图进行讨论。这个步骤是为了让所有产品都能在总体上保持“ZARA风格”。达成共识后,设计师将使用电脑软件画出准确的图,同时对设计方案进行修改、完善和细化,尤其是确定织物品种、编织方法和颜色等。这时的关键是,由“商务团队”决定是否将这个新的设计投入生产。如果确认要投产,将首先生产出一件样品。在每个大厅的角落里都设有一间样品制作室,制作中如有问题或疑问可以直接找到设计师询问,并得到现场解决。

市场专家由经验丰富的职员担任,且往往他们本身就当过连锁店的经理。他们一般要负责同一国家或地区的几家连锁店的市场和销售。经验告诉他们,要和各个分店经理保持良好的私人关系。所以,他们之间会有频繁联系,尤其是通过电话聊销售、聊产品、聊订单、聊顾客和其他事情。为了方便联系,公司给所有分店的经理配备了特殊的数码专线通话装置,以便随时和总部交换准确的市场消息。

进货专家同样是经验丰富的老职员,他们负责规划订单的整个完成过程。首先考虑的是要外购原材料还是自己生产,其次要监控仓库的库存量,要把生产任务派到各个工厂或者外包给第三方,还要监视产品在市场上的供求动态。

当然,具体生产什么、何时生产和生产多少,都将由“商务团队”共同决定。

庞大的供应商群

ZARA有50%的产品是自己生产的。这个比例高于它的很多竞争对手。ZARA在西班牙拥有22家工厂。ZARA还有50%的产品来自400家供应商。其中,70%在欧洲,且主要是在西班牙和葡萄牙,地理位置的便利让这些工厂能很快对ZARA的订单做出反应,尤其是异常时尚的款式。而剩下的30%的产品则主要在亚洲生产,ZARA向这些地方订“基础型”产品或当地有明显优势的产品。由于ZARA的订单量大而稳定,因而是所有供应商喜爱的客户。

是自己生产还是向供应商购买,这由进货专家决定。而他们做出判断的依据,是投放产品的时间要求、专业技术要求和性价比。往往这样的决定是要经过深思熟虑的。因为,面对瞬息万变的市场,可能一个决策的错误就将错过最好的时机,风险相当大。

ZARA自产的产品,有40%的原料布来自集团公司拥有的Comditel厂(该厂90%的销售额来源于ZARA)。而这些原料布有一半是没有染过的。这是为了能在一个季节中随时应对市场上颜色需求的变化。正是为了在印染方面掌握时间的主动,ZARA还和集团公司持股的染料公司Fibracolor保持良好的合作关系(该公司产量的20%专供ZARA)。而剩下的60%的原料布来自260家供应商,但没有任何一家超过ZARA所需总量的4%。这是为了避免对某一家供应商的过度依赖,也是为了促使这些供应商更快地回应ZARA的订单。

购买来的织物将由机器自动裁剪。一个典型的工厂有3~4台自动裁剪机,长长的桌子上整齐地堆放着30~50层布料,最上面是一张白纸。要裁剪的样式由技术员用CAD软件设计好,系统自动将布料浪费降低到最小,技术员检查无误后,机器把图纸画在那张白纸上。再一次人工检查后,机器就将布料裁剪成几百片布样。工人们把不同的布样分别装进干净的塑料袋,并把相应的图纸放在最上面以便区分。这是一项耗时耗力的工作,因为很容易出错。

ZARA将所有的缝制活儿外包。这些承包商从ZARA的工厂里把裁剪好的布片和配套的纽扣、拉链等用卡车运到自己的厂里。ZARA和500家位于地区的承包商密切合作,他们中大多数只为ZARA一家干活。ZARA密切关注这些承包商的运作,以确保产品质量。ZARA认为,把缝制等劳动密集型的生产工序外包,可以让自己的工厂更灵活地调整生产规模。

承包商把缝制好的产品运回到ZARA工厂里,这里的工人会在熨烫时对每件服装仔细检验。完工后的成衣被贴上标签装进塑料袋,而标签上已经打上了不同地区、不同货币情况下的价格。包装好的产品将被直接运到物流中心,而在其他供应商那里购得的成衣也将被送往物流中心,ZARA通过抽样检查来控制这些产品的质量。

全球零售店网络

ZARA几乎完全掌握和控制它在全球的零售店网络。到2003年年底,它在全球共有626家分店,其中567家是集团100%拥有的,只有

59 家是通过合资或者特约经销的形式成立的。后两种形式主要是在高风险地区或当地有法律禁止外资独资设企业的地方采用。

ZARA 每个连锁店的具体选址都是经过反复论证后确定的，一般都将店开在高档商业区和繁华的交通枢纽处。尽管在这些地方开店的成本费用很高，但 ZARA 总是在店里留出宽敞的空间，为顾客营造一种宽松愉快的购物环境，2000 年，ZARA 店的平均面积为 910 m^2，到 2003 年年底，ZARA 在全球连锁店的总面积达 6.86×10^5 m^2，平均每个分店的面积为 1 096 m^2。

位置、交通和店里的布置对于 ZARA 非常重要。因为，它仅仅将销售额的 0.3% 用于广告（而它的竞争对手们都用 3% ~4%）。ZARA 非常重视零售店在产销过程中的地位。ZARA 的市场专家迪亚斯在 2001 年就提出，网上交易不应该成为公司的主要销售渠道。他说："我们的顾客需要到店里来试穿衣服，看看自己穿这件衣服的效果再决定是否购买。这就是我们为什么没有在网上过多提前发布我们产品的原因。"

一个典型的 ZARA 店拥有女装部、男装部和童装部，各部分别由一个部门经理负责，而女装部的销售额一般占全店的 60%，女装部部门经理也往往是该店的经理。ZARA 重视对销售人员的培训和雇员的职位提升。职员的收入分为工资和奖金两部分，而奖金的多少取决于整个店的销售业绩。这就鼓励职员加强内部合作。

ZARA 在一个季节中要给顾客提供品种丰富、经常更换的最流行新品。店里衣服的摆放也不同寻常，不是上衣和上衣挂一起，裤子和裤子摆一块，而是上衣、裤子、皮包、配饰搭配放在一起，让顾客很容易一动心买走一整套东西。

ZARA 执行永远"缺货"的策略。对于同一种款式的衣服，零售店的库存一般只有几件，顾客如果稍稍犹豫，可能就再也买不到这种款式的衣服。这就让人养成了见到喜欢的就赶快掏钱的习惯。一天营业下来，经常可见的景象是货架上已空空如也。这样，第二天架子上又会摆放出最新运来的、新设计出来的款式。

同时，ZARA 的大部分商品在店里陈列的时间不会超过两周。为了避免供过于求的危险，总是在季节开始之初投入很小的产量，等到季节真正开始了，ZARA 才根据市场的最新变化追加产量，这部分的产量要占总量的 40% ~50%。这样做的结果，就是促使 ZARA 的供应链要有更快的反应能力、更准确的市场预见和更可靠的市场信息。

那些在店里放了两三个礼拜还没有卖出去的商品，一般会被清理并运往同一个国家的其他分店或者被送返西班牙。这会尽量控制在 10% 之内。事实上，只有很少部分的商品会被送回到西班牙。ZARA

对同一款式进货量比竞争对手要少，换季时要打折出售的商品自然也不会多。服装行业一般只能将产品的 60% ~70% 出售，而 ZARA 却成功地让这个比例上升到 85%。

掌控"最后 1 000 m"

2003 年以前，所有 ZARA 的产品都经由位于 La Coruaña 的物流中心处理。在这个共 5 层楼、面积达 5×10^5 m^2 的中心里，装备着最先进的系统，使任何一批货品在 8 h 之内一定能被分运上路。这里有 1 200 名工人，每周工作 4 d，每天工作的班次多少则依据货品的数量来安排。2003 年，位于西班牙首都马德里东北萨拉戈萨市的 ZARA 第二个物流中心竣工，耗资 1×10^8 欧元，面积为 1.23×10^5 m^2，每小时的配送能力为 8×10^4 件服装。这里是铁路和公路枢纽，离国际机场也很近，便利的交通是 ZARA 选址所看重的主要因素。

除了这两个物流中心，ZARA 还在巴西、阿根廷和墨西哥拥有三个相对较小的配送中心，来应对南半球与欧洲相反的季节和遥远的路途。有意思的是，开始时，ZARA 认为南半球的季节比欧洲要晚，可以把欧洲市场上销售的产品直接运到南美洲来卖，可是没想到巴西人、阿根廷人同样愿意穿最新的时尚，而不是"上个夏季"的流行样式。因此，向南半球的扩张迫使 ZARA 增加每年要设计的时装种类。

零售店每周 2 次下订单，2 次接收新到货品。订单必须在事先规定的时间前发出：在西班牙和南欧的分店必须在周三 14:00 之前和周六 18:00 之前下单，而其他地方必须在周二 15:00 和周五 18:00 发订单。如果错过了时间，就只能等到下次下单的时间。

产品的 3/4 由货运承包商从配送中心直接用车身写着"ZARA"字样的卡车运往欧洲的各个连锁店。这些卡车严格按照固定的时刻表运行，这样可以节省运费。例如，一辆卡车周二 06:00 从配送中心出发，将一批货送到位于荷兰的一家 ZARA 连锁店，到达目的地卸完货后，可以直接到鹿特丹码头去接收一批从亚洲运来的外包生产的产品。

距离西班牙本土较远的连锁店商品主要靠空运。对于 ZARA 第一个配送中心，附近有两个机场：机场(10 km)和另一个更大的圣地亚哥机场(70 km)。对于第二个配送中心萨拉戈萨，附近有萨拉戈萨机场和马德里机场。一般来说，货物从配送中心出发在 24 h 内运到欧洲各分店，在 48 h 之内运到美国，在 48 ~72 h 之内运到日本。速度显然是压倒一切的，正如 ZARA 的一个高级经理说的那样："对于我们来说，距离已经不用千米数来计算，而是用时间来计算。"

例如，一批要运往日本的货物上午到了配送中心，在几个小时之内将由卡车送到圣地亚哥机场，然后从圣地亚哥取道马德里，第二天到达大阪;在第三天由第三方货运承包商从机场运到ZARA的连锁店。货物从卡车卸下后就可以直接上货架了,因为价格和商标都早已贴好了。

(高蓓:《ZARA的节奏:ZARA的供应链管理》,2004-11-29. http://www.chinawuliu.com.cn/xsyj/200411/29/132707.shtml.)

第四章
特种货物物流

特种货物物流是物流系统的一个子系统，主要包括冷链物流、危险货物物流、超限货物物流、应急物流、军事物流、贵重货物物流、活体动物物流、托运行李物流等。特种货物物流运作包含着在部分作业具有普遍适用性的一般物流运作技术，但其又是在载运工具、装卸、运输、储存等相应的特殊条件下发生的，因而自有其特定的运作技术，尤其是因“特”制宜，凸显特种货物物流运作技术专用化。

第一节　冷链物流:生鲜食品和冷藏药品物流

特种货物中的鲜活易腐品、生物制品、菌种毒种、人体器官、骨髓血浆，以及植物和植物产品、种蛋、鱼介水产种苗等，都与人们的日常生活和相关产业生产直接关联。而且，这些产品中的大多数属于生鲜食品、生鲜农产品和有冷藏要求的药品、生物品，都是冷链产品。因此，特种货物物流中与民生和民生质量关系更密切、牵涉面更广的，首推冷链物流。

一、冷链、冷链物流及冷链技术

产品在一般储运条件下，凡易于死亡或腐烂、变质、损耗贬值的，都需要对其做保鲜保质处理，防腐防烂、防变质，以减少损耗，防止污染。因此就必须在特殊条件和特殊措施作用下营造适宜的低温低湿环境，形成冷链，施行冷链物流。

（一）冷链、冷链产品与冷链物流

冷链(cold chain)，泛指产品从产地产出(采收、采集或捕捞、制造)起，始终处于所必需的适宜低温低湿环境下，并经加工、贮藏、运输、分销、运送至消费者的各个环节构成的环节链。简言之，低温低湿冷藏保鲜保质产品供应链，即冷链。实际上，它就是采用一定的技术，使冷链产品在采收、加工、包装、储存、运输及销售的全程，均处于相应的适宜低温低湿环境，最大限度地保持其产品品质的一整套综合技术作业。

冷链产品(cold chain products)，即处于冷链运作和作业状态的产品。它的

种类繁多，主要包括蔬菜、水果、花卉；肉类、禽蛋、鱼介；乳制品；加工食品、冰冻或速冻食品；药品（疫苗、血液、骨髓等）、人体蛋白质、胎盘球蛋白；鱼介水产种苗、种蚕、种蛋等。

冷链物流（cold chain logistics），泛指冷链产品在特殊的低温低湿环境下所发生的通流，也可称为低温物流（low temperature logistics）。它有赖于制冷技术和冷冻工艺的应用，需要特殊的制冷和冷冻冷藏设施设备，以及强化冷链各环节运作，包括低温低湿环境下的作业操作、储运过程、时间掌控、运输形态等。通常，冷链物流比一般常温物流系统的要求更高、更复杂，建设投资也要大很多，是一个庞大的系统工程，属于物流成本占比较高的一种特种货物物流。

冷链物流运作所要实现的目标和期待的成效，就是冷链产品的应有质量尽可能趋向完好保持；对于不同的产品品种和品质要求，需要低温环境相应的产品控制和储藏时间的技术经济指标。

（二）冷链物流主要技术与设备

冷链物流运作需要采用制造低温低湿环境的特殊制冷和冷冻设施设备，即冷链设施设备，主要有冷库、冷藏车辆、冷藏船舶、冰柜或冷藏箱，以及其他制冷装备等。

1. 冷库

冷库：低温恒温贮藏冷链产品的建筑或场所。低温冷库的库温一般为 -18 ～ -30℃。常温冷库的库温一般为 0 ～10℃。

（1）冷库的建筑结构形式，主要有土建冷库、装配冷库和库架合一式多层高位货架冷库。

（2）制冷系统由一系列的设备统筹组装而成。它一般可分为制冷主机（主要包括机头、压力容器、油分离器、阀件等）、制冷风机（由不同的布局方式及数量、除霜设计方式，进行不同的选择配置，如电热除霜、水除霜、热气除霜）、控制系统（由一系列的阀件、感应装置、自控装置及控制等组成）、管路与阀件系统（一般依设计配置）。与制冷系统配套的，还有压力平衡装置、温度感应装置、温度记录装置、电器设备等。冷媒的选择主要是氨系列或氟系列。

（3）存储及相关设备。冷库存储需要配备货架的自动化立体系统（Automatic Stereoscopic System，简称 ASS），但所使用的货架对钢材的材质、荷重、货架的跨度设计均有特殊要求。并且，为配合存储，满足生鲜食品的特殊要求，冷库内会配置臭氧发生器；果蔬保鲜则需要配备气调装置。

（4）冷库用门组及库板工程。冷库使用的电动平移门、封闭式低温月台区使用的滑升门、人员进出门等，都需要足够的保温性能与气密性。此类门组属于低温专业用门。与门组配套的，还有各型防撞杆。

（5）搬运设备和物流容器。一般情况下，冷库的搬运设备需要耐低温的专用型设备和塑料托盘，以及蓄冷箱、物流箱、笼车、物流筐、台车等其他适用的物流容器。

(6) 分拣设备,包括自动分拣机、DPS 系统[①]、RF 拣选系统[②]、自动台车等,也需适用于低温环境。

此外,生鲜食品加工是冷链物流体系中的一个环节,主要包括肉类产品加工中心(猪肉、牛羊肉、禽肉类等)、水产品加工中心、果蔬类产品加工中心、乳制品及冰品类产品加工中心、烘焙类产品加工中心(如面包厂等)、连锁餐饮中央厨房等。所以,生鲜食品加工中心的建造技术与设备使用,还需要食品加工类设备及食品包装类设备、清洗类设备、灭菌消毒类设备、洁净类设备等。

2. 冷藏汽车

冷藏汽车是指车厢隔热、设有制冷装置和温湿度追踪记录系统的汽车。这大体可分为两类:一类是一体式卡车,其制冷箱体固定在底盘上;制冷系统分为非独立式(车驱动)和独立式(自驱动)。另一类是拖头牵引的制冷拖车,拖车的制冷机组安装在箱体的前端。因冷藏方式不同,有机械冷藏车(装有机械制冷机)、液氮冷藏车(将液氮喷洒在货物表面达到冷却效果)、冷冻板式冷藏车(以一定凝固点的冻晶液为冷源)和干冰冷藏车(将干冰喷洒在货物表面达到冷却效果)等。

3. 铁路冷藏车辆

铁路冷藏车辆是具有隔热并设有制冷装置和温湿度追踪记录系统的列车车辆。它的主要车型有加冰冷藏车辆(利用冰块作为冷源)、机械冷藏车辆、冷冻板式冷藏车辆、无冷源保温车辆(有良好的隔热、气密性能)、液氮冷藏车辆和干冰冷藏车辆等。其中,使用最为广泛的是加冰冷藏车和机械冷藏车。

4. 冷藏运输船

冷藏运输船是用于港口与港口之间对冷冻、冷却货物(如肉类、水果、蔬菜之类)进行水上冷藏运输的专用船舶。它的种类有专用冷藏运输船、商业冷藏运输船、冷藏集装箱船、特殊货物冷藏船等。冷藏船上一般都装有制冷装置,使船舱隔热保温。

5. 冷藏集装箱

冷藏集装箱有良好的隔热性、气密性,且能维持一定低温要求,是适用于各类易腐食品的运送和贮存的特殊集装箱。冷藏集装箱的类型,主要有保温集装箱、外置式冷藏集装箱、内藏式冷藏集装箱、液氮和干冰冷藏集装箱、冷冻板式冷

---

① DPS(digital picking system),即摘取式电子标签拣货系统,是在拣货操作区中的所有货架上,为每一种货物安装一个电子标签,由中央计算机管理控制,并与系统的其他设备连接成网络,借助标示灯信号和数码显示屏作为显示工具,使作业人员根据所显示的数字正确、快速、轻松地完成拣货作业。

② RF(radio frequency),即拣选系统,是指当输入、输出端(操作者或作业设备)没有固定的位置,在一定的局域内(如仓库、车间)随机性变动时,为传递数据信息所采用的无线网实时信息管理系统。

藏集装箱、气调冷藏集装箱等。

冷藏集装箱采用镀锌钢结构，箱内壁、底板、顶板和门由金属复合板、铝板、不锈钢板或聚酯制造；使用温度范围为 -35 ~ 12℃，更通用的范围是 -35 ~ 20℃。

采用空运时，为了适合飞机某些位置的特殊形状，需要将货品装入集装器(Unit Load Device，简称 ULD，也称为航空集装箱)。航空冷藏集装箱一般都采用干冰作为冷媒，但干冰作为冷媒，控温精度不高，没有加热功能，需要特殊的加冰基站等；采用机械压缩式制冷方式，其温度控制范围一般在 2 ~ 8℃，或者室温 2 ~ 8℃。

6. 低温冷柜

低温冷柜，亦即冰箱、冷藏柜，是主要由压缩机、冷凝器、蒸发器和毛细管组成的一个封闭循环系统。它可保证冷藏食物的新鲜；需要冷柜内部具有恒温强"冻力"，并保持柜内的空气净化新鲜。

(三) 冷链物流运作一般规范

冷链产品特别是鲜活易腐品，一般要求在运输和保管中采取冷藏、保温等特别措施，以保持其生鲜、鲜活或不变质。

(1) 包装。各类冷链产品的包装要适合其不同特性，不致因在运输途中包装破损或有液体溢出而污损载运工具或其他装载物。不抗压货品，外包装应坚固抗压；需通风的货物，包装上应有通气孔；需冷藏冰冻的货物，容器应严密，保证冰水不流出；为便于搬运，鲜活易腐品每件重量以不超过 25 kg 为宜。

按相关规定，单件包装上应贴挂"Perishable"的专用标志。除识别标签外，货品的外包装上还应拴挂"鲜货易腐"标签(见图 4-1)和"不可倒置"标签(见图 4-2)。

图 4-1 "鲜货易腐"标签

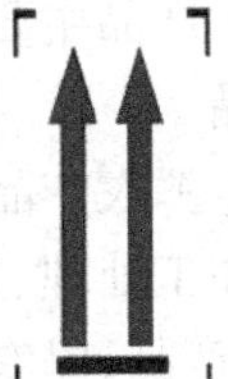

图 4-2 "不可倒置"标志

(2) 仓储。按冷链产品的不同种类，配置相应的装备，并按不同的温湿度要求操作；强化冷链产品保管，维护其完好的产品品质；尽量减少鲜活易腐货物在仓库存放的时间。

(3) 运输。运输鲜活易腐货物必须遵守国家对鲜活易腐货物的运输规定；

空运鲜活易腐货物需预先订妥航班,尽可能利用直达航班优先发运,且当货物运达后,应立即通知收货人到机场提取;保证到达时保持完好的品质。

二、生鲜食品冷链物流

冷链产品中,所有的生鲜食品包括大多数生鲜农产品均需要保鲜保质。冷链物流更常见的和最主要的一大分支,便是生鲜食品物流。

(一) 生鲜食品及其冷链物流流程

食品,泛指可供人食用或饮用的各种自然物和原料、半成品、加工品,不包括专用药物和烟草。食品的种类繁多。其中,部分种类或同一种类中部分品种需要具备保鲜保质的特殊贮藏和运输条件,倾向性归属于生鲜食品。

1. 生鲜食品

生鲜食品(fresh food):采用特殊措施(冷藏、保温、加温及饲料、上水等),延续保持生产期或被加工状态的原有鲜活性、生鲜性的食品。通常,食品大凡在自然温度环境下,受温度和湿度的影响,存放期内容易发生动物性食物的死亡或变质,植物性食物的腐烂、霉变等异常变质。此类食品统称鲜活易腐/易逝食品。鲜活易腐食品在特定的低温环境能减缓其易腐速度和程度,即能保持一段时期其原有的鲜活性、生鲜性,使之成为生鲜食品。一般情况下,生鲜食品绝大部分是生鲜农产品。

生鲜农产品(fresh agricultural products)是种植、养殖生产的、未经加工或只进行初加工的、可供人类食用的、在常温下不能长期保存的农产品。生鲜农产品主要种类:一是动物性产品,包含鲜鱼介类、畜禽肉类、禽蛋及其被加工后的食品、鲜乳及乳制品等;二是植物性产品,包含水果、蔬菜、食用菌、藻类、花卉及其制品和速冻面食等。它也可泛指初级生鲜农产品、冷冻冷藏生鲜农产品和加工生鲜农产品。

(1) 初级生鲜农产品主要包括新鲜的、未经烹饪等热加工的蔬菜和水果,以及畜禽肉类及其产品。

(2) 冷冻冷藏生鲜农产品,包括冷冻食品和冷藏调理食品。一是冷冻食品,以农产品为原料经加工处理、急速冷冻及严密包装,在 -18℃以下储存和售卖的食品;二是冷藏调理产品,以农产品为原料经加工调理、急速冷却及严密包装,在7℃以下储存及售卖的食品。

(3) 加工生鲜农产品,即经烹饪等热加工处理后的熟食,是以农产品原料经油或脂烹煮或烟熏或注入特殊原料配方腌渍成的各种即食品。

2. 冷藏处理:易腐食品保鲜

易腐食品的防腐保鲜,可以采用高温处理、干制、熏制、盐渍或糖渍、冷藏处理等方法,但只有冷藏处理才有可能保持食品原有的新鲜和风味,是最理想且使用最广泛的防腐保鲜方法。冷藏处理又可分为冷却处理和冷冻处理。

(1) 冷却处理是使食品温度降低,从而使食品中所含水分结冰,发生脱水作用,或者使食品温度降到0~4 ℃。采用这种方法贮藏食品,能保持食品的营养、风味和新鲜度,但保存的时间不能太长。

(2) 冷冻处理是使食品整体在低温-20 ℃以下速冻,使其绝大部分水分和液汁冻结,且冻结速度越快越好。采用冷冻处理法贮藏的食品,能长时间处于低温状态下运输和保管,使其不致损坏,保持其原有的品质。但冻结会影响食品的营养价值和滋味,也不能保证其原有的色、香、味不变。

(3) 气调冷藏技术是领先的果蔬保鲜冷藏技术。采用气调冷藏法,可达到采用冷藏处理法时所达不到的食品保鲜度,使食品保持原有的质量。气调冷藏技术最初主要应用于果蔬保鲜,后已逐渐应用于肉、禽、鱼、焙烤食品及其他方便食品的保鲜。

气调冷藏,也称气调贮藏,是指在冷藏的基础上,调节环境气体成分,抑制引起食物恶变的生理生化过程,或抑制作用于食物的微生物活动过程,延缓食物的新陈代谢过程,更好地保持其新鲜度,延长食物贮藏期和保鲜期(销售货架期)的方法。

气调冷藏主要以调节空气中的氧气和二氧化碳为主,使空气成分中的二氧化碳浓度上升,氧气的浓度下降,配合适当的低温条件,就能延长食物贮藏期和保鲜期。通常情况下,气调冷藏比普通冷藏可延长食物贮藏期0.5~1倍。

3. 生鲜食品冷链及其冷链物流

生鲜食品冷链(fresh food cold chain):低温低湿冷藏条件下保鲜保质易腐食品和生鲜农产品的供应链。在国外,普遍被称为易腐食品冷藏链(perishable food cold chain)。

生鲜食品冷链物流(fresh food cold chain logistics):易腐食品和生鲜农产品在适宜低温低湿环境下所发生的通流。生鲜食品冷链物流的效率取决于各节点的有效衔接。它的主要节点情况:上游有养殖或者种植基地、冷藏仓库、生产加工基地、冷冻冷藏食品生产加工企业等;中游有冷藏仓库、产地、批发市场和销地批发市场、配送中心、中间商和供应商等;下游有农贸市场、超市、零售商餐饮、家庭等。这些节点连接起来便构成生鲜食品冷链物流网络。

国际上最典型的生鲜食品冷链物流是美国的蔬菜物流,蔬菜从采收到进入终端始终处于所需的生理低温条件,形成一条田间采后预冷→气调冷藏→冷藏运输→冷藏批发→超市冷柜→消费者冰箱的冷链。示例:生鲜食品冷链物流流程见图4-3。

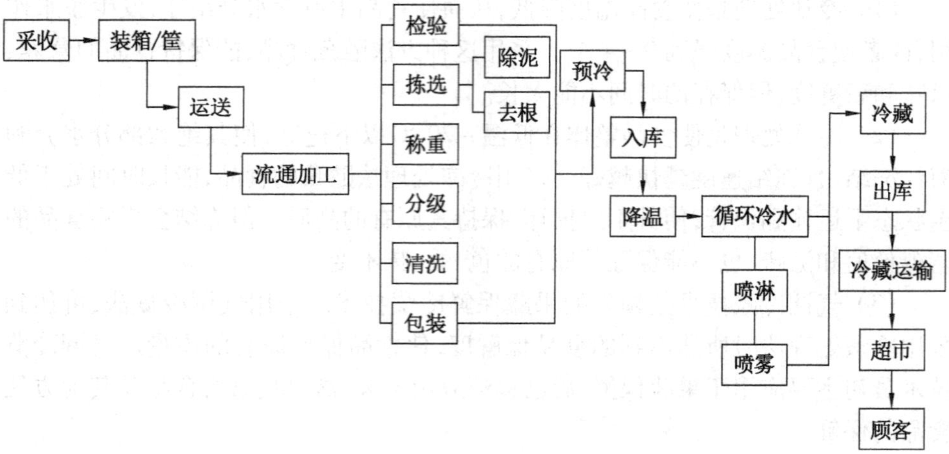

图 4-3　生鲜食品冷链物流流程

（二）生鲜食品冷链物流主要运作环节

生鲜食品冷链物流运作的主要环节，是低温加工、控温贮藏、冷藏运输及配送、冷冻冷藏销售，见图 4-4。

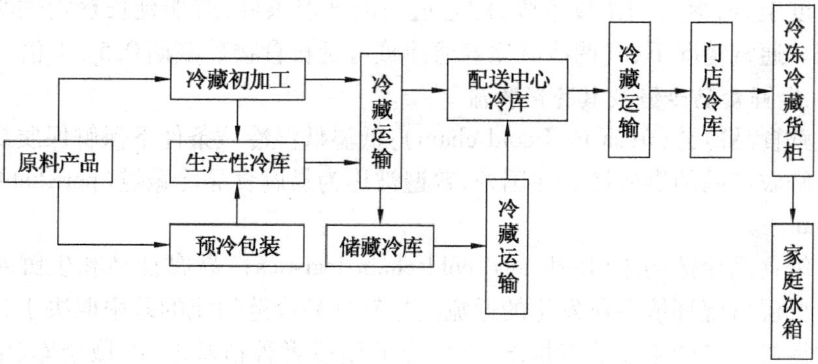

图 4-4　生鲜食品冷链物流主要运作环节

（1）低温加工：包括肉禽类、鱼介类的冷却与冻结，以及其在低温状态下的加工作业；也包括果蔬、蛋类的预冷；各种速冻食品和奶制品的低温加工等。在这个环节上主要涉及的冷链装备有冷却、冻结装置和速冻装置。

（2）控温贮藏：包括食品的冷却储藏和冻结储藏，以及果蔬等食品的气调贮藏。它的作用是保证食品在储存和加工过程中的低温保鲜环境。此环节主要涉及各类冷藏库/加工间、冷藏柜、冻结柜及家用冰箱等设备。

（3）冷藏运输与配送：包括食品的中、长途运输及短途配送等环节的低温状态。它主要涉及铁路冷藏车、冷藏汽车、冷藏船、冷藏集装箱等低温运输工具。在冷藏运输过程中，温度波动是引起食品品质下降的主要原因之一。所以，运输工具应具有良好性能，在保持规定低温的同时，更要保持稳定的温度，远途运输尤其重要。

(4) 冷藏冷冻销售：包括各种冷链食品进入批发零售环节的冷冻储藏和销售，由生产厂商、批发商和零售商共同完成。随着大中城市各类连锁超市的快速发展，各种连锁超市正在成为冷链食品的主要销售渠道。在这些零售终端中，大量使用了冷藏/冻陈列柜和储藏库，由此逐渐成为完整的食品冷链中不可或缺的重要环节。

(三) 冷链物流中物联网技术应用

物联网技术应用于冷链物流的原材料采购、产品储存、运输、销售等各个环节，能对整个过程实施智能化监控；同时，能够以较低的成本控制从生产到销售再到用户的全部信息，在销售端也能够很迅速地把销售的情况反馈给生产厂商。生产厂商获得了信息后，能够根据市场的具体变化来安排生产，减少库存和生产风险。这使生产到销售的全过程变得更加智能化，更加可控，将势必是未来冷链物流的发展方向。

三、冷藏药品冷链物流

药品，泛指用于预防、治疗、诊断人体疾病，有目的地调节人体生理机能，并规定有适应证或者功能主治、用法和用量的药物。它是一种特殊的货品，几乎都需要保持其生物活性，因而同样应具备保质所需的特定贮藏和运输条件。药品冷链物流是冷链物流的一个分支。

(一) 冷藏药品、药品冷链与药品冷链物流

药品在人们生活中至关重要，尤其是药品质量直接关系到人的身体健康，甚至生命安全。因此，药品在生产、加工、仓储、运输、分销和使用过程中，都有严格的法定标准和相关规定，必须按照药品说明书规定的低温、冷藏条件操作。

1. 冷藏药品

冷藏药品(cold storage drug)：贮藏、运输有特定温度要求的药品。它以生物制品为主，主要包括疫苗类、抗毒素及抗血清类、血液制品、生物技术制品类、微生态活菌制品，以及尿激酶、中性胰岛素注射液等在较高温度下不稳定的化学药品；也包括移植用的人体器官。

冷藏药品温度敏感性强，其贮藏、运输应具备特定的温度环境；一般规范分为冷冻，温度符合 -10 ~ -25℃；冷处，温度符合 2 ~ 10℃；凉暗，避光，温度符合 0 ~ 20℃；阴凉，温度符合 0 ~ 20℃；常温，温度符合 10 ~ 30℃，凡贮藏项未规定贮存温度的指常温。例如，生物制品一般均需在 2 ~ 8℃ 避光贮藏、运输，不得冷冻；在较高温度下不稳定的化学药品，需在 2 ~ 10℃ 的冷处保存。温度过高或过低都会使之变质，尤其是生物制品、血液制品、胰岛素类、疫苗等。如果温度降到 0℃ 以下和升至 0℃ 以上，会造成药品出现冻结又融化的冻融现象，导致部分药

性发生变化,进而有可能使药品效价降低、失效,甚至发生变质、毒副作用增生。

因此,只有在合适的规定温度环境下贮藏、运输,才能将温度对冷藏药品质量的影响减到最小。这就要求在冷藏药品的贮藏和运输全程,确保不间断地保持低温、恒温状态,使冷藏药品在包装、储存、转运、交接期间的物流作业各环节节点,以及使用单位符合规定的冷藏要求而不"断链"。

2. 药品冷链

药品冷链(drug cold chain):冷藏药品从生产、包装、储存、运输、分销、零售、使用全程始终处于规定的恒定的温度环境下的特殊供应链,也就是冷藏药品控温系统物流网链。

药品冷链主要涉及冷藏药品原料生产商、冷藏药品制造商、冷藏药品批发商、药店、冷藏药品配送中心、医疗机构、各级疾控中心及药品消费群。其中,冷藏药品配送中心是保证整个药品冷链安全有序运行的重要节点。药品冷链示意见图 4-5。

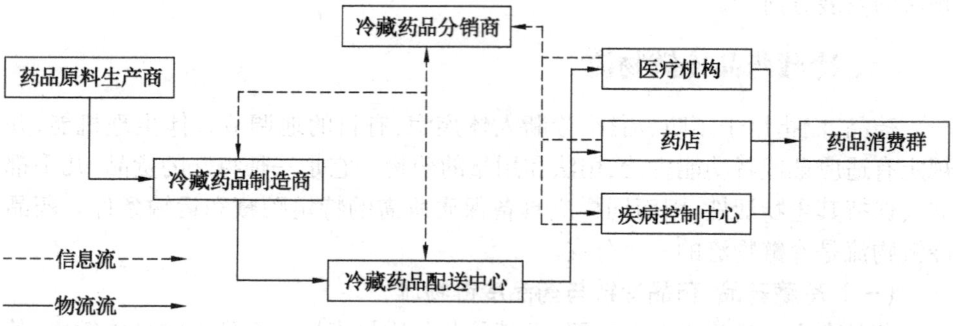

图 4-5　药品冷链示意图

药品冷链的核心是保障冷藏药品时刻处于特定温度环境。药品冷链包括生产商、分销商、物流服务商和使用单位,均采用专用设施,使冷藏药品从生产商成品库到使用单位药品库的温度始终控制在规定范围内,以保证易变质的药品品质。

(1) 冷藏药品的控温系统:主动控温系统和被动控温系统。主动控温系统是指带有机电仪表元器件控制温度的设施设备,通过程序运行来调节和控制药品的贮藏、运输温度,使之保持在设定的范围内。被动控温系统是指通过非机电式方法控制温度的设备,如冷藏(保温)箱等。

(2) 冷链系统涉及的设施设备及运输途径等,均需经过验证、确认和批准后方可投入使用;设施设备及运输途径需要进行变更的,则需再次进行验证、确认和批准后方可使用。

验证指冷链系统中各单位制定的对药品贮藏、运输过程涉及的设施设备、公用工程、仪器仪表、计算机网络等方面的性能状态、效果和人员职责进行有文件证明的一系列活动,包括验证主计划、验证方案、验证原始记录、验证报告、验证总结,以及实施验证过程中形成的其他文档或材料。

(3) 涉及冷藏药品生产、经营、使用单位和冷藏药品物流服务商,必须建立完善的冷藏药品冷链管理制度,包括温度异常应急处理预案等。

应急预案应包括各系统可能发生的问题、应急的措施,以及紧急联系人员的姓名、职责、联系方式等。

(4) 冷藏药品的收货、验收、贮藏、养护、装箱、发运和使用中的各环节所涉操作人员,都应接受相关法律法规、专业知识、相关制度和标准操作规程的培训,经考核合格后方可上岗,且每年接受冷链管理知识培训时间不少于 2 h。

(5) 需要委托运输冷藏药品的单位,应对受托方的冷链资质进行严格审核合格后,签订合同,明确药品在贮存运输和配送过程中的温度要求。

(6) 药品冷链设备应有专人保管,定期进行维护保养并做好记录。记录至少保存 3 年。

3. 药品冷链物流

药品冷链物流(drug cold chain logistics):药品在规定的恒定的低温环境下所发生的通流。它必须符合国家相关法律法规,在政府导向和监管下运作。

(二) 药品冷链物流作业环节

药品冷链物流是冷链物流中要求最高的,其核心的物流作业环节是收货、储存、分拣、运输。

1. 收货

收货就是对从上游运来的冷藏药品,经验收合格的,进行接收、入库作业;不合格的,进行退回作业。收货的原则是按规定的程序和要求,对到货的药品逐批进行收货,防止假劣药品入库。

(1) 在收货前,如果能当场导出随行的冷藏车或冷藏箱温度记录仪数据,应查看并确认运输全程温度符合规定要求后,方可接收;如不能当场导出随行的温度记录仪数据,应将药品暂时移到符合规定温度要求的待验区,待取得运输全程温度数据后,才能移入合格品仓库。

(2) 在进行冷藏药品收货时,应向承运人索取冷藏药品运输交接单,做好实时温度记录,并签字确认。如果在收货时发现温度超过规定,要立即将药品转入规定的待验区,待与发货方沟通确认后,由质量管理部门裁定,必要时送检验部门检验。

(3) 冷藏药品收货时的验收记录,包括供货单位、到货日期、品名、剂型、规格、数量、批准文号、生产日期、产品批号、有效期、质量状况、验收结论和验收人员、收货时间、入库时间等。

2. 储存

储存是对验收合格后所接收的冷藏药品进行冷藏存储和定期养护的作业。储存的原则是根据冷藏药品的质量特性,按规定的温度要求实施储存、养护作业管理,保证储存药品质量。

(1) 冷藏药品的储存,需要专用冷库或冰箱、冰柜。冷库应安装对温度进行自动调控、监测、记录及报警的系统,并配有不间断电源,以保证记录的连续性和报警的及时性。

(2) 冷藏药品在储存时应按照品种、批号分类堆垛。冷库和冷链设备要安排专人管理、定时巡视;要按照养护期进行检查,确保药品的有效性,发现质量异常的,先行隔离,暂停发货,做好记录,及时送检验部门检验,并根据检验结果处理异常药品。

3. 分拣

分拣是按下游订单对冷藏药品进行拣选、包装,并在装车发货前进行药品数量核对、质量检验、文件记录作业。分拣的原则是出库冷藏药品核对准确,保证质量,防止错发或发出不合格药品。

(1) 在发货前,应对承托配送方或收货方的冷链资质和运输计划进行严格审核;委托配送冷藏药品时,要签订冷藏药品运输质量保证协议。

(2) 在进行冷藏药品拆零拼装时,应在冷藏药品规定的储存温度下进行。如果采用冷藏箱运输,则要使用经过验证的符合冷藏运输温度要求的冷藏箱。放置冷藏药品时,不可直接接触控温物质,以防对药品质量造成影响。

4. 运输

运输是将复核装车后的冷藏药品采用冷藏运输方式送达收货方,并经由收货方验收和接货的作业。冷藏药品运输的原则是选用适宜的冷藏运输工具,采取有效措施保证运输过程中的药品质量及安全,明确运输过程中的质量责任,并对运输过程中的质量控制状况进行有效记录和追溯。

(1) 运输药品的冷藏车应具有良好的保温性能,在温控机组出现问题时车厢内温度仍能在一定时间内保持在设定的温度范围内。冷藏车应配备温度自动控制、记录及报警系统。

(2) 冷藏车在运输途中要对温度进行实时监测,并使用温度自动控制、记录及报警装置,记录时间间隔不超过 10 min,记录数据应可导出,且不可更改,温度记录应至少保存到产品有效期后 1 年,同时总保存时间不得少于 3 年。

(3) 采用冷藏箱运输时,应根据冷藏箱性能的验证结果,在符合药品贮藏条件的时间内送达,冷藏箱内应放置温湿度自动记录仪。要建立冷藏药品运输应急机制,对运输途中可能发生的设备故障、异常气候影响、交通拥堵等突发事件,预先做好防范、应对预案。

总体上看,药品冷链物流作业各环节,与一般物流相比有很大不同。首先,药品冷链物流有时效性,药品一旦超出保质期,只能选择报废;生物制剂、血液制品特别是移植用的人体器官等往往有效期较短,在采用冷藏箱、保温箱进行运输时不能主制冷,必须严格遵守运输时限要求。其次,药品冷链物流包括从验收、入库、储存、分拣、出库、运输直至客户验/收货的整个过程,由于冷藏药品对储存环境具有严格的限制,决定了药品冷链物流运作的高复杂性。例如,冷库要有温湿度自动监控设备,冷库温度探头需要经过验证;冷藏车应具备温度自动监控设备,温度记录仪要能记录实时温度情况;冷藏车、冷藏箱及各种冷链物流设备都要经过严格认证;药品小试记录需要长期保存等。

此外,应建立药品质量定期检查和不定期抽查制度,对需要冷藏的药品,如发现长时间“断链”、质量无法保证的情况,要及时召回,统一报损,集中销毁。因责任原因等造成的药品回收,应做好登记,不得再用。

第二节　危险货物物流

危险货物是一种特种货品。相对于普通货物,危险货物在生产、包装、装卸、储运、使用和处置过程中,其化学、物理或生物特性容易导致火灾、爆炸或者中毒、放射性辐射、污染等危险,需要采取特别防护,确保安全。危险货物物流是一种特货物流。国际危险货物海运量约占各种货物海运总量的50%,其中包装危险货物约占总量的10% ~15%,常运的危险货物品种3 000种左右。

一、危险货物与危险货物物流

危险货物种类繁多,在不同国家或同一国家(地区)不同行业,甚至不同场合,都有不同的规定,因而危险货物识别至关紧要。

(一)危险货物及其分类、品项

危险货物是一个笼统的概念,包含许多种类品项,在不同国家、不同行业有不同的规定和表述。1956年,联合国危险货物运输专家委员会的《关于危险货物运输的建议书》首版发行,且此后每半年修订1次,每2年出版新版本,以适应科学技术发展和使用者不断变化的需要。其中,所涉及的各种运输方式和各类运输工具危险货物运输规定,被国际专业运输组织、协会和各个国家采用或参考,并对各类危险货物进行定义,已成为世界各国和各国际组织应遵循的一个共同范式。

1. 危险货物界定

危险货物(dangerous goods):具有爆炸、易燃、毒害、感染、腐蚀、放射性辐射等特性,在生产、包装、装卸、储运、使用和处置过程中容易造成人身伤亡和财物损毁或环境污染,需要特别防护的物质或货品;亦称危险品、危险物品。

(1)凡危险货物,其自身的化学、物理或生物性质,使之具有爆炸性或易燃性、毒害性、感染性、腐蚀性、放射性等,是造成火灾、中毒、灼伤、辐射伤害与污染事故的可能因素。

(2)凡危险货物,在其生产、包装、装卸、储运、使用和处置过程中,因明火或受热、摩擦、震动、撞击、泄漏,以及与其性质相抵触物品接触等外界因素作用,不仅使(危险)货物本身遭受损毁,而且危及人身安全和污染周围环境。

(3) 凡危险货物,需要对其本身的化学、物理或生物特性采取"特别"防护措施,这是确保危险货物安全的先决条件。例如,对某种爆炸品需要添加抑制剂,对有机过氧化物需要控制环境温度等。

这三者必须同时具备,方可列为危险货物。不过,危险货物的界定是不易的,有法律上危险货物和物理危险货物;大多情形下更指向物理危险货物。

生鲜食品需防腐烂,精密仪器需防震动,易碎器具需防破损,都需要特别防护,但这些货物一旦防护失措,通常不致造成人身伤亡或除货物本身以外的财物损毁,因而不归属危险货物。

2. 危险货物分类与品项

单凭危险货物概念确认某一货物是否为危险货物,往往难以具体操作,尤其是承托双方不可能在需要运输时再对货物是否危险进行技术鉴定和判断,有时还会引起各方的矛盾。为此,各运输行业在确认危险货物时,采取了列举原则,并颁布了与本行业运输方式相关的《危险货物运输规则》,在对各类危险货物下定义的同时,收集列举了规则规定范围内各种危险货物的具体品名,并加以分类,既显示出一种标准化,又保留一定程度的灵活性。这利于实现标准化的危险货物包装、装卸、储运、使用和处置作业,统一消防或防毒害、防感染、防腐蚀、防辐射措施,有效防止产生混乱,避免发生事故。

国家标准《GB 6944 - 2012 危险货物分类和品名编号》,对接联合国的相关规则,将危险货物分为9类16项。危险货物分类见表4-1。

表4-1 危险货物分类一览表

种类	品项	示例
第1类:爆炸品	1.1项:有整体爆炸危险的物质和物品	雷管、炸药、高氯酸、硝化甘油
	1.2项:有迸射危险,但无整体爆炸危险的物质或物品	燃烧弹、催泪弹
	1.3项:有燃烧危险并有局部爆炸或局部迸射危险或两者都有,但无整体爆炸危险的物质和物品	非起爆导火索、点火引信、二亚硝基苯
	1.4项:不呈现重大危险的物质和物品	安全导火索、爆炸式铆钉、四唑并-1-乙酸
	1.5项:有整体爆炸危险的非常不敏感物质	硝酸铵
	1.6项:无整体爆炸危险的极端不敏感物品	
第2类:气体	2.1项:易燃气体	液化石油气、天然气、氢气、甲烷、乙炔
	2.2项:非易燃无毒气体	氧气、氮气、二氧化碳
	2.3项:毒性气体	氯气、氨、硫化氢

续表

种类	品项	示例
第3类:易燃液体		油漆、香蕉水;汽油、乙醇、松节油
第4类:易燃固体、易于自燃的物质、遇水放出易燃气体的物质	4.1项:易燃固体、自反应物质和固态退敏爆炸品	红磷、硫黄、硝化棉
	4.2项:易于自燃的物质	活性炭、黄磷
	4.3项:遇水放出易燃气体的物质	电石、金属钠、镁粉
第5类:氧化性物质和有机过氧化物	5.1项:氧化性物质	硝酸钠、高锰酸钾、漂白粉、过氧化氢
	5.2项:有机过氧化物	氧化苯酰、过乙酸
第6类:毒性物质和感染性物质	6.1项:毒性物质	氰化钠、氰化钾、砒霜、硫酸铜
	6.2项:感染性物质	医疗或临床废弃物、受感染动物
第7类:放射性物质		金属铀、硝石酸钍
第8类:腐蚀性物质		硝酸、硫酸、氢氧化钠
第9类:杂项危险物质和物品,包括危害环境物质		海洋污染物、干冰、石棉

应该提及的,首先,这些分类号码的次序并不表示危险程度的次序。这就是说,第1类危险货物“爆炸品”并不表示其危险性为最大,而第9类危险货物“杂项”,也不表示其危险性为最小。其次,国际公约中对危险货物的规定都是开放的,高新技术不断发展,新产品层出不穷,新的危险货物会不断面世,需要及时收入相关规则。

3. 危险货物编号

危险货物编号,也称联合国危险货物编号,是联合国危险货物运输专家委员会指定的顺序号,对每一种常运危险物质和物品采用4位数编号,可以识别有商业价值的危险物质和货物(例如爆炸物或有毒物质),在各种运输方式中已被公认。

联合国危险货物编号,从UN0001到大约UN3500的编号,公布在《关于危险货物运输的建议书》(危险货物一览表)中,供查询。

编号以“0”开头的是爆炸品,如烟花为UN0337;其他危险货物编号则没有规律,如丙烯酰胺为UN2074。同时,某些具有类似属性的化学品或货物的联合国危险货物编号也是相同的。例如,打火机和可燃气体都是UN1057。

如果一种化学品在固态和液态下,或者在不同纯度下的危险属性具有相当大的差别,会因为其两种属性分别各得一个联合国危险货物编号。

联合国还有一个配套的危险货物分类与编号,用于识别危险货物所属的类别和项别。例如,丙烯酰胺属6.1项,打火机属2.1项。如果一种物质具有多种危险,那么在主分类之外还需要列出补充分类。

(二) 危险货物物流:危险货物在特殊保障条件下通流

危险货物物流(dangerous goods logistics)是指危险货物在特殊安全保障条件下所发生的通流。它是一项技术性和专业性很强的物流作业,不仅要满足一般货物的运输条件,严防超载、超速等危及行车安全的情况发生,还要根据货物的物理和化学性质,满足特殊的包装、搬运装卸、储存、运输条件,需要具备专用设施设备和专业人员(或经专业培训)。

同时,政府相关部门应重视和加强对危险货物物流的监管,包括危险货物物流网络规划设计,优化危险源的布局、限制危险货物运输的路径和时间等,以及完善相关规章制度和应急保障体系。

(三) 危险货物包装

危险货物在装卸、运输、储存时,可以散装,也可以有包装。散装危险货物是指装载于船舱或船舶载货处所中,或永久固定在船舱或船上罐柜中的无任何中间包装的所有危险货物,主要包括以散装形式运输的任何类型的油及其炼制品、散装液体化学品、散装液化气体、固体散货(如精矿、生石灰等)。包装危险货物,主要是容器、可移动罐柜、集装箱或车辆中装载的任何危险货物。对于《危险货物分类和品名编号》,第 3 类、第 4 类、第 5 类、第 6.1 类、第 9 类中的大部分货物和第 1 类、第 8 类中的部分货物,采用的是通用包装。

1. 危险货物包装等级

危险货物通用包装,按照所包装的危险货物的危险性程度,可分为 3 个等级:Ⅰ级包装,高度危险性;Ⅱ级包装,中度危险性;Ⅲ级包装,轻度危险性。

各等级包装都应确保所包装危险货物在装卸、运输、储存、保管等作业时的安全。

(1) 包装材料的材质、规格和包装结构,要与所装危险货物的性质和重量相适应。包装容器与拟装物不得发生危险反应或削弱包装强度。

(2) 充装液体危险货物,容器应留有正常运输过程中最高温度所需的足够膨胀余位。易燃液体容器应至少留有5%的空隙。

(3) 液体危险货物要做到液密封口;对可产生有害蒸气及易潮解或遇酸雾能发生危险反应的,应做到气密封口。对必须装有通气孔的容器,其设计和安装应能防止货物流出或进入杂质水分,排出的气体不致造成危险或污染。其他危险货物的包装应做到密封不漏。

(4) 包装应坚固完好,能抗御运输、储存和装卸过程中正常冲击、振动和挤压,并便于装卸和搬运。

(5) 包装的衬垫物不得与拟装物发生反应,以免降低安全性;应能防止内装物移动和起到减震及吸收作用。

(6) 包装表面应清洁,不得黏附所装物质和其他有害物质;曾经盛装过危险货物的空容器，除经清洗、处理外，均应作为其装过的危险货物对待。

2. 危险货物包装类型代码

危险货物包装类型代码，由3个部分(或2个部分)组成，即包装类型、包装材料，以及包装类型的特殊结构、性能。

(1) 第一个部分，包装类型，用1位阿拉伯数字表示：

1—圆桶

2—琵琶桶

3—罐

4—箱

5—袋

6—复合包装。

(2) 第二个部分，包装材料用一个大写拉丁字母表示：

A—钢

B—铝

C—天然木

D—胶合板

F—再生木

G—纤维板

H—塑料

L—纺织品

M—纸(多层)

P—玻璃、瓷器或粗陶器。

(3) 第三个部分，包装类型的特殊结构、性能，用1位阿拉伯数字表示：

1A1—非移动桶顶的钢质圆桶

1B2—可移动桶顶的铝质圆桶

5H2—防撒漏的塑料编织袋

1D—胶合板圆桶

复合包装：第二个部分由两个字母组成，依次表示内容器和外包装。例如，6HB1—铝圆桶内塑料容器。

3. 危险货物包装性能试验

各类危险货物包装必须经过各种要求的性能试验，且由主管当局认可，取得"包装检验合格证明书"。性能试验主要包括跌落试验、渗漏试验、液压试验、堆码试验等。

危险货物包装经试验检验，凡检验合格的，应在包装上标注包装试验合格标记。示例：联合国危险货物包装试验合格标记见图4-6，中国危险货物包装试验合格标记见图4-7。

(u n) 4C/Y100/S/96
NL/VL823

图 4-6　联合国危险货物包装试验合格标记示例

图中：

4C—包装类型代码；

Y100—包装等级的代码，Ⅰ、Ⅱ和Ⅲ类包装分别用代码 X、Y 和 Z 表示，100 表示本包装允许最大毛重 100 kg；

S—表示只适用于内装固体货物；

96—表示 1996 年制造；

NL—按规定试验的批准国——荷兰的代号；

VL823—生产厂商或主管机关的识别记号。

(G B) 4C/Y145/S/95
CN/110001/P101

图 4-7　中国危险货物包装试验合格标记示例

图中：

GB—中国国家标准缩写；

CN—按规定试验的批准国代号，CN 是中国的代号；

110001—前两位是商检局代号，后 4 位 0001 是生产厂商代号；

P101—生产批号或生产月份。

4. 危险货物包装标志

每个装有危险货物的包件，应持久地标有正确名称的标志或标志图案，并清楚地表明该货物的特性；具有副危险性的物质，在明细表中应相应地标明，还应有表示这种危险性的标志，即副危险标志。但在任何情况下，副危险标志均不应标出类别号码。

危险货物包装标志，又称警告性标志，即在爆炸品、易燃品、有毒品、腐蚀性货品、放射性货品等的包装上，表明其危险性质的文字或图形，以示警告。它用来表示危险货物的化学、物理或生物性质，以及危险程度，可在运输、储存、保管、搬运等作业时引起注意。

图案标志：以规定的色彩、图案和符号绘制成的菱形标志；不小于 100 mm × 100 mm。它用于包件。

标牌：放大的图案标志，规格不小于 250 mm × 250 mm。它用于包装组件。

国家标准《GB 190 – 2009 危险货物包装标志》规定，标志分为标记和标签。标记 4 个，标签 26 个，其图形分别标示了 9 类危险货物的主要特性①。危险货物

① GB 190 – 2009 危险货物包装标志[S/OL]. http://www.zbgb.org/

包装标志示例见图 4-8。

（符号：黑色，底色：白色）
危害环境物质和物品标记

（符号：黑色，底色：橙红色）
爆炸性物质和物品标记

（符号：黑色，底色：正红色）
易燃气体标记

（符号：黑色，底色：白色）
毒性物质标记

（符号：黑色，底色：白色）
感染性物质标记

（符号：黑色，底色：上白下黑）
腐蚀性物质标记

图 4-8　危险货物包装标志示例

危险货物的标牌，应明显可见且易于识别；在海水中至少浸泡 3 个月仍不脱落且清晰可辨；应与运输组件内的危险货物标志相同；标牌的下半部适当位置显示类别号码；应和包件外表面的背景形成鲜明的颜色对比；不应与可能大大降低其效果的其他包件标志放在一起；容量超过 450 L 的中型散装容器应在相对的两侧标记。

二、仓库、运载与装卸机具：危险货物物流设施设备

危险货物需要特别防护，以防止和尽可能避免在生产、储存、运输和使用过程中发生安全事故。要确保危险货物的安全，必须具备足够的技术性保障，尤其是危险货物的物流技术设施设备，包括危险货物仓库、危险货物运载与装卸机具。

（一）危险货物仓库

危险货物仓库是危险货物物流的一项重要基础设施，包括必备的技术设备配置，直接关系到危险货物在储存、保管期的安全。

1. 库址选择

危险货物仓库是存储和保管易燃、易爆、有毒、有害物质与物品的建筑物或场所。它的建设地点选择，最重要的原则就是不影响周边公众和环境安全。

通常，危险货物仓库应选择较为空旷的地区，特别是大型危险化学品仓库、液化石油气储备站等，应远离居住区、商业区、影剧院、体育馆、学校等重要公共社区，以及自来水水源地、主要交通干线、农田、河流、湖泊等，设在城市边缘（郊

区）的安全地带。其中，液体储罐区、易燃材料堆场更宜设在郊外地势较低却平坦、开阔等不易积存液化气的地带，当布置在地势较高的地带时应采取安全防护设施；城市煤气储罐应分散置于用户相对集中的安全地区，并且应选择在常年主导风向的下风向。

厂矿企业的生产性附属仓库宜设在厂区边缘的安全地带，小型仓库宜设置在企业单位的区域边缘，且要保证满足防火间距的要求。

2. 库区建设要求

危险货物仓库应根据危险货物的种类、特性，按照各项相关的国家标准，采用妥善的建筑结构设计，并取得相应的许可。

（1）仓库建筑不宜与其他用途的房屋毗连，不得将危险化学品的储存场所设在地下室或半地下室内。

（2）库区四周应加围栏，围栏距仓库外墙间距 1.2 m，库门口应加斜度，库内地面比外面高 0.2 m。

（3）在库区大型库房间距为 20 ~ 40 m，小型库房间距为 10 ~ 40 m。

（4）库墙的窗下部离地面不低于 1.8 m，采用易冲洗的不燃烧地面。

（5）仓内面积 5 m^2 左右，高度为 2.5 m 左右。

（6）库内须安装洗手盆，便于受污染时能及时清洗。

3. 危险货物仓库安全系统

危险货物仓库内部应设置相应的监测、通风、防晒、调温、防火、灭火、防爆、泄压、防毒、中和、防潮、防汛、防雷、防静电、防腐、防渗漏或隔离等安全设施和设备，并具备一整套完备的系统，包括监控探测系统、消防系统、防爆系统、通风和空气调节系统、防雷措施、防泄排液堤、安全出口设置、温度调节、静电导除，以及防爆灯管。

4. 仓库人员、防护用品及动火作业管理

危险货物仓库的管理人员及其个人防护用品，特别是涉及库内动火作业的，也是有其特殊性的，需要加以严格管理。危险化学品仓库的管理人员，必须进行三级安全教育，经考试合格后才能进入仓库进行培训实习；实习完毕再经考试合格后，取得安全作业证，方能持证上岗操作。

（二）危险货物运载工具与装卸机具

危险货物的运载需要具备特殊条件，主要包括运输车辆、船舶和集装箱及其他专用机具。

1. 危险货物运输车

危险货物运输车：专业从事危险货物公路运输的车辆。它主要用于运送石油化工品、炸药、鞭炮等危险货物。

危险货物运输车在结构、性能和装备上必须符合相应的特殊要求。一是货箱顶部不封闭，排气管前置，且装有隔热罩和防火星装置；配备防抱死制动系统装置，实行运输过程全程监控，以及配备防撞条、防静电等安全装置。二是在装运易燃、易爆危险货物时，应使用木质底板车厢，铁质底板车厢应加衬垫。三是车辆检修时不得使用明火或明火照明，不得用易产生火花的工具敲击。四是装运放射性同位素的专用车辆、设备、搬运工具、防护用具，必须定期进行放射性污染程度的检查。五是装运危险货物的车辆应具备良好避震性能的结构和装置。六是需设置"爆"字警示标记，或三角形磁吸式"危险货物"黄色顶灯和车尾标志牌。

常规液罐车，主要适用于装运汽油、柴油、苯等常温常压下为液态的危险货物。

2. 铁路危险货物车辆

铁路危险货物车辆：适用于铁路运输载运危险货物的车辆，有多种车型，主要是专用棚车和罐车。

(1) 棚车。棚车用于载运有毒农药、放射性矿石及矿砂等毒性危险物料；其结构主要包括车体、制动装置、车钩缓冲装置、转向架等。

(2) 罐车。罐车是一种车体呈罐形的车辆，用来装运各种液体、液化气体及粉末状货物等。罐车种类，有轻油类罐车、黏油类罐车、液化气体罐车、酸碱类罐车、粉状货物罐车。

3. 危险货物运输船舶

危险货物运输船舶：用于运载各种有毒的、易燃的、易发挥或有腐蚀性化学物质的货船。较多见的，主要有普通液货船、石油成品液货船、多品种共装液货船、多用途化学品船、专用化学品船、液化气船等。

4. 危险货物集装箱

危险货物集装箱：主要包括危险货物通用集装箱和危险货物专用集装箱。其中，危险货物专用集装箱有爆炸品专用集装箱、压缩气体和液化气体专用集装箱、毒害品专用集装箱，以及危险货物特种集装箱（罐式集装箱）。

5. 危险货物装卸搬运机具

危险货物装卸搬运作业常用的机具，有防爆叉车（危险货物仓库专用叉车），与叉车配套的鹰嘴钩、皮货吊钩、叉臂、托盘，固定净化器和移动净化器，防爆电扇，防爆照明灯具，大圆桶、中小圆桶和爆炸品专用手推车、虎头车，卸码专用车（滑板），木跳板、铁渡板，大、小撬棍，防爆手锤，拉门绳，海绵垫及尼龙绳等。

钢制机具摩擦、碰撞易产生火花的部位，都应进行涂镀等防爆处理，电动机具要配防爆电机、电器。

此外，还有防爆巷道堆垛机。这是在特殊环境下运行的设备，必须满足的要求，一是运动构件不得有爆源，绝对避免摩擦火花；二是金属结构除满足强度要求外，还必须有足够的刚度；三是运行状态下要求小振动、低噪声，停车平稳准确；四是过载、断绳、超速保护装置避免冲击振动；五是所有运动部件采用避免产生磨损火花的特殊材料；六是采用无火花发生的电器执行元件。

三、危险货物物流运作技术

危险货物有其特殊的化学、物理或生物性能，容易在生产、装卸、运输、储存中引起燃烧、爆炸、中毒等灾害事故。危险货物物流不同于一般物流，是一项技术性和专业性很强的工作，其物流作业必须严格遵守有关危险货物管理的规范。

（一）危险货物装卸作业一般操作规范

易燃、易爆、毒害等不同类别的危险货物，在进行装卸作业时必须执行相关的安全操作规范。

（1）作业现场应统一指挥，有明确固定的指挥信号，以防作业混乱发生事故；现场作业的装卸搬运人员和机具操作人员，应严格遵守劳动纪律，服从指挥。无关人员严禁进入装卸区。

（2）装卸操作人员不得穿带钉子的鞋进入作业现场，并应根据不同的危险特性穿戴相应的防护用具；对有毒的腐蚀性物质更要注意，在操作一段时间后，应适当呼吸新鲜空气。如装卸人员出现头晕、头痛等中毒现象，应按救护知识进行急救。操作完毕后，应对防护用具进行清洗或消毒，保证人身安全。各种防护用品应有专人负责，专储保管。

（3）在装卸搬运危险货物操作前，必须严格执行操作规程和有关规定，预先做好准备工作，认真细致地检查装卸搬运工具及操作设备。工作完毕后，沾染在工具上面的物质必须清除，防止相互抵触的物质引起化学反应。对操作过氧化剂物品的工具，必须清洗后方可使用。

（4）入库、装车（火车、汽车、手推车）前应先将库房、车厢、车板内所积存的酸、碱、油、泥、砂、石、草、铁屑等一切杂物清扫干净，才许装卸。

（5）装卸、搬动中必须做到轻拿轻放，严禁摔掷、甩手、肩扛（袋装除外）、拖拉、摩擦、碰撞、锤击、翻倒、掉落。液体铁桶包装卸垛，不宜用快速溜放办法，防止包装破损。对破损包装可以修理的，必须移至安全地点，整修后再搬运，整修时不得使用可能产生火花的工具。人力装卸搬运时，应量力而行，配合协调，不可冒险违章操作。

（6）性能相互抵触的物质，不得同时装卸。对怕热、怕潮物质，装卸时要采取隔热、防潮措施。

（7）装载爆炸危险货物的运输工具，要配有篷布，必须包装牢固、严密。汽车距离工房、库房、火车厢、堆垛场地，必须在 5 m 以上，司机不得离开岗位。

（8）小手推车装卸搬运爆炸、危险物品时，如遇道路不平、坡度大时，要有人扶，防止倒箱。运输危险货物的汽车装载量不得超过规定的负荷量，最上一层不得超过车厢 1/3。货物装好后，要按安全要求进行检查。

（9）散落在地面上的物品，应及时清除干净。对于扫起来的没有利用价值的废物，应采用合适的物理或化学方法处置，以确保安全。

(10) 装卸作业完毕后,操作人员应及时洗手、洗脸、漱口、淋浴;库管员应和押运员共同清点收到或发出的货物数量,按规定履行接货或提货手续。

(二) 危险货物运输作业操作流程

铁、公、水、空、管道的运输方式不同,以及危险货物类项不同,具体的危险货物运输作业是不尽相同的,但又有其基本操作规范。

(1) 按照危险货物运输的相关国际公约、国家规章及行业规范,组织和实施危险货物运输。

(2) 危险货物承运前,了解所要运输的危险货物名称、性质等情况和消防、消毒等措施,掌握危险货物运输对包装、规格和标志等规定要求,新危险货物应检查随附的相关技术鉴定书,以及按规定备好所需的各种准运证件。

(3) 详细审核托运单,按照危险货物性质和托运人的要求安排运输计划,并严格执行相关规定。遇大批量烈性易燃、易爆、剧毒和放射性物品时,重点安排。

(4) 全程实时监控,发现有危险货物包装容器渗漏、破损,以及运输工具发生故障等现象,应尽快采取措施妥善处理。注意气象预报,掌握雨雪和气温的变化,确保运送安全。

(5) 严格执行危险货物交接、验收手续;因故不能及时卸货的,应确保所运送货物的安全。

(6) 应急处理准备充分,一旦遇险,立即自救并紧急求助,尤其是公路危险货物运输车辆应备有随车消防器材,并确保其有效性;携带不发火的工具、专业堵漏设备、劳动防护用品,不得穿钉子鞋和化纤服装。运输作业人员应掌握应急处理技术和方法,有效实施应急处理,避免发生危险。

(三) 危险货物仓储作业一般规范

按危险货物的易燃、易爆、毒害等特性差异,对危险货物仓储作业的要求也相应地有所不同,但同样有其基本的安全操作规范。

(1) 仓储人员应具备一定的专业知识,并经过上岗培训。危险货物仓储作业必须严格执行相关规程。

(2) 危险货物入库时,仓库管理人员要严格把关,认真核查品名、包装、标志、衬垫、封口,清点数目,细致地做好登记,符合安全储存要求,才准运入库。防止不合格和不符合安全储存的货品混运进库。

(3) 严格执行危险货物的配装规定,对不可配装的危险货物必须严格隔离;禁忌物不得同库存放。剧毒品必须储存在规范的专库;易燃液体专库储存;氧化性物质要与易燃液体或酸性腐蚀品分开储存。即使同类货品,虽其性质互不抵触,但也应视其危险性的大小和剧缓程度进行分类存储。

(4) 危险货物应以库房储存为主,存放数量有限量,堆高有限度;货垛之间要留出足够宽的走道,墙距亦应较宽。消防器材和配电箱周围禁止堆货或放置其他物品。

危险化学品垛与垛间距大于1 m,垛与墙间距大于0.5 m,与梁、柱间距大于0.3 m,与灯的距离不少于0.5 m,与地面距离0.15 m;主要通道宽度大于2 m,支通道大于0.8 m。化学品贮存量及贮存类别见表4-2。

表4-2 化学品贮存量及贮存类别表

贮存要求	贮存类别			
	露天贮存	隔离贮存	隔开贮存	分离贮存
平均单位面积贮存量/(t/m^2)	1.0~1.5	0.5	0.7	0.7
单一贮存区最大贮量/t	2 000~2 400	200~300	200~300	400~600
垛距限制/m	2	0.3~0.5	0.3~0.5	0.3~0.5
通道宽度/m	4~6	1~2	1~2	5
墙距宽度/m	2	0.3~0.5	0.3~0.5	0.3~0.5
与禁忌品距离/m	10	不得同库贮存	不得同库贮存	7~10

(5) 易爆品、剧毒品必须专库保管,实行"五双"管理,即双人保管、双锁保管、双人收发、双人领取、双本记账。搬运时要注意轻拿、轻放,避免撞击。应经常检查包装是否严密,若发现封口不严、渗漏,及时处理。

(6) 保持储存场所阴凉干燥,易于通风、密封和避光,远离火源、热源,库内温度不超过25℃,湿度不超过80%;每天检查储存仓库,包括堆垛牢固度、有无泄漏、有无异常、有无刺激性气体、包装有无破损,以及消防设备是否完好等,每次检查应做好记录。

(7) 库内设有醒目的安全警示标志,严禁吸烟和使用明火,火种不得带入仓库。库内不准动火作业,特殊情况需采取安全措施,开出动火证后方可进行动火或维修作业。禁止在危险货物仓库储存区域内堆积可燃性废弃物。叉车装有阻火器,电气设备要采用防爆型。保持储存场所清洁,散落的物品要及时按规定方法处理。

(8) 危险货物出库时,核对品名、标志、数目,登记提货人,详细记录危险货物的流向。

(9) 危险废弃物的处理,应满足《废弃物管制管理办法》的相关规定。废弃的危险货物及其包装容器等,应采用封存、销毁、中和、掩埋等无害化处理措施,不得遗留隐患。处置方案需备案,并接受监督。剧毒危险货物被盗、丢失、误用时,立即上报。

(10) 有周密的应急处理措施,包括应急处理指挥、现场紧急处理、人员疏散、封锁现场、人员分工等。定期组织员工开展应急情况演习,新员工上岗时要接受应急处理培训。

案例4-1 从浏阳到北京：一支烟花的旅行

2014年1月15日，是我出厂的日子。所有小伙伴都整装待发。我是一支烟花，准确地说，是浏阳市恒天飞鹰烟花制造有限公司生产的一支烟花，编号82002，这编号就印在我的外包装上。我还有一个比较文艺的名字，叫“神舞飞扬”。和我待在同一个箱子里的，是4支“神舞飞扬”和5支“流星锤”。

上车之前，公司员工师傅们给我贴上一张带有29位数字的条码，这是我的身份证。有了这个身份证号，不管我走到哪，你都可以通过全国烟花爆竹流向管理信息系统找到我。我和同车所有烟花的名字、数量，连同这些与我们一一匹配的条码，都被储存在一张IC卡里。

贴在我们包装箱上的标签，除了白色的流向管理条码，还有我们公司出具的产品质量及包装检验合格证、烟花爆竹产品质量监督检验中心的检验标识和中国产品质量365防伪查询系统的防伪标签。这些，都是证明我们合法身份的标签；看到这些，购买我们的消费者就可放心了。我们还有专业的危险化学品运输车，有专门的运输许可证。不管是总装药量还是单筒药量，我都符合国家的最新标准。

一切准备就绪，公司把IC卡和运输许可证一并交给司机师傅，我们才能装车。

15日13:00，司机师傅发动运输车，从湖南浏阳市澄潭江镇和家村出发，我的旅行正式开始。一路上都没有大的颠簸。

16日20:00，载着我的车子平安到达北京大兴区魏善庄镇北京烟花鞭炮有限公司的仓库，花了将近31 h。

17日09:00，我被卸车搬入7号仓库。这是我这次旅行的中转站。入库之前，接收我的仓储师傅们先给我扫条码——也就是把IC卡插进信息采集手持设备，再用这个设备扫描贴在包装箱上的条码，我“已入库”的信息就会被记录进IC卡。所有信息还可以通过手持设备无线传输到安监系统和公安系统的数据库储存起来。

22日09:00，我被运往销售点。出发时，同车的伙伴已经换了一批。出库之前，我们又接受了一次扫码，在流向管理系统里，我们的状态已经变为“从经销商出库”。我们的最终目的地是北京丰台区和义西里139号销售点。卸了货，配送司机与店主对完货单，我们就算是被正式交给零售商了。

向销售点配送前的2 d，北京的风刮得真不小。配送当天是晴朗清冷的好天气。销售点的货架子和摄像头刚刚安装好，小屋子里阴凉干爆，两个灭火器立在墙根。店主说，我们到达当晚，摄像头就会通电。晚上，两名店员会在这里值班，一来防止我们被盗，二来看顾我们的安全，以防有人在附近点烟点火，引发事故。

25日，销售点将开始售卖，我很快也就会化为夜空中的风景。这一天，销售点还真热闹。除了围观的，还有来检查的。和义西里第二居委会的志愿者过来张贴了《致全市居民的一封信》，介绍烟花爆竹燃放时间、地点的限制规定，顺便嘱咐店主检查周边消防环境，多备几个灭火器。听说他们以后每天都会过来检查一次。一位消防战士过来询问销售点的基本信息，回去备案。店主说，这才来了两家，后面还有安监的、公安的，要迎接的检查多着呢。

这应该会让消费者多少放心了吧。如果安全保障得足够好，会有更多人愿意购买我们吗？

春节临近，销售期要开始了。祝我好运。

（麻倩昀：《从浏阳到北京：一支烟花的“旅行”》，(2014－01－26)[2014－03－14]，http://www.v2gg.com/nanren/nanrenfuli/20140127/72386.html.）

第三节　超限货物物流、应急物流与军事物流

超限货物、应急物资和军事物资都属于或可归类于特种货物。超限货物物流、应急物流和军事物流均是特货物流的分支。

一、超限货物物流

超限货物多为重大工程的关键设备。核电（水电、火电）机组、风力发电设备、大型变压器、石油储罐、大型锅炉等，体积庞大。其中，有的单件往往重达千吨，长超百米，又宽又高。此类长大件货物，其载运工具和通行的途经水陆路、空中设施条件不同于普通货物，属于特种货物；超限货物物流是特货物流。

（一）超限货物与超限货物物流

超限货物（out of gauge goods）是一个统称，相对于常规车辆、船舶等运输工具的装载规定，泛指整件外形尺寸和重量超长、超宽、超高、超重，且不可解体的大型货物。在不同的运输方式中，超限货物界定标准不一。

1. 公路超限货物

公路运输的超限货物，一般指超出普通运输车辆尺寸或载重限额，需要特殊

大型设备装卸、运输的货物。它可以是外形尺寸长14 m、宽3.5 m、高3 m及以上的货物，重量20 t及以上的单体货物或不可解体的成组（捆）货物。公路超限货物等级见表4-3。

表4-3 公路超限货物等级

超限货物级别	外形尺寸			重量/g(t)
	长/l(m)	宽/w(m)	高/h(m)	
一	$14 \leqslant l < 20$	$3.5 \leqslant w < 4.5$	$3.0 \leqslant h < 3.8$	$20 \leqslant g < 100$
二	$20 \leqslant l < 30$	$4.5 \leqslant w < 5.5$	$3.8 \leqslant h < 4.4$	$100 \leqslant g < 200$
三	$30 \leqslant l < 40$	$5.5 \leqslant w < 6.0$	$4.4 \leqslant h < 5.0$	$200 \leqslant g < 300$
四	$l \geqslant 40$	$w \geqslant 6.0$	$h \geqslant 5.0$	$g \geqslant 300$

（1）长大货物：凡整件货物长度在14 m以上，宽度超过3.5 m，高度超过3 m的货物，如大型钢梁、起吊设备等。

（2）超重货物：单件重量在20 t以上的货物，如锅炉、大型变压器等。它可分为均重货物和集重货物。均重货物指装载后重量能均匀或近乎均匀地分布于所载车辆底板上的货物；集重货物指装载后重量集中于所载车辆底板某一部分（支重面不大）的货物；装载集重货物通常需要采用铺设横垫木与纵垫木的方式，以扩大货物与运输工具的接触面积，使其重量能均匀地分布于车辆底板。

2. 铁路超限货物

铁路运输中的超限货物，一般指单件货物装车后，车辆停留在水平直线上，货物的任何部位超出机车车辆限界基本轮廓的，或车辆行经半径为300 m的曲线时货物的计算宽度超出机车车辆限界基本轮廓的货物。

（1）一级超限：自轨面起高度在1 250 mm及以上超限但未超出一级超限限界。

（2）二级超限：超出一级超限限界而未超出二级超限限界，以及自轨面起高度超限在150～1 250 mm但未超出二级超限限界。

（3）超级超限：超出二级超限限界。

此外，货物超限部位所在的高度不同，超限货物分为上部超限、中部超限和下部超限。上部超限，即自轨面起高度超过3 600 mm，任何部位超限；中部超限，即自轨面起高度在1 250～3 600 mm，任何部位超限；下部超限，即自轨面起高度在150～1 250 mm（不包含），任何部位超限。

超重货物指货物装车后，车辆及所装货物的总重（包括装载加固装置与材料、货物包装）对桥梁的作用超过按铁路桥涵列车活载①标准设计的桥梁承载能

① 活载，即活荷载，也称可变荷载，是指施加在结构上的由人群、物料和交通工具引起的使用或占用荷载，以及自然产生的自然荷载。

力的货物。

超长货物主要指货物装车后，一车负重，突出车端装载，需要使用游车或跨装运输的货物。

集重货物指货物装车后，重量大于所装车辆负重面长度的最大容许载重量的货物。

3. 水运超限货物

水运超限货物一般指单件长度超过 12 m、宽度超过 3 m、重量超过 40 t 的货物。

4. 超限货物物流

超限货物物流（out of gauge goods logistics），即超限货物在特殊条件下采用特殊技术作业所发生的通流。

通常，“超限”指装载轮廓尺寸超过运载工具（车辆、船舶等）限界标准；装载总重量对载体（车辆、船舶、桥梁等）的作用超过设计活载。因此，按一般标准，超限货物的体积分为超高或超宽或超长的大件货物，以及体积不规整的普通大体积货品；其重量上主要是超重。习惯上，这也被称为大件物流、大件运输、大件货运，或者超长货物物流等。

（二）超限货物物流技术与装备

超限货物运输需要特殊的技术装备，不同运输方式对超限货物运输工具有不同的技术要求。

（1）超限运输车辆：超过公路、公路桥梁、公路隧道或者汽车渡船的限载、限高、限宽、限长标准的车辆，主要包括长货挂车、桥式挂车、凹式挂车、液压轴线平板挂车、自行式模块运输车和重型平板运输车等。

（2）铁路超限运输车辆，主要包括凹型车、长大平车、双联平车、钳夹车等。

（3）大件运输船：拥有超重型吊杆设备、超厚甲板和特种稳性系统，以及能够处理超宽超长重大件能力的专用运输船。许多成套设备大件和重型设备可用散装货船、半潜船载运；内河采用舱口驳船装载。

（三）超限货物物流一般流程

超限货物物流需要具备相应的营业资质，拥有特种运输工具和专业技术装备，能够进行线路勘测、方案设计、排障通行等专业化服务。它的一般流程环节，主要包括托运与受理、货物理核、验道、编制方案、签约、组织实施、交货结算等。

1. 托运与受理

托运人向有资质的服务商或其代理人办理托运，并在（托）运单上如实填写所要托运货物的名称、规格、件数、件重、起运日期、收发货人详细地址，以及物流过程中的注意事项。经初审后，服务商或其代理人受理承运。

2. 货物理核

受托方搜集和掌握货物相关信息，取得可靠数据和图纸资料，包括货物的形状、尺寸、重量、重心、材质、壁厚、起运和交货状态、交货时间等，并完成书面报告，为确定超限货物级别及运输形式、查验道路及编制运输方案提供依据。

3. 验道

验道就是对超限货物位移的沿线道路、航道，乃至地理环境、气象条件进行勘察、查验，并据查验结果预测作业时间、编制运行路线图，完成验道报告。

（1）勘察运输沿线全部道路的等级、路面、路基、纵向坡度、横向坡度及弯道超高处的横坡坡度、道路的竖曲线半径、通道宽度及弯道半径，查验沿线桥梁设计载荷、涵洞限高、高空障碍、地下工程、通行尺寸等。

（2）勘察所经航道类别和级别、航道各段水深和空障状况、水位变化规律、沿途船闸关口等。

（3）码头及装卸货、倒载转运现场条件勘察，包括码头承载力、水深、潮汐变化、码头入港要求、是否满足滚装/滚卸要求、码头岸吊能力等。

（4）了解地方法规、业主相关规定，以及沿途地理环境、气象条件、停靠点和补给点、运输设备性能、运输船舶船期和尺寸等。

4. 编制方案

在货物理核及验道基础上，编制安全可靠、可行的运输方案，以及验算运输技术方案；完成物流方案书面文件①。

（1）工程概况，包括工程介绍、设备参数、设备交货状态、设备起运点和交付点、运输路线说明。

（2）沿途改造和排障方案。

（3）设备装卸运输方案，包括运输车状态（几纵几列、运输高度和宽度、轴载）、运输相关计算（对地压力、转弯半径、扫空半径、牵引力计算、最高车速）、工机具强度校核、索具校核、封车/船方案，以及运行技术措施、配备辅助车辆、货物装卸与捆扎加固方案。

（4）物流 HSE② 方案，包括风险评估、应急预案。

（5）运输计划、人力资源计划、工具机具使用计划、材料计划。

（6）方案附图，主要包括运输路线图、设备装卸及封车图、车船配载图、清障处理图、加固图、工机具制作图等。

5. 签约

根据托运方填写的委托运输文件与承运方进行货物理核分析、验道、拟订的物流方案，双方签订书面形式的物流合同，主要包括明确托运与承运甲乙双方、超限货物数据及运输工具数据、运输起讫地点、运距与运输时间，明确合同生效时间、双方应负责任、有关法律手续及运费结算方式、付款方式等。

---

① 参见第七章“案例 7-4 三峡工程左岸电站大型永久机电设备运输方案。”

② HSE 是健康（health）、安全（safety）和环境（environment）管理体系的简称。

6. **方案选择和实施**

方案选择和实施，主要包括运输车辆、线路、方式、装卸方案等的选择，以及按选定的方案组织实施，完成合同规定的事项。

（1）设备从起运到交付的全过程运输车辆选配。

（2）线路选择。根据搜集到的道路、码头、港口等信息进行综合分析，进行运输道路的选择。选择的标准：满足货物通行空间需求、费用最低、改造和排障难度最小、道路里程最短、运输危险性最小、运输时间最短。

（3）运输方式选择。通常运输方式为陆路运输、水路运输或水陆联运。需要根据起运点和交货点位置、道路情况、水路情况来综合考虑。水路运输相对较少，陆路运输适合起运点与交货点较近，且道路条件较好的情况，或没有水路可供通行的情况下选择陆路运输。对交货点靠近海、江，且码头条件具备的，一般选择水陆联运方式进行运输。

（4）装卸车方案选择。装车方法一般有：自装车、利用厂房内天车装车、吊车装车、液压顶升装车。中小型设备适合用厂房内的天车或用吊车进行装车，但受到天车和吊车能力的限制。液压顶升装车最为复杂，危险性相对也最高，一般不建议采用。最方便的是利用液压轴线车的自顶升功能进行自装车。

（5）装卸船方案选择。装卸船的方法一般有滚装法、岸吊/浮吊法。在岸吊满足装卸船条件的情况下，选择岸吊比较合适；超大型设备应有限选择滚装法装卸船，但滚装法对码头条件要求较高（水深、地耐力、水位）。浮吊装卸船的费用较高，且船期要提前商定，要保证设备出厂/到码头时间没有大的变化。

（6）建立组织体系，明确岗位职责，包括由项目实施领导小组负责方案实施、合同执行和相应对外联系，领导小组下设相关作业、安全、后勤、材料供应等工作小组及岗位，并落实相关工作岗位责任制。

（7）建立HSE管理体系，包括危险源辨识（人、机、料、法、环）、应急响应、事故报告及处理。

（8）施工准备，重点是运输车/船况检查（电气元件、油管和接头、控制系统、液压油等）、通勤车准备、加油点选择、辅助用车准备、车辆修理、备品备件、改造与排障物质准备、与当地交通主管部门和公安部门沟通办理超限车辆通行证及申请沿途护送等。

（9）人员调遣及培训，主要包括所需牵引车驾驶员、挂车操作员、修理工、装卸工、工具材料员、技术人员及安全员等，依照工作岗位责任及整体要求认真操作、协调工作，保证大件运输工作全面、准确完成。

（10）人员住宿、餐饮等生活后勤保障；资金准备。

（11）按照方案和作业操作规范，统一指挥，步调一致，有序、安全施工作业。

7. **终点交货**

终点交货，即超限货物运抵目的地后卸货，办理交货手续；完毕后，按合同规定结算费用;文件归档。

案例4-2　广州运470 t设备:14 km路程12 h

2004年8月30日,中国石化集团广州石油化工总厂改扩建工程新建一个8×10^6 t的炼油厂开工建设;2005年7月起进入设备安装阶段。该工程的关键设备加氢联合装置共有4件大型设备,总重量达1 520 t。其中,最重的加氢裂化反应器单重就达470 t,长25.87 m,直径4.7 m,是广州有史以来最重的超大运输物件。

这4件设备都是由中国第一重型机械集团公司制造的,从黑龙江齐齐哈尔市富拉尔基区启运,先被运到大连港进行组装,再经过12 d(正常航行时间只需5 d,因途中遇台风被耽搁了1周)的海运,于2005年9月18日抵达广州黄埔港。从9月25日起,由中国外运广东有限公司将它们陆续运往位于黄埔区的广石化施工现场。

中国外运广东公司按要求做了调研和细致的前期准备,设计了本项超大件货物运输方案。其中,运载4件超长、超高、超重设备,将采用一种经改造车长27 m、拖板有216个轮子的"特型"运输车,共安装轮胎18组、每组12个共计216个轮子,能承重810 t,并可自行升降,利于设备转载。这种运输车轮子对路面的压力仅为2.8 t,为一般集装箱运输车压力的一半。

通行线路,即在黄埔老港卸船后直接装车,经港前路、蟹山路,横穿茅岗立交的中山大道段直达茅岗路(拆去6块隔离带让运输车横穿中山大道),然后一直途经广园东立交、广本路、鱼茅路、丰乐北横路、丰乐北路、文加路、石化路、厂前路直达广石化项目施工地,全程14 km。

在通行沿线,为满足这次超长车辆在一些特殊路段的转弯半径,需要经多部门协调,将一些路段的路灯、绿化树木甚至人行道进行迁移。中山大道茅岗路口的路中隔离带,需拆除约4.6 m;茅岗小学门前人行天桥路段,以及广深路铁路桥路段,因未达到运输所需桥梁限高,将路面进行下挖;对承重太轻的蟹山西路与港前路交界狮子桥加装了16根承重梁,在丰乐北横路广本桥的桥底新加上了6根钢筋混凝土柱子和用碳纤维材料加固。这次运输结束后,将视具体情况决定复原与否。同时,为防该巨无霸上路后对沿途交通带来阻滞,中国外运广东公司特地将运输时间选择在夜间进行,且在运输沿线,黄埔区交警支队派出多名交警沿途协助运输。

全程难度最大、耗时最多的,是通过广深铁路桥。该铁路桥限高为

4.9 m，而4件设备中直径最大的为4.7 m，最小的也有4.01 m，装车后根本无法通过。解决方案是，对桥下的其中一条车道下挖0.6 m左右，长约为100 m，由此桥梁高度变为6.2 m，下挖路面上铺设4条100 m的钢轨。该桥原有4个铁拱，运输车到达后便发挥其升降功能，把货物临时卸车放置在铁拱上，再将滑板车滑至货物底下，货物与滑板间空隙用木条填充，以此把货物转载到下挖路面的钢轨上，让车先过，后以人力把货物移过桥洞，再用同样的方式把货物转载上运输车。一装一卸前后耗费8 h左右。

9月25日，开始拆除途经路段的隔离带和绿化带。14:00，中外运广东公司用2台起重达500 t的大型浮吊，开始吊装第一件重达442 t的设备到特制的三纵列平板车上。从深夜到早上，历经12 h的“艰难跋涉”，于26日上午完成了14 km线路的运输。9月27日18:30，470 t的加氢裂化反应器开始从船上吊装至运输车上。该“巨无霸”为银灰色圆筒形，约有几层楼的高度。4个超大件设备在28日被运送到位。

（王道斌，丘秉春，余峻才，张雪枚：《广州运470 t设备14 km路程用12 h》，2005－9－28. http://news.qq.com/a/20050928/000162.htm；吴璇，蔡炫炜，丘秉春：《运巨型“导弹”改造三座桥》，2005－09－28. http://www.ycwb.com/gb/content/2005－09/28/content_992053.htm.）

二、应急物流

突发事件的发生往往难以预料，须及时应急处置，这就要求建有预警、预防、监测、快速反应、即时处置的完备应急体系。其中，应急物资的及时运送、供给是基本保障之一，是需要立即采取某些超常规程序运作的。应急物流也是一种特货物流。

（一）突发公共事件、应急物资与应急物流

应急，即应付急需，以避免发生可能的突发事件或对已发生的突发事件进行相应的处置，包括家庭、企业和国家。在宏观层面，应急物流内含于国家应急体系，最主要应对的是突发公共事件。

1. 突发公共事件

突发公共事件，是指突然发生，造成或者可能造成重大人员伤亡、财产损失、生态环境破坏和严重社会危害，危及公共安全的紧急事件。

（1）自然灾害，主要包括水旱灾害、气象灾害、地震灾害、地质灾害、海洋灾害、生物灾害和森林草原火灾等。

（2）事故灾难，主要包括企事业单位及社会的各类安全事故、交通运输事故、公共设施和设备事故、环境污染和生态破坏事件等。

(3) 公共卫生事件，主要包括传染病疫情、群体性不明原因疾病、食品安全和职业危害、动物疫情，以及其他严重影响公众健康和生命安全的事件。

(4) 社会安全事件，主要包括恐怖袭击事件、经济安全事件、涉外突发事件等。

各类突发公共事件，因其性质、严重程度、可控性和影响范围等因素不同，可分为 4 级，即Ⅰ级（特别重大）、Ⅱ级（重大）、Ⅲ级（较大）和Ⅳ级（一般）。

2. 应急物资

应急物资（emergency supplies）是指突发公共事件应急处置过程中所必需的保障性资材。应急物资的种类很多，不同种类的应急物资对应急所起的作用各有不同。它大致可分为 13 类，即防护用品类、生命救助类、生命支持类、救援运载类、临时食宿类、污染清理类、动力燃料类、工程设备类、器材工具类、照明设备类、通信广播类、交通运输类、工程材料类。应急物资分类见表 4-4。

表 4-4 应急物资分类表

类别	品项	示例
防护用品	卫生防疫	防护服（衣、帽、鞋、手套、眼镜）、测温计（仪）等
	化学放射/污染	防毒面具等
	消防	防火服、头盔、手套、面具、消防靴等
	海难/水灾	潜水服（衣）、水下呼吸器等
	爆炸	防爆服等
	防暴	盾牌、盔甲等
	通用	安全帽（头盔）、安全鞋、水靴、呼吸面具等
生命救助	外伤	止血绷带、骨折固定托架（板）等
	海难/水灾	救捞船、救生圈、救生衣、救生艇、救生缆索、减压舱等
	高空坠落	保护气垫、防护网、充气滑梯、云梯等
	掩埋	红外探测器、生物传感器等
	通用	担架（车）、保温毯、氧气机（瓶、袋）、直升机救生吊具（索具、网）、生命探测仪等
生命支持	窒息	便携呼吸机等
	呼吸中毒	高压氧舱等
	食物中毒	洗胃设备等
	通用	输液设备、输氧设备、急救药品、防疫药品等

续表

类别	品项	示例
救援运载	防疫	隔离救护车、隔离担架等
	海难/水灾	医疗救生船(艇)等
	空投	降落伞、缓冲底盘等
	通用	救护车、救生飞机(直升、水上、雪地、短距起降、土地草地跑道起降)等
临时食宿	饮用水	供水车、水箱、瓶装水、过滤净化机(器)、海水淡化机等
	食品	压缩食品、罐头、真空包装食品等
	饮食	炊事车(轮式、轨式)、炊具、餐具等
	住宿	帐篷(普通、保温)、宿营车(轮式、轨式)、移动房屋(组装、集装箱式)、棉衣、棉被等
	卫生	简易厕所(移动、固定)、简易淋浴设备(车)等
污染清理	防疫	消毒车(船、飞机)、喷雾器、垃圾焚烧炉等
	垃圾清理	垃圾箱(车、船)、垃圾袋等
	核辐射	清消器、清消车等
	通用	杀菌灯、消毒杀菌药品、凝油剂、吸油毡、隔油浮漂等
动力燃料	发电	发电车(轮式、轨式)、燃油发电机组等
	配电	防爆防水电缆、配电箱(开关)、电线杆等
	气源	移动式空气压缩机、乙炔发生器、工业氧气瓶等
	燃料	煤油、柴油、汽油、液化气等
	通用	干电池、蓄电池(配充电设备)等
工程设备	岩土	推土机、挖掘机、铲运机、压路机、破碎机、打桩机、工程钻机、凿岩机、平整机、翻土机等
	水工	抽水机、潜水泵、深水泵、吹雪机、铲雪机等
	通风	通风机、强力风扇、鼓风机等
	起重	吊车(轮式、轨式)、叉车等
	机械	电焊机、切割机等
	气象	灭雹高射炮、气象雷达等
	牵引	牵引车(轮式、轨式)、拖船、拖车、拖拉机等
	消防	消防车(普通、高空)、消防船、灭火飞机等

类别	品项	示例
器材工具	起重	葫芦、索具、浮桶、绞盘、撬棍、滚杠、千斤顶等
	破碎紧固	锤、钢钎、电钻、电锯、油锯、断线钳、张紧器、液压剪等
	消防	灭火器、灭火弹、风力灭火机等
	声光报警	警报器(电动、手动)、照明弹、信号弹、烟幕弹、警报灯、发光(反光)标记等
	观察	防水望远镜、工业内窥镜、潜水镜等
	通用	普通五金工具、绳索等
照明设备	工作照明	手电、矿灯、风灯、潜水灯等
	场地照明	探照灯、应急灯、防水灯等
通信广播	无线通信	海事卫星电话、电台(移动、便携、车载)、移动电话、对讲机等
	广播	有线广播器材、广播车、扩音器(喇叭)、电视转发车等
交通运输	桥梁	舟桥、吊桥、钢梁桥、吊索桥等
	陆地	越野车、沙漠车、摩托雪橇等
	水上	气垫船、沼泽水橇、汽车轮渡、登陆艇等
	空中	货运、空投飞机或直升机、临时跑道等
工程材料	防水防雨抢修	帆布、苫布、防水卷材、快凝快硬水泥等
	临时建筑	型钢、薄钢板、厚钢板、钢丝、钢丝绳(钢绞线)桩(钢管桩、钢板桩、混凝土桩、木桩、上下水管道、混凝土建筑构件、纸面石膏板、纤维水泥板、硅酸钙板、水泥、砂石料等
	防洪	麻袋(编织袋)、防渗布料涂料、土工布、铁丝网、铁丝、钉子、铁锹、排水管件、抽水机等

其中,部分属于通用类的,如食品、饮用水、药品等,几乎每次应急救助都是必需品;部分是专用类的,适用于不同的应急所需,如发生疫情后所需要的专门疫苗、药品,发生洪灾后所需要的救生艇、救生衣等。无论哪一类,被确认为应急物资的,均有其特殊的条件和时效特强的保障性场景,且正是依此而有别于普通货品的。

3. 应急物流

应急物流(emergency logistics)是应急物资应对突发公共事件所发生的通流。它主要包括应急物资筹集、储备、调用/拨、收/征集、运输、配送、发放等环节作业。

首先,突发公共事件往往发生于瞬间,其发生的时点和持续时间、影响范围、强度,以及由此诱发的次生和衍生灾祸,即使现有条件下多手段的预测或预警,也是无法精准测定的;相应地,应急物资的启用时间、数量、发放范围、运输方式等势必是不确定的，加上其启用的突发性特殊环境和极短时间内快速调集的特强应急时效，因而应急物流具有突发性和不可预见性，需能快速响应。

其次，应急物流存续于非常态时期，不能也不适合按部就班，其启动响应和运作要求速度快，可简化、省略一般物流的常规性中间环节，使整体运作更紧凑、快捷、灵便；且依法由政府统一组织、指挥和调度——以政府为主，确保有序、高效的运作管理。同时，社会力量（包括志愿者）共同参与，经济原则弱化，代之以半公共化，凸显鲜明的行政性、强制性色彩和公益性倾向。

由此而论，应急物流有别于一般物流，是一般物流的一个特例，可成为特货物流的一个分支。应急物流与一般物流的差异见表4-5。

表4-5　应急物流与一般物流的差异

要素	一般物流	应急物流	政府作用
流体	合法经营的各类普通货品，品种无所不包；来源单一企业供给	主要是防护用品类、生命救助类、生命支持类、救援运载类、临时食宿类、污染清理类、动力燃料类、工程设备类、器材工具类、照明设备类、通信广播类、交通运输类、工程材料类；多来源包括政府储备物资（公共物品）、应急政府采购、调拨、自筹、社会捐赠	建立物资储备制度、应急政府采购相关制度，并组织实施；指令调拨及捐赠管理
主体	企业、外包企业	政府、红十字会、企业及志愿者等其他社会力量	政府制定预案，组织指挥、协调、控制、监管
载体	常态的设施与设备	常态的设施为主，辅以临时性设施与设备；运输工具有军用和征用	抢修、保障紧急状态下损坏的公共设施；指令调用、征集运输工具
流向	事先可预测需求确定，多流向	事先不可预测需求，事发后流向指定救援地	建立应急信息平台；指令
流速	常态	非常态，有快有慢；完成物流的时间延长或缩短	政府的应急物流组织状况决定流速
流量	数量相对稳定	特定品种的物流流量激增，其他物品通常减少	政府成为物资的提供者，提供的数量要视应急需求量及政府财力而定
流程	流程基本上可按合理化原则安排	很可能因设施的损坏等，常使路径、路程发生某些改变	政府应保证流程的顺畅

应急物流可以分为军事应急物流和非军事应急物流。非军事应急物流可以细分为灾害应急物流和疫情应急物流；灾害（含险情）应急物流又可分为自然灾害应急物流和人为灾害应急物流。

（二）应急物流运作

应急物流的运作，依据应急管理法律法规，贯彻国家统一领导、综合协调、分类管理、分级负责、属地管理为主的应急管理体制，执行和具体实施应急预案①尤其是应急物流预案，主要包括应急组织管理指挥、应急物资供应、应急工程救援保障、应急资金保障、综合救援应急队伍、协调应对自如支持等。

1. 运作基本条件

应急物流的运作是需要具备多方面的条件的，而且应急物流需求不同，其运作条件也不尽相同。在通常情况下，主要的和基础性的是：

（1）监测与预警，尤其是可能发生的自然灾害性突发事件，应进行风险预测评估和预警。

（2）应急物流预案，依据风险预警和应急预案，拟定至少省、市、县属地三级应急物流预案。

（3）应急基金储备，确保应急预案总额中应急物流的适当占比。

（4）政府作为，包括应急处置决策、举措和指令，应急物资、款项等资源（包括国际资源）的有效组织、筹措、协调、调用或调拨、采购、征用，以及设法协调、疏导或消除不利于应急物资保障的人为因素和非人为障碍。

（5）法律保障，强制性保障充分调动全社会的力量，并规范个人、社团和政府部门在非常时期法律赋予的权利、职责和应尽的义务。

（6）“紧急通道”，即建立并开通一条或者多条应急保障专用通道或程序，甚至可给予应急物资优先通过权，有效简化作业程序，加速应急物资通过海关、机场、检查站等，尽快送达灾区。

（7）应急信息平台，包括应急物资信息系统、应急物流运载工具信息系统、应急物流预案数据库、自动生成的应急物资运输调度平台，以及基于GPS、GIS和可视化技术的应急物流全程实时监控平台。

2. 运作主体

应急物流运作的主体，一般包括政府及其部门、军队、民间组织和应征的物流企业。大多在事发后有各级政府相关部门领导，必要时军队配合，企事业单位及民间社团组织、志愿者参与，进行应急物流的运作。政府、政府部门、军队主要负责人组成突发事件应急指挥机构，统一领导，是应急物流运作主体的核心，组织、指挥、协调管理应急物资的筹集、储备和运输、配送。

3. 应急物资供应

应急物资的供应，通常有多渠道保障。一是属地长期储备，由政府按应急物流预案在专用仓库储备一定量的应急物资，包括省、市、县纵向分级储备，水利、交通、地震、卫生等部门及下属单位横向分类储备；并且，政府储备与社会储备、实物储备与产能储备并举。二是临近地区储备调拨，在本地储备供应不足时，就

① 应急预案是以应对假想风险的发生预先编制的一套应急处置方案。

近调拨支援。三是应急政府采购,按预案有计划与有关生产企业签订协议储备,在紧急状态下确保物资的供应。四是预案计划外需求量较大或时间较长又供给相对不足的应急物资,征用或征集有关生产企业临时生产来补充。五是社会捐赠(包括国际捐赠),及时传递紧缺物资信息,并向社会明示所需物资捐赠选取;对部分救援物资定向募捐,重点面向有关生产企业募集救援。

4. 应急运载工具调用与征用

应急物资的运送通常采用空运和陆运方式,其运载工具是飞机、火车和机动车辆;可由军用与民用、调用与征用、组织与个体等多元合力,协同运作,其中主要的是第三方物流的运能。

(1) 军用、民用飞机,主要承担远距离极重要应急物资调运;随时可申请运能,不必提前储备。

(2) 铁路货运专列,主要承担大批量中远距离的应急物资调运;也随时可申请运能,不必提前储备。

(3) 公路货运车辆,主要承担近中距离应急物资的调运,是应急运输的核心力量,主要有驻军和武警、大中型企业、第三方物流企业、社会志愿者等的车辆。汽车车辆是应急物流第一运能,可纳入计划储备预案。其中,驻军、武警的车辆需与军方、警方协调,经同意后备案;大中型企业的车辆在自愿条件下将能参与应急运输的车辆备案;第三方物流企业的车辆需通过招、投标,中标企业签署协议,并将参与应急运输的车辆预登记;社会志愿者的车辆,一般可采用自行组成团队方式预登记。

(4) 农用运输工具,主要承担近距离应急物资的二次运输,是现场短途物流不可忽视的运能,主要是农用车辆、拖拉机、马车和人力车等,可纳入县级应急预案,出现应急事件随时启用。

5. 应急物流运作模式

应急物流运作基于信息技术和应急信息平台,以及相关法律法规、公共政策,按应急预案,在应急资金的支持下,有计划地进行应急物资筹集储备;一旦突发公共事件,经政府统一指挥和协调、管控,集聚各方力量,通过作业流程的简化或省略,快速、高效又有序地实施应急物资调用供给(或调拨、应急政府采购)、运输(含运输工具征用)、收集、配送、发放,及时确保应急处置。示例:应急物流运作模式见图4-9。

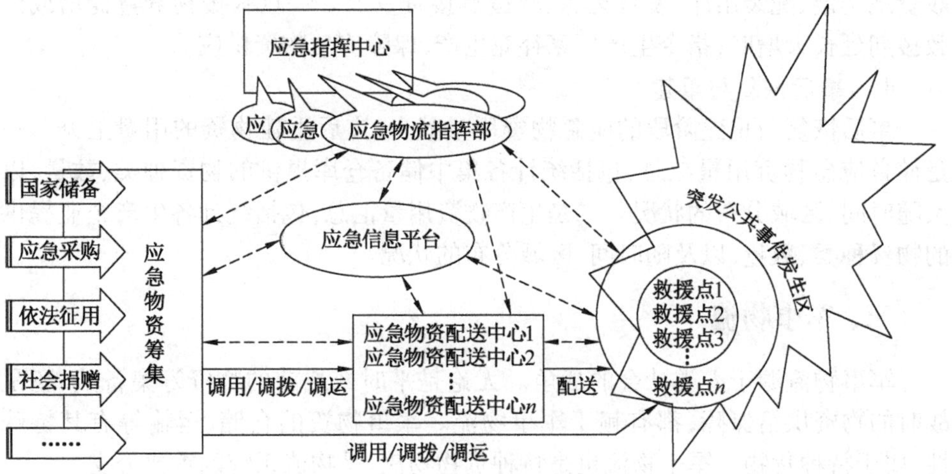

图 4-9　应急物流运作模式

(三) 应急物流分阶段操作一般规范

应对突发公共事件通常可分为预防与应急准备、监测与预警、应急处置与救援、事后恢复与重建 4 个阶段。相应地,应急物流在不同阶段的操作要求也不尽相同。

1. 预防与应急准备

预防与应急准备阶段主要是在没有突发事件发生时,按照应对假想风险的发生预先编制的一套应急处置方案,进行相关的应对准备性的工作,包括应急物资的储备和联系协议生产企业。

(1) 应急物资的实物储备管理,主要是记录、核查各级、各类储备仓库及储备物资的信息。例如,仓库位置,物资种类、数量、保质期等。

(2) 应急物资的生产能力储备管理,主要是按应急物资分类,同时考虑生产企业位置、分布、距离等,确定协议生产企业,记录各协议生产企业生产的产品种类、生产周期、生产能力、储备能力等。

2. 监测与预警

监测与预警阶段监测显示风险趋大化,渐露甚至时有事件前兆发生,虽事态未及严重、非常严重的境况,但应对施救的可能性增大,需要随时准备动用物资应急。一是确认在事发地及附近区域内的各级应急物资储备量,主要包括国家储备物资和协议生产企业的储备物资;二是事发地应急物资储量不足,先期安排临近地区储备调拨,并拟定调拨方案,或者通知协议生产企业准备生产。

3. 应急处置与救援

应急处置与救援阶段即突发公共事件,紧急调用、调拨或调集应急物资实施救援,包括应急物资调用指令、运载工具调用或征用、最短/最快运送线路及临时收货地选定、配装出库、发货运送、救援点接货发放。一旦救援物资量徒增或因救援期延长大增时，指令生产厂家补充生产，保障应急物资供应。

4．事后恢复与重建

事后恢复与重建阶段的应急物资用量减少，灾后重建物资的用量上升。一是储备应急物资用量汇总，包括统计各集中储备仓库提供的物资种类、数量，以及随时间、区域分布的状况。二是生产物资用量汇总，包括统计各生产企业提供的物资种类、数量，以及随时间、区域分布的状况。

三、军事物流

军事物流源于人类社会的战争。无论是平时或战前的物资筹集备战，还是战时的物资供给保障，都有赖于军事物流。军事物资的仓储、运输等有其特殊性，属于特种货物。军事物流也是特种货物物流，是物流系统的重要分支。

（一）军事物资与军事物流

军事，泛指战争、军队、军人及与此直接相关的所有事务。它伴随战争的发生、发展而逐渐形成，并不断拓展和更新，成为保障顺利遂行战争和赢得战争而进行的一系列特殊组织活动。

1．军事物资

军事所围绕和突出的中心，就是准备和实施战争。人类社会早期发生战争，参战者并非专门的军队组织，而是平时耕牧的农人，战时参战；也无专用的武器装备，而是生产工具与作战武器兼用。随着战争规模的扩大和频发，逐渐出现了专门的“常备军”组织和专用的兵器装备，军事活动也越加广泛。诸如军队组织、演习与作战；武器装备研制、生产与使用；战略战术谋划、部署和实施；军事物资采购、储备与供应；国防设施布局、设计和建造；后备力量动员、招募和组建等，都属于军事的范畴。其中，最重要的事务之一，便是军事物资的调集、储备和供应。

军事物资（military materials），泛指平时与战时军事活动所需的物资。它主要包括军械类、油料类、营材类、药材类、军需类等。通常，军事物资可概略分为日常用品和军械器材。

（1）日常用品

军队无论是在平时或是战时，食物、衣被、清洁与医疗用品，以及公务易耗品或器材、各种常用电器、运输或储存器具等，都是生活和公务活动所必需的。其中，给作战人员提供的食物、衣被、药品等，又可归于后勤物资；为这些物资提供交通、伙食、医疗保障的车船等，属于后勤装备。

军事物资中的日常用品，一如广大民众日常生活所需的生活用品，但在规格或品质要求上较为特殊或严格。譬如，军队中使用的衣服、布料或毛巾类的产品，在颜色上有固定的需求，无法任由使用者自由选择。

(2) 军械器材

军队备战或进行作战时所需的多种物资，在平时不一定都会被使用，但与军队作战准备的关系相当密切，也需要在作战时持续补充。这就是军械器材，包括武器、弹药和其他必需的仪器、维修工具设备在内的各种军用器材等。

其中，主要是武器。一是通用枪械，手枪、步枪、卡宾枪、机枪、冲锋枪等；二是陆军装备，坦克、装甲车辆、火炮、火箭炮、战术导弹等；三是海军装备，驱逐舰、护卫舰、航空母舰、潜艇、舰载机、水雷、反舰导弹、岸舰导弹、防空导弹、反潜炸弹等；四是空军装备，战斗机、轰炸机、预警机、无人机，空空导弹、空地导弹、防空导弹等；五是战略武器，核弹、生物武器、化学武器等；六是航天装备，军事卫星、火箭、战略导弹；七是电子和通信装备，密码机、有线/无线通信设备、雷达、计算机，以及黑客部队、病毒程序等网战装备。武器用于对敌打击。凡能对敌打击的武器，一般都归属直接用于作战的军事装备，但并不都是军事装备。例如，与武器配合一起使用的是弹药、油料，还有其他必需的仪器、维修工具设备在内的各种军用器材，以及提供运输保障的车船，则属于后勤装备。

2. 军事物流与军事后勤、应急物流、民用物流

军事物流是什么？因视角或考虑的角度不同，有不同的理解和解释，且各有其道理，需要加以辨别。

(1) 什么是军事物流

军事物流(military logistics)：军事物资保障平时和战时遂行军事活动所发生的通流。它产生于战争又服务于战争，将军队在平时生活、训练、执勤和在战争演习、战时作战所需军事物资，经过采购、调拨、运输、仓储、配送、供应等环节链，最终送达营地或战区阵地驻军，为军队建设和作战提供可靠的物资支援保障。军事物流可分为日常军事物流和战时军事物流。

日常军事物流：平日和平时期军事物资的通流，主要包括军事物资的采购、生产储存、运输调度、维修保养、分级配送等。

战时军事物流：战争状态或战争演习状态下军事物资的通流，主要包括军事物资的采购、生产/调集、储存、调度或调运、转运、补给等。战时军事物流规模大、时间紧、不确定因素多，对物流技术和手段的要求极高，被视为物流的最高水平。

军事物流有别于其他物流，一是以军事需求为中心，服从军事目标，服务和保障军事目标的顺利实现；二是凡进入军事领域的物资都由军事力量所控制、消耗、使用，成为一种特殊货品，在储存、运输、包装和供应等作业环节有其特殊的技术要求；三是流量具有不均衡性和不连续性，由军事物资消耗(尤其在战时)的随机性和不确定性所致；四是高度保密，大多情况下由后勤部队按指令实施，包括建有军用基地；五是部分可与民用物流或地方物流相兼容。

(2) 军事物流与军事后勤

军事物流与军事后勤有渊源关系。现代物流概念即源于军事后勤,是从后勤保障活动中剥离出来的。军事物流与军事后勤有部分相交集。

军事后勤包括军事物资(不含武器装备)的生产或采购、储存、运输、供应等保障,财务保障、卫生勤务、营房勤务等后勤保障,以及后勤防卫与指挥、后勤训练、后勤建设等。其中,军事物资(不含武器装备)及弹药、油料、器材等的生产或采购、储存、运输、供应等保障部分,既属于军事后勤,也属于军事物流,是相交集的。至于军事物资中的武器装备(被使用或用于展示,或者正处于演习、作战状态的除外)保障,包括武器装备的生产或采购、储备、部署、运输或调防、使用、维修、退役及报废全程,完全属于军事物流;其他的,均归属军事后勤。因此,军事物流并不等同于军事后勤。

(3) 军事物流与应急物流

军事物流与应急物流都是国家安全保障体系的重要组成部分,协同应对多种突发公共事件的安全威胁。军事物流以军队为主体,是国家战时保障力和平时战略威慑力的重要基础。应急物流则以国家为主体,是国家应急管理体系生成和释放物资保障力的主载体。而且,两者应对战争和自然灾害等突发公共事件时,在物流准备和配置、调动应急资源的运作上是基本相同的。当然,军事物流也有其相对独立的体系。

(4) 军事物流与民用物流

军事物流和非军事的民用物流是不可分离的。普遍应用于民用物流中的全球定位系统(GPS),最初就是由美国军方率先使用的军用定位系统;而地方交通运输基础设施(包括铁路、公路、桥梁、码头等)建设,应兼顾到军事需要和战略安全。并且,军事物流在平时或战时并非只是由军方运作的,也可由地方物流或民用物流提供支持;同时,军队物流在需要时也要服务地方建设,支援民用。因此,相对独立的军事物流和民用物流是相辅相成的有机统一体。

(二) 军事物流设施与主要技术设备

军事物流的实现,有赖于军事物流的载体,包括军事物流基础设施和军事物流设备。这是组织实施军事物流的物质技术基础,不仅关系到军事物流的成效,也直接关系到军事物资的储备与供应保障能力。

1. 军事物流基础设施

军事物流基础设施,除了铁路、公路、军用港口、铁路专用线、空军场站、军事基地等之外,主要是军事物资的库房、货场及其附属储存设施。

军用仓库(military warehouse)是储存军用物资的专用建筑物设施。它主要用于军用物资的接收、保管、维护和分发等;通常可分为军用专业仓库和军用综合仓库。

(1) 军用专业仓库包括军械仓库、军需仓库、油料仓库、药材仓库、装甲坦克仓库、汽车牵引车仓库、工程器材仓库、通信器材仓库、训练器材仓库等。

（2）军用综合仓库包括储存多种军用物资仓库、综合供应多项军用物资仓库等。

此外，还有储存战略、战役物资的永久性或半永久性军用基地仓库，临时建立的可以随时展开或撤收相对简易的野战仓库，以及设置在运输工具上实施伴随保障的移动仓库，主要担负物资前送过程中的储存、转运、补给任务。

军用仓库除了通用类存储设备、器具之外，需要配置专项设备。例如，一轨双车的直行穿梭车系统、快速拆卸式链式输送机等，主要适用于战争状态下出入库作业。

2. 军事物流设备

军事物流设备，即依托军事物流基础设施，直接承载并运送流体的机械化军事运载工具和机械化、自动化作业设备。如，军用车辆、补给舰、战略运输机、野战叉车等，它们大多是可移动的。

军事物流的运作，需要高新技术支持。一是机械驱动和控制系统应用微电子技术、光缆技术、液压技术、模糊控制技术，实现军事物流装备的自动化和智能化。二是全面推行射频识别技术、全球定位系统、卫星通信技术，尤其是网络技术、数字化技术，实现军事物流管理的自动化、可视化。

（三）军事物流基本流程

军事物流是一项复杂的系统，涉及众多的机构实体，所保障的军事物资种类品项繁多，可以有不同的运作模式，但军事物流运作基本流程是计划、采购、运输、储存、配送。

（1）计划。为满足部队用户的需求而进行全局性筹划，并提供必要的技术支持和制度保证；主要包括部队用户需求汇总、编制采购预算、审核采购预算、下达计划等。

（2）采购。按部队计划选购所需军事物资，主要包括发布物资采购信息、编写物资采购文件、审查物资供应商资格、订立物资采购合同、检验产品技术质量、结算采购资金等。

（3）运输。将所采购的军事物资运到军用仓储机构，包括集货、中转、分散等一系列操作。

军事物资运输是军事物流的核心环节，必须按照计划和要求，迅速、准确、安全、隐蔽地进行；战时除用直达运输、接力运输、联合运输等方法外，必要时还采用迂回运输、单向运输、隐蔽运输、伴动运输等方法。

（4）储存。军用仓储机构进行军事物资储存和保管，包括物资入库、出库、储藏、保管等一系列作业。

军事物资到达后，操作人员借助叉车卸车，并获取收货信息；军事物资验收合格后对单件物料进行组盘，实托盘送暂存区或送往入库站台。或者，实托盘经重量、外形检验和自动识别后，合格的则由输送系统、巷道堆垛机送入指定的货位存放；检验不合格的，则实托盘退回到叉车放货工位，经人工重新组盘后再入库。

整盘出库（平时）。接到指令后，堆垛机将整托盘搬运出库，输送机系统自动按系统指定路线将整托盘输送到出库站台，整托盘由叉车运往暂存区进行装车发货。战时需大批量物资出库时，系统转换成集中出库模式，巷道堆垛机按上位计算机的指令，连续地从立体库中将需要发货的实托盘取出，送到巷道堆垛机出货站台，由人工叉车直接快速将实托盘从出货站台取下，送去装车发货。

（5）配送。按需求将军事物资分送至各个部队用户，包括物资装卸搬运、包装、分拣、配装、分发。同时，为部队用户提供产品技术培训和维护保养等后续服务。

第四节 贵重货物物流、活体动物物流与托运行李物流

特种货物物流系统中，除了冷链物流、危险货物物流、超限货物物流、应急物流和军事物流之外，还有贵重货物、活体动物、外交信袋、灵柩骨灰等的物流。其中，见诸平常的是贵重货物物流、活体动物物流与托运行李物流。

一、贵重货物物流

贵重货物（precious cargo）是指珍贵的或单件价格昂贵的货品。它的包装、运输、储存等作业都有特殊条件和要求。

贵重货物的认定标准在不同行业不尽一致。公认的贵重货物主要包括黄金、白金、白银及其制品（含饰物）；钻石、珍珠、各类宝石等及其制品（含饰物）；珍贵文物、邮票；合法的银行现钞、有价证券、支票等。此外，航空业还规定，在国际运输中，每千克毛重的价值大于或等于1 000 美元或等值货币的货物，国内运输中大于2 000 元的货物；道路运输业也规定，每千克价值大于1 000 元的货物属于贵重货物。例如，珍贵工艺美术品、贵重药材和药品、贵重毛皮、珍贵食品、高尖端产品（包括精密机械及仪表、高级光学玻璃及其制品），以及高档日用品或高价产品（奢侈品）等。

贵重货物物流（valuable cargo logistics）指的是贵重货物按特殊条件和措施所发生的通流；主要涉及贵重货物储存、运输包装、运输（押运①）等。这是典型的特种货物物流之一。

① 押运（escort goods in transportation），即运输货物时随同监管、照料。

（一）贵重货物储存

贵重货物的储存，一般按其贵重程度实施不同级别的管理。常见的方法是保险柜管理法和专用仓库管理法。

1．保险柜管理法

保险柜管理法主要适合于保管金、银、水银等贵重货物。保管时实行二人管理制。

（1）将保险柜放置在规定的仓库内。

（2）保险柜由 2 人（保管员和监督员）掌管密码，只有 2 人同时在场时方可开启。

（3）建立保管货物的清单，实施记账和过磅管理。

（4）仓库主任每月点检确认 1 次。

2．专用仓库管理法

专用仓库管理法主要适合于保管焊锡条、羊绒等价值比较高，且数量又大的货物。保管时实行专人专管的管理制度。

（1）将专用仓库设置成防盗型，如配置自动报警和监视系统，安装防盗门、密码保险窗等。

（2）指定专职仓管员进行货物管理。

（3）一般至少需要每周盘点 1 次。

（4）仓管人员须每周向上级报告工作主要内容。

（5）仓库主任每月重点检查确认 1 次。

（二）贵重货物运输包装

贵重货物的运输包装与普通货物运输包装是有所不同的，有其特殊的条件和要求。

（1）贵重货物的包装必须完整、牢固，适合运输，不能有开口、破裂、短缺等现象。

（2）包装不符合要求时，应动员托运人改善包装。托运人拒绝改善包装的，承运人可以拒绝承运。

（3）贵重货物的包装材料和方法应符合国家或运输行业规定的包装标准。

（4）运输贵重货物时，应该在包装表面明显处贴上“贵重货物，小心轻放”等相应的安全标志。

（三）贵重货物运输的一般规范

贵重货物运输的规范，不仅有别于普通货物运输，而且不同类的贵重货物运输要求也不完全一样，但又都有其共性的一般规范。

（1）装车时应进行严格的检查：包装是否完整，货物的品名、重量、件数和货单是否相符等。

（2）贵重货物不得与其他货物混装在同一个集装箱内。不抗震的贵重货物在装卸时要轻拿轻放。

(3) 贵重货物散货舱运输,在情况许可时,应单独装舱。

(4) 贵重货物应由车长(船长、机长)确认装车(船、机)位置,小件的贵重货物由车长(船长、机长)保管。

(5) 贵重货物的装载情况应在载重表(单)和载重电报中申明。

(6) 运送贵重货物的驾驶人责任心要强,要有托运方委派的专门押运人员跟车。

(7) 交付贵重货物要做到交接手续齐全,责任明确。

二、活体动物物流

活体动物(live animals)是指活的各类宠物、鱼、家畜、家禽、野生动物(包括鸟类)、实验动物和昆虫等。

活体动物物流(living animal logistics)指的是活体动物在特殊条件和特殊措施作业下所发生的通流;主要涉及活体动物运输包装、存放、运输(押运)等。它也是一种典型的特种货物物流。

(一) 活体动物运输包装要求

活体动物即有生命的活体,对它们进行包装时,完全不同于其他货品,有独特的要求。

(1) 材料可用金属、硬塑、焊网、硬木板或胶合板。

(2) 包装尺寸应使动物能够在容器中自然站立而头部和耳朵不触及容器顶部,并能转身和躺下。

(3) 容器必须坚硬且防渗漏。容器的门要能防止动物逃逸。

(4) 容器应有足够的通风孔,但通风孔必须防止动物的鼻子或爪子伸出。

(二) 活体动物存放

活体动物的存放,必须根据不同科目或类别活体动物的生存习性,尽最大可能营造适宜其生存的环境。

(1) 根据动物习性,野生动物包括哺乳动物和爬行动物,大多喜欢黑暗或光线暗淡的环境,一般放置在安静、阴凉处;家畜或鸟类一般放置在敞亮的地方,要避免过强的光线照射和噪声。

(2) 在高温、寒冷、降雨等恶劣天气时,活体动物不应露天放置。

(3) 对于互为天敌的活体动物、来自不同地区或发情期的活体动物,应适当隔离放置。

(4) 活体动物应与食品、放射性物质、毒害物质、灵柩和干冰等隔离放置。

(5) 实验动物应与其他动物分开,隔离放置,以避免交叉感染。

(6) 应根据动物特性放置,确保通风。

(7) 活体动物容器不应倒置,禁止对动物围观、惊扰、戏逗,以免发生事故。

（三）活体动物运输一般规范

活体动物运输必须符合运输过程中有关国家和承运人的规定。活体动物属于禁止邮寄类货品。

（1）应预先与承运人联系，说明活体动物的种类、数量、运输路线，以及在运输过程中的特殊要求，经承运人同意后办理托运。

（2）活体动物应当健康状况良好，无传染性疾病，并具有卫生检疫证明；除驾驶人员带好各种必需证件外，押运人员应当带好经营单位营业执照、税务证、卫生合格证、车辆消毒证等有关证明。

（3）托运属于国家保护的动物，应提供国家有关部门出具的准运证明；每托运一票活体动物，应自行填写活体动物国际运输托运申明书。

（4）装运容器，应适应动物的特性，并符合相关的运输规定。容器应当利于装卸，并能防止动物破坏、逃逸或接触外界。容器的底部应当有防止动物粪便外溢的措施，容器应当保证通风，防止动物窒息。

（5）在容器上标明照料和运输该动物的注意事项。

（6）不得将任何活体动物混装于其他货物中托运。对办理押运的活体动物，应在押运员指导下进行装载。

（7）运输有特殊要求的活体动物时，应向承运人提出注意事项或者在现场进行指导。车辆途中尽量少停车，不急刹车。车厢、货舱、机舱应保持通风和控制温度。空运动物应尽量利用直达航班；如无直达航班，应尽量选择中转次数少的航班。

（8）活体动物到达后，承运人应尽快向收货人或其代理人交付。

三、托运行李物流

托运行李是一种作为货物运输的行李，又属于无人押运行李，被列为特种货物。托运行李物流属于特种货物物流范畴。

（一）托运行李与托运行李物流

行李，泛指行旅人出门时所轻便携带的收纳衣物、生活日用品等的行囊或箱包。通常，行李可分为随身携带物品、自理行李（手提箱行李）和托运行李。

（1）托运行李（check-in luggage），是由行旅人交由承运公司照管和运输的行李，又称交运行李。这主要是行旅人、旅行团以及大专院校学生、部队（含军校）军人等，将那些体积大、分量重的行李按规定办理托运，交由运输公司承运，以方便出行或减轻旅途负重。

托运行李仅限于行旅人本人的衣物和与旅行有关的私人物品，包括小型乐器、小型体育用品，但不包括现金、证券、汇票、信用卡、旅行支票、珠宝、贵重金属及其制品等小而贵重的物品；定时服用的药品、钥匙、护照、旅行证件、商务文件等急用物品；样品、绝版印刷品或手稿、祖传物、古玩字画等不可取代的物品；易碎易损坏物品、易腐物品；移动电话、充电宝、随身听唱机、电脑软硬件、数码产品、摄像机原配件等。

还有诸如精密仪器、电器、体育运动器械包括体育运动用枪支和弹药，以及管制刀具以外的菜刀、水果刀、餐刀、工艺品刀、手术刀、剪刀，钢锉、斧子、短棍、锤子等。干冰、含有酒精的饮料、烟具、药品、化妆品等，属于限制托运类物品，只有在符合承运人运输条件的情况下，并经承运人同意，方可接受托运。

国际航班中小动物也可以托运。托运小动物前，需要事先征得承运人同意，除此以外托运小动物前，还要有动物检疫证明和专门适用于小动物托运的笼子，以防止发生意外。

禁止托运或者随身携带的物品，包括国家规定禁运的枪支弹药、管制刀具、警械，以及其他危害运输安全的物品，如强磁化物、有强烈刺激性异味或容易污损的物品等。

（2）托运行李物流（checked baggage logistics）是指托运行李在特殊的无人押运作业下所发生的通流。托运行李在特殊的无人押运作业下，便成了作为货物的行李，被列入特种货物之一。托运行李物流也就成为特种货物物流的一个分支。

（二）托运行李包装

托运行李的包装，在不同国家、不同行业及同一行业不同企业，是有所不同的，但大多是相同或类似的。以国内航空公司为例。

（1）托运行李必须包装完善、锁扣完好、捆扎牢固，能承受一定的压力，能够在正常的操作条件下安全装卸和运输。

（2）旅行箱、旅行袋和手提包等必须加锁，外部最好有绳带捆扎牢固。

（3）两件以上的包件，不能捆为一件。

（4）行李上不能附插其他物品。

（5）竹篮、网兜、草绳、草袋等不能作为行李的外包装物。

（6）行李上应写明旅客的姓名、详细地址、联系电话。

（7）行李包装内不能用锯末、谷壳、草屑等作衬垫物。

（8）托运行李重量及体积。一件免费托运行李的最大重量（各航空公司的限额规定不一），一般情况下，国内航线：头等舱旅客为 40 kg，公务舱旅客为 30 kg，经济舱旅客为 20 kg，婴儿客票为 10 kg；国际航线：头等舱、公务舱旅客为 32 kg，经济舱旅客为 23 kg；体积不能超过 40 cm × 60 cm × 100 cm；超过这一规定的行李，应事先征得承运人的同意才能托运。每件行李最小重量不得低于 2 000 g，长、宽、高分别不得短于 30 cm × 10 cm × 20 cm。不通过舱位的托运行李数量，头等舱、公务舱 2 ~ 3 件，经济舱 1 ~ 2 件。

不符合规定的行李，不能单独作为托运行李运输。

（三）托运行李进出港/站流程

托运行李进出港/站，在不同的港/站的处理方法各有不同。以北京首都机场为例。

1. 托运行李出港顺序

托运行李出港顺序：托运→安检→分拣→行李运输到机下、装机。

（1）行李托运。托运行李，需提前 2 h 到机场办理托运手续。带好托运行李，到相关航空公司的值机柜台，出示身份证、机票；将托运行李交给办理柜台。

在值机柜台，值机岗人员会为旅客提供行李托运安保提示，打印及粘贴行李条。其中，易碎行李贴易碎标签，中转、高端旅客的行李贴优先条，中转的行李贴中转挂牌。办理行李托运时，还会检查托运行李状况。如果行李不符合要求，会建议旅客重新包装。软包和不规则行李会使用托盘托运。行李如果超重还要额外补缴费用。

（2）行李安检。旅客在值机柜台办理好行李托运手续后，托运行李在由地面进入飞机货舱前，要接受严格的安全检查，以防止危及航空安全的危险品、违禁品进入民用航空器。

（3）行李分拣。安检过的行李通过传送带传送到分拣口后，行李分拣员认真核对每件行李的行李条信息，避免发生行李错运；经确定后，将行李搬至行李托盘或行李集装箱内，等待运输出港。同时，行李分拣员揭下行李条上的一个副联，粘贴在行李记录板上，以备需要时能快速寻找到对应的行李。

在第一次接收到值机柜台行李件数信息后，行李控制中心将数据传达给行李分拣岗位，分拣员领班开始核对行李件数。收到最终行李件数后，分拣员领班通过行李记录板上行李条副联数量及副联号码，再次核对航班行李信息，确保分拣行李准确无误。

（4）行李运输、装机。站坪上，在确定航班装卸负责人到达飞机停靠位置（机位）后，行李运输司机开始把行李从分拣大厅运至机位，与装卸负责人进行航班信息核对，确保运送行李为对应航班承运。

站坪航班装卸员按航班配平图，开始将行李集装箱装机，固定在货舱对应的位置；现场督察员会对行李传送装机、卸机进行监督，如有行李破损等特殊情况会进行图像采集记录。

2. 托运行李进港顺序

托运行李进港的顺序：卸机、行李运输到分拣厅→分拣→交付。

（1）卸机、行李运输。站坪航班装卸员工将行李卸机，装至散斗或托盘后与行李司机核对航班信息，由行李司机运回航站楼。

（2）分拣。在通过海关检查（国内航班不需要）后，行李开始经传送带传送至行李提取大厅。此时，巡查员不仅要查看进港航班行李的传送情况，把传送到转盘上的行李码放整齐，还要将一些不方便旅客自已搬运的行李为旅客搬到手推车上。

（3）交付。行李到达后，行李大厅发放人员迅速准确地核对旅客行李牌上的号码与行李上的号码。旅客也可以在转盘处提取自己的行李。

对于迟运、漏运的行李，旅客可以在行李查询中心办理登记手续，进行查找。查询柜台人员会及时地联系相关单位为旅客查找晚到行李；对破损或污染的行李进行赔偿或清理。超规行李需要在对应的超规行李提取处提取。

3. 中转行李

（1）行李都将送至提取大厅，旅客需要自己提取行李，通过海关后，重新办理托运手续。如果有航班开通了中转海关免检的，可免此手续。

（2）行李由机坪运至进港分拣区域，通过员工分拣后，中转行李将直接送至下一承运航班上。

（3）行李由机坪运至进港分拣区域，通过员工分拣后，行李将进行二次安检（部分航空公司需要旅客提取，重新办理托运手续）。通过检查后，由行李司机运至下一承运航班。

思考题

1. 结合案例解读冷链物流。
2. 结合案例解读危险货物物流。
3. 结合案例解读超限货物物流。
4. 结合案例解读应急物流。
5. 结合案例解读军事物流。
6. 结合案例解读贵重货物物流。
7. 结合案例解读活体动物物流。
8. 结合案例解读托运行李物流。
9. 案例分析：阅读所给的案例材料，结合所学的相关知识展开分析，并加深对知识的理解。

案例4-3　食行生鲜的冷链之路

食行生鲜是江苏随易信息科技有限公司创办的一个生鲜宅配项目，始于2012年10月在苏州自由水岸小区创建生鲜直投站的一个大胆尝试。2014年6月食行生鲜进入上海，2015年8月食行生鲜登陆北京市场。到2015年12月，食行生鲜的服务站总数已达300多个，客户超过1×10^5户。

食行生鲜通过自主研发的多媒体自助终端、互联网、3G无线网络及生鲜直投保鲜柜，为居民搭建惠民平价、便捷购买、优质保鲜的服务体系，依托政府认证的优质农产品基地，形成集种植、采摘、分拣、包装、配送于一体的产业链，减少流通环节，有效降低供应成本，短途冷链配送至生鲜直投站，站内直投保鲜柜智能保鲜持续确保生鲜纯正品质，进而实现从农产品基地到餐桌全程监控农产品质量。

食行生鲜想做的事情是，通过提前收集客户的购买需求，来向产地直接下单购买生鲜，而后由产地配送到社区，客户在社区内自提点提取即可，做到农产品可以从生产基地直供社区家庭，且与客户在菜场买到的没有太大差异。流程大体是，客户在每天21:00前通过食行生鲜官网、手机APP、自助终端机和呼叫中心4种方式下单订菜，以网银/支付宝、银联卡等多种方式支付，下单的同时可在中次日09:30或16:00两个配送时间选择其一；客户的订单被收集后分发到供应商（即基地）处，供应商在当晚或次日凌晨根据订单进行生鲜产品的采摘、分拣、包装等作业，并送到食行生鲜的配送中心；食行生鲜配送中心做的是称重、检测和验收的环节，验收之后再进行生鲜分拣，于次日的09:30或16:00之前这两个时段出车配送，各类生鲜就会通过全程冷链物流送至居民"家门口"的服务站，放入自提货柜等待客户提取，与此同时向客户发送短信提示，客户按照所选的配送时间去指定柜子刷卡取菜即可。这个模式就是C to B to F（Customer to Business to Farm/Factory）模式。

食行生鲜的产品种类囊括生鲜蔬菜、水果、禽蛋肉类、豆制品、奶制品、粮油等11个门类1 000多种，还可以订购一些进口零食和进口新鲜水果。蔬菜从地头采购到进入小区平均只需4 h，全程通过3～7℃的冷链配送且直投冷藏柜保鲜。每个小区直投点建有冷藏柜，按小区规模大小，每个点配备1～2名服务人员。

食行生鲜采用会员制，入会免费，会员卡100元起充，想买什么，吃多少，自主权掌握在自己手里。就算只订一个菜品，也可以；而喜欢吃的菜，可以天天订。如果吃得不满意，不再光顾就成。在营销上，每日特价、限时抢购、周末特惠等实体超市有的促销，食行生鲜也有。

食行生鲜的特色在于"生鲜柜自提"，即在超市储物柜的基础上，加上制冷功能和给柜子联网。这样，生鲜果蔬何时入柜，入柜后温度是多少、有无故障等均可通过网络管理，从而达到了对果蔬挑选、系统分发、物流等多方面的掌控，解决了生鲜对全程冷链物流的需求难点。特别是生鲜柜解决了时效问题，蔬菜作为食材的特殊性决定了不能"人等货"，只能"货等人"，通过对柜子的一日两送，可做到准时。从2014年开始，食行生鲜还在国内率先向客户做出迟到罚倍承诺。

食行生鲜采取预订制模式，实现以销定采，生鲜几乎零库存，将不适销对路的折损率降到极致，同一品类在食行的售价通常比农贸市场低15%左右，可获得很大的成本优势反馈消费者，既解决了传统生鲜零售模式中高损耗这一最大的致命问题，又可更好地保证食品安全。以活鲫鱼为例，养殖基地按需配送到食行的分拣中心，并立即由工作人员负责在低温环境下宰杀、清洗、包装，之后再由冷链车送至冷柜保存。

食行生鲜的集约式配送+客户自取，有效降低了物流单位成本，降低客单价要求的同时满足了用户高时效性要求。食行生鲜采取生鲜直投保鲜柜进驻平均500户以上的小区，把分散的小额的订单集中起来配送，以生鲜直投保鲜柜解决生鲜电子商务最后500 m的配送。在配送环节，从低温分拣中心到冷链车集约化配送，装入智能生鲜柜，直至用户取走产品前，食材都全程冷链覆盖，最大程度上确保了食材的新鲜程度，也避免了发生快递到家无人收货的情景。

食行生鲜以生鲜直投模式解决了大部分双职工家庭、保姆以及买菜不方便老人购买生鲜的问题，客户黏性远远高于其他电子商务模式。进行定点定时配送生鲜，客户在下单时就可以知道自己获取生鲜产品的大致时间，便于客户安排时间，有利于养成客户的消费习惯。

（苑伶：《从产地直接配送生鲜到社区，C to B to F模式的“食行生鲜”想在供应链上创新》，2015－05－18. http://36kr.com/p/533002.html.）

第五章
生态物流

生态物流既是一种环境友好和顺应生态习性理智发展的物流理念，又是一种环境污染和资源消耗最小化的物流形态。物流生态系统是物流的各个环节通过能量流和物质循环过程形成彼此关联、相互作用的统一生态整体。逆向物流、废弃物物流都是物流生态系统的一个子系统。再生资源逆向物流是一种典型的生态物流。

第一节　生态物流与物流生态系统

人类与自然环境相依相融，追求人与生态的和谐，努力寻求经济发展与环境保护的平衡点，以化解生态危机。物流发展便是实现经济发展与环境保护相平衡的平衡点之一。物流产业的发展应是一个生态产业，生态物流是一种自然选择，是生态文明的一个具体表征。物流生态系统是整个生态系统的一个子系统。

一、生态物流基于生态文明

生态文明是人类智慧和文化发展的成果，核心是人与自然、人与人、人与社会和谐共生、良性循环、全面繁荣和可持续发展。

(1) 生态泛指一切生物的生存状态，包括生物之间、生物与环境之间的相互关系和存在状态；也指生物的生理特性和生活习性，即自然生态。

生态概念涉及范畴很广，尽管不同文化背景的人对生态概念会有不同的解释，但这种情况完全符合世界文化的多元化，一如自然生态所追求的物种多样性，并以此来维持生态系统的平衡发展。自然生态有着自在自为的发展规律；人类社会将自然生态纳入可改造的范围，便形成了生态文明。

(2) 生态文明是人类文明的一种形态，以尊重和维护自然为前提，倡导人的自觉与自律，突出人与人、人与自然、人与社会的和谐共生，尤其是人与自然环境相依相融，追求人与自然生态及人与人的和谐，力求建立可持续的生产方式和消费方式，引导人类走可持续发展道路。

(3) 基于生态文明的生态物流便是顺应可持续发展的趋势之一。生态物流既是一种环境友好和顺应生态习性理智发展的物流理念,又是一种环境保护和净化修复中节能、降污、减排最优化的物流生态,以及环境污染和资源消耗最小化的物流形态,包含物流中废弃物量最少,并尽可能使废弃物处理资源化与无害化。

二、物流生态

物流运作过程中,各物流环节作业在不同程度上可能会发生悖于生态文明的现象,危及环境生态净化。但是,物流系统又自有其生态性,它是开放的,处于不断开拓、发展、更新之中,相互依存的组织依托物流交互圈,灵活又富有活力地演化发展。

(一)物流非生态风险

物流的包装、搬运装卸、运输、仓储、流通加工等各环节作业,可能会在不同程度上造成或加重环境生态恶化,带来物流的非生态风险。

(1)包装可保持商品品质、美化商品,但过度包装会加重货件重量,增大体积,增加对运输和储存能力的需求;相当一部分工业品特别是消费品的包装都是一次性的,且越来越复杂,其包装材料不仅消耗了大量的自然资源,而且废弃的包装材料处理会多花费人力、物力和财力。特别是不少包装材料是不可降解的,会给自然界留下长久的污染物。此外,包装作业会产生噪声、扬尘。

(2)装卸搬运是物流系统中操作最频繁的物流作业之一,其对生态环境的污染:一是装卸搬运工具在作业过程中产生噪声污染;二是如果装卸搬运机械由燃料驱动,其运转将产生一定的尾气污染;三是搬运机具行驶中路面或搬运物产生的扬尘;四是如果装卸搬运不当,货品体有所损坏,造成资源浪费和废弃;五是废弃物可能对环境造成污染,如化学液体商品的破漏会造成水体、土壤污染等。

(3)运输是物流系统中最主要和最基本的作业,运输工具的燃油消耗产生的污染,是物流系统造成资源消耗和环境污染的主要原因。这些污染包括:运输工具在行驶中发出的噪声和排放的尾气,以及清扫、清洗产生的废渣与废水;货车车辆行驶中路面或运输货物产生的扬尘;危险品沿途事故性泄漏,以及普通货物的沿途抛洒等。其中,尾气、噪声、废渣、废水、扬尘为货物运输固有的污染种类,有毒有害物质的泄漏属于货物运输的事故性污染。同时,在运输管理变革中,准时配送、一次性运输增多(适应集中库存需要)、不合理货运网点及配送中心布局造成迂回货运,车辆增多,道路添堵,油耗增加,也加剧了尾气和噪声污染,环境生态遭损。

(4)储存在物流系统中具有中转、存储和保管的作用,其主要设施是仓库、货场,可能产生的环境污染表现为:仓储作业时,发出噪声;可能因作业不当,对周边环境造成空气、土壤、水体等污染,尤其在易燃、易爆、化学危险品的储存过程中,如果存储和保管不当还可能造成爆炸或泄漏,产生破坏性的环境污染;在存储和保管养护时，采用喷洒杀虫剂此类化学方法，会对周边生态环境造成污染。

（5）流通加工是生产加工在流通领域的延续，但会产生噪声或废气、污水、废物、粉尘等，不同程度污染环境生态。

此外，配送环节作业含有装卸搬运、运输、储存、流通加工等操作，会有相应的非生态风险。

国际标准化组织（ISO）发布的ISO14000环境管理系列标准中，将生命周期评价（Life Cycle Assessment，简称LCA）列为描述产品（或服务）的环境表现标准方法。它是一种用于评估与产品（或服务）有关的环境因素及其潜在影响的技术，通过识别与定量化所使用的能源和原材料，以及向环境释放的废物来评价与产品、工艺和服务有关的环境负荷及其环境影响。

（二）物流生态：物流可持续发展的均衡态

物流生态（logistics ecology），是指物流可持续发展的一种均衡形态，表现为物流的各个环节相依相融，形成一体化循环发展的物流生态链。

物流生态是对物流及其衍生物的一种理想描述，包括围绕成本最低化和服务质量最优化，通过包装、搬运装卸、运输、仓储、流通加工、配送等物流环节作业，以及信息流、资金流等物流衍生物的协调和融合，实现原材料、半成品、成品及相关信息由产地到消费地高效的计划、实施和管理，确保供应链物流资源优化配置。

1. 包装

采用节约资源、保护环境的包装，即“3R1D”，意为包装减量化（reduce）、包装易于重复利用（reuse）和回收再生（recycle），包装废弃物的可降解腐化（degradable），且在产品的整个生命周期对人体及环境无公害的适度包装，一般包括包装材料最省、废弃物最少且节省资源和能源；包装易于回收再利用和再循环；包装废弃物燃烧产生新能源而不产生二次污染；包装材料最少和自行分解，不污染环境。

2. 搬运装卸

尽可能减少装卸搬运环节产生的粉尘、烟雾等污染物，采取生态型现代化的搬运装卸技术装备和技术方法。一是消除无效搬运；二是提高搬运的灵活性，创造便于搬运的环境和使用易于搬运的包装；三是预防不当作业损坏货品、浪费资源及可能对环境造成的污染。

3. 运输

减少使用高能耗、高污染、高排放的运输工具，使用清洁干净的燃料和低碳交通工具，开展共同配送，控制碳排放，减少污染；采用联合一贯制运输，即以单元装载系统为媒介，有效地组合各种运输工具，采用从发货方到收货方始终保持单元货物状态的运输作业；合理组织配载，有效降低空载率，减少堵塞，降低噪音;科学规划道路修建,保护和修复生态平衡;减少输送货品危及环境安全的可能。

4. 仓储

运用最先进的保质、保鲜技术,保障存货的数量和质量,在无货损的同时消除污染,尤其是消除易燃、易爆、化学危险品对周边环境可能造成的污染和破坏。

5. 流通加工

变分散加工为专业集中加工,以提高资源利用效率,减少环境污染尤其是可能产生的二次污染;采用清洁生产,废料集中处理,与废弃物物流顺畅对接,降低废弃物污染及废弃物物流过程的污染。

6. 供应链生态物流运作

物流生态和环境保护贯穿于整个供应链各环节及循环全过程,以及信息流、资金流等物流衍生物运作生态化。供应链生态、物流运作模式见图 5-1。

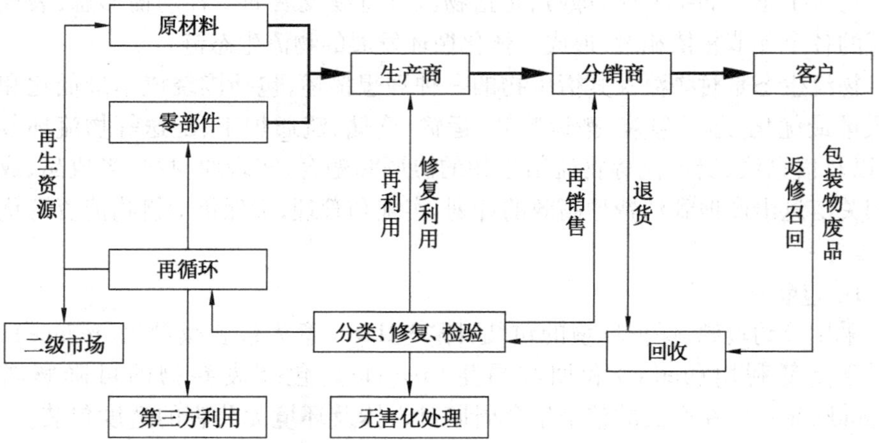

图 5-1　供应链生态物流运作模式

(三) 物流生态规划

物流生态规划贯穿于整个产品流程,从产品研发、原材料采购、生产、销售、售后服务直至对产品或服务的使用、废旧物和废弃物的资源再生性处理,以及所有中间环节。

1. 生态技术创新

生态技术是一种与生态环境系统相协调的新型的现代技术系统,主要包括污染控制预防技术、源头消减技术、废物最小化技术、循环再生产技术、生态工艺、绿色产品、净化技术等。

生态技术创新在于贯彻节能、降污、减排最优化原则,实现生态技术从概念形成到制成产品、走向市场的全过程创新,可概括成从生态环境保护的设计到面向生态环境保护的制造,再到面向生态环境保护的分销和消费使用的生态链创新。

(1) 原材料创新,即开发运用天然材料,或是对传统材料进行生态化改造,从产品生命周期的源头开始进行控制。

(2) 原材料创新后,处理环节和制造环节也相应地对原有加工工艺技术进行创新,或开发以零排放为目标的污染预防技术,或开发以减少污染物排放为目的的末端治理技术。

(3) 回收与复用、再生,废弃物处置技术创新及对产品生命周期各个阶段的管理环节进行创新等。

2. 绿色产品开发

绿色产品是指对生态环境无害或危害极小、资源利用率高、能源消耗率低的产品。绿色产品开发包括绿色设计、绿色制造、绿色包装和绿色标志等。

3. 企业生态物流系统

生态物流系统体现于企业物流,即包括供应物流、生产物流、分销物流、逆向物流和废弃物物流。

(1) 供应物流:原材料和零部件获取过程的生态化,包括供应商的评价选择及采购运输过程。其中,原材料和零部件的生态化直接决定产品的环境特性。

(2) 生产物流:应用清洁生产技术,不断改善管理和改进工艺,提高资源利用率,减少污染物的产生和排放,降低对环境和人类的危害;实现企业内部的物耗和能耗消减;内部回收循环,提高资源利用率;库存节约与环境成本平衡,确定最合适的库存量标准。

(3) 分销物流:合理规划分销网络,力求运输路线最优化;物流包装在保证安全的前提下应尽量简化,尽量能重复使用。

(4) 逆向物流:将逆向物流与正向物流相互协调,使两者成为一个闭环的系统,在最初生产时就应该考虑为后来的逆向物流提供便利,特别是废旧物回收处理后的再使用和周转使用资源的循环使用。

(5) 废弃物物流:尽可能达到废弃物排放最少化,通过废弃物的再生资源化处理,建立一个包括生产、物流、消费的废弃物再生资源利用系统,并实现废弃物处理无害化。

4. 产品流程下的生态物流运作

基于产品生态循环物流运作,包括依据市场需求进行产品开发生态设计、绿色材料采购、绿色生产物流、配送分销绿色化、绿色消费,以及逆向物流和废弃物物流的生态化。

三、物流生态系统

物流生态系统(logistics ecosystem),是指物流的各个环节通过能量流和物质循环过程形成彼此关联、相互作用的统一生态整体。

物流生态系统中的多种物流，在物流生态体系中不断循环，直至所有的物流终结，这是物流生态系统生态循环的全过程。完善物流生态系统各个环节的动态，协调物流生态系统链中的各种关系，将促进物流高端化发展。

而且，物流生态系统是一个开放系统，需要加注和融入各种社会经济活动，从而实现自身的不断修正、完善和发展。这就如同自然生态系统维系自身稳定需要不断输入能量。同时，社会经济活动包括生产建设、市场发展、日常工作和生活消费及其他活动，必然会产生一些问题产品，也会产生在一定时间和空间范围内不同程度失去或者完全失去使用价值的各种排放物。问题产品和那些排放物中可回收重复利用或再生利用的一部分，即废旧物或可再生资源，形成逆向物流，将既节省资源，又提高资源利用率；另一部分在循环利用过程中基本或完全丧失了使用价值，形成无法再利用的最终排泄物，即废弃物，经处理后返回自然界，形成废弃物物流，将降低环境污染，保障生态净化。示例：排放物、再生资源与最终废弃物的关系见图5-2。

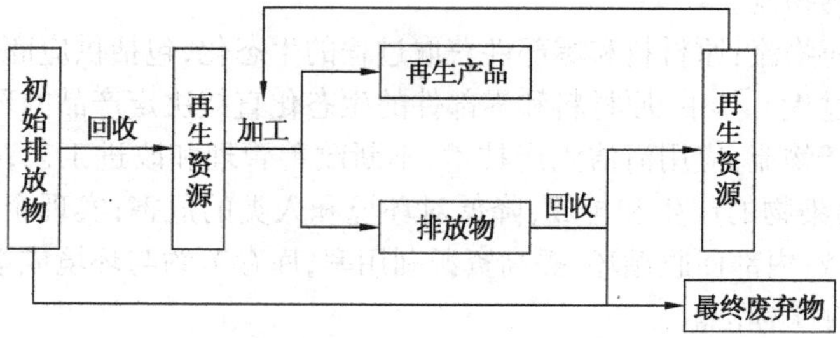

图5-2 排放物、再生资源与最终废弃物的关系

显然，物流生态系统又涵盖了逆向物流、废弃物物流，或者循环物流等生态物流形态，这将是未来生态物流的一个战略重点。

案例5-1 丹麦卡伦堡生态产业园

丹麦卡伦堡市位于哥本哈根以西100 km，靠近峡湾，具有条件优良的深水港口及其行业和地理位置优势；是一个仅有2×10^4人口的工业小城市。自20世纪70年代起，卡伦堡逐渐自发地创造了一种以能源、生物制药、材料为主导产业，以再生资源、建材、化肥、农业为协同产业的"产业共生系统"，并发展成为世界生态产业园建设的典范。

1. 卡伦堡生态产业园产业共生系统中，有7个主要企业。它们构成和支撑起一个生态系统。

(1) 阿斯耐斯发电厂(Asnas Power station，又名Asnaesvaerket，阿斯耐斯瓦尔盖)是丹麦最大的火力发电厂，以煤及燃油作为燃料，年发

电能力为 1.5×10^6 kW,总发电量为 1.037×10^6 kW,电能并入西兰岛(Zealand)高压电网,占西兰岛地区总耗电量的1/3;所产热能供给卡伦堡市。

(2) 斯塔朵尔炼油厂(Statoil,挪威 Statoil ASA 公司下属的丹麦分公司)是丹麦的第一家炼油厂,也是最大的炼油厂,年消耗原油超过 5×10^6 t,年产成品油超过 3×10^6 t,且在全世界唯一做到了用硫生产液体燃料——硫代硫酸铵。

(3) 诺和诺德公司(Novo Nordisk,也有译为挪伏·挪尔迪斯克)是丹麦最大的生物工程公司,也是世界上最大的胰岛素、降糖药和工业酶生产商之一,设在卡伦堡的工厂是该公司最大的分厂。

(4) 诺维信(Novozymes)酶制剂公司(于2000年11月,由诺和诺德公司分立出去而成为隶属诺和集团的一个独立运营公司)是世界最大的酶制剂生产商,在全球130多个国家或地区占有市场,酶销售额占全球的40%。该公司在卡伦堡设有分厂。

(5) 吉普洛克(Gyproc)石膏材料公司属瑞典 BPB Gyproc 石膏公司的分公司,年产 1.4×10^7 m^2 的石膏建筑板材。

(6) 诺沃恩(Noveren)废物处理公司是一个包括西西兰岛9个城市在内的城市废物处理公司,有自营废物处理厂,还有合约废物处理厂;在卡伦堡设有一个生活和工业废物转运站,收集所有园区单元的废物,年运转量 1.25×10^5 t,回收率占82%。

(7) 苏沃尔蒙(Bioteknisk Jordrens Soilrem)土壤修复公司是一个利用生物技术对土壤修复的专业公司,主要将卡伦堡市地下水道产生的淤泥作为原料,制作受污染土壤的生物修复营养剂,利用其中的微生物成分恢复被污染的土壤,每年可以修复 5×10^5 t 的受污染土壤。

其中,发电厂、炼油厂引领能源产业,制药厂、酶制剂厂领衔生物医药产业,石膏板厂主导材料产业;它们相互相距在数百米范围内,由专门的管道体系连接。而废物处理公司、土壤修复公司构成再生资源产业。此外,还有化肥(硫酸)厂、水泥厂等其他重要工业企业,以及农场、渔场等。卡伦堡市政回收站和市政污水处理厂也融入产业园的生态产业链,主要负责回收石膏、提供污泥等工作。

2. 卡伦堡生态产业园产业共生系统所凸显的和具有示范意义的标杆,就在于支撑产业的各主要企业之间(还有卡伦堡市政府),按互惠互利原则进行废物(包括蒸汽、不同温度和不同纯净度的水)及各种副产品交互利用,使一个企业的废物转为另一个企业的原料。

(1) 蒸汽和热力。阿斯耐斯发电厂的蒸汽经由卡伦堡市政系统为约4 500户住户集中供暖,取代了3 500个小型燃油锅炉;为斯塔朵尔炼油厂、诺和诺德公司、诺维信公司提供蒸汽。这种热量和电能共同生产,使燃料的利用率比独自生产时提高了30%。斯塔朵尔炼油厂从阿斯耐斯发电厂获取生产用蒸汽和水;所获蒸汽占炼油厂使用蒸汽总量的15%。炼油厂用这些蒸汽来加热油罐、输油管道等。诺和诺德公司和诺维信公司则用来自发电厂的蒸汽进行设备的加热和杀菌。发电厂的蒸汽使共生企业每年油类的消费量减少了2×10^4 t,相当于每年减少了380 t二氧化硫的排放量。

(2) 水。卡伦堡市的工业企业都是用水大户,在共生体系中水得到了最大限度的利用,大大节省了水资源。例如,阿斯耐斯发电厂以梯索(Tissϕ)湖的地表水和由斯塔朵尔炼油厂处理过的废水代替原来用地下水生产电能和热蒸汽,地下水的使用量减少了90%。诺和诺德公司和诺维信公司等大多企业也使用具有饮用水水质标准的地下水。卡伦堡市政府加强了对梯索湖的治理,确保湖水水质达到饮用水水质标准,给家庭与企业供水,实现了以梯索湖的水源代替全市对1×10^6 m^3地下水的使用;同时,通过收集地表径流和废水回用处理,保护湖水资源,湖水使用量减少了50%。例如,阿斯耐斯发电厂建造了一个2.2×10^5 m^3的回用循环水池,回用自排废水,同时收集地表径流,减少了60%的用水量。诺和诺德制药厂和诺维信酶制剂厂将所有的废水处理到普通居民生活污水的标准,再输送到卡伦堡市政污水处理厂进行最终处理,之后排入杰姆兰德·布吉特(Jammerland Bugt)水域,明显降低了水体中的氮含量。共生企业通过对水的循环利用,每年可减少25%的需水量,每年可节约1.9×10^6 m^3的地下水和1×10^6 m^3的地表水用量。此外,阿斯耐斯发电厂的一部分冷却水还被输送到一家年产200 t鲑鱼的渔场,这种鱼在水温较高的环境中产量更好;此外,还为当地农业提供热能,供应中低温的循环热水,用于大棚生产绿色蔬菜等。

(3) 石膏。阿斯耐斯发电厂的脱硫车间脱除烟气中的二氧化硫,同时产生副产品——石膏(硫酸钙)的化学过程,年产石膏2×10^5 t。这些石膏比天然石膏更加均匀和纯净,很适合石膏板的生产,供给生产建筑用石膏板产品的吉普洛克石膏板厂,大大减少了卡伦堡市对天然石膏的进口。此外,卡伦堡市政回收站回收的石膏也被送往吉普洛克石膏板厂,既减少了对天然石膏的进口,又减少了进入填埋场的固体废弃物数量。

(4) 灰。阿斯耐斯发电厂从煤和奥里油(产于委内瑞拉的油)燃烧所产生的烟尘中,采用技术每年收集8×10^4 t的飞灰,从中可回收镍和钒,又可供水泥厂制造水泥。发电厂的废弃物基本实现了零排放。

(5) 炼油厂废气。斯塔朵尔炼油厂的多余气体,通过管道输送到阿斯耐斯发电厂，每年能够使发电厂节约煤 3×10^4 t，节约石油 1.9×10^4 t；也供吉普洛克石膏厂用于生产，经技术改进后脱硫车间减少了炼油气中的硫含量，降低了二氧化硫的排放量；其副产品硫代硫酸铵，供化肥厂用于约 2×10^4 t 的液态肥料的生产，相当于丹麦的年需求量。

(6) 肥料。诺维信公司酶产品是在利用马铃薯淀粉、玉米淀粉等原材料发酵的基础上生产的。这种发酵过程会产生大约 1.5×10^5 m^3 的固体生物量——即所谓的诺沃肥。同时，也随之生产出 9×10^4 m^3 液态生物诺沃肥。经过灭活和卫生处理，诺沃肥被西兰岛西部的约 600 名农民用作肥料，从而减少他们对商业肥料的需求，也相当于替代了大约 2×10^8 m^2 土地上石灰和部分商业肥料的使用。诺沃肥副产品主要有氮、磷、石灰。

(7) 酵母饲料。诺和诺德公司在生产胰岛素的同时，也为猪提供了食物。胰岛素的生产建立在一个以糖和盐为主要成分的发酵过程之上，通过添加酵母转化成胰岛素，加热之后，酵母作为残留物，被转化成一种很好的饲料——酵母浆，而在酵母中加入糖水和乳酸菌，可增加猪饲料的适口性。这些酵母浆替代了传统混合饲料中大约 20% 的大豆蛋白。2006 年，超过 8×10^5 头猪食用了这种含酵母浆的饲料。

(8) 污泥。污泥是卡伦堡市政污水处理厂淤积的主要残留物。它被用于土壤修复公司作为生物修复的主要营养物。这样，一个生产过程产生的废弃物成了另一个生产过程中有用的资源。

(9) 其他废弃物。诺沃恩废物处理公司从各个共生的企业收集废弃物。作为回报，各个参与的公司得到了原材料。其中，每年回收 1.3×10^7 t 报纸/纸板，经质量检查后售给丹麦、瑞典和德国的相关企业生产新纸和纸板、鸡蛋箱，以及卫生部门等所需的托盘；碎石和混凝土 7 000 t，压碎和分类后用于不同类型的地面铺设；铁和其他金属 4 000 t，清洗后再出售以循环利用；玻璃和瓶子 1.8×10^4 t，售给玻璃生产企业；花园/公园的垃圾 1.5×10^7 t，用于该区内土壤的改良；家庭和公司的生活垃圾 4 000 t，用于堆肥和生产沼气，以填埋废物产生的气体发电，电再卖给电力公司，以及每年提供大约 5.6×10^4 t 的易燃废弃物，能满足约6 500 户居民的电力需求和地区供暖。

卡伦堡共 16 个废料交换工程投资计 6×10^7 美元，由此产生的效益，年均节约资金成本 1.5×10^6 美元，每年获利超过 1×10^7 美元，取得了巨大的环境效益和经济效益。同时，各企业之间的物流、能流、信息流建立的循环再利用网，不但为相关企业节约了成本，还减少了对当地环境污染，更为重要的是构成了卡伦堡生态产业园独一无二的生态产业系统。丹麦卡伦堡产业共生系统及其资源流示意图见图 5-3。

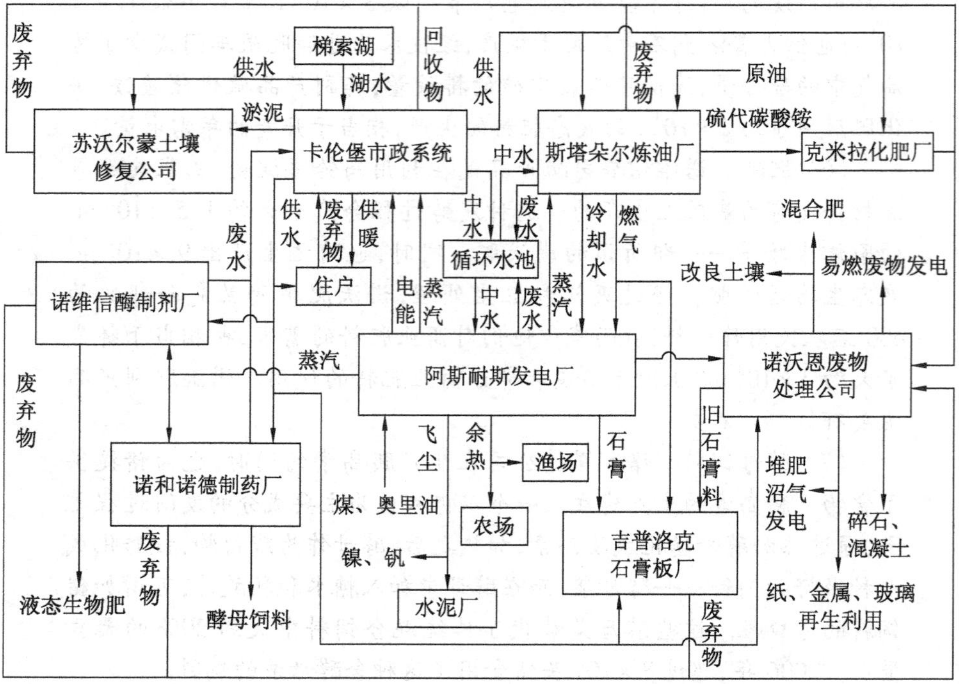

图 5-3　丹麦卡伦堡产业共生系统及其资源流示意图

（胡红云，王青莉：《卡伦堡工业共生园》，《青海环境》，2007 年第 17 卷第 4 期等——经删改并整理）

第二节　逆向物流

逆向物流是物流生态系统的一个子系统，关系到社会生产、生活的正常进行，尤其是随着生态文明的进步，要求其生态化处理排放物部分的可重复利用资源或再生资源。这将是生态物流发展的重点之一。

一、问题产品、废旧物与逆向物流

生产、流通和生活消费过程中，会产生问题产品，也会出现废旧物，自然形成了逆向物流。这是正常现象，符合生产和流通规则，也符合产品生命周期。

（一）问题产品

问题产品（faulty products），泛指不同程度存在某一方面或多方面问题或缺陷的产品，主要包括技术原因导致的问题产品，流通中造成的问题产品，消费使用中出现的问题产品，经营管理、营销不善或其他不确定因素产生的问题产品等。问题产品需要进行回收处理，是逆向物流的主要流体之一。

（1）不合格问题。经检验和试验判定，产品质量特性与相关技术要求和规范相偏离，不符合接收准则的产品，就是不合格品。一般，不合格品一律不准出厂，在厂内按规定自行报废或者返工处理，属内部物流。但是，不合格品中，也有部分是返修品。如，超差利用品（按现行标准不合格，但无安全问题、可使用的产品）和退货品。

（2）不符合客户需求问题。产品不能满足客户需求，客户将不满意的产品退还给卖方，即退货。常见的客户退货原因，一是产品质量和功能有问题，以次充好，甚至假冒伪劣；二是产品有损伤，或包装有问题；三是电子商务物流配送中容易发生的发错货或错发货；四是所购产品没有实现厂商对客户的相关承诺；五是因某一原因要求退换；六是无理由退货。

（3）流通中造成的问题。一是产品库存过多或产品滞销、季节性产品；二是产品功能、包装等已过时，被新款式、新包装所替代；三是未到保质期，产品即已变质或损坏；四是产品按规定已过期、失效，应停止销售；五是物流过程中作业操作不当，造成产品损伤；六是经销商退出或破产等。

（4）不能正常使用问题。在使用过程中，产品零部件磨损、老化、损坏，或者出现较重大工作故障，无法正常使用。

（5）新发现的产品缺陷问题。企业从研发、市场信息反馈中自我发现产品存在缺陷或有质量问题，无偿收回产品，改正缺陷或销毁产品，以消除不良产品对顾客的影响或降低产品对顾客的伤害程度，即产品召回；系统待更新升级的产品。

所有问题产品大致可归为三大类，即不可正常使用产品、缺陷产品和软问题产品。

不可正常使用产品：泛指质量或功能上至少存在某一方面问题，或者在使用中出现故障，以及过期、失效，需要返工、返修、退换（已不可修复）的产品。

缺陷产品：被确认存在人身和财产安全实质性危害需要召回处理的产品。

软问题产品：泛指被确认无缺陷却因经营管理等问题导致积压、滞销的疲软产品，或者换季产品，订单处理失误或包装过程失误的退货产品，交货延迟导致的退货产品，配送操作出错造成发错或错发的货品或客户订货有误要求退换的产品，经销商退出商圈清退或破产清还的产品，以及与消费偏好相关的包退、包换（非缺陷产品）或无理由退货产品。

（二）废旧物

废旧物（waste material），泛指废品、旧物。它主要是生产、流通和消费过程中产生的可重复利用的，或者经回收处理后再生资源的废品、旧物，包括报废品、过期/过时产品、闲置物和部分废弃物，以及可周转使用的包装物。

废旧物也是一种资源,是一种可重复利用或再生的资源。它可以是质量无缺陷,具有完好使用价值的老产品、旧产品或闲置物,可直接重复使用的包装物;也可以是某一使用价值已丧失,但别的使用价值尚存,经简单加工或不经加工就可恢复其使用价值,或者经整修翻新便可还原其形态和使用价值,或者经回收处理后可完全再生资源变废为宝的废旧产品,是逆向物流的重要流体之一。

(1) 生产过程中产生的废旧物。这主要包括生产企业的工艺性废料;生产过程中产生的废品;生产中损坏和报废的机器设备;生产维修后更换下来的各种废旧零件和废旧材料;原材料和设备的各种包装物等。

(2) 流通过程中产生的废旧物,包括因装卸、运输、储存等作业不慎,被摔坏、压坏、震坏等的货品;流通中报废或损坏的废旧设备和工具;各种原材料及机电设备的各种包装物;各种维修活动产生的废旧物;保管不善或储存时间过长而丧失或部分丧失使用价值的货品;销售不畅,已进入衰退期的老产品(疲软产品)。

(3) 消费中产生的废旧物,包括办公用品和生活用品的纸、塑料、玻璃、铁制品等各种包装物;政府部门、企事业单位的办公用品及家庭、个人生活用品中的陈旧、损坏或闲置用品等;文化、娱乐产生的废旧报纸、废旧杂志、废旧图书等。

(4) 生产、流通和生活消费各领域产生的垃圾中,部分经回收处理后再生资源的废弃物。

(5) 无形磨损而产生的废旧物。科学技术的进步、劳动生产率的提高,造成继续使用某些产品(设备)会不经济,因而将其提前报废、淘汰,使之成为可再利用的旧货品。

(三) 逆向物流与逆向物流系统

问题产品在生产、流通及生活消费过程中是难以消失的,废旧物更是会不断增多。各种产品的技术性能不断创新和完善化,使用期也在延长,但无论是产品问题还是一旦列为废旧物,都需要妥善处理,这就势必形成逆向物流。

(1) 逆向物流(reverse logistics):问题产品和可重复利用或经回收处理后再生资源的废旧物,从供应链下游终端客户或节点返回到上游原供应商或始端节点所发生的实体流动,亦即反向物流。逆向物流示意见图5-4。

(2) 逆向物流与正向物流有密切的关系。逆向物流是供应链中不可或缺的,它与正向物流共同构成完整的循环物流系统。没有正向物流,就没有逆向物流;逆向物流流量、流向、流速也取决于正向物流。没有逆向物流或逆向物流有待健全,正向物流就缺失了必要的配套支持,无法确保物流的顺畅和循环。但是,逆向物流与正向物流运作的起始点相反,且逆向物流产生的地点、时间和数量是难以预见的。同时,逆向物流对于退货或召回产品,表现为价值递减;对于已报废产品,则表现出价值递增。

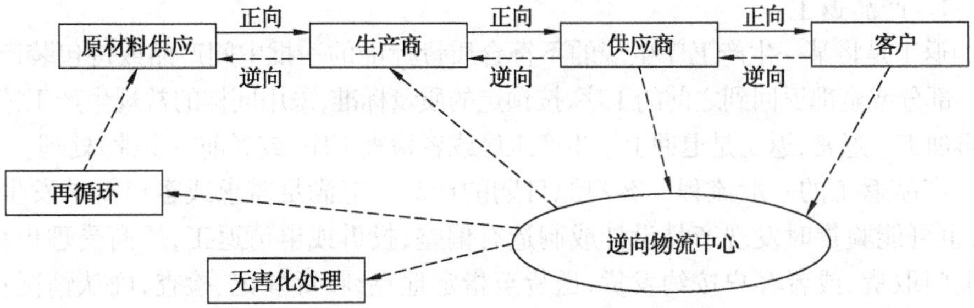

图 5-4 逆向物流示意图

(3) 逆向物流将能更好地满足客户需要,解决产品存在的问题,消除产品缺陷可能带来的隐患,维护生产和生活正常运转,保障环境生态安全;还将有效节省资源,相对增加社会资源量,且比原始性资源开发更高效,缩短产品的制造周期和提前期,支持和提高产品的再使用率,又可减少环境污染。

(4) 逆向物流系统的组成有其复杂性,通常可更简便地分为问题产品逆向物流和废旧物逆向物流。其中,问题产品逆向物流又可分为不可正常使用产品逆向物流、缺陷产品逆向物流和软问题产品逆向物流;废旧物逆向物流主要包括旧产品及可复用包装物逆向物流、旧零部件逆向物流和再生资源逆向物流。逆向物流系统结构见图 5-5。

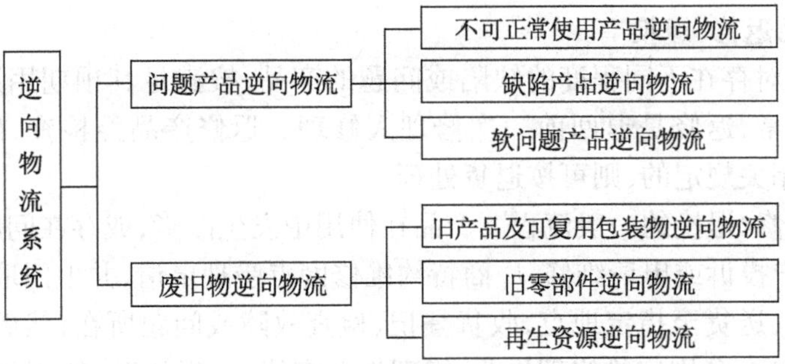

图 5-5 逆向物流系统结构

二、逆向物流:技术、方法与流程

逆向物流涉及的问题产品和废旧物种类繁多,又可能发生在不同的领域和不同的阶段,因而逆向物流技术、方法和流程也是不一样的。

(一) 不可正常使用产品:返工、返修或退换/退货

离开生产过程进入流通领域或消费领域的问题产品中,大凡轻缺陷产品按所存在问题的不同情形和程度,进行返工、返修或退换(不可修复产品退换合格产品),并进入相应的逆向物流。

1. 产品返工

返工是将某一生产工序生产的不符合质量标准的一批中间产品或待包装产品的一部分或全部返回到之前的工序，按预定的质量标准，采用同样的常规生产工艺进行再加工。通常，返工是退回上一生产工序或者检查工序（或者前一步骤）处理。

产品返工的一般流程。客户原订购的产品不能满足需求或客户需求发生变化，也可能验货时发现产品设计或制造有偏差，投诉或申请返工，厂商受理申请，并上门取货，或者客户按约发货、送货至指定地点，收货登记、检查，确认情况；然后，按是否符合返工准则，分别安排返工作业；返工作业完毕，进行检验，合格的返回客户，正常使用。示例见图5-6。

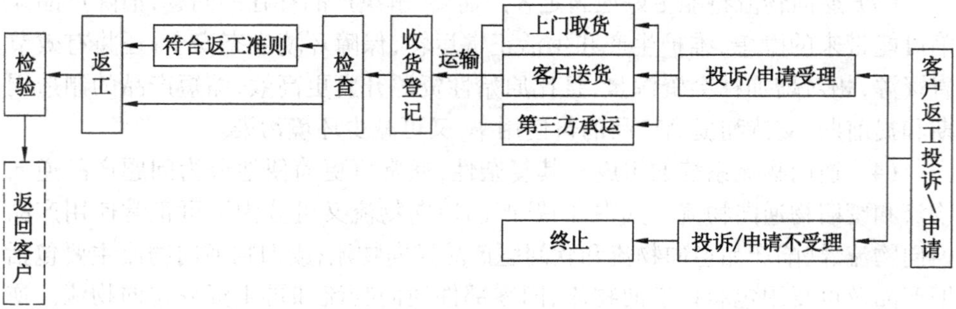

图5-6 产品返工一般流程

2. 产品返修/退换

返修是对存在不同程度的缺陷或问题的产品，按满足其预期用途的要求进行修复。通常，返修是退回前一次修理人修理。返修产品经检查，确认不可修复，又符合相关规定的，则可按退货处理。

产品返修/退换的一般流程。产品在使用中发生故障，或存在问题不能正常使用时，客户投诉或申请维修，厂商特约维修网点受理申请，并上门取货，或者客户按约发货、送货至指定地点，收货登记、检查故障或问题所在；然后，按是否符合"包修"规定，分别安排修理作业；修理作业完毕，进行检验，能正常使用，返回客户，如果不能修复的，则退换。示例见图5-7。

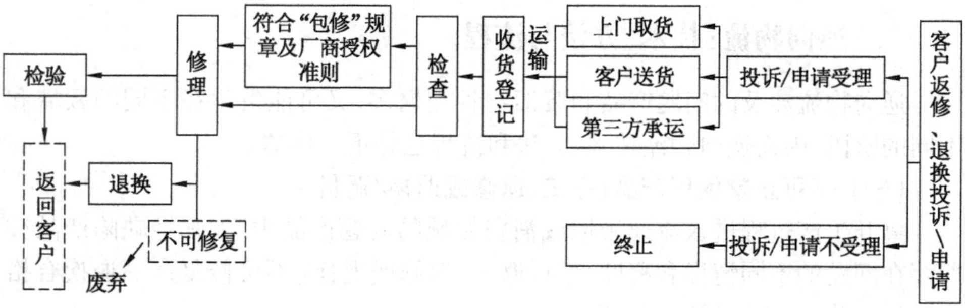

图5-7 产品返修/退换一般流程

（二）缺陷产品：召回

进入流通领域或消费领域的产品中，一旦发现并确认存在人身和财产安全实质性危害的缺陷产品，可采用召回方式处理，并进入相应的逆向物流。

（1）产品召回是指生产商将已送到经销商或零售商或最终用户手上的被确认存在人身和财产安全实质性危害的缺陷产品收回。缺陷特指产品不符合保障人体健康和人身、财产安全的国家标准、行业标准，存在危及人身、他人财产安全的危险。因此，对于产品质量缺陷和生产商责任的认定是最关键的核心。在发达国家，有两种召回方式，一种是自愿召回，生产商发现缺陷产品后，主动向政府主管部门报告，自愿召回该产品，或者生产商接受主管部门发现缺陷产品后所提出的召回建议，并进入自愿召回程序；另一种是强制召回，政府主管部门要求生产商召回或法院通过判决要求生产商召回。多见的，主要有汽车召回、药品召回、医疗设备召回、家用电器召回、食品召回、儿童产品召回、化妆品召回等。

（2）产品召回制度不同于一般的"三包"产品退换货。"三包"产品退换适用于个体消费者，且不能说明产品本身有任何问题；而产品召回制度则是针对生产商原因造成的产品批量性问题而采取的处理办法。产品召回制度的主体是生产商、进口商、经销商或零售商，且是在政府主管部门的监督或指令下进行的，主管部门对整个缺陷产品召回过程实施监督；所依据的是特定的法律、法规体系；补救方式是退赔、更换或修理等。

（3）产品召回一般流程：生产商产品缺陷报告或客户投诉，是启动召回程序的第一步，但只有部分报告或投诉可进入下一步程序；政府主管部门接到报告或投诉后，初步评定产品是否存在"实质性产品危害"，以此作为是否需要进入下一步鉴定程序的依据；接着，进入决定产品是否需要召回的关键环节，即产品缺陷鉴定。召回一旦确认，相关生产商应迅速制订全面、翔实、可行的召回书面计划，包括召回信息发布方式、采取何种补救措施等每个细节；并通过多种媒体发布召回信息。随后，在政府主管部门全程监督下，生产商按计划实施召回，包括产品回收、纠正和补救措施等，同时做好详细召回记录。一般情况下，召回并不意味着对所有产品都回收；当政府部门认为生产商已经采取了积极有效的措施，缺陷产品对大众的危害风险降到了最低限度时，便可确认召回结束。示例见图 5-8。

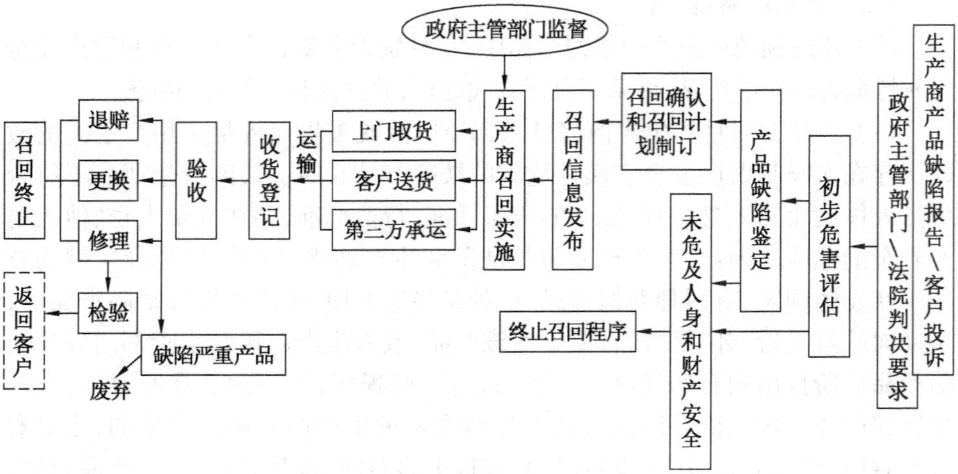

图5-8　产品召回一般流程

（三）软问题产品：退回

问题产品中，除了缺陷产品之外，还有一部分属于不是产品问题的问题产品，即软问题产品，即无缺陷产品。这类产品需要做退回处理。

(1) 产品(无缺陷产品)从下游终端客户退回给上游供应商。退回的原因主要包括因经营管理问题导致的积压、滞销；季节变换；订单处理失误或包装过程失误；交货延迟；配送操作出错造成发错或错发；客户订货有误；经销商退出商圈清退或破产清还；与消费偏好相关的包退、包换或无理由退货等。其中，可能牵涉多个方面，也可能只是某一方面所致；可能退自终端，也可能退自终端前的某个节节(经销商或零售商)。

但是，产品退回也是有一定条件的，特别是消费品的退回。第一，所退产品必须完好，即数量、内配件不缺少，外观、包装未受损，产品整洁无脏污，不影响再销售；第二，不能超过规定的退货时间；第三，发货单或发票、收据等购物凭证齐备，且发货单、发票、收据完好清晰，无脏污、损坏、涂改等。

(2) 产品退回基本流程。客户申请产品退回，并将产品退回信息通知质量管理及市场部门，确认产品退回原因；受理产品退回，核查货品是否符合退回标准，确认货品是否为过往销售产品；核准产品退回申请，接受产品退回；送货或取货，登记、检验，签收。处理退回的产品，按新品入库验收标准对退回的产品进行检查，确认品质状况，产品入库储存备用或分拣配送；发生坏货，以“拒收标签”标示后隔离存放，或降级使用，或报废处理。通知财务部退款。示例见图5-9。

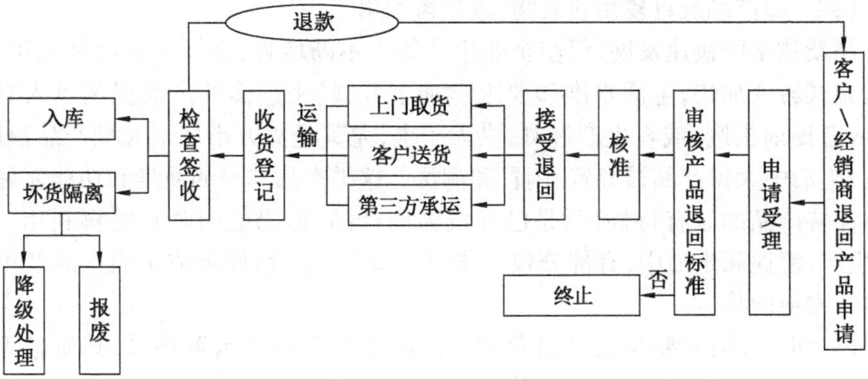

图 5-9　产品退回基本流程

产品退回相关配合处理。第一,当客户有需要时,可立即补送新货,以减少客户抱怨。第二,若有保险公司理赔,应立即依照保险理赔程序办理,包括保留现场证据或拍照存证,在规定时间内通知保险公司,准备索赔文件和损失计算,并通知本企业法律顾问一起处理。第三,分析退货原因,作为日后的改进参考。第四,不与客户争吵或追究责任。第五,尽快采取措施,退回产品,尤其是有效期将至的产品,拟立即降价处理。

(3) 退回产品的处理,一是直接退回生产商,生产商再寻找新市场重新销售或打折出售,或卖给二级市场、捐赠给慈善机构,或者改制,甚至报废处理;二是退回上游经销商,经销商重新出售或打折出售,或卖给二级市场、捐赠给慈善机构。示例见图 5-10。

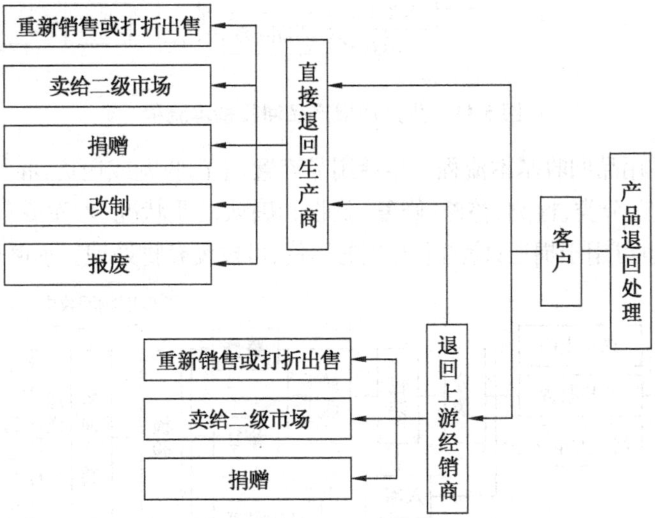

图 5-10　退回产品处理基本流程

（四）旧产品及可复用包装物：直接再利用

高新技术的快速发展，促使企业生产能力不断增强，市场和流通越发扩大，消费方式转变加快，生活水准和要求愈加上升，越来越多的产品提前进入衰退期，或者提前报废，或者生产过剩，供大于求，尤其是买方市场下大批产品积压、滞销；生活中大量产品被弃置、闲置和淘汰。这类产品本身的质量和功能完好或大体保持产品的原有特性，只是已经成为旧产品，但仍能回收直接再利用。此外，生产、流通和生活中，有部分包装物可重复利用。这便形成了旧产品及可复用包装物逆向物流。

（1）旧产品，主要是已衰退及淘汰的陈旧性产品或闲置物等，其质量无缺陷，大体保有使用价值或使用价值完好，可以直接再使用，即回收后不经任何修理可直接再用，或者经检测、保养和较低花费维修、复原正常使用状态后再用。

（2）旧产品回收基本流程。产品提前报废或撤离生产线、退出市场报告，经上级主管审核和决策机构核准；核准后办理报废或下线（生产线）手续，并实施相关操作，包括回收登记、拆卸、清理、分类；检测、整修、修复，验收和确认品质状况，入库或包装、分拨，发送二级市场，也可用于捐送；检测中发现的坏货，可按废弃物处理。示例见图 5-11。

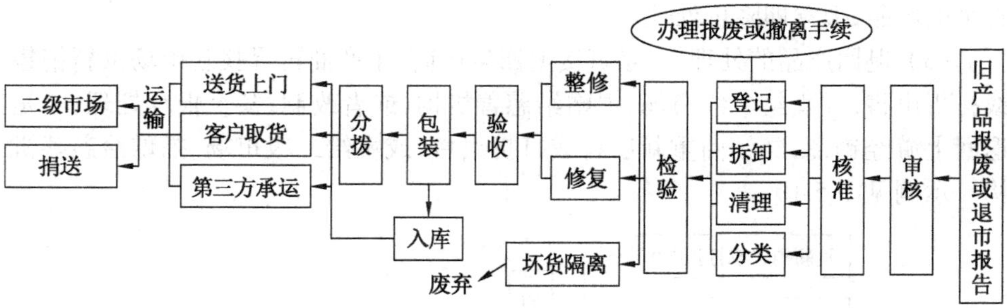

图 5-11　生产商旧产品回收基本流程

弃置生活用品回收基本流程。生活用品弃置，上门收购或送货到回收网点，或者捐送，进行整理、分类；检测、整修、修复，验收和确认品质状况，入库或包装、分拨，发送二级市场，也可用于捐送；检测中发现的坏货，可按废弃物处理。示例见图 5-12。

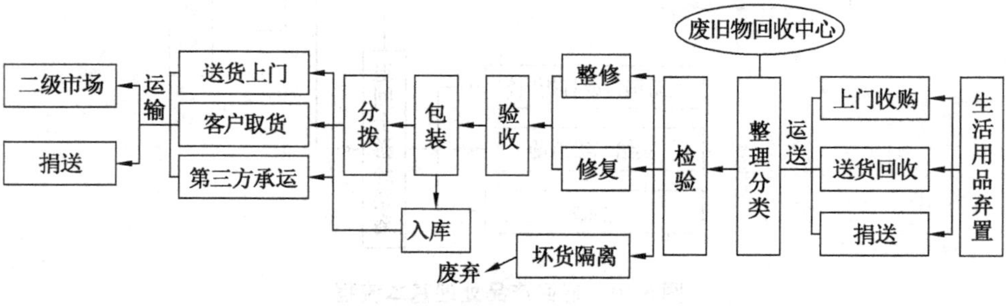

图 5-12　弃置生活用品回收基本流程

（3）可复用包装物回收与利用。可复用包装物回收就是将使用过的完整产品容器，通过各种渠道和各种方式收集后回流到该包装物的原供应商或其他相关供应商。包装物利用是将回收的旧包装物经清理、清洗和以较低花费维护后重复用或循环使用。如，集装箱、托盘、啤酒瓶等包装物。

可复用包装物回收一般流程：收货者卸空包装物内货物，或者包装物内产品被消费清空；空置包装物通过上门、对口、柜台、门店、流动回收和收集，进行清理、挑选、分类，通过检验、整修、拼配，经验收和确认品质状况，包装、分拨、发送原供应商或其他相关供应商；检测中发现的坏货，可按废弃物处理。示例见图5-13。

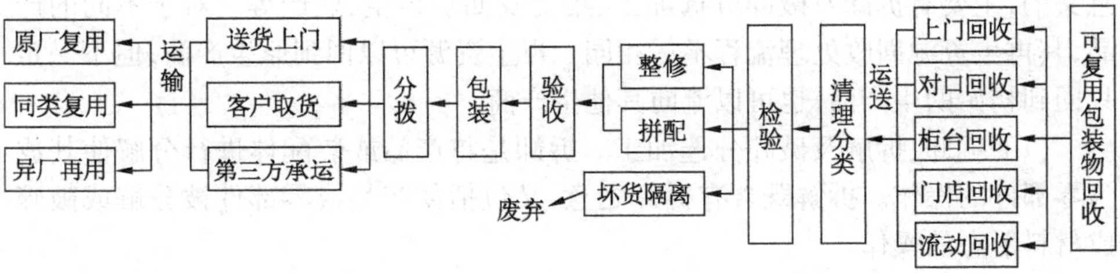

图5-13　可复用包装物回收一般流程

（五）旧零部件：拆解、修复或再加工

旧零部件是构成机械和机器配件加工整体的各单元不可分拆的单个制件。它的制造过程一般不需要装配工序。

旧零部件回收一般流程。产品尤其是机器设备类产品报废后，其组成的零部件经拆解、分拣、测试，仍有使用价值的，进行修复或再加工；检验、包装、运送；重新用于产品的装配（包括未使用的备用零部件），或者用于修理失效部件。其中，已无使用价值或不可修复的，则废弃。例如，飞机引擎、汽车引擎、家具、家电、复印机和打印机等的旧零部件，都可以进行回收和利用。示例见图5-14。

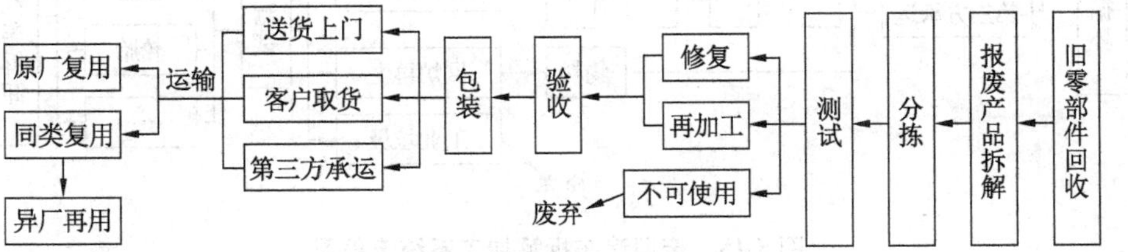

图5-14　旧零部件回收一般流程

（六）再生资源：分类回收与再生

人类可利用的资源，一种是不可再生资源，一种是可再生资源。可再生资源中，除自然循环下的再生资源之外，还有在非自然循环下主要依靠科学技术作用于废旧物（不含可直接再使用的旧产品、包装物、零部件等）所发生的再生资源。

1. **再生资源：可循环再利用的原料性资源**

再生资源(recycled resources)就是被人类开发利用一次并报废排放后，已失去原有全部或部分使用价值，不再保留报废排放物的任何结构，经反复回收加工，使之还原为可循环再利用的原料性资源。它主要包括以矿物为原料生产和报废的各种废旧金属、废电子产品、废机电设备及其零部件、废造纸原料(如废纸、废棉等)、废轻化工原料(如废橡胶、废塑料、农药包装物、动物杂骨、毛发等)、废旧玻璃制品及各种边角余料等。

2. **再生资源回收处理流程**

再生资源种类繁多，且各有特性，回收处理技术方法多样化，常用且有典型意义的，主要有拆卸及破碎分选加工、集货及回炉再生、联产等。对于不同的产品，其再生资源回收处理流程不尽相同。再生资源可以回到原生产商，但不一定只回到初始的生产商，也可以流向其他生产商。

(1)拆卸、拆解及破碎分选加工。拆卸是将产品或装配体进行分解使其成为零部件的操作。拆解既含有拆卸之意，又包括使产品或零部件被分解或破碎成材料形态的操作。

以废旧汽车为例。一是拆卸，将废旧汽车上可再利用的零部件拆下、分类分拣、测试，进行修复或再加工；检验、包装，分别送至不同应用领域再投入新一轮的利用，或者用于修理失效部件。其中，已无使用价值或不可修复的，则废弃。二是以破碎分选方式将废旧汽车破碎后，将不同部分加以区分，分选出可用的资源，运送至相应的生产商，进入正常循环。废旧汽车拆解加工系统流程见图5-15，废旧汽车破碎分选逆向物流系统流程见图5-16。

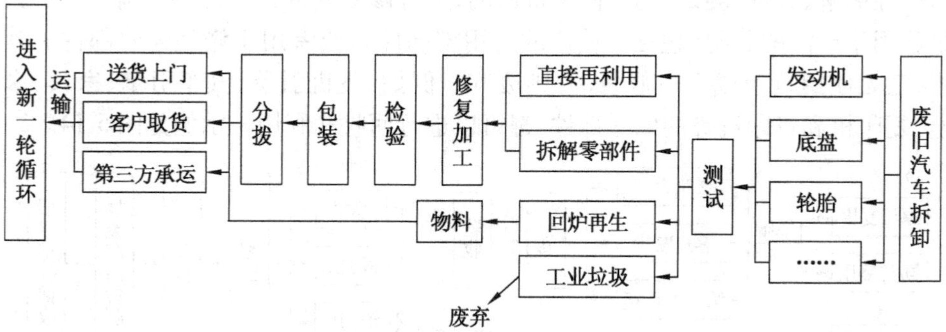

图5-15　废旧汽车拆解加工系统流程图

(2)集货分拣。集货，分散的、零星和小批量的、混杂的废旧物经回收后集中、分拣，形成批量处理。以废纸为例。废纸往往零散产生于各地几乎所有企业、政府机构、事业单位和大多数家庭，需经收集、集中、分拣分类、运输包装、存放，才能批量提供给再生产加工企业。类似的还有金属加工碎屑、不复用玻璃器皿、碎废布等。废纸回收集货处理流程见图 5-17。

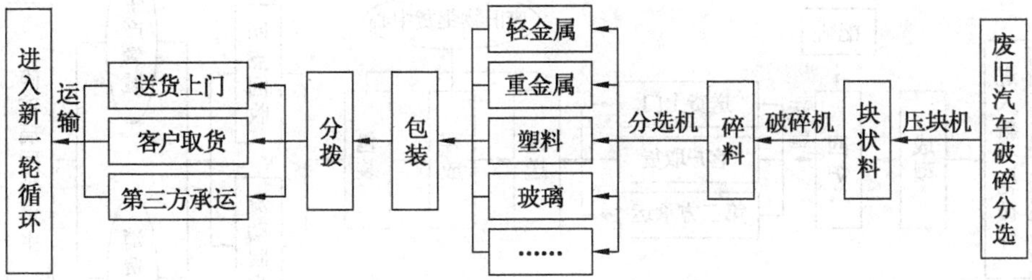

图 5-16　废旧汽车破碎分选逆向物流系统流程图

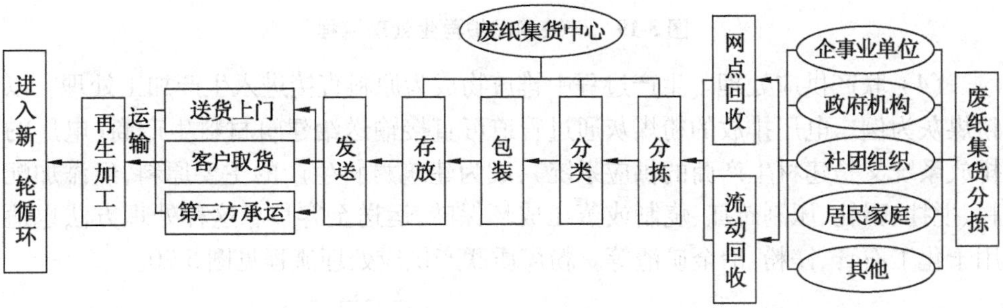

图 5-17　废纸回收集货处理流程

（3）回炉再生。废旧物被置于炉中重新熔化提炼。以废钢铁、碎玻璃为例。废钢铁、碎玻璃在任何环节产生，经回收、分拣，都可回运至配料端，其成分与原生产商所生产的钢铁、玻璃成分一致，无须进行成分的化验和组成的计算，可按照一定的配料比例与混合料一起投入炉内重新熔制再生。这种处理方法也适用于陶瓷的泥料等。废钢铁回炉再生处理流程见图 5-18，碎玻璃回炉再生处理流程见图 5-19。

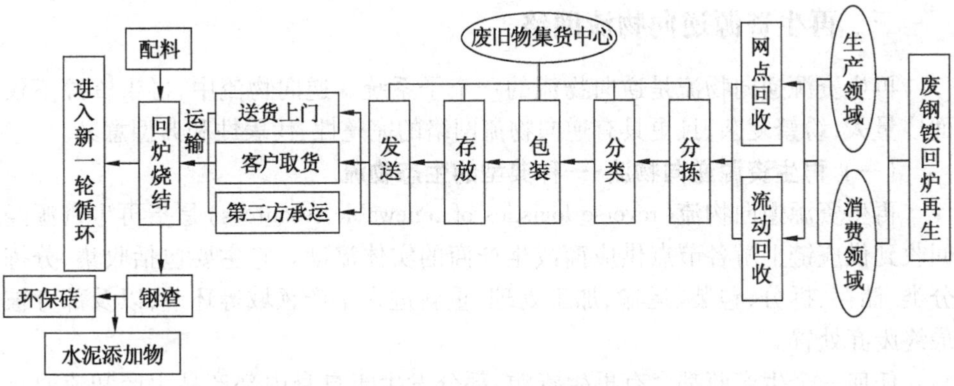

图 5-18　废钢铁回炉再生处理流程

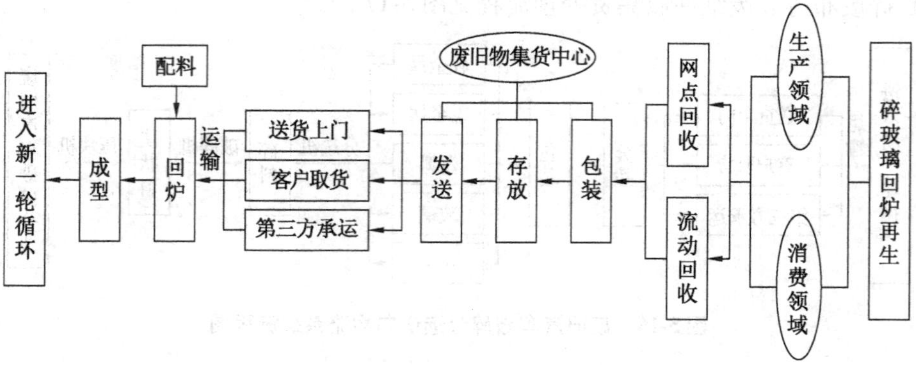

图 5-19 碎玻璃回炉再生处理流程

(4) 联产供应处理。生产过程中排放物成为原料直接进入生产加工处理。以粉煤灰为例。电厂排放的粉煤灰通过管道可直接输送给建筑材料生产商(电厂的排放系统又是建材生产商的供应系统),成为建筑材料生产的主要原料,经添加配料、搅拌、碾轧、压制砖坯、烧制或蒸压成环保砖,运送至客户。这种处理方法也适用于化工石膏、镁粉、冶金矿渣等。粉煤质联产供应处理流程见图 5-20。

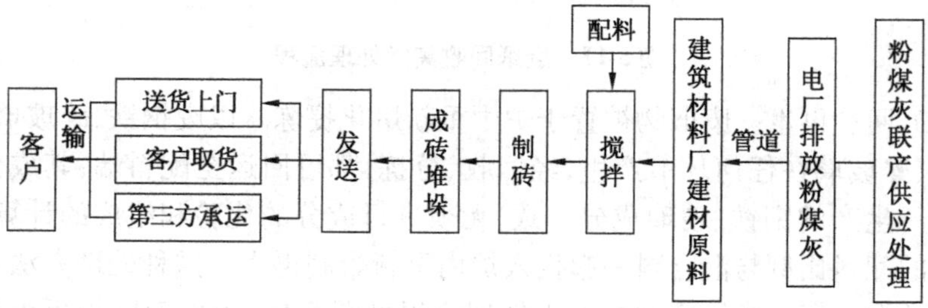

图 5-20 粉煤灰联产供应处理流程

三、再生资源逆向物流网络

再生资源逆向物流是逆向物流的一个子系统。逆向物流中,再生资源不仅面广量大,纷繁复杂,且更具有逆向物流网络的完整性、代表性和典型意义。

(一) 再生资源逆向物流:一种典型的生态物流

再生资源逆向物流(reverse logistics of renewable resources)是指再生资源经回收到供应链上游各节点供应商或生产商的实体流动。它主要包括收集、分拣分类、储存、拆分、包装、运输、加工处理、重新进入生产领域等环节,以及部分被最终废弃处置。

任何一个生产商都会有再生资源,部分发生于自身内部产品生产和流通过程,也有部分来自外部其他源头。生产商内部的再生资源大多发生于生产物流各个环节的每一道工序,可以内部生产物流逆向返回自行处理,但并不是每一个生产商都能对自身的再生资源进行回收处理，而且也不是每一个生产商都有能力和值得对任何种类的再生资源进行回收处理。再生资源逆向物流更多的是面向生产商外部，主要是面向社会。

再生资源逆向物流可纳入循环经济范畴。循环经济通过"资源—产品—废弃物—再生资源"的反馈式循环，有效利用资源和保护环境，以最小化的资源消耗和环境成本，最大化减轻资源供给压力和缓解资源约束矛盾，以及降低生态环境污染风险，促进经济、社会、环境同步协调与可持续发展。循环经济是一种生态经济。再生资源逆向物流便是一种典型的生态物流。

（二）再生资源逆向物流：实物流网络

再生资源可能产生于生产领域、流通领域和生活消费领域，涉及任何领域、任何社会组织、任何社区和个人。再生资源逆向实物流网络，大体可分为生产性再生资源逆向实物流网络和生活性（含生产领域非生产性消费、公共服务领域公务和生活消费等）再生资源逆向实物流网络。再生资源逆向实物流网络体系，主要包括回收网点、集散中转中心、综合利用处理中心或原料生产商。而且，再生资源逆向实物流网络一般为开环式结构，即再生资源不一定回流到初始生产商，可流入其他同行业企业。

1. 生产性再生资源逆向实物流网络

生产性再生资源逆向物流量大，且类别、渠道相对分明，大多易集货成批量，相对便于回收处理和再生利用，有较为稳定的专门渠道系统支撑，一般包括回收站点、区域集散中转中心、加工处理中心或原料生产商，以及运输路线。其中，大中型生产企业、流通企业、工程施工企业，多以招标方式选定收购商，也有部分企业会以非正式渠道（关系户）确定收购商，合作期相对较长，关系较为稳定；极少数小企业（含小工程施工企业）会临时联系流动回收。示例见图 5-21。

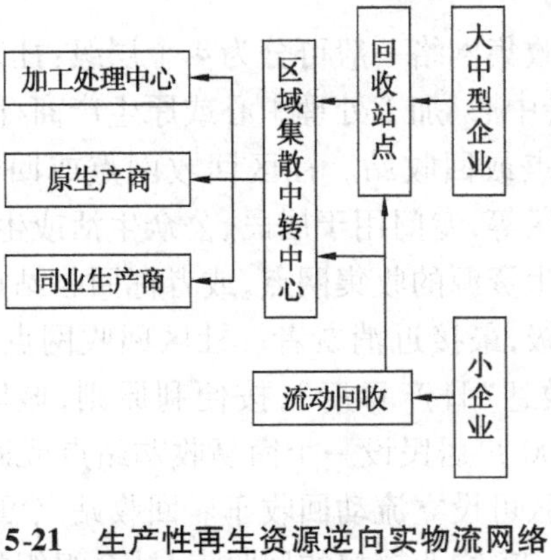

图 5-21　生产性再生资源逆向实物流网络

2. 生活性再生资源逆向实物流网络

大凡生活性再生资源，其发生源是海量的，且遍及各地，覆盖社会各界，无论是家庭、个人生活消费，还是生产领域非生产性消费、公共服务领域公务和生活消费，无处无时不有，零星又杂乱，渠道少且分散，也不规范，需要一个有效的逆向物流网络，特别是收集网络。通常，生活性再生资源的收集网络，大多由社区收集网或回收网点（包括社区物业或协议收购收集网）、公共（环卫部门）定点收集网、流动回收（包括街头捡拾和垃圾场拾荒等）、回收点或收购站、区域集货拆解中心、跨区域集散中转中心、深加工处理中心或原料生产商，以及运输路线。其中，大量生活废弃物混合在垃圾中进入垃圾流动链，使生活性再生资源回收环节变得复杂，介入者和介入点众多，比生产性再生资源收集回收要复杂得多。示例见图 5-22。

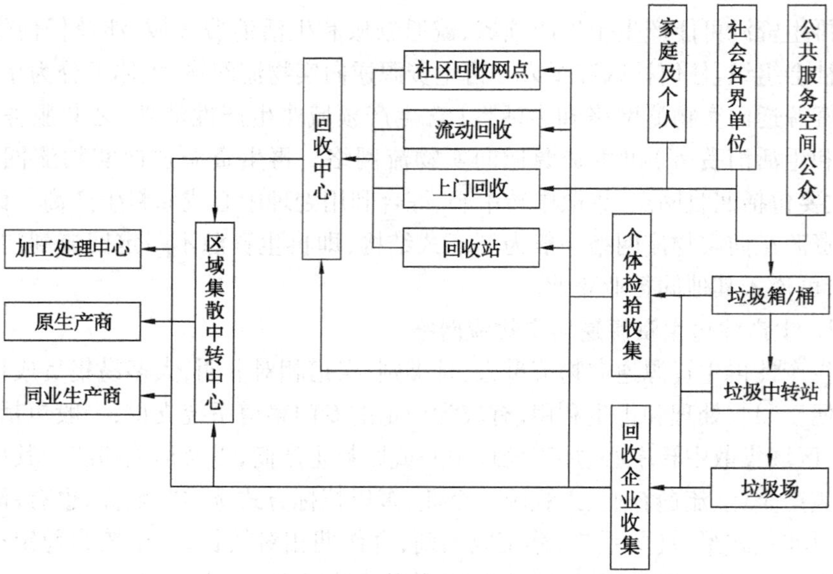

图 5-22 生活性再生资源逆向实物流网络

生活性再生资源收集网络一般可分为 4 个层级：社区回收网点或回收站、回收中心、区域集散中转中心、加工处理中心或原生产商/同业生产商。

（1）社区回收网点或回收站。社区回收网点或回收站是指建立在居民社区、公共社区、单位社区等，专门用于居民、公众生活或生产领域非生产性消费过程中产生的生活性再生资源的收集网点，或者称回收站点，是生活性再生资源逆向物流网络的基础层级，最接近消费者。社区回收网点的设置直接影响社区环境，一般情况下要求做到"日产日清"；按便利原则，城区每 1 000 ~ 1 500 户居民、乡镇每1 500 ~ 2 000 户居民设一个简易收购站点或固定收购站点，较分散的或条件暂不具备的地区可设立流动回收车。回收站点可以是回收公司的社区回收点、街道授权的回收点、物业授权的回收点、社会组织的回收点，以及流动回收车等形式。

（2）回收中心。回收中心一般设置在城市的不同区域内，主要承担收集区域内各回收点所回收到的再生资源的汇集、储存、整理等作业，同时也可将生产性再生资源在此汇总、整理、打包。回收中心一般不进行加工作业。

(3) 区域集散中转中心。区域集散中转中心一般设在城郊且交通便利的位置，主要完成再生资源的拆解、分拣及交易环节。再生资源在回收中心整理打包以后，统一运输到区域集散中转中心进行初加工，此后可以直接运入加工处理中心，也可直接出售给再生资源需求企业。区域集散中转中心可以入驻不同的再生资源经营户；必须配备污水、污油及固体废物处理系统。

(4) 加工处理中心或原生产商/同业生产商。加工处理中心一般设置在工业园区或产业园区内，主要是对初加工后的再生资源产品进行深加工；需要拥有更完备的污水、污油及固体废物处理系统。初加工后的再生资源也可以回流到原生产商/同业生产商进行资源再生加工。

(三) 再生资源逆向物流：组织网络

再生资源逆向物流的组织网络①，是再生资源回收、加工处理的主体，包括生产企业和流通企业、废旧物/再生资源回收企业、废旧物/再生资源物流企业或第三方物流企业、废旧物/再生资源加工处理企业等。

1. 生产企业和流通企业

生产企业主要承担自身生产过程中产品及相关生产、流通所发生的各种再生资源的收集和处理，可采用自营、合作和外包等形式从事再生资源物流运作。

流通企业处于供应链的中下游，是生产者和消费者的中介或桥梁，拥有利用正向物流的网络优势，特别是零售企业直接面对最终消费者，可直接回收处理退货商品和包装废弃物，或者借助正向物流渠道把退货商品和包装废弃物沿供应链向上游转移。根据实际情况和条件，也可采用自营、合作和外包等形式从事再生资源物流运作。

2. 废旧物/再生资源回收企业

废旧物/再生资源回收企业主要是面向社会和居民进行废旧物、废弃物回收的企业。通常，这类企业将具有一定经济利用价值的废旧物、废弃物回收后，进行适当的分拣分类和整理(如杂物清理、包装等)，即送往回收中心，或者直接送往有关加工企业(如钢铁厂、有色金属冶炼厂、造纸厂、塑料制品厂等)进行加工利用。有些回收企业有能力从事部分回收物的深加工，例如，将部分废塑料粉碎，加工成易于被塑料制品企业加工利用的颗粒状原材料等。

3. 废旧物/再生资源物流企业或第三方物流企业

废旧物/再生资源物流企业，具备从事废旧物或再生资源物流的设备条件，能专门提供废旧物或再生资源物流服务。第三方物流企业拥有完备的物流网络，利

---

① 参见第六章第三节“物流组织网络”，以及第七章“物流运作：物流外包与外包物流”、第八章“电子商务：网上物流与网下物流”。

用自身优势可同时为多个生产企业和流通企业提供废旧物或再生资源物流服务。

4. 废旧物/再生资源加工处理企业

废旧物/再生资源加工处理企业,主要按照废旧物或再生资源的不同特性,采取适用的技术方法进行再生加工处理,使废旧物/再生资源资源化。

(1) 以各类再生资源为主要原料或加工对象的加工制造企业。例如,以废纸为主要原料的部分造纸厂,以废塑料及其初级加工品为主要原料的塑料制品厂,以废轮胎或其他类型的废橡胶为加工利用对象的制造加工企业,以及其他一些以再生资源为原料生产制造各类有用产品的企业。

(2) 各类拆解企业。例如,拆车企业、拆船企业。这类企业主要通过提供将报废车、船的各部位按所使用材料的不同,拆解成易于再次利用的几何尺寸与形状(例如将金属材料拆解成易于回炉冶炼的尺寸与形状)或将某些尚有利用价值的零部件拆解,以便提供再次利用等。

(3) 垃圾分捡/分拣企业和散布于街头巷尾或垃圾堆放场所的捡拾人员。垃圾分捡/分拣企业专门在垃圾焚烧处置前对其中的有用物进行捡取及分拣、分类,并出售给再生资源回收部门。垃圾捡拾人员都是分散的个体劳动者,主要是从垃圾中分捡出部分再生资源,也是再生资源逆向物流组织网络的组成之一。

第三节　废弃物物流

废弃物物流直接服务于废弃物的处理、处置,事关环境污染防治、生态安全和生态净化保障,要求实现无害化操作,这是生态物流发展的要求和必然趋势。废弃物物流也是物流生态系统的一个子系统。

一、废弃物与废弃物物流

生产、流通和生活消费各个领域,以及社会各种活动过程中,有用之物在被使用中逐渐地或一次性地耗尽其效用,成为无用之物,导致废弃或淘汰,因而废弃物排放发生于各时各地。这是生产和生活中的自然现象,也完全符合产品使用寿命规律。这就自然形成废弃物物流。

(一) 废弃物与垃圾

废弃物(litter)泛指在一定时空内基本或完全失去使用价值,已无法回收和再利用的被永久抛弃的可移的最终排放物。它是废旧物或再生资源中经加工处理能加以再生利用部分之外的,在现有技术条件下已无法再利用的各种废物或废料。其中,不排除在最终处置过程中的某种终极利用。例如,垃圾焚烧中的能量转化和利用;煤渣制砖等。

废弃物的来源极其广泛,且源源不断。相应地,废弃物的种类繁多。常见的，主要有厨余、废纸、草木、废包装、废皮革、废容器、废玻璃及制品、废橡胶、废塑料、废织品；废家电、废金属、废家具、废车辆、废陶器、废建材，以及各种边角余料、废物、废水、废渣、淤泥、尘土、落叶等。其中，有固体的、液体的和气体的；有工业废弃物、农业废弃物和生活废弃物；或者有机废物、无机废物；也有部分属于危险废弃物。

垃圾(garbage)也是废弃无用的排放物，或者肮脏、残缺、破烂之物。与废弃物相比，它更是各色各样废弃物的一种混杂。如，家庭垃圾、办公室垃圾等。实际上，废弃物在一开始被废弃时，大多类别可以分明；不同的废弃物分开放置就比较容易转变成再生资源。但是，废弃物抛弃时一旦不加分类，混杂在一起，要变成再生资源就很难；即使能生成再生资源，也需要成倍甚至数十倍的花费；否则，只能变做垃圾。废弃物成了垃圾，不仅浪费了可利用的再生资源，更重要的是会污染环境，带来生态安全风险；对污染了环境的垃圾进行后续的处理、处置和治理修复，回归和保持生态净化，支付的代价难以估量，且不只是金钱。这就是之所以要倡导垃圾分类的主要缘故。

（二）什么是废弃物物流

废弃物物流(waste material logistics)是指在一定时空内基本或完全失去使用价值，被永久抛弃的可移最终排放物所发生的实体流动。它包括废弃物的收集、分类、加工、包装、搬运、储存，并分送到专门处理场所最终处置的全过程。其中，有部分包含于问题产品、废旧物和再生资源逆向物流。

废弃物物流与废旧物逆向物流、再生资源逆向物流的最大差别，就在于废弃物物流的终点是废物的终结，很少甚至几乎不能进入循环物流。严格地说，废弃物运抵其终端处理处置场所，一旦完成最终废弃处置作业操作，即被永久性排放。只是在最终废弃处置作业操作前，或者至多在这一操作中才有少部分被分捡/分拣，并进入回收系统；但被分捡/分拣回收的，已不再是废弃物，而是再生资源。实际上，当具有可回收价值的废弃物在不同阶段以各种方式被回收之后，就转入废旧物逆向物流或再生资源逆向物流。

同时，废弃物物流大多不再直接回流到上游生产商，即使有少部分回流也是通过回收企业再流向生产商。因废弃物存留的价值大多较低，对其安全处置往往动力不足、主动性不强，甚至时有偷排放现象发生。废弃物散布于社会的各个角落，因而废弃物物流在时间和数量上不确定，不易控制。

二、废弃物物流技术与流程

废弃物物流旨在尽可能使废弃物的处置对环境和人类健康的危害达到最小化。废弃物物流技术与流程，因废弃物类别不同也不尽相同，特别是危险废物必须采取特殊的处理方法，流程要求也不一样。废弃物中，固体废弃物最为多见。

固体废弃物物流的一般流程，主要包括收集、分拣、贮存或运输、处理处置。

示例见图5-23。

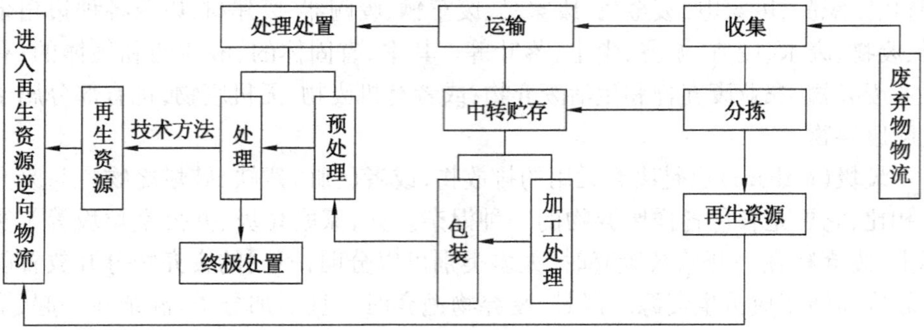

图5-23 废弃物物流一般流程

其中,分类收集对废弃物处理处置有直接利害关系,不同分类收集方法对后续处理处置有时起决定作用。因此,按照实际情况和需要,收集、转运和废弃物处理处置也可并重。

(一)收集

收集是废弃物物流的开始。废弃物从产生源排放起便进入废弃物物流系统。废弃物产生源主要是各行业企业、政府部门、学校、军队、社团单位,以及居民家庭、社会公众等。固体废弃物的收集过程相对较简单,特别是生活固体废弃物,多为定点收集和定时收集,且这一过程与运输环节密不可分。

(二)运输及中转

废弃物的运输是指固体废弃物从产生地或收集点运送到堆放场地或处理、处置场所的物流作业,也包括合适的废弃物容器和运输工具选择,合理的装载方式和运输路线确定,以及泄漏等时的临时应急补救措施预案。

顾及收集和合理的中转过程,通常废弃物运输大体可分为直接运输、一级转运、多级转运等。

1. 直接运输

直接运输:载运车辆→处理站/处理中心。一种情况是废弃物收集点与处理中心相距不远,可减少不必要的装卸作业环节;另一种情况是废弃物收集点多且较分散,需利用较大吨位的转运车辆,对散布于各收集点的废弃物进行收集,后直接运到处理中心场所。

2. 一级转运

一级转运:收集车→中转站→处理站/处理中心。一种情况是废弃物多点收集,量小分散,又与处理中心相距较远,经由中转集货形成批量,再运送至处理站/处理中心,可节省运输成本;另一种情况是废弃物产生源相对集中,零星却多源头排放,积少成多,一般通过人力车或机动小车(1~2 t车型)收集运至中转站,再集货后由较大车辆转运到处理场所,这较适用于道路易拥堵、噪声污染控制要求较高、人口密度高的社区。例如，社区生活固体垃圾收集与运输。

因废弃物产生地与处理地的距离不断扩大，为便于将分散的废弃物进行收集，也便于废弃物的最终处理和运输过程减量化，需要设立集货中转站。

已丧失或基本丧失原有使用价值而可回收再生的废弃物，在经收集环节简单的回收和分类后，运至集货中转站，在进行加工、贮存和运至处理中心之前，可对废弃物进行分类回收。

中转过程中发生废弃物的包装加工和贮存，在集货中转站对废弃物进行简单加工处理。例如，生活固体废弃物的压缩、消毒、干燥脱水和暂时存放等。这是便于废弃物运输和处理的物流环节。

3. 多级转运

多级转运：收集车→集货中转站→大型转运中心→处理站/处理中心。这是针对废弃物生产源远离处理场所的情况，收集后，先经一次小规模集货中转运输，再安排一次较大规模转运至处理场所。例如，生活固体废弃物，大致是废弃物收集，并装载于人力车或机动小车运至集货中转站；继而装运至大型转运中心，再用填装压缩设备将废弃物装入集装容器，最后用装载车辆运至处理处置场所。

（三）处理处置

废弃物从排放、收集、中转运输运达处理中心，经一系列物流作业，进入最终处理处置，除了部分再生资源可回收利用进入逆向物流之外，大部分废弃物被最终处理处置，其流动终止，废弃物物流流程也随之终结。

废弃物处理处置有多种技术方法，不同类别的废弃物处理处置的技术方法不尽相同。废弃物中，生活废弃物尤其是生活固体废弃物最为多见。因此，生活固体废弃物物流也最有典型意义。

生活固体废弃物的处理处置技术方法，主要有生物堆肥、净化处理、安全焚烧、卫生填埋和烘干处理。

1. 生物堆肥

生物堆肥，即利用垃圾或土壤中存在的细菌、酵母菌、真菌和放线菌等微生物，使垃圾中的有机物发生生物化学反应而降解（消化），形成一种类似腐殖质土壤的物质，用作肥料并用来改良土壤。此外，也可在远离城市的沟、坑、塘、谷中，选择适宜的位置直接堆放垃圾，利用自然净化作用使垃圾逐渐风化沉降。

2. 净化处理

净化处理指的是采用物理方法、化学方法，对垃圾（如废水、废气）进行净化处理，减少对环境的污染。

3. 安全焚烧

安全焚烧就是建造和利用焚烧炉对垃圾进行焚烧处理。垃圾焚烧发电厂主要工作系统，包括垃圾接受及给料系统、垃圾焚烧系统、热能利用系统、烟气处理系统、残渣处理系统。垃圾在焚烧系统完全燃烧所产生的热能可转化为电能；烟气、烟尘经处理净化后通过烟囱排入大气;从焚烧炉排出的灰渣(约10%左右),经传送带上部的磁性分选机分选出含铁金属后,送入灰渣坑,可再制成水泥、混凝土等建筑材料。

4. 卫生填埋

卫生填埋是利用自然的废弃坑塘或人工挖出的深坑,倒入运来的垃圾,表层用土进行填埋处置。为防止填埋废物与周围环境接触,尤其是防止污染地下水,要求在填埋场底部铺有一定厚度的黏土层或高密度聚乙烯材料的衬层,并具有地表径流控制、浸出液和沼气收集、监测井等设计。

这一方法因场地所限,加上多少存有污染环境风险,现在越来越多的国家特别是发达国家已不再被采用甚至禁用。

5. 烘干处理

烘干处理:采用加热干燥方式,充分利用热风,迅速使垃圾烘干脱水转化为衍生燃料或其他物料。

在进行最终处理之前,往往需要对垃圾进行预处理。预处理主要包括生活垃圾的分拣、破碎、压实、脱水、加湿、混合等,可视为对进入最后处理阶段的生活垃圾的加工环节。对于不同的处理方式,所发生的加工作业不同。通常,堆肥需要的预处理是破碎、分选、加湿或脱水;焚烧则需要对垃圾做脱水和分选处理,挑出对焚烧炉设备和焚烧过程有害的物质,如爆炸性物质和不可燃烧物质等,同时使物料具有尽可能均匀的组成和相近的热值,提高垃圾的发热值。卫生填埋一般不需要预处理。

处理阶段发生的物流作业,是不同处理方式和处理工艺的重要组成部分。因此,可视为工序物流,也是处理站的内部物流。示例:城市生活固体废弃物物流一般流程见图5-24。

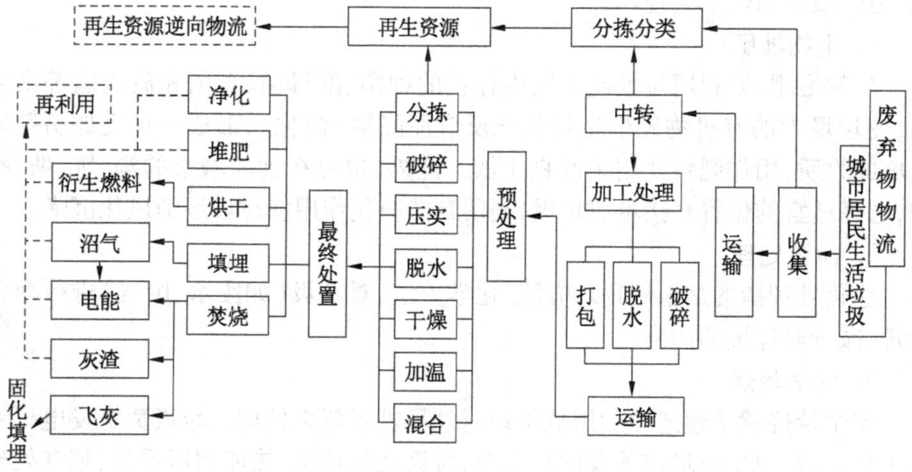

图5-24 城市生活固体废弃物物流一般流程

三、餐厨垃圾处理处置

废弃物中,餐厨垃圾是一种较特殊的排放物,主要成分为淀粉类、食物纤维类、动物脂肪类等有机物质,水分、油脂和盐分含量高,易腐发酵发臭,滋生蚊蝇,会对环境卫生造成恶劣影响,且易滋生病原微生物、霉菌毒素等有害物质,影响食品安全和生态安全,需要专门处理处置。

餐厨垃圾,即厨房食物加工下脚料(厨余)和食用残余,俗称泔脚或泔水、潲水。它是食物垃圾中最主要的,是米面五谷食物及其制品、油、水、果皮、蔬菜、鱼、肉、骨头,以及废餐具、塑料、纸巾等多种物质的混合物。

餐厨垃圾的产生源,主要是旅游饭店、社会餐饮企业、单位食堂(企业、机关及事业单位、学校等)、居民居家和公共大众餐食等。

餐厨垃圾处置不当会产生严重的后果,但它也并非一无是处。合理利用餐厨垃圾,符合废弃物处理减量化、再利用、资源化要求,也是发展循环经济的生动案例。

餐厨垃圾按固体废物处理处置,具体的处理技术主要有填埋、堆肥、焚烧、发酵等。其中,采用高温干燥法,或者更多的是采用微生物发酵法,即将餐厨垃圾与米糠、麦麸等调整材料混合,再加入某些微生物菌种与其进行搅拌加热,在一定的温度下经一段时间发酵分解和干燥、灭菌处理后,就可制成微生物蛋白饲料。示例:餐厨垃圾湿式发酵流程见图 5-25。

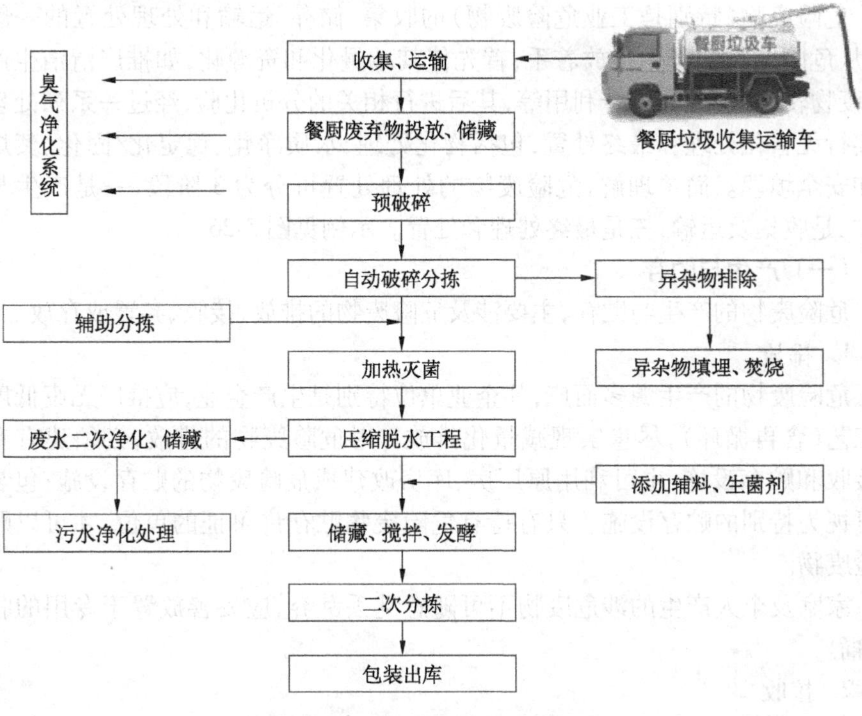

图 5-25　餐厨垃圾湿式发酵流程

特别是餐厨垃圾的厌氧处理,可产生大量沼气。沼气是一种清洁的可再生能源,可用于发电和做燃料,且处理系统全封闭而无异味,是餐厨垃圾厌氧处理的主要发展方向之一。

厌氧工艺流程:收集来的餐厨垃圾通过分选装置去除大块物料后,再经提油处理回收其中的油脂,而后经打浆、调质,进入厌氧反应罐,在此与菌种接触,在一定 pH(氢离子浓度指数)和 C/N 比(碳氮比,有机物中碳的总含量与氮的总含量之比)的条件下,经水解酸化、甲烷化产生沼气,沼气经净化后用于发电或直接做燃料。沼液做液体肥料或曝气处理达标排放。少量沼渣经熟化添加元素后,达到固体肥料标准或者熟化后制成营养土,可用于园林绿化。

四、危险废物回收利用与处置

危险废物(dangerous waste)是社会生产和生活中的排放物因不适当操作、储存、运输、处理处置对人体健康或环境带来重大威胁的废物。它包括除放射性以外的固体、污泥、液体、容器内的气体和被污染的容器。不管是单独的或是与其他废物混在一起的,不管是产生的、被处置的或是正在运输中的,危险废物通常具有毒害性、易燃性、腐蚀性、反应性、浸出毒性和传染疾病性等,需要采取与一般废弃物不同的特殊管理(持证经营和全过程控制)与处置。危险废物的收集、贮存、运输和处置,都必须严格执行相关的技术规范。

危险废物(特别是工业危险废物)的收集、储存、运输和处理处置的一般流程,从危险废物的产生排放着手,首先使其减量化和资源化,如推广清洁生产工艺、废物转移或交换、综合利用等,其后进行相关的分析化验,经过一系列处理直至实行无害化处理和最终处置,包括物化处理、水质净化、稳定化/固化、焚烧处理和安全填埋。简单理解,危险废物的处理处置可分为 3 阶段,一是产生与贮存,二是收集及运输,三是最终处理和处置。示例见图 5-26。

(一) 产生与贮存

危险废物的产生与贮存,主要涉及危险废物的排放、接收、弃置或存放。

1. 排放

危险废物的产生源多而广,凡企业单位特别是生产企业,应推广无废低度清洁工艺(含再循环),尽量实现减量化排放。对危险废物的排放,必须建有专门的接收和贮存设施,也可利用原厂房、库房改建成危险废物的贮存设施;包装容器可视为特别的贮存设施。只有持有危险废物贮存许可证的单位,才可以贮存危险废物。

家庭及个人产生的涉危废物不可随意乱丢乱弃,应妥善放置于专用的收集箱/桶。

2. 接收

对运到危险废物贮存设施的危险废物,在接收时,要进行鉴别,保证与同意接收的危险废物一致。不接收没有标签或标签没按规定填写的任何危险废物；不接收包装容器已破损、泄漏的任何危险废物；不接收没按规定正确使用包装容器的任何危险废物。

3. 存放

装载在包装容器内的危险废物，在贮存设施内可以堆叠存放，其高度应视容器的强度而定；留有工作人员和搬运工具通行过道，以便应急处理。在常温常压下易爆、易燃及排出有毒气体的危险废物，必须进行预处理，使之稳定后贮存；否则，按易爆、易燃危险货物贮存。在常温常压下不水解、不挥发的固体危险废物可在贮存设施内分别堆放，此外的都必须装入容器内。对于量很小的废物，特别是总存量不超过 500 kg(L)的，在收集前或处置前放入符合要求的容器。

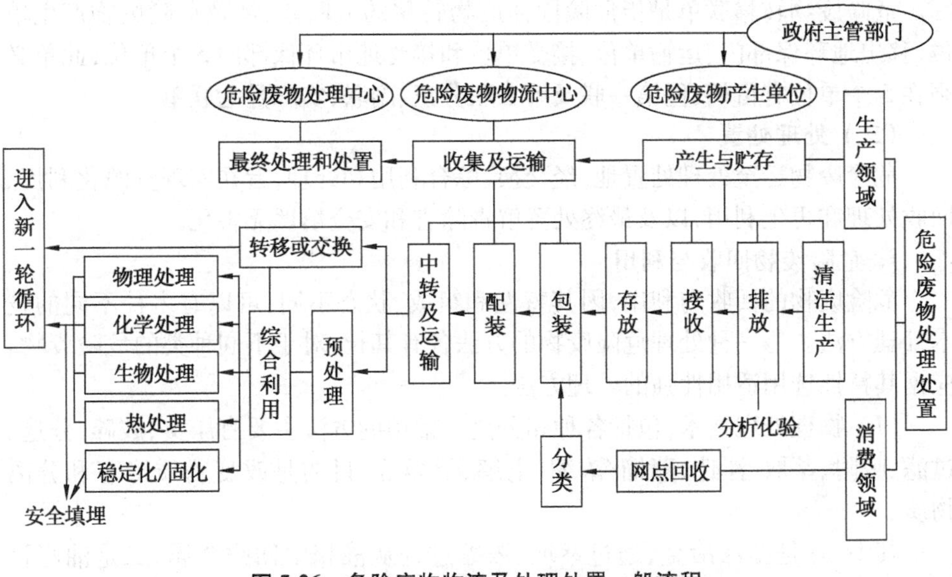

图 5-26　危险废物物流及处理处置一般流程

(二) 收集和运输

危险废物的收集和运输，是危险废物物流的关键环节，主要包括危险废物的包装、中转和运输。

1. 收集

危险废物产生单位进行的危险废物收集，包括将危险废物集中到适当的包装容器中或运输车辆上，以及将已包装或装到运输车辆上的危险废物集中到本单位内部临时贮存设施的内部转运。

危险废物的收集应根据危险废物产生的工艺特征、排放周期、危险废物特性等，制定详细的收集操作规程。危险废物收集和转运人员应根据工作需要配备必要的个人防护装备，并在危险废物的收集和转运过程中，采取相应的安全防护和污染防治措施。

危险废物种类繁多又复杂，在危险废物收集时，应根据危险废物的种类、数量、危险特性、物理形态、运输要求等因素确定包装形式，并严格执行对包装及容器的技术要求。

2. 中转及运输

危险废物处置一般距离较远的，可设中转环节；中转站设施包括暂存库（仓、槽、池等）、处理车间（油水分离、固液分离、中和、解毒等）和包装调整（集散、换桶等）。

危险废物的运输，要求有专用车辆或船舶；持证经营；持证上岗；明显标志；携带联单等。

危险废物的运输实行转移联单制度，为的是对危险废物的转移进行有效跟踪。危险废物转移联单是指危险固体废物转移的五联单，涉及危险废物产生单位、移出地环保部门、运输单位、接受单位和接受地市环保部门5个单位，此单必须在5个单位有留档，但第一联及第二联分正、副联，实际是七联单。

（三）处理处置

危险废物运至处理处置地，经交换、综合利用和处理，旨在实现资源化利用、回收处理和再生利用，以及最终处置解毒除害和安全填埋无害化。

1. 危险废物回收与利用

危险废物的回收与利用，因其特性和组成、状态不同，可以有多种不同的技术处理方法。每一种处理危险废物的方法各有其长，对于不同种类的危险废物，应据其特性选用适用性强的处理方法。

（1）物理处理技术，包括各种相分离。常用的方法主要有压实、破碎、分选、过滤、吸附、萃取/浮选、蒸馏/浓缩、电解、干燥等，目的是改变物质形态和分离物质。

其中，一是湿法冶金，通过萃取、浓缩过程从液相中回收金属；二是油脂再生，以蒸馏技术对废润滑油经再生过程处理后，所得到的回收油质量可基本相当于原有产品质量；三是溶剂回收，采用蒸馏、过滤、简单蒸发等技术分离废溶剂中的污染物，使溶剂再生，生产具有原有溶剂质量的再生溶剂，或者低一级的其他用途产品（如喷漆稀释剂等）。

（2）化学处理技术，是应用最为广泛、最有效的方法之一。常用的有沉淀及絮凝、沉降、化学氧化、重金属沉淀、化学还原、中和、油水分离、溶剂/燃料回收等方法。

（3）生物处理技术，适用有机废物处理。其中，用于有机固体废物的包括堆肥法和厌氧发酵法；用于有机废液的包括活性污泥法、厌氧消化法。

（4）热处理技术，包括高温焚烧处置技术和火法冶炼技术。焚烧是一种热氧化过程，其中的有害物与空气中的氧气反应，生成气体和不易再燃烧的固体残渣；产生的气体净化后排放，固体残渣需填埋处置。采用共焚烧法，将废物只作为补充燃料，在入炉前与一次燃料（煤、燃料油）混合后使用，通过共焚烧法既可回收能量，又能分解破坏有机类有害废物。火法冶炼指的是采用冶炼炉将电镀污泥、冶炼废渣等高温冶炼，回收其中的金属。

危险废物的焚烧宜采用以旋转窑炉为基础的焚烧技术，可根据危险废物种类和特征选用其他不同炉型；焚烧设施必须有前处理系统、尾气净化系统、报警系统和应急处理装置；危险废物焚烧产生的残渣、烟气处理过程中产生的飞灰，必须按危险废物进行安全填埋处置。

（5）稳定化/固化技术，是一种将废物与能聚结成固体的材料混合，从而将废物捕获或固定于该固体结构的技术。它已被广泛应用于危险废物焚烧处置设施产生的飞灰固化和稳定化、填埋处置液态或污泥态的危险废物的稳定化和固化。其中，物理稳定化技术将污泥或半固体与一种疏松物料（如粉煤灰）混合生成一种粗颗粒、有土壤坚实度的固体；化学稳定化技术是利用化学反应使有毒物质变成不溶性化合物，并在稳定的晶格内固定不动；其他固定技术，有黏土固定法及使用各种在处理时会硬化的有机聚合物进行包胶的方法。

2. 危险废物处置

危险废物处置，是指将危险废物焚烧或用其他改变其物理、化学、生物特性的方法，达到减少已产生的废物数量、缩小固体危险废物体积、减少或者消除其危险成分的作业，或者将危险废物最终置于符合环境保护规定要求的场所或设施并不再回取的作业。

（1）处置危险废物的办法，主要有地质处置和海洋处置（已被国际公约禁止）。地质处置至今仍是世界各国最常采用的一种废物处置方法，主要包括土地耕作、永久贮存或贮留地贮存、土地填埋、地面贮灌池（固体沉淀、生物降解）、深井灌注和深地层处置等。其中，应用最多的是土地填埋处置技术。特别是对人类生存健康具有严重威胁的工业废弃物（放射性核废料、重金属），需要采用特殊的处理工艺进行慎重处理。例如，核废料，经过焚化压缩固化后，装进大型金属罐，低放射性的在地表掩埋，高放射性的深埋数千米以下的地壳。

（2）危险废物的安全填埋处置和污染控制。第一，有满足要求的防渗层，不得产生二次污染。第二，要严格按照作业规程进行单元式作业，做好压实和覆盖。第三，要做好清、污水分流，减少渗、沥水产生量，设置渗、沥水导排设施和处理设施。对易产生气体的危险废物填埋场，应设置一定数量的排气孔、气体收集系统、净化系统和报警系统。第四，填埋场运行管理单位应自行或委托其他单位对填埋场地下水、地表水、大气进行定期监测。第五，填埋场终场后，要进行封场处理，进行有效的覆盖和生态环境恢复。第六，填埋场封场后，经监测、论证和有关部门审定，才可以对土地进行适宜的非农业开发和利用。

（四）应急措施

危险废物贮存、收集、运输和处理处置全程，必须制定如伤害、燃烧、溢漏等事故下采取的应急措施，并且备足应急措施需使用的用具、设备和装备。同时，必须使所有员工都掌握应急设备、工具、装备的使用方法和用途。所有人员都需掌握报警方法及消防部门、医疗单位、管理机构的联系方法；接受专业培训经考核合格的员工方可上岗工作。

思考题

1. 简述生态物流的现代文明意义。
2. 结合案例解读物流生态及物流生态系统。
3. 结合案例解读问题产品、废旧物与逆向物流。
4. 结合案例解读逆向物流的技术、方法与流程。
5. 结合案例解读再生资源逆向物流。
6. 结合案例解读废弃物物流、废弃物物流技术与流程。
7. 结合案例解读危险废物回收利用与处置。
8. 案例分析：阅读所给的案例材料，结合所学的相关知识展开分析，并加深对知识的理解。

案例 5-2　德国新型垃圾处理技术：垃圾变废为宝

德国欧绿保公司（ALBA）的垃圾处理厂位于柏林潘口区，采用新一代生活垃圾处理技术，即"机械物理稳定化垃圾处理技术"处理混合垃圾，自 2005 年起柏林近一半的生活垃圾是通过这种技术进行处理的。

最古老的垃圾处理技术是填埋。但不管是简易填埋还是卫生填埋，垃圾堆积产生的渗滤液与其所含重金属对地下水和土壤都有长期潜在的污染威胁。因此，德国从 2005 年 6 月开始全面禁止垃圾直接填埋。世界上广泛采用的垃圾焚烧发电技术，对垃圾中所含有的热值进行了充分利用，是垃圾热利用的有效方式。但是，原生垃圾含水率高，成分复杂，直接焚烧需要特别谨慎地对排放烟气和微颗粒物进行处理，以免产生二噁英等，对环境造成二次污染。

欧绿保公司应用的新一代生活垃圾处理技术，已不再直接焚烧垃圾，而是通过各种机械、物理和生物化的处理手段，对垃圾进行精细分拣和再利用。简单地说，就是先把生活垃圾粉碎，通过机械化的流水作业，经过磁选、光选、风选等过程，一方面分选出有再利用价值的资源物质（如钢铁和有色金属等）再生利用，另一方面将垃圾中的有害物质提前分离出来，如含有氯元素的聚氯乙烯塑料（PVC 塑料）、电池和重金属等。然后再分选出沙石、玻璃等惰性不可燃物做成建筑材料。最后，将剩余的塑料、橡胶、纸、木、纺织物，以及有机生物质等高热值组分烘干脱水，制作成性能稳定的“垃圾衍生燃料”。

这种燃料拥有的高热值与褐煤相近，且具有环保特性，被人们称为“绿色煤炭”，可供电厂或水泥厂等燃煤发电设施与煤炭一起燃烧利用。顾客如果使用这种燃料，还可以在碳交易中获得相应的二氧化碳排放额度。由于已经直接从源头上遏制了二噁英的生成，因而无须再采用其他传统控制方式，降低了烟气后处理成本。而整个垃圾处理过程几乎能够把普通生活垃圾中90%以上有价值的物质再回收，也实现了垃圾资源利用率的最大化。

欧绿保公司垃圾处理厂周围没有多少异味，厂房内部也没有特别刺鼻的臭味。这一方面得益于垃圾随到随处理的快速处理原则，尽可能减少了垃圾堆放产生的异味；另一方面也要归功于必要的环保投入，尤其是整个厂区的空气循环设计和尾气处理过程。

通过抽压空气，整个封闭式结构的厂房内部处于负压状态，使垃圾厂内部的异味不会向外扩散。而在处理过程中也不需要焚烧垃圾，仅有一个大约370℃的高温烘干过程，所产生的气体，还要经过燃烧和多道流程的尾气处理，直到无味无害，满足严格的环保标准后才能排入大气。

正因为不影响周边居住环境，不排放任何未经处理的有害废气，这个垃圾处理厂才被允许建在市区。即便如此，为了打消民众的疑虑，公司还多次邀请附近居民来垃圾处理厂参观和交流，排放数据也通过第三方来测量并在网上公开。

（李山：《德国采用新型垃圾处理技术将垃圾变废为宝》，2014－05－22. http://discovery.163.com/14/0522/11/9SRLJM0E000125LI.html.）

第六章
物流网络工程

物流环节链及物流作业序列构筑起物流全程；而物流作业、物流运作所依托的支撑和平台，即物流网络工程系统，包括物流信息网络工程、实物流网络工程和物流组织网络。其中，物流信息网络主要包括全球统一标识系统、地理信息系统、全球定位系统、位置服务、智能交通系统、移动通信技术等信息工程技术；实物流网络集聚物流系统的主要基础设施、设备，以及相应的技术、人员和管理等资源要素，并配置于物流线路和物流节点；物流组织网络则是物流网络工程系统乃至整个物流系统运行的组织保障。

第一节　物流信息网络

物流信息网络工程（logistics information network engineering）是物流网络工程系统的构件之一，是传动并维持庞大又复杂的物流系统运转的中枢和绝不可缺的技术支撑。物流信息网络工程技术除了基本的物流管理信息技术之外，主要包括全球统一标识系统、地理信息系统、全球定位系统、位置服务、智能交通系统、移动通信技术、物联网、智能物流、智慧物流等信息工程技术。

一、全球统一标识系统

全球统一标识系统（Global Standard One，简称 GS1①），是以对零售项目、贸

---

① GS1 系统起源于美国，由美国统一代码委员会（Uniform Code Council，简称 UCC）于 1973 年创建，即采用 12 位的数字标识代码 UPC（Universal Product Code）系统，并在 1974 年首次应用于开放的贸易。1974 年，欧洲 12 国的制造商和销售商自愿组成一个非营利的机构，在 UPC 条码的基础上进行条码开发设计，有意与 UPC 系统相兼容；1977 年正式成立了欧洲物品编码协会（European Article Number，简称 EAN），并开发了采用 13 位数字编码的 EAN 系统，在北美以外地区使用又兼容 UPC 系统，加速了条码技术在欧洲及全球的应用进程。1981 年，EAN 已发展为国际性组织，改名为国际物品编码协会（International Article Number 或 EAN International）。2002 年，EAN 接收 UCC，协力建立起一套国际通行的全球跨行业的产品、物流、资产、位置和服务的标识标准体系和通信标准体系，即“全球商务语言——EAN · UCC 系统”。2005 年 2 月，EAN 和 UCC 正式合并更名为 Global Standard One（简称 GS1），成为全球性的、中立的非营利组织；EAN · UCC 系统即全球统一标识系统，简称 GS1 系统。

1991 年 4 月，中国物品编码中心代表中国加入国际物品编码协会（EAN）。国际的 EAN · UCC 系统——全球统一标识系统，在中国即 ANCC 系统（Article Numbering Center of China）。

易项目、物流单元、位置、资产、服务关系等进行编码为核心,集条码、射频等自动数据采集、电子数据交换、全球产品分类、全球数据同步、产品电子代码等系统为一体,服务于全球供应链物流和物联网应用的开放的标准体系。它主要包括编码体系、数据载体和数据交换体系。

(一) GS1 系统编码体系

GS1 系统编码体系是整个 GS1 系统的核心,分为标识代码和附加属性代码。其中,标识代码包括全球贸易项目代码、系列货运包装箱代码、全球参与方位置码、全球可回收资产标识、全球单个资产标识和全球服务关系代码;附加属性代码附属于标识代码,是不能独立存在的。GS1 系统编码体系见图 6-1。

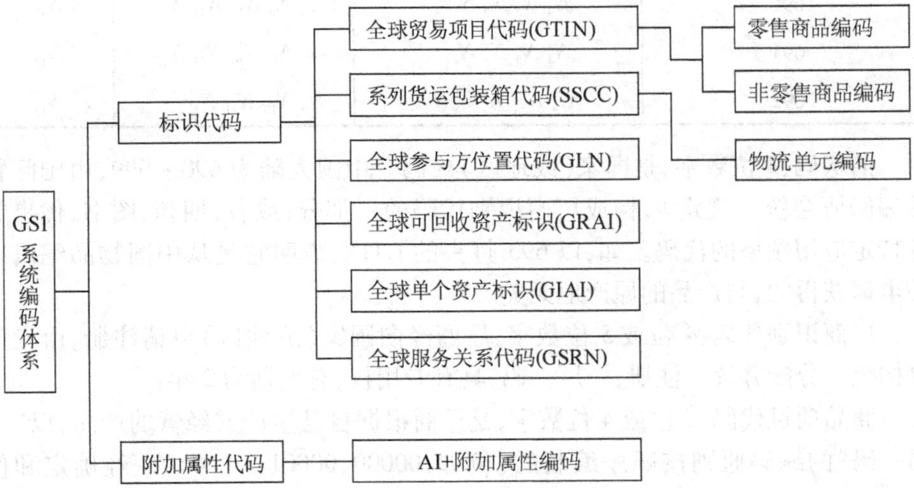

图 6-1　GS1 系统编码体系

1. 全球贸易项目代码

全球贸易项目代码(Global Trade Item Number,简称 GTIN)是编码体系中应用最广泛的标识代码。贸易项目是指一项产品或服务。GTIN 是为全球贸易项目提供唯一标识的一种代码(称代码结构)。对贸易项目进行编码和符号表示,能够实现商品零售、进货、存补货、销售分析及其他业务运作的自动化。

全球贸易项目代码有 4 种不同的代码结构:GTIN-13、GTIN-12、GTIN-8 和 GTIN-14;可对不同包装形态的商品进行唯一编码①。标识代码无论应用在哪个领域的贸易项目上,每一个标识代码必须以整体方式使用。完整的标识代码可以保证在相关的应用领域内全球唯一。

① GTIN-12(UCC-12)代码只有当产品出口北美地区,客户特别指出时才会采用。GTIN-8 代码只是在包装尺寸有限情况下,经由厂商向编码中心申请后才使用。

（1）GTIN-13 代码结构

GTIN-13（EAN·UCC-13）代码有 13 位数字，其结构分别代表前缀码、厂商识别代码、商品项目代码和校验码，由代表 12 位数字的产品代码和 1 位校验码组成。GTIN-13 条码代码结构见表 6-1。

表 6-1　GTIN-13 条码代码结构

厂商识别代码		商品项目代码（5 位或 4 位）	校验码（1 位）
国家或地区代码(3 位)	厂商代码(4 位或 5 位)		
$N_1\ N_2\ N_3$	$N_4\ N_5\ N_6\ N_7$	$N_8\ N_9\ N_{10}\ N_{11}\ N_{12}$	N_{13}
690	$N_4\ N_5\ N_6\ N_7$	$N_8\ N_9\ N_{10}\ N_{11}\ N_{12}$	N_{13}
691	$N_4\ N_5\ N_6\ N_7$	$N_8\ N_9\ N_{10}\ N_{11}\ N_{12}$	N_{13}
692	$N_4\ N_5\ N_6\ N_7\ N_8$	$N_9\ N_{10}\ N_{11}\ N_{12}$	N_{13}

前缀码：3 位数字，是国家（或地区）代码。中国大陆为 690～699，由国际物品编码协会统一规定①，构成厂商识别代码的一部分；或者，期刊、图书、优惠券等特定应用领域的代码。如，以 693 打头的 GTIN，表明它是从中国物品编码中心申请获得的，与产品的原产地无关。

厂商识别代码：4 位或 5 位数字，厂商经向国家（或地区）申请注册，由专门机构统一分配并统一注册，一厂一码，具有专用权，有效期为 2 年。

商品项目代码：5 位或 4 位数字，是厂商根据自己生产或经营的产品，以"一品一码"的编码原则按顺序编制的（例如，00000，00001，…，n），一经确定和使用，就不能用于其他产品。

校验码：1 位数字，右端末位，根据代码中其他所有数字推算求得，用以校验整个代码编码的正误。

GTIN-13 代码的校验码，是根据代码中其他 12 位数字推算求得的，其具体算法：

a. 包含校验码的所有数字从右向左编序号，分别为 1，2，3，…，N；

b. 从第 2 位开始，所有偶数位的权数为 3，从第 3 位开始，所有奇数位的权数为 1；

c. 列出代码数字，将对应位置的代码数字与权数相乘；

d. 将代码数字与权数相乘的所有乘积相加求和；

e. 将求和结果除以 10，取其余数；

f. 如果余数为 0，则校验码为 0；否则，用 10 减去余数的差，即为校验码。

① 详见中国物品编码中心"国家及地区前缀码查询"系统（http://www.ancc.org.cn/Service/queryTools/GS1PrefixCode.aspx）。

示例：厂商标识代码 69201234，商品项目代码 0001。按 GTIN-13 编码，设 X 为校验码，求 X。根据算法，得表 6-2。

表 6-2　GTIN-13 代码校验码算法

a. 位数序号	13	12	11	10	9	8	7	6	5	4	3	2	1
b. 权数	1	3	1	3	1	3	1	3	1	3	1	3	
c. 代码数字（GTIN-13）	6	9	2	0	1	2	3	4	0	0	0	1	X
$b \times c$	6	27	2	0	1	6	3	12	0	0	0	3	
d. 所有乘积相加	60												
e. 将 d 除以 10 求余数	60 ÷ 10 = 6……余 0												
f. 10 - 余数	若余数为 0，或 10 - 0 = 10（个位数）为 0，则校验码 = 0												
将校验码代入代码，得	6	9	2	0	1	2	3	4	0	0	0	1	0

注：此校验码算法完全适用于 GTIN-12、GTIN-8 和 GTIN-14 代码校验码的推算。

（2）GTIN-14 代码结构

GTIN-14（EAN · UCC-14）代码结构由 14 位数字组成：第一位数字为包装指示符，用于指示储运包装商品的不同包装级别，赋值区间为 1 ~ 9。其中，1 ~ 8 用于定量贸易项目（定量非零售商品），9 用于变量贸易项目（变量非零售商品）。这组代码由厂商编制。GTIN-14 条码代码结构见表 6-3。

表 6-3　GTIN-14 条码代码结构

指示符	包装内含项目的 GTIN（不含校验位）	校验码
N_1	$N_2\ N_3\ N_4\ N_5\ N_6\ N_7\ N_8\ N_9\ N_{10}\ N_{11}\ N_{12}\ N_{13}$	N_{14}

1）定量非零售商品。定量非零售商品是指不通过销售终端 POS 扫描结算的，用于配送、仓储或批发等操作的由任何标准包装等级组成的商品单元。定量非零售商品标识代码的编制，通常有 3 种情况，一是单个包装的非零售商品；二是含有多个相同包装等级的非零售商品；三是含有多个不同包装等级的非零售商品。

其一，单个包装的非零售商品。单个包装的非零售商品是指独立包装但又不适合通过零售端 POS 扫描结算的商品项目。如，独立包装的冰箱、洗衣机等，其标识代码也可采用 GTIN-13 代码结构。包装指示符为“0”。

其二，含有多个相同包装等级的非零售商品。如果要标识的货物内由多个相同零售商品组成不同的包装等级，其标识代码也可选用 GTIN-13 代码。采用 GTIN-13 代码时，与零售贸易项目的标识方法相同。采用 GTIN-14 代码时，在原有的 GTIN-13 代码（不含校验码）前添加包装指示符，并生成新的校验码。储运箱上的商品项目代码与单件的商品项目代码相同。包装指示符为“1～8”，表明储运箱的包装级别。若20件商品装在一个储运箱内，包装指示符取“1”；若40件商品装在一个储运箱内，包装指示符则为“2”；以此类推，由厂商自定。校验码要重算。

示例：多级包装的洗发水，其标识代码选择方案，整箱GTIN-14代码为16901234000044，或GTIN-13代码为6901234000054；装有24箱的托盘GTIN-14代码为26901234000041，或GTIN-13代码为6901234000061。

其三，含有多个不同包装等级的非零售商品。如果要标识的货物内由多个不同零售商品组成标准的组合包装商品（即混合包装，如牙刷、牙膏等装在一个储运箱内），储运箱上的商品项目代码必须重新编制，区别于它内装的每一商品的商品项目代码。包装指示符为“0”。校验码必须按GTIN-13代码条码校验码的算法重算（含包装指示符数字）。

2）变量非零售商品。变量非零售商品是指不通过销售终端POS扫描结算的，用于配送、仓储或批发等操作，以基本计量单位计价和数量随机包装形式的商品单元，如待分割的猪肉、牛肉等。变量非零售商品的标识代码采用GTIN-14代码结构。变量非零售商品GTIN-14条码代码结构见表6-4。

表6-4　变量非零售商品GTIN-14条码代码结构

指示符	包装内含项目的GTIN（不含校验位）	校验码
9	$N_2\ N_3\ N_4\ N_5\ N_6\ N_7\ N_8\ N_9\ N_{10}\ N_{11}\ N_{12}\ N_{13}$	N_{14}

指示符9：表示此代码是对变量贸易项目的标识。厂商识别代码、项目代码和校验码与GTIN-13代码相同。

变量贸易项目的条码符号表示的是一种国内（或地区境内）的解决方案，当产品用于跨国（地区）贸易时不得使用。要出口的厂商必须有效地采用产品进口国（地区）的解决方案。

GTIN-14代码的校验码算法，可采用与GTIN-13代码校验码的同一算法（也适用于ITF-14代码），但根据需要也可选用其他算法。

2．系列货运包装箱代码

系列货运包装箱代码（Serial Shipping Container Code，简称SSCC）是为物流单元（便于运输或储存的任何包装单元，不进行交易）提供的唯一标识代码。SSCC代码亦即物流单元标识代码，是标识物流单元身份的唯一代码，具有全球唯一性，属于单品编码。它采用SSCC-18代码进行唯一的标识（同一个SSCC代码，自分配给某一物流单元后至少1年内不得再分配给其他的物流单元），是一个被广泛用于物流的码制。

常用的SSCC-18代码结构：AI（应用标识符）＋扩展位＋厂商识别代码＋系

列代码 + 校验码,包含 18 个字符。第 1 位字符常指包装种类:0-纸盒、纸箱,1-栈板(托盘),2-货柜(集装箱),3-未定包装形态,4-厂商内用包装形态,5 ~ 8-预留,9-多类型可变装箱形态;第 2 位 ~ 第 17 位字符为厂商代码和货物序列号,厂商代码从 EAN · UCC 组织获得,货物序列号由厂商自定;第 18 位数字是校验符。物流单元标识代码结构有 4 种。系列货运包装箱 SSCC 代码结构见表 6-5。

表 6-5 系列货运包装箱 SSCC 代码结构

结构类型	应用标识符	扩展位(1 位)	厂商识别代码(7 位或 10 位)	系列号(9 位或 6 位)	校验码(1 位)
结构一	00	N_1	$N_2\ N_3\ N_4\ N_5\ N_6\ N_7\ N_8$	$N_9\ N_{10}\ N_{11}\ N_{12}\ N_{13}\ N_{14}\ N_{15}\ N_{16}\ N_{17}$	N_{18}
结构二	00	N_1	$N_2\ N_3\ N_4\ N_5\ N_6\ N_7\ N_8\ N_9$	$N_{10}\ N_{11}\ N_{12}\ N_{13}\ N_{14}\ N_{15}\ N_{16}\ N_{17}$	N_{18}
结构三	00	N_1	$N_2\ N_3\ N_4\ N_5\ N_6\ N_7\ N_8\ N_9\ N_{10}$	$N_{11}\ N_{12}\ N_{13}\ N_{14}\ N_{15}\ N_{16}\ N_{17}$	N_{18}
结构四	00	N_1	$N_2\ N_3\ N_4\ N_5\ N_6\ N_7\ N_8\ N_9\ N_{10}\ N_{11}$	$N_{12}\ N_{13}\ N_{14}\ N_{15}\ N_{16}\ N_{17}$	N_{18}

SSCC-18 代码的应用标识符 00 表示后跟系列货运包装箱代码,对每个货运包装箱进行标识。扩展位 N_1 表示包装类型,用于增加 SSCC 系列代码的容量,取值范围为 0 ~ 9,由编制 SSCC 代码的厂商分配。例如,0 表示纸盒,1 表示托盘,2 表示包装箱。厂商识别代码同 EAN · UPC 条码,由 7 ~ 9 位数字组成。系列号是由厂商分配的一个连续号;校验码为 1 位数字,计算方法按《GB 12904-2008 商品条码 零售商品编码与条码表示》。

SSCC-18 代码校验码需要推算,算法与 GTIN-13 代码计算校验码的方法完全相同。

3. 全球参与方位置代码

全球参与方位置代码——全球位置码(Global Location Number,简称 GLN),是对供应链上的贸易伙伴和具体位置进行唯一标识的代码。它是一个数字型代码,结构同 GTIN-13 代码,用于标识法律实体、功能实体和物理实体等物流单元的路线信息。法律实体是指合法存在的机构,如供应商、客户、银行、承运商等;功能实体是指法律实体内的具体的部门,如某公司的财务部;物理实体是指具体的位置,如建筑物的某个房间、仓库或仓库的某个门、交货地等。

GLN 代码由厂商识别代码、位置参考代码和校验码组成,13 位数字,有 3 种结构。全球位置代码结构见表 6-6。

表 6-6 全球位置代码结构

结构类型	厂商识别代码(7 位或 9 位)	系列号(5 位或 3 位)	校验码(1 位)
结构一	$N_1\ N_2\ N_3\ N_4\ N_5\ N_6\ N_7$	$N_8\ N_9\ N_{10}\ N_{11}\ N_{12}$	N_{13}
结构二	$N_1\ N_2\ N_3\ N_4\ N_5\ N_6\ N_7\ N_8$	$N_9\ N_{10}\ N_{11}\ N_{12}$	N_{13}
结构三	$N_1\ N_2\ N_3\ N_4\ N_5\ N_6\ N_7\ N_8\ N_9$	$N_{10}\ N_{11}\ N_{12}$	N_{13}

GLN 代码用 GTIN-13 代码数据结构来实现,但必须作为独立的代码系统对

待，不能与 GTIN 混淆。GLN 代码在用条码表示时，应该与应用标识符（AI）一起使用，表示不同的位置。

4. 资产标识代码

资产标识代码（Asset Identifier）包括全球可回收资产标识代码（Global Returnable Asset Identifier，简称 GRAI）和全球单个资产标识代码（Global Individual Asset Identifier，简称 GIAI），用于对可回收资产或单个资产的标识和管理。

5. 全球服务关系标识代码

全球服务关系标识代码（Global Service Relation Number，简称 GSRN）可用于标识在一个服务关系中服务的接受方，为服务供应方提供了存储相关服务数据的方法。在 GS1 系统中采用 GSRN，其结构为应用标识符（AI 8018）和全球服务关系代码。全球服务关系代码包括厂商识别代码、服务参考代码和校验码。

服务参考代码：由服务供应厂商分配，并决定服务参考号的构成和具体内容。

6. 附加属性代码

附加属性：跟踪商品流通所需要设置的附加信息项。例如，净重、面积、体积、生产日期、批号、保质期等。附加信息项与商品相关联，必须与商品标识代码一起出现，并采用应用标识符进行链接。

应用标识符（Application Identifier，简称 AI）是标识编码应用含义和格式的字符，由 2 ~ 4 位数字组成，用于指示紧随其后的数据符所表示的含义和数据格式。每项附加信息编码由"应用标识符（AI）+ 附加信息代码"组成。

应用标识符之后的附加信息代码由字母或数字字符组成，最长为 30 个字符。数据域可为固定长度也可为可变长度，取决于应用标识符。

应用标识符（AI）的使用受规则的支配。有些 AI 必须同另一些 AI 共同出现。如，AI（02）之后就必须紧跟 AI（37）。有些 AI 不应同时出现。如，AI（01）AI（02）。应用标识符（AI）的使用，应严格遵守相关的标准。常用应用标识符（AI）示例见表 6-7。

表 6-7 常用应用标识符（AI）示例

AI	数据段含义	格式
00	系列货运包装箱代码（SSCC）	n2 + n18
01	全球贸易项目代码	n2 + n14
02	物流单元内贸易项目标识代码（GTIN）	n2 + n14
10	批号	n2 + an...20
11	生产日期	n2 + n6
13	包装日期	n2 + n6
15	保质期	n2 + n6
17	有效期	n2 + n6
37	物流单元内贸易项目的数量	n2 + n...8

续表

AI	数据段含义	格式
401	货物托运代码	n3 + an. . . 30
402	装运标识代码	n3 + n17
410	交货地全球位置码	n3 + n13
420	同一邮政区域内交货地点的编码	n3 + an. . . 20
703s	具有 3 位 ISO 国家(或地区)代码的加工者核准号码	n4 + n3 + an. . . 27
8005	单价	n4 + n6

注:n 表示数字;a 表示字母。

例如:在批号或组号(10)的格式"n2 + an…20"中,"n2"表示该应用标识符(10)是 2 位的数字格式,"an…20"表示应用标识符(10)后跟数字或字母型代码,该代码是不定长格式,但最长不超过 20 位。

例如:在有效期(17)的格式"n2 + n6"中,"n2"表示该应用标识符(17)是 2 位的数字格式,"n6"表示应用标识符(17)后跟定长的全数字型代码,代码长度为 6 位。

示例:某厂商生产的某产品,采用 6 件装组合包装,商品标识代码为 16901234000044,生产日期为 2005 年 1 月 1 日,有效期至 2008 年 1 月 1 日,批号 123ABC,它的编码表示:(01)16901234000044(11)050101(17)080101(10)123ABC。

GTIN 的再利用周期。一是不再生产的产品的 GTIN,自厂商将该种产品的最后一批货配送出之日起,至少 48 个月内不能被重新分配给其他的产品。二是根据商品种类的不同,再利用周期有所调整。例如,服装类商品,最低期限可减少为 30 个月;钢材可能存放多年后才进入流通市场,期限会很长。厂商在重新使用 GTIN 时,必须对原商品品种在供应链中的流通期限做一个合理的预测,以免使用该 GTIN 的原商品品种与新商品品种同时出现引起混乱。此外,即使原商品品种已不在供应链中流通,但因保存历史资料的需要,有时它的 GTIN 仍然会保存在厂商的数据库中。

(二)GS1 数据载体体系

数据载体承载编码信息,用于自动数据采集(Auto Data Capture,简称 ADC)与电子数据交换(EDI&XML)。GS1 数据载体体系主要包括一维条码和二维条码及 GS1 DataBar 条码、电子标签/射频识别技术(RFID)。GS1 数据载体体系见图 6-2。

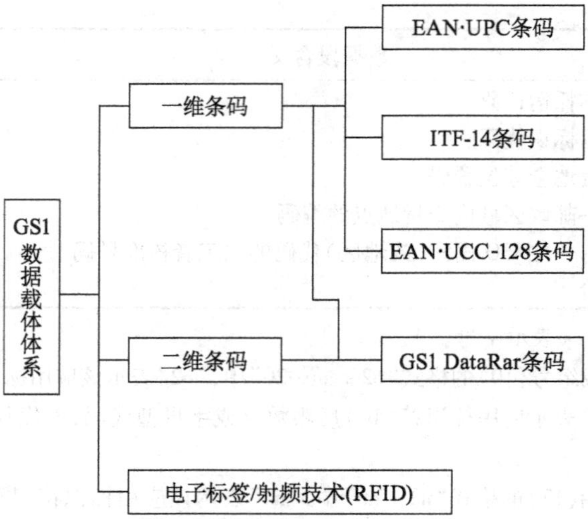

图 6-2　GS1 数据载体体系

1. 一维条码及其技术

条码(bar code)是一种图形化的信息代码和自动识别符号。一维条码(one-dimensional bar code)是由一组按一定编码(数字代码)规则排列的黑白相间、粗细不同的条纹(条、空符号)及其对应字符组成的标记。它仅在一个方向(一般是水平方向)用以表示一定的信息,而在垂直方向则不表达任何信息。"条"是指对光线反射率较低的部分;"空"是指对光线反射率较高的部分。这些"条"和"空"可以有各种不同的组合方法,构成不同的图形符号,即各种符号体系(也称码制),适用于不同的应用场合。

(1) 一维条码码制

条码的码制是指条码符号的类型。每种类型的条码符号,都是由符合特定编码规则的条和空组合而成的。每种码制都具有固定的编码容量和所规定的条码字符集。条码字符中字符总数不能大于该种码制的编码容量。常用的一维条码的码制,包括 UPC 码、25 码、交叉 25 码、库德巴码、39 码、EAN 码、128 码、93 码及 49 码等。其中,EAN · UPC 码为常用商品条码。商品条码是 GS1 系统的一个重要组成部分,主要用于对零售商品、非零售商品及物流单元的条码标识。

零售商品:在零售端通过 POS 扫描结算的商品。它的条码标识由全球贸易项目代码(GTIN)及其对应的条码符号组成。零售商品的条码标识主要采用 EAN · UPC 条码。一听啤酒、一瓶洗发水和一瓶护发素的组合包装,都可以作为一项零售商品卖给最终消费者。

非零售商品:不通过 POS 扫描结算的用于配送、仓储或批发等操作的商品。它的标识代码也由全球贸易项目代码(GTIN)及其对应的条码符号组成。非零售商品的条码符号主要采用 ITF-14 条码或 EAN · UPC-128 条码,也可使用

EAN · UPC 条码。一个装有 30 盒中华铅笔的纸箱、一个装有 50 箱铅笔的托盘，都可以作为一个非零售商品进行批发、配送。

物流单元(logistics unit)：为便于运输或仓储、配送等所组合而成的临时性包装单元。物流单元的编码采用 SSCC-18 条码或 EAN · UPC-128 条码进行标识。一箱有不同颜色、尺寸的 12 件裙子和 20 件夹克衫的组合包装，或一个含有 40 箱饮料的托盘(每箱 12 盒装)，都可以视为一个物流单元。扫描每个物流单元上的条码标签，可实现物流与相关信息流的链接，分别追踪每个物流单元的实物移动，并在供应链中进行物流单元个体的跟踪与管理。

编码代码以条码为数据载体。但是，贸易项目的编码和条码表示是相互独立的。而且，不同的贸易项目标识代码对相应的条码符号是可选的。

(2) EAN · UPC 条码

EAN · UPC 条码包括 EAN-13、EAN-8、UPC-A 和 UPC-E 条码符号。通过零售渠道销售的贸易项目，必须使用 EAN · UPC 条码进行标识。这些条码符号也可用于标识非零售的贸易项目。

EAN 条码。EAN 条码是 European Article Number(欧洲商品条码)的缩写，是长度固定的连续型数字式码制，字符集是数字 0 ~ 9。它采用 4 种元素宽度，每个条或空是 1、2、3 或 4 倍单位元素宽度。1977 年，欧洲经济共同体各国按照 UPC 条码的标准制定了欧洲物品编码 EAN 条码，与 UPC 条码兼容，且两者具有相同的符号体系。EAN 条码是国际物品编码协会制定的一种商品条码，全世界通用(2005 年 1 月 1 日起北美洲实行 EAN-13 商品代码)。EAN 条码有标准版的 ENA-13 码和 EAN-8 缩短码，亦即代码 GTIN-13 和 GTIN-8。

EAN-13 条码由左侧空白区、起始符、左侧数据符、中间分隔符、右侧数据符、校验符、终止符、右侧空白区及供人识别字符组成。示例：EAN-13 条码符号结构见图 6-3。

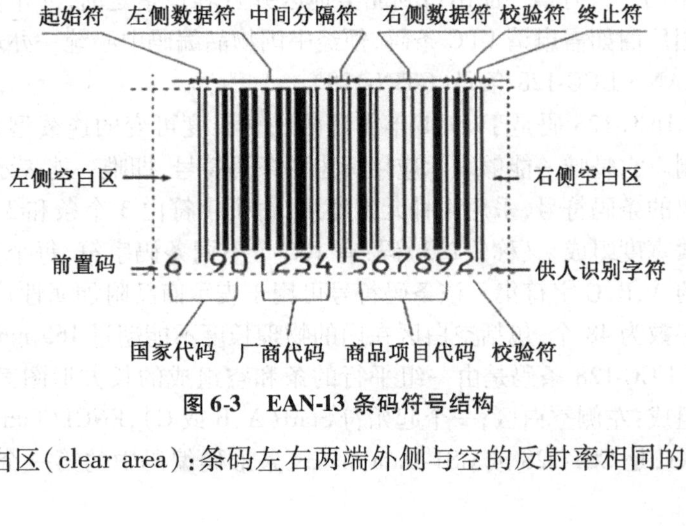

图 6-3　EAN-13 条码符号结构

1) 空白区(clear area)：条码左右两端外侧与空的反射率相同的限定区域。

它能使读写器进入准备阅读的状态；当两个条码相距较近时，它有助于对两者加以区分。空白区的宽度通常应不小于6 mm（或10倍模块宽度）。

2）起始符（start character）：位于条码起始位置的若干条与空，标志条码符号的开始。读写器确认后开始处理扫描。

3）条码数据符（bar code data character）：位于条码中间的条、空结构，它包含条码所表达的特定信息。

4）中间分隔符（central seperating character）：位于条码中间位置的若干条与空。

5）终止符（stop character）：位于条码终止位置的若干条与空，条码的最后一位字符，标志一个条码符号的结束，读写器确认此字符后停止处理。

6）校验符（check character）：表示校验码的若干条与空，代表一种算术运算结果。读写器解码时，对读入的各字符进行规定的运算，运算结果与校验码相同，则规定此次阅读有效。否则，不予读入。

7）供人识别字符（human readable character）：位于条码符号的下方，是与条码相对应的供人识别的数字，最左边一位称前置码。供人识别字符优先选用光学识别字母数字OCR-B字符集，字符顶部和条码底部的最小距离为0.5个模块宽。标准版商品条码中的前置码印制在条码符号起始符的左侧。

8）模块（module）：条码中最窄的条或空，构成条码的基本单位。模块的宽度通常以mm或mil（千分之一英寸）为单位。构成条码的一个条或空称为一个单元，一个单元包含的模块数是由编码方式决定的。

标准EAN-13代码由13位数字（12位数字代表产品代码，1位为校验码）构成，分别代表前缀码、厂商代码、商品项目代码和校验码。

国家或地区代码的第一码，即最左边第一个数字为前置码，用于左侧数据符的编码设定，不以条码符号表示。

UPC条码。只有当产品出口到北美地区并且客户指定时，才申请使用UPC条码。中国厂商如需申请UPC条码，须经中国物品编码中心统一办理。

（3）EAN·UCC-128条码（GTIN-128）

EAN·UCC-128码是于1981年出现的一种长度可变的连续型自校验数字式双向码制。它是唯一能够表示应用标志的条码符号，即唯一能表示EAN、UPC标准补充码的条码符号，采用4种元素宽度，每个字符由3个条和3个空，共11个单元元素宽度组成，又称（11,3）码；有106个不同条码字符，每个条码字符有含义不同的A、B、C字符集。该条码符号可用于表示商品附加属性信息，编码的最大数据字数为48个，包括空白区在内的物理长度不能超过165 mm。

EAN·UCC-128条码是由一组平行的条和空组成的长方形图案，其由左至右符号的组成：左侧空白区；一个起始符Start（A、B或C），FNC1（Function 1 Symbol Character，是GS1-128或GS1-Data Matrix条形码编码中的第一个符号字符）

字符,构成双字符起始图形;表示数据和特殊字符的一个或多个条码字符(包括应用标识符);校验符;终止符;右侧空白区;条码符号所表示的数据字符,以可供人识读的字符标示在符号的下方或上方。EAN · UCC-128 条码用于标识物流单元,不用于 POS 零售结算。EAN · UCC-128 条码符号结构示例见图 6-4。

图 6-4　EAN · UCC-128 条码符号结构

一维条码自问世以来,很快得到了普及并广泛应用。但是,由于一维条码的信息容量很小,如商品上的条码仅能容 13 位的阿拉伯数字,更多的描述商品的信息只能依赖数据库的支持,离开了预先建立的数据库,这种条码就变成"无源之水,无本之木",因而条码的应用范围受到了一定的限制。一种新的条码编码形式,便是二维条码。

2. 二维条码及其技术优势

二维码(two-dimensional bar code)是用某种特定的按一定规律在平面(二维方向上)分布的黑白相间的几何图形记录数据符号信息的一种条码;亦即在水平和垂直方向的二维空间存储信息的条码。二维码可分为行排式二维码和矩阵式二维码。

(1) 行排式二维码,又称堆叠式二维码或层排式二维条码,是由多行短截的一维条码堆叠而成的条码。它的编码原理建立在一维码基础上,读写设备、条码印刷与一维条码兼容,但行的鉴别、译码算法和软件与一维条码不完全相同。代表性的二维条码有 PDF 417、Code 49、Code 16K 等。

(2) 矩阵式二维码,又称棋盘式二维条码,是以矩阵代码和点代码组成的二维码。它是在一个矩形中采用统一的黑白方块组合在二维空间中的不同分布进行编码。矩阵式二维条码是建立在计算机图像处理技术、组合编码原理等基础上的一种新型图形符号自动识读处理码制。矩阵式二维码比堆叠式的具有更高的自动纠错能力,更适用于在条码容易受到损坏的场合。矩阵式符号没有标识起始和终止的模块,但它们有一些特殊的"定位符",定位符中包含了符号的大小和方位等信息。代表性的矩阵式二维码有 QR Code、Date Matrix、Maxi Code、汉信码等。矩阵式二维码示例见图 6-5。

QR Code 条码　　Data Matrix 条码

Maxi Code 条码　　汉信码

图 6-5　矩阵式二维码示例

其中,QR 条码(Quick Response Code)是由日本电装公司(Denso-Wave)于 1994 年 9 月研制的一种矩阵式二维条码。它不仅信息容量大、可靠性高、可表示汉字及图像多种信息、保密防伪性强,而且超高速(30 个 QR Code 字符)、全方位(360°)识读,还能有效地表示中国汉字、日本汉字。

QR Code 呈正方形,只有黑白两色,在 4 个角落的其中 3 个,印有较小像“回”字的正方图案。这 3 个是供解码软件用于定位的图案,使用者无须对准或特意匹配,无论以何种角度扫描,资料仍可正确被读取。每个 QR Code 符号是由正方形模块组成的一个正方形阵列,由功能图形和编码区域组成。QR Code 结构见图 6-6。

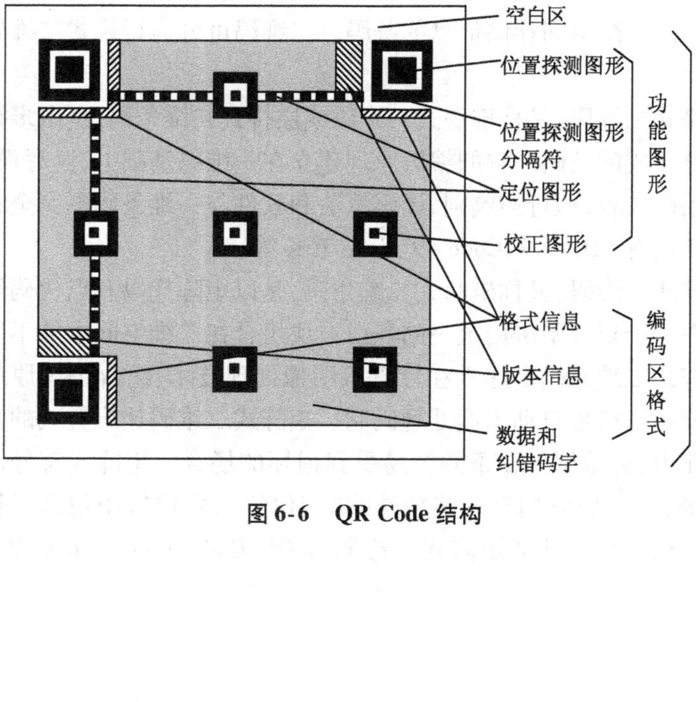

图 6-6　QR Code 结构

1）功能图形：用于符号定位与特征识别的特定图形，不用于数据编码，包括位置探测图形、位置探测图形分隔符、定位图形，用于对二维码的定位，每个QR码的位置都是固定的，只是大小规格会有所差异。

2）位置探测图形（寻像图形）：3个相同的位置探测图形，分别位于符号的左上角、右上角和左下角，由3个同心正方形组成。

3）定位图形：水平和垂直定位图形分别为一个模块宽的、由深色和浅色模块胶体组成的一行和一列图形。它们的位置分别位于第6行和第6列，以此确定符号的密度和版本，为模块坐标位置做参考。

4）校正图形：由3个同心正方形构成。当规格确定，校正图形的数量和位置就确定。

5）格式信息：表示该二维码的纠错级别，分别为L、M、Q、H。

6）版本信息：二维码的规格，QR Code符号共有40种规格的矩阵（一般为黑白色），从21×21（版本1）到177×177（版本40），每一版本符号比前一版本每边增加4个模块。

7）数据和纠错码字：实际保存的二维码信息和纠错码字（用于修正二维码损坏带来的错误）。

QR Code码被众多手机用户用于读取即时信息，它能比普通条码储存更多的资料，且在扫描时无须直线对准扫描器。

3．GS1 DataBar条码

GS1 DataBar条码，原为RSS（Reduced Space Symbology，简称RSS）条码符号，是一种一维条码和二维条码的组合码。它是为了满足EAN·UCC系统用户的需求，为非常小的产品项目（如注射器、小瓶、电信电路板等）、随机计量的零售项目（如猪、牛、羊肉及家禽等袋装产品）、单个农产品项目（如苹果和橘子等）、可用空间不足以提供项目所有信息的物流单元（如混合贸易项目托盘的内容信息）提供更好的自动识别方法，由国际物品编码协会EAN和美国统一代码委员会UCC开发。这也是GS1系统的一种条码符号。

进入20世纪80年代以来，三维条码成为研究、发展与应用的方向。三维条码又叫多维条码、3D条码，或者数字信息全息图像，相对于二维条码，其能表示计算机中的所有信息。美国国家航空和航天管理局（NASA）采用了三维条码，它可以直接嵌入物体的表面。

4．物流标签应用技术

在供应链中，如果需要对物流单元进行个体的跟踪与管理，通过扫描每个物流单元上的条码标签，实现物流与相关信息流的链接，就可分别追踪每个物流单元的实物移动。

（1）SSCC使用EAN·UCC-128条码进行编码。EAN·UCC-128应用标识条码能更多地标识贸易单元中需要表示的信息。如，产品批号、数量、规格、生产日期、有效期、交货地等。实际上,SSCC 是采用 EAN · UCC-128 条码表示的。

SSCC 编码(用 EAN · UCC-128 条码表示)示例:假设分给 A 厂的厂商识别代码为 6901414,其部分产品可这样编码:SSCC-18 代码结构见图 6-7。

图 6-7 SSCC-128 代码结构

物流单元的附加信息码。通常情况下,物流单元除了需要标明其标识代码 SSCC 外,还需要明示出一些其他的附加信息,如运输目的地、物流包装重量、物流单元的长宽高尺寸等。在物流单元条码中,对这些属性信息的编码采用“应用标识符(AI) + 附加属性信息代码”表示,并且属性数据与物流单元相关联,单独出现没有意义。

应用标识符(AI)和编码数据组成附加信息代码。附加信息代码是标识物流单元相关信息的。如果使用物流单元附加信息代码,则需与 SSCC 一并处理。

(2) 应用标识符的使用。当用户出于产品管理与跟踪的要求,需要对具体商品的附加信息,如生产日期、保质期、数量及批号等特征进行描述时,应采用应用标识符。

附加信息代码的条码标识需采用 EAN · UCC-128 条码。示例:一个番茄包装箱托盘标签的三个条码(EAN · UCC-128 条码),见图 6-8。

例中,AI(00)指示后面的数据为系列货运包装箱代码(SSCC)。AI(00)是用于标识物流单元的。254250040700005566 是这个装有番茄包装箱托盘的 SS-CC。第一位数字 2 表示产品的包装等级。

AI(02)指示后面的数据为全球贸易项目代码(GTIN)。AI(02)通常用于标识托盘上所装的物品。05450040000044 是托盘上番茄包装箱的 GTIN。

AI(3102) 指示产品的净重,048000 表示托盘上番茄包装箱的重量为 480 kg。

AI(37)指示后面的数据为物流单元中贸易项目的数量。100 表示托盘上共有 100 个相同大小的装有番茄的包装箱。

AI(13)指示后面的数据为包装日期。020612 表示将这些番茄包装箱放入托盘的日期是 2002 年 6 月 12 日。

AI(7030)指示后面的数据为具有 3 位 ISO 国家(或地区)代码的加工者批号。0563668122345 表示番茄种植者的批号。

(13) 020612 (7030) 0563668122345

(02) 05450040000044 (3102) 048000 (37) 100

(00) 254250040700005566

图 6-8　番茄包装箱托盘标签条码

(3) 设计物流标签。物流标签(logistics label)是物流运作中用于表示物流单元有关信息的条码符号标签。

一个完整的 EAN · UCC 物流标签分 3 个区段。一般地,标签区段从顶部到底部依次为:承运商、客户和供应商。物流标签的内容和这种从上到下的次序,可根据物流单元的尺寸和贸易过程来做调整。每个标签区段中的条码与文本信息是分开的。包含承运商、客户、供应商区段的标签示例见图 6-9。

承运商区段所包含的信息,主要有到货地邮政编码、托运代码、承运商特定运输路线、装卸信息等,常在装货时知晓。

客户区段所包含的信息,主要有到货地、购货订单代码、客户特定运输路线和装卸信息等,在订购时和供应商处理订单时可知晓。

供应商区段所包含的信息,一般包括 SSCC,以及对供应商、客户和承运商都有用的信息。例如,生产日期、包装日期、有效期、保质期、批号、系列号等,并采用 EAN · UCC-128 条码符号表示。通常是供应商在包装时知晓的。

图 6-9　包含承运商、客户、供应商区段的标签

(4) 标签位置。一个物流单元通常需要两个标签标识,并固定在相邻的两个侧面上。如果实际情况不允许,每个物流单元最少有一个标签。

高度低于 1 m 的物流单元。对于高度低于 1 m 的纸板箱与其他的物流单元,标签中 SSCC 的底边应距离物流单元的底部 32 mm,标签与物流单元垂直边线的距离不小于 19 mm。低于 1 m 物流单元标签位置示例见图 6-10。

高度高于 1 m 的物流单元。托盘和其他高度超过 1 m 的物流单元,标签应位于距离物流单元底部或托盘表面 400 mm 至 800 mm 的位置,标签与物流单元垂直底部的边线的距离应不小于 50 mm。高于 1 m 且使用了条码的物流单元标签位置示例见图 6-11。

GS1(EAN · UCC)条码标识系统适用于流通领域(商流和物流的信息管理),但对单品识别和管理不到位,无法实现产品的实时追踪,不能透明地跟踪和贯穿供应链过程;也不适应基于互联网的电子数据交换,尤其是电子商务发展。于是,便有了产品电子代码系统。

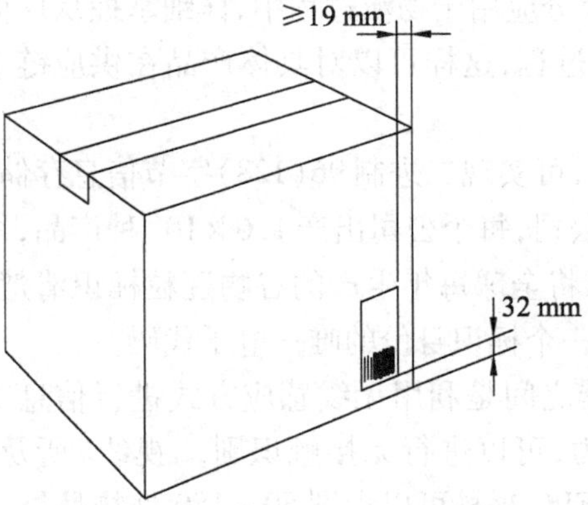

图 6-10　低于 1 m 物流单元标签位置示例

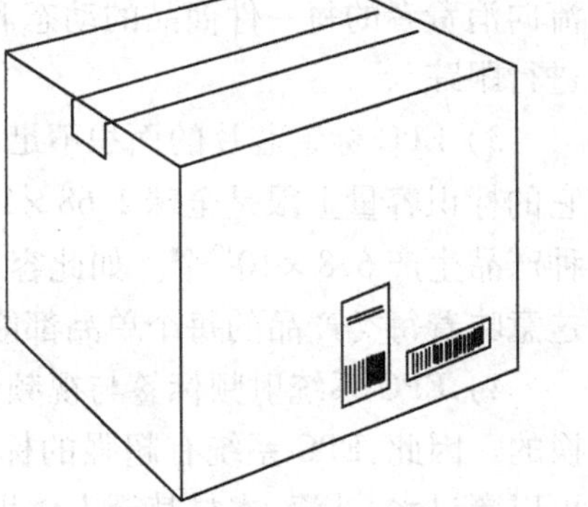

图 6-11　高于 1 m 且使用了条码的物流单元标签位置示例

5. 产品电子代码系统

产品电子代码(Electronic Product Code,简称 EPC)是一种基于 GS1(EAN · UCC)条码标识系统条码的编码系统,并做了一些扩充,用以实现对所有单品实体对象(包括零售商品、物流单元、集装箱、货运包装等)的唯一有效标识。EPC 是 GS1(EAN · UCC)系统的延续和拓展。在技术上,EPC 结构与 GS1(EAN · UCC)系统中的 GTIN 相兼容,因而 EPC 并不是取代现行的条码标准,而是由现行的条码标准逐渐过渡到 EPC 标准,或在供应链中使 EPC 和 EAN · UCC 系统共存。

EPC 技术于 1999 年由美国麻省理工学院的自动识别研究中心(Auto-ID Center)开发,旨在通过互联网平台,利用射频识别(Radio Frequency Identification,简称 RFID)、无线数据通信等技术,构造一个实现全球物品信息实时共享的"物联网(internet of things)"。2003 年11 月1 日,国际物品编码协会(EAN · UCC)正式接管了 EPC 在全球的推广应用工作,成立了电子产品代码全球推广中心(EPC Global),标志着 EPC 正式进入全球推广应用阶段。中国物品编码中心(ANCC)是 EPC Global 在国内的唯一授权代表机构。

(1) EPC 技术优势

EPC 系统是一个非常先进的综合性的复杂系统,其最终目标是为每一单品建立全球的、开放的标识标准。

1) EPC 系统是集编码技术、射频识别技术和网络技术为一体的新兴技术,其编码体系与 EAN · UCC 编码体系相兼容,并弥补了条码技术不能识别到单品层次、不能以一种类型编码满足不同标识需求等不足。

2) 产品电子标签是一种新型的射频识别标签,每个标签包含唯一的电子产品代码,可以对所有实体对象提供唯一有效的标识。它利用计算机自动地对物品的位置及其状态进行管理，并将信息充分应用于物流过程中，详细掌握从厂商流向消费者的每一件商品的动态和流通过程，这样可以对具体产品在供应链上进行跟踪。

3）EPC 标签芯片的面积不足 1 mm^2，可实现二进制 96（128）字节信息存储；它的标识容量上限是全球 2.68×10^8 个公司，每个公司出产 1.6×10^7 种产品，每种产品生产 6.8×10^{10} 个。如此容量可以将全球每年生产的谷物逐粒标识清楚。这意味着每类产品的每个单品都能分配一个标识身份的唯一电子代码。

4）EPC 系统射频标签与视频读写器之间是利用无线感应方式进行信息交换的。因此，EPC 系统有超强的标识能力，可以进行无接触识别，“视线”所及，可以穿过水、油漆、木材甚至人体识别。EPC 每秒可以识别 50～150 件物品。

5）EPC 应用的是芯片，其存储的信息量和信息类别是条形码无法企及的。未来 EPC 在标识产品时将要达到单品层次，如果制造商愿意，它还可以对物品的成分、工艺、生产日期、作业班组，甚至是作业环境进行描述。EPC 以互联网为平台，能实现全球物品信息的实时共享。这将是继条码技术之后，再次变革商品零售结算、物流配送及产品跟踪管理模式的一项新技术。

（2）EPC 系统结构

EPC 系统由全球产品电子代码的编码体系、射频识别系统及信息网络系统三部分组成，主要包括 EPC 代码、EPC 标签、读写器、EPC 中间件、对象名称解析服务和 EPC 信息服务（EPC IS）。EPC 系统结构见表 6-8。

表 6-8　EPC 系统结构

系统构成	名称	备注
编码体系	EPC 代码	用来标识目标的特定代码
射频识别系统	EPC 标签 读写器	贴在物品上或内嵌在物品之中 读写 EPC 标签
信息网络系统	EPC 中间件 对象名称解析服务 EPC 信息服务（EPC IS）	EPC 系统的软件支持系统

（3）EPC 编码体系

EPC 编码体系是新一代的与 EAN · UPC 码兼容的新的编码标准。它是全球统一标识系统的延伸和拓展，是全球统一标识系统的重要组成部分，也是 EPC 系统的核心与关键。

EPC 的目标是为每一单品实体提供唯一标识。EPC 代码是由一个标头（版本号）和依次为域名管理（厂商）识别代码、对象分类代码、序列号的 3 个数据字段组成的一组数字。其中，标头字段标识 EPC 的版本号，规定了 EPC 中编码的总位数和其他三部分中每部分的位数；域名管理是描述与此 EPC 相关的生产厂商的信息,如“可口可乐公司”;对象分类记录产品精确类型的信息,如“美国生产的 330 mL 罐装减肥可乐(可口可乐的一种新产品)”;序列号为唯一标识货品的信息,会精确标示出所标的某一罐 330 mL 罐装减肥可乐。EPC 中码段的分配是由 EAN · UCC 来管理的。

EPC 代码现有 EPC-64 位、EPC-96 位和 EPC-256 位编码方案,已推出了 EPC-64 Ⅰ型、EPC-64 Ⅱ型、EPC-64 Ⅲ型、EPC-96 Ⅰ型、EPC-256 Ⅰ型、EPC-256 Ⅱ型、EPC-256 Ⅲ型。EPC 代码结构见表 6-9。

表 6-9 EPC 代码结构

编码方案	编码类型	版本号	域名管理	对象分类	序列号
EPC-64	类型Ⅰ	2	21	17	24
	类型Ⅱ	2	15	13	32
	类型Ⅲ	2	26	13	23
EPC-96	类型Ⅰ	8	28	24	36
EPC-256	类型Ⅰ	8	32	56	160
	类型Ⅱ	8	64	56	128
	类型Ⅲ	8	128	56	64

其中,与 64 位的 EPC 相区别,凡大于 64 位的 EPC 的版本号的前两位为 00,因而 96 位的 EPC 版本号序列是 001;长度大于 96 位的 EPC 的版本号的前三位是 000,所以,256 位 EPC 的开始序列是 00001。

为了保证所有产品都有一个 EPC 代码,并使其载体——标签成本尽可能降低,宜选用 96 位。这样,它的数目就可以为 2.68×10^8 个厂商提供唯一标识,每个生产厂商可以有 1.6×10^7 个对象种类,且每个对象种类可以有 6.8×10^{10} 个序列号,可满足对未来世界所有产品的标识。示例:EPC-96 位编码结构见图 6-12。

(4) EPC 射频识别系统

EPC 射频识别系统是实现 EPC 代码自动采集的功能模块,也是利用射频通信实现非接触式的自动识别技术(Automatic Equipment Identification,简称 AEI),或称射频识别技术。它主要由射频标签和射频读写器组成。EPC 系统射频标签与射频读写器之间利用无线感应方式进行信息交换。

1) EPC 标签。EPC 标签(tag)又称射频标签或射频识别标签,是产品电子代码的信息载体,也是射频识别技术中应用 GS1 系统 EPC 编码的电子标签,主要由天线和芯片组成,并附着于可跟踪的物品上,存储被识别物品相关信息,可全球流通且进行识别和读写。同时,EPC 标签按照 GS1 系统的 EPC 规则进行编码，遵循 EPC Global① 制定的 EPC 标签与读写器的无接触空中通信规则设计；EPC 标签中存储的唯一信息是 96 位或者 64 位产品电子代码。当 EPC 标签贴在物品上或内嵌在物品中时，该物品与 EPC 标签中的编号是一一对应的。EPC 标签通常是被动式射频标签，以降低成本。

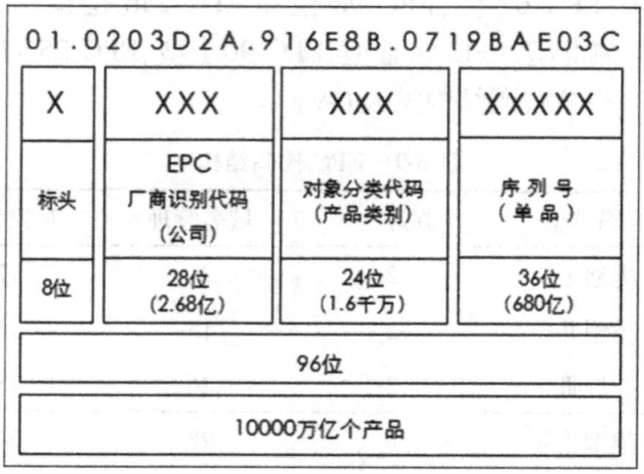

图 6-12　EPC-96 位编码结构

2）射频读写器。射频读写器（RFID reader）是利用射频技术读取（有时还可写入）标签中的 EPC 代码，并将其输入网络信息系统的设备。它与信息系统相连实现数据的交换。读写器使用多种方式与 EPC 标签交换信息，近距离读取被动标签最常用的方法是电感耦合方式。只要靠近，盘绕读写器的天线与盘绕标签的天线之间就形成一个磁场。标签就利用这个磁场发送电磁波给读写器，返回的电磁波被转换为数据信息，也就是标签中包含的 EPC 代码。

读写器的基本任务就是激活标签，与标签建立通信，并在应用软件和标签之间传送数据。EPC 读写器和网络之间不需要 PC 作为过渡，所有读写器之间的数据交换直接可以通过一个对等的网络服务器进行。读写器的软件提供了网络连接能力，包括 web 设置、动态更新、TCP/IP 读写器界面、内建兼容 SQL（Structured Query Language，结构化查询语言）的数据库引擎。

实际上，EPC 是 RFID 技术的拓展和延续，它将 RFID 上网以实现全球物品信息的实时共享。

（5）EPC 信息网络系统

EPC 信息网络系统是在全球互联网的基础上，通过 EPC 中间件、对象名称解析服务（ONS）和 EPC 信息服务（EPC IS）来实现全球“实物互联”的。

1）EPC 中间件。EPC 中间件具有一系列特定属性的“程序模块”或“服

① EPC Global 是国际物品编码协会（EAN）和美国统一代码委员会（UCC）的一个合资公司，是一个受业界委托而成立的非营利组织，负责 EPC 网络的全球化标准。

务”,并被用户集成以满足其特定需求,它处在读写器和 Internet 之间,被称为 Savant。

EPC 中间件是加工和处理来自读写器的所有信息和事件流的软件,是连接读写器和企业应用程序的纽带,主要任务是在将数据送往企业应用程序之前进行标签数据校对、读写器协调、数据传送、数据存储和任务管理。示例:EPC 中间件及其应用程序通信见图 6-13。

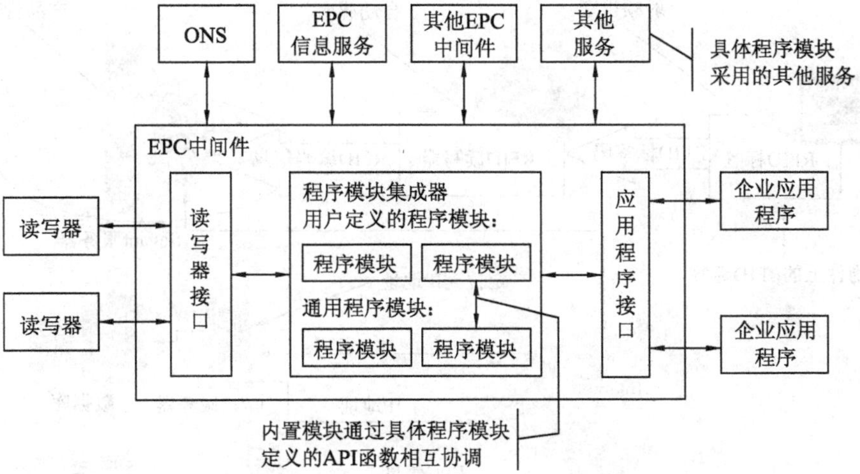

图 6-13　EPC 中间件及其应用程序通信

2)对象名称解析服务(Object Naming Service,简称 ONS)。对象名称解析服务是一个自动的网络服务系统,类似于域名解析服务(DNS), ONS 给 EPC 中间件指明了存储产品相关信息的服务器。

ONS 服务是联系 EPC 中间件和 EPC 信息服务的网络枢纽。并且,ONS 设计与架构都以因特网域名解析服务 DNS 为基础,因而可以使整个 EPC 网络以因特网为依托,迅速架构并顺利延伸到世界各地。

3)EPC 信息服务(EPC IS)。EPC IS 提供了一个模块化、可扩展的数据和服务的接口,使 EPC 的相关数据可以在企业内部或企业之间共享。它处理与 EPC 相关的各种信息。例如,EPC 的观测值,包括 What/When/Where/Why,即观测对象、时间、地点及原因(EPC IS 步骤与商业流程步骤之间的一个关联,如订单号、制造商编号等商业交易信息);包装状态,如货品在托盘上的包装箱内;信息源,如位于 Z 仓库的 Y 通道的 X 读写器。

(6) EPC 系统工作流程

在由 EPC 标签、RFID 读写器、Savant 服务器、Internet、ONS 服务器、PML 服务器和众多数据库组成的实物互联网中,RFID 读写器读出的 EPC 只是一个信息参考;这个信息参考从 Internet 找到 IP 地址,获取该地址中存放的相关产品信息，并采用分布式EPC中间件（Savant软件系统）处理和管理由读写器读取的一连串EPC信息。由于在标签上只有一个EPC代码，计算机需要知道与该EPC匹配的其他信息，因而需要ONS提供一种自动化的网络数据库服务，Savant将EPC传给ONS，ONS指示Savant到一个保存着产品文件的PML服务器（EPC信息服务）查找，该文件可由EPC中间件复制，文件中的产品信息就能传到供应链。示例：EPC系统工作流程见图6-14。

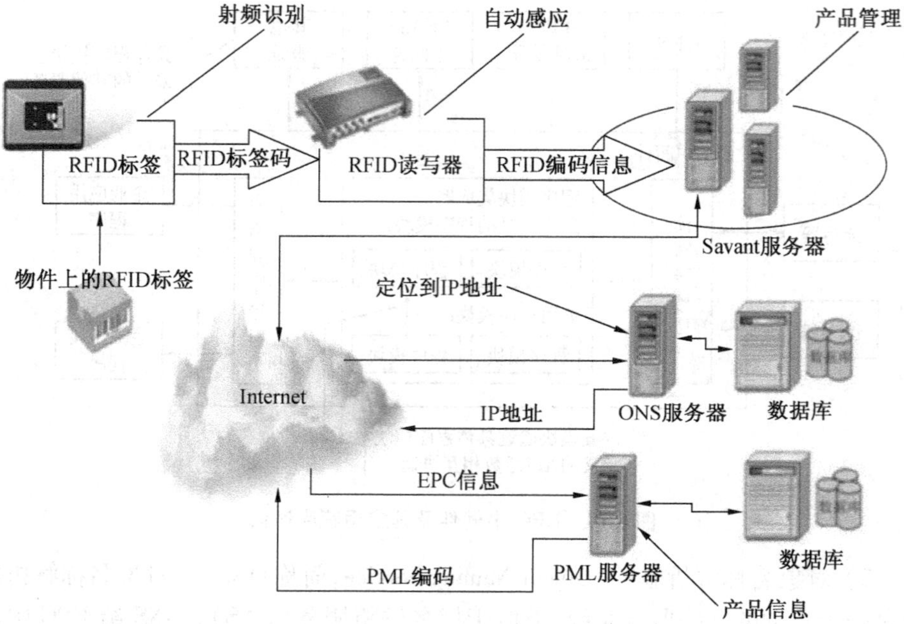

图6-14　EPC系统工作流程

（三）数据交换体系

GS1系统的数据交换体系，包括基于EDI（电子数据交换）的EANCOM（流通领域电子数据交换标准）技术，以及XML（可扩展标记语言）技术。

1. **EDI技术**

EDI（electronic data interchange）是将贸易、运输、保险、银行和海关等行业的信息，用一种国际公认的标准格式，形成结构化的事务处理的报文数据格式，通过计算机通信网络，各相关的部门、厂商之间进行数据自动交换与处理，并完成以贸易为中心的全部业务过程。EDI包括买卖双方数据交换、企业内部数据交换等。它起源于20世纪60年代的美国运输业，经发展成为一项通用性综合技术，包括计算机技术、网络通信技术和标准化技术，用于实现商业、行政、物流等相关各行业间的标准化、结构化数据交换；其重点是自动处理业务，实现的基础是统一的报文表达方式、交换网络、参与交换的各方拥有内部业务自动化处理系统。

EDI 的基础框架由计算机应用系统、通信网络和 EDI 标准构成。其中,EDI 标准是实现 EDI 的关键。EDI 的连接方式可以分为直接连接 EDI 和间接连接 EDI,间接连接 EDI 的方式又称为增值网(value-added networks)EDI 的工作方式。用户在现有的计算机应用系统进行信息编辑处理,然后采用 EDI 转换软件将原始单据格式转换为中间文件,再通过翻译软件变成 EDI 标准格式文件,最后在文件外层加上通信交换信封,通过通信软件发送到增值服务网络或直接传给对方用户;对方用户则进行相反的处理过程,最终为用户应用系统能够接受的文件格式进行收阅处理。示例:EDI 系统工作方式见图 6-15。

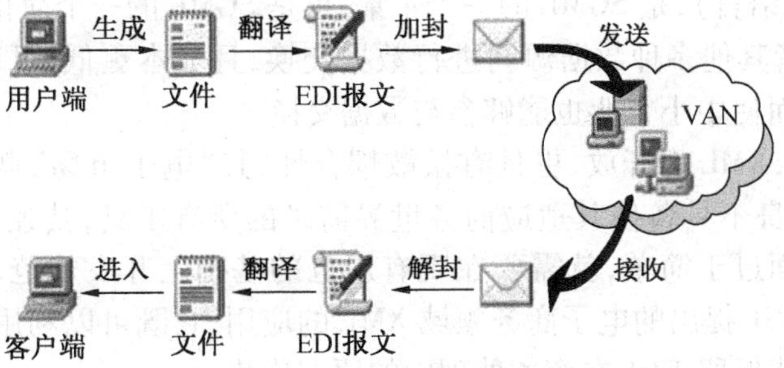

图 6-15　EDI 系统工作方式

EDI 的信息可以由人工输入计算机,但更好的方法是通过采用条码和射频标签快速准确地获得数据信息。

2. EANCOM

EANCOM 是 UN/EDIFACT 的子集。UN/EDIFACT 是"联合国用于行政管理、商业和运输的电子数据交换"(United Nations directories for electronic data interchange for administration commerce and transport)的缩写——联合国欧洲经济委员会开发并制定的相关 EDI 标准规范的统称,也可简称 EDIFACT。EDIFACT 定义了传送报文所需的语法规则,并于 1990 年由联合国欧洲经济委员会(UN/ECE)制定,在全球商业流通领域广泛应用。

EANCOM 是由 GS1 基于 UN/EDIFACT 标准开发的,是商业流通领域电子数据交换规范,亦即一套以 EAN · UCC 编码系统为基础的标准报文集,其提供了清晰的定义及诠释,让贸易伙伴以简单、快速、准确及具成本效益的方式交换商业文件,以提高整个物流供应链的运作效益。EANCOM 的特点:一是简化 UN/EDIFACT 标准,以更容易了解及应用的形态呈现出来;二是应用 EAN 编码作为商品、服务的识别代号,以支援报文传递及处理的自动化;三是 EANCOM 中每一个报文制定及发布以 UN/EDIFACT 为基础,并成为每一个 UN/EDIFACT 报文的应用指南。不管是透过 VAN 或 Internet,EANCOM 使 EDI 导入更简单,且在应用中不断优化。

由此,GS1 系统的 EDI 将电子数据交换与自动识别相结合,自动识别印在产品上的条码或货物上的标签，数据自动输入计算机，物流与信息流同步，数据被企业信息系统共享，进入辅助订货系统、订单管理系统、自动收发货处理系统、销售管理系统、库存管理系统、自动补货系统等，实现了自动化处理。

3. XML 技术

电子商务发展过程中，因 EDI 需要专用网络和专用程序、EDI 的数据人工难以识读等，便有了基于 Internet 的电子数据交换技术——XML 技术。

（1）XML（eXtensible markup language）是一种简单灵活的文本格式的可扩展标记语言，起源于 1985 年出现的 SGML（standard generalized markup language，标准通用标记语言），是 SGML 的一个子集，也是 SGML 的一个简化版本，适合于在 Web 上或者其他多种数据源间进行数据交换，且成本更低，可以扩大参与交易的范围，从而使中小企业也能够参与数据交换。

相比 EDI，XML 更开放、更具有松散耦合性，其"电子市场"概念也更灵活。但是，XML 本身不具备使其适应商务世界需求的所有工具，其独自实现功能有限，且某些方面过于简单，就需要在现有规范的基础上开发规范，使其更有用。ebXML 便是 GS1 提出的电子商务领域 XML 的应用，它既可以利用 XML 技术上的新特性，又能保留 EDI 在商务处理中的原有优势。

（2）ebXML（electronic business using eXtensible markup language），即电子商务全球化标准，是于 1999 年起由联合国（UN/CEFACT，贸易促进和电子商务中心）和 OASIS（结构化信息标准发展组织）共同倡导，经全球参与开发和使用的规范——一套国际上一致认可的、由通用的 XML 语法和结构化文件组成的、支持模块化电子商务框架的技术规范。ebXML 支持一个全球化的电子市场，能最大限度地使用 XML，简化电子商务操作，便于跨行业的 B to B、B to C 商务交易，使任意规模的商家通过交换基于 XML 的信息，不受地域限制地接洽和处理生意，促进全球贸易。

ebXML 技术体系尽可能使用现存标准，立足于 EDI 经验，并利用 XML 的灵活性和 Internet 的普及性；整个体系结构是模块式的，包括消息传送、商务流程、贸易伙伴草案和协定、注册表/知识库、核心组件。其中，ebXML 领先核心组件提供行业间的互操作性和商务性能，并作用于单个的数据元素级别；核心组件识别商家最常使用和跨行业的数据项，给它们分配中立的名字和唯一的标识符；通过核心组件，企业能够将一个行业的数据同另一个行业中相似的数据对应起来，或从一个 XML 术语对应到早先定义的 EDI 交易。

二、地理信息系统与全球定位系统

地理信息系统与全球定位系统都是地理空间信息技术，用于相关空间信息的获取、采集和处理，可提供位置服务，也广泛应用于物流领域，是重要的物流信息网络技术。

（一）地理信息系统

地理信息系统(Geographic Information System,简称 GIS)是实时提供多种空间和动态的地理信息,采集、存储、检索、操作、分析和显示地理空间数据的计算机系统技术。它具有信息系统的各种特点,与其他信息系统的主要区别在于,其存储和处理的信息是经过地理编码的,地理位置及与该位置有关的地物属性信息成为信息检索的重要部分。

GIS 基本功能是将表格型数据(无论来自数据库、电子表格文件还是直接在程序中输入)转换为地理图形显示,并对显示结果做浏览、操作和分析,提供决策支持;通过利用空间分析技术、模型分析技术、网络技术、数据库和数据集成技术、二次开发环境等,可演绎出丰富多彩的系统应用功能,被广泛地应用于资源开发、区域规划、物流管理等领域,满足用户的广泛需求。

地理信息系统除了计算机硬件和系统软件之外,按数据处理视角,可分为 4 个子系统。第一,数据输入系统:数据采集、预处理和转换。第二,数据存储与检索系统:数据库数据管理,包括数据查询、更新与编辑处理。第三,数据分析与处理系统:对数据库中的空间数据进行计算和分析、处理。例如,面积计算、储量计算、体积计算、缓冲区分析、空间叠置分析等。第四,数据可视化表达与输出系统:以表格、图形、图像方式将数据库中的内容和计算、分析结果输出到显示器、绘图纸或透明胶片。

（二）全球定位系统

全球定位系统(Global Positioning System,简称 GPS),也称为全球卫星定位系统,即一种结合卫星及通信发展的技术,利用导航卫星进行测时和测距,实现全球实时定位,是一个于 1990 年由覆盖全球的 24 颗(3 颗备用)卫星组成的美国的全球卫星定位系统①,保证任意时刻地球上任意一点都可同时观测到 4 颗卫星,由卫星采集到该观测点的经、纬度和高度,并进行授时、定位和导航。这项技术可以用来引导飞机、船舶、车辆及个人准确地选择线路,且安全地沿着所选定的线路准时抵达目的地。

GPS 的定位原理:在任何地点、任何时刻利用 6 个轨道面(轨道倾角为 55°)在 2.02×10^4 km 高空中每 718 min 环绕地球 1 周(2 周/d)的 4 ~ 11 颗卫星发射的信号,以三角测量原理计算在全球地心坐标系中的位置。

GPS 系统由三大子系统构成,即空间卫星系统、地面监控系统(包括监测站、

---

① 联合国卫星导航委员会已认定的卫星导航系统,除美国的 GPS 之外,还有俄罗斯的格洛纳斯卫星导航系统(俄语 GLObalnaya NAvigatsionnaya Sputnikovaya Sistema,简称 GLONASS)、欧盟的伽利略卫星导航系统(Galileo satellite navigation system,简称 GALILEO);中国自主发展、独立运行的北斗卫星导航系统(BeiDou Navigation Satellite System,简称 BDS),到 2020 年将实现 35 颗北斗卫星全球组网,具备服务全球的能力。

主控制站、地面天线)和用户信号接收系统(GPS 信号接收机)。GPS 的工作概念是基于卫星的距离修正。用户通过测量到太空各个可视卫星的距离来计算它们的当前位置,卫星的作用相当于精确的已知参考点。每颗卫星可发布其位置和时间数据信号,用户接收机可以测量每颗卫星信号到接收机的时间延迟,根据信号传输的速度就可以计算出接收机到不同卫星的距离。同时,只要采集到至少 4 颗卫星的数据,就可以算出三维坐标、速度和时间。

(三)GIS/GPS 物流领域应用

GIS 是一种重要的空间数据处理、集成和应用工具;而 GPS 则提供了一种极为重要的实时、动态、精确获取空间数据的方法,是 GIS 的重要数据源,也可为 GIS 提供实时的监控对象,大大拓展了 GIS 的应用领域和应用方式。虽然 GPS 迅速给出了目标的位置和速度,却无法描述所给目标周围环境的地理属性及其相关的空间信息。GIS 可用来管理和应用由 GPS 获取的坐标位置数据,特别是其恰能弥补 GPS 存在的欠缺。所以,GIS 和 GPS 紧密结合,共同开创和深化更多领域的空间应用,包括物流领域。

在物流领域,GIS 可及时提供空间的动态地理数据,主要应用于电子地图、物流设施规划选址、运输计划管理和监控等。GPS 可实时监控车辆等移动目标的位置,根据道路交通状况向移动目标发出实时调度指令,主要应用于精确定位、车辆追踪、实时监控、智能交通管理等。GIS 与 GPS 有效结合,加上无线通信技术,便可构建高度自动化、实时化和智能化的物流管理信息系统。这不仅能够分析和运用数据,而且能为各种应用提供科学的决策依据,使物流变得实时,且成本最优。

(1) 运输配送管理。运输配送的运作,有 80% 以上的物流数据具有空间特性或与空间位置相关。例如,运输路线的确定,运费、仓库位置、仓库容量、货品的实时查询,合理装卸,运输车辆调度等;配送中,厂商、仓库和客户的地理位置、道路交通状况,以及理货、调度、配送线路优化等,都是空间分析的具体应用。运用 GIS 技术可以对供货点、需求点、交通线路等的地理信息进行提取、加工、分析,合理调整运输配送路线、配置仓储设备和调配运力。

利用 GPS 测得车辆位置坐标,与地图上的路线相匹配,在电子地图上显示车辆的正确位置,并按最佳行驶线路进行导航。

(2) 指挥调度。客户常因突发性的变故,会在车辆出发后要求改变原定计划;或有时在集中回程期间厂商临时得到新的货源信息;或有时几个不同的物流项目要交叉调车。在这些情况下,监控中心借助于 GIS 就可以根据车辆信息、位置、道路交通状况向车辆发出实时调度指令,或依靠 GPS 所获取的移动体位置信息,使车辆等移动体的移动状况可视化,可检测区域内车辆的运行状况,对被监控车辆进行合理调度,安排车辆配载,降低空载率,提高车辆运作效率;利用 GPS 还可随时与被跟踪目标进行通话,对车辆进行远程实时调控管理。

(3) 定位跟踪。结合 GPS 技术实现实时快速的定位,在监控中心 GIS 电子地图上选定跟踪车辆,将其运行位置在地图画面上保存,精确定位车辆的具体位置、行驶方向、瞬间时速,形成直观的运行轨迹,并可任意放大、缩小、还原、换图,也可随目标移动,使目标始终保持在屏幕上,对车辆和货物进行实时定位、跟踪,掌握车辆基本信息。同时,还可通过远程操作、断电锁车、超速报警,对车辆行驶进行实时限速监管、偏移路线预警、疲劳驾驶预警、危险路段提示、紧急情况报警、求助信息发送等安全管理,保障驾驶员、货物、车辆及客户财产安全。此外,GIS 和 GPS 相结合,进行轨迹回放,可作为车辆跟踪的重要补充。

(4) 信息查询。货物发出以后,受控车辆所有的移动信息均被存储在控制中心计算机,既存档有序又方便查询。客户可以通过网络实时查询车辆运输途中的运行情况和所处的位置,了解货物在途中的安全和进程情况;接货方按发货方提供的相关资料和权限,也可通过网络实时查看车辆和货物的相关信息,掌握货物在途中的情况及大致到达时间,并提前安排货物的接收、存放等环节。同时,GIS 还可提供物流业务历史的、现时的、空间的、属性的等全方位信息,并集成各种信息进行布点、选址、资源配置,以及潜在市场等与空间相关的辅助决策分析。

(5) 应急救援。通过 GPS 定位和监控管理系统,可随时掌握遇有险情或发生事故的车辆情况,并及时提供必要救援。

(四) 网络 GPS

网络 GPS 是利用卫星系统连续运行参考站网支持的网络实时动态定位技术,即在互联网上建立起来的一个公共 GPS 监控平台,同时融合了卫星定位技术、GSM 数字移动通信技术及国际互联网技术等多种先进技术。

更准确地讲,网络 GPS 就是网络 RTK(Real-Time Kinematic)技术,又称实时动态载波相位差分技术,是 GPS 测量技术与数据传输相结合而构成的实时定位技术。它应用于用户的设备主要由两部分组成:基准站和流动站。基准站通过数据电台连续把观测值和观测站坐标信息一起传送给流动站,流动站接收来自基准站的数据,还要采集 GPS 观测数据进行实时差分处理,获取所在点的坐标、高程和精度指标。

网络 GPS 综合了 Internet 与 GPS 的优势与特色,取长补短,解决了原来使用 GPS 所无法克服的障碍。一是降低投资费用,免除了物流企业自设监控中心的大量费用,包括各种硬件配置和管理软件;二是既利用互联网实现了无地域限制的跟踪信息显示,又可通过设置不同权限做到信息的保密。

(五) 位置服务

位置服务(Location Based Service,简称 LBS)又称移动定位服务,是由移动通信网络①和 GPS 系统获取移动终端用户的位置信息(地理坐标数据),在 GIS 平台支持下为移动用户本人或他人及通信系统提供相应位置信息服务的一种增值业务。它至少涉及两层意思,一是确定移动设备或用户所在的地理位置;二是提供与位置相关的各类适合的信息服务。这实质上是一种概念较为宽泛的与空间位置有关的新型服务业务。

1. LBS 技术

LBS 始于 1996 年美国通信委员会(FCC)推出的 E911(紧急求助服务),即一个公众安全网络——无论在任何时间和地点,都能通过无线信号追踪到用户的位置。位置服务可以方便地获知本人或他人现时所处的位置,及从此地到彼地行走线路,并可方便地查询其附近场所的信息。例如,用户在何处、用户周围有哪些超市、离用户最近的配送中心在何处、个人/车辆导航等信息。LBS 是多种技术融合的产物。它的构件至少包括移动设备、定位组件、通信网络、服务与内容提供商等硬件和软件。

(1) 完整的 LBS 应用系统涉及的技术,主要包括蜂窝网络与基站、动态输入数据、地图资源库、移动用户终端设备、定位应用接口、GPS 星座、传感器网络和通信网络等。

(2) LBS 相关软件:GPS 车辆监控系统涉及的软件,主要有 GIS 监控软件、数字地图、通信软件、车台管理软件等。对于 LBS 系统,还需要引入统一信息派发平台软件、WEBGIS(网络地理信息系统)、嵌入式 GIS 软件等。其中,统一信息派发平台软件是 LBS 的核心软件,它必须具有对多种信息源(文本、语音、图像等)的整合能力、对多种通信方式和用户终端的兼容能力,以及对超大规模用户并发访问和海量数据交互的支持能力。

2. LBS 应用

LBS 的应用可分为两类,一是与用户当前位置有关的位置服务,这一类服务提供时需要借助移动通信网和定位技术,其典型应用为导航;二是与用户当前位置无关的位置服务,提供此类服务时只需要借助移动通信网或 Internet,典型的应用为查找信息点(Point of Interest,简称 POI),包括有助于分析地理位置的名称、类别、经度、纬度。具体地,LBS 的应用服务主要包括个人信息服务、交通/导航服务、跟踪/监测服务、安全/救助服务、移动商务服务和位置计费服务等。其中,有部分是与物流直接或间接相关的位置服务(基于物联网)。

(1) 交通/导航服务,即提供如车辆及旅客位置、车辆的调度管理、监测交通

---

① 移动通信网络主要指 GSM(Global System for Mobile Communication,全球移动通信系统)网、CDMA(Code Division Multiple Access,码分多址技术)网、3G/4G(The 3rd Generation Mobile Communication Technology,第三代移动通信技术/The 4th Generation Mobile Communication Technology,第四代移动通信技术)。

状况、疏导交通等服务，提供交通路况及最佳行车路线、陌生地点路线指南等。

(2) 跟踪/监测服务，如监测船队、车队及贵重物品的运输，了解货物所在位置及移动情况等。

(3) 提供物流的空间定位、优化配送路线、监视车辆运行轨迹、追求配送资源的最大利用率。

三、智能交通系统

智能交通系统(Intelligent Transport System，简称 ITS)即应用计算机、信息、数据通信、传感和系统集成等高新技术，实时提供交通运输(道路车辆为主)及包含人、货流动路网的在线智能化管理系统。它主要依托现代科学技术，通过对车流数据的收集、整理和分析，在道路、车辆和驾驶员(乘客)之间建立起智能联系，借助系统的智能将交通运量和路况全方位调整至最佳状态，实时保障交通顺畅、安全、节能和高效。

智能交通系统始于 1967 年美国的电子路径诱导系统(ERGS)，经日本、德国、法国等国的开发与应用，已是国际公认的道路交通发展方向和世界交通运输领域研究的前沿。

(一) 智能交通系统要素：基础设施、车辆和人

智能交通系统要素，一是基础设施，例如交通信号、通信、计算机、收费站、传感器等；二是车辆，包括车型、安全性能、使用先进电子技术及信息技术的程度；三是人，涉及人类行为、偏好，以及出行方式、交通管理制度和执行情况。

(二) 智能交通系统组成：交通信息采集与处理、决策、发布

智能交通系统是由交通信息采集和信息处理、决策、发布两部分组成。交通信息采集系统是交通路面的高清数字化视频系统采集。通过实时交通视频检测，记录来往车辆类型、车速等数据，将各监测点的各时段车辆行驶状态、车型种类、违法类型、平均车速、车流量、堵塞路口及路段的交通情况准确、快速、实时地发往交通指挥中心。道路交通信息接收、处理和发布系统是通过设置的交通信息采集网络，获取各种实时道路交通情报，经过综合处理和分析等，及时发布路面交通状况信息，向交通参与者提供有关信息，方便其选择出行路径。对采集来的信息通过计算机程序筛选处理，配合综合交通信息平台、GIS 电子地图、交通疏导的决策支持等综合信息处理，分析得出整个交通的动态交通流分布状况和交通管理的预警信息，最后形成一目了然的诱导信息。

智能交通系统是一个复杂的系统，其体系在探索和实践中不断完善，倾向性的涉及领域主要包括交通管理与规划、电子收费、出行者信息、车辆安全和辅助驾驶、紧急事件和安全、运营管理、综合运输和自动公路；每个领域又有若干服务项目，并形成子系统。

（三）智能交通系统与物流

智能交通系统直接关系到物流运营发展，主要集中于物流信息平台基础设施、智能化货运系统、物流信息系统与信息发布、货物运输的交通应急救援和货运信息管理系统应用等。

（1）物流信息平台基础设施：基于公路枢纽的物流信息中心，以及相关的通信、网络、管理与决策软件等。

（2）智能化货运系统：货物运输途中自动监测管理系统，包括货物起讫点、流量、具体产品、交付时间、运输价格、运输方式的信息管理与自动监测；综合运输衔接口的信息管理，包括不同运输方式间的联运管理、中转站点的监测管理；货运车队运营高度优化，包括调度优化软件、车载检测装置。

（3）物流信息系统与信息发布：区域物流信息发布系统；物流电子数据交换技术应用。

（4）货物运输的交通应急救援：特种货运车辆的优先通行系统；危险品运输管理系统；货运车队应急救援系统。

（5）货运信息管理系统应用：基于GPS/电子标签的货物自动跟踪系统开发与应用；货物运输的实时跟踪系统；货运车辆的GPS定位与导航系统。

四、物联网与智能物流、智慧物流

计算机、互联网、数据通信、传感、人工智能等高新技术的快速发展和日益广泛应用，尤其是在云计算、大数据时代，物联网、智能物流及智慧物流成为新趋势。

（一）“物物相连的互联网”：物联网

物联网是一种网络概念，基于互联网概念，其将用户端延伸和扩展到任何物与物之间，并进行信息交换和通信，即形成“物物相连的互联网”。

1. 物联网认知

物联网概念的出现，普遍公认是由美国麻省理工学院自动标识中心教授艾什顿（Kevin Ashton）于1999年在研究RFID时最早提出的。最初，物联网被认为是将每个物品打上EPC电子标签，然后通过射频识别技术和通信技术形成信息网络，实现物品的智能识别、定位和监控，构造成一个全球物品信息实时共享的实物互联网“Internet of Things”（物联网）。发展至今，物联网的定义和范围已经发生了变化，不再只是指基于RFID技术的物联网，虽仍有不同的描述，但已形成基本概念框架。

（1）物联网（Internet of Things，简称IOT），是指具有感知和智能处理能力的可标识的物体，基于标准的可互操作的通信协议，在宽带移动通信、下一代网络和云计算、海计算平台等技术的支撑下，通过各类传感技术、射频技术、定位技术、智能技术与自动化技术聚合与集成应用，采集和处理现场物理环境参数（温度、湿度、气体浓度等)信息,对事件及其发展及时做出判断,实现物与物、物与人、人与人全面互联的智能化识别、定位、跟踪、监控和管理的全球智能网络系统。

(2)物联网包含了物物互联与物机互联,而不是局限于机机互联;其主要影响范围是连接物理世界和计算世界的传感网与执行部件网、传输与处理物理信息的计算机和网络,以及之上的物联网应用。这是物联网与传统互联网的主要区别。

(3)物联网的主要技术方向,包括射频识别技术、精准感知技术、EPC 编码技术、资源寻址技术、视频识别技术、红外感应技术、全球定位系统技术、激光扫描器技术、信息保真传输技术、智能处理与决策技术、微机电和微纳米控制技术等。

(4)物联网的价值,在于让物体拥有"智慧",从而实现人与物、物与物之间的沟通。物联网充分体现了一种虚拟数字世界和现实物理世界的深度交互融合,使物体能够在人类直接干预或无须人工干预条件下感知事件、触发动作和生成服务,通过协同的感知和互动来影响甚至控制事件向有利的方向发展。

2. 物联网:一个层次化的网络

物联网是一个层次化的网络,主要可包括感知层、传输层、处理层和应用层。物联网体系架构示例见图 6-16。

(1)感知层嵌入有感知器件和射频标签(RFID)、EPC 码的物体形成局部网络,采用蓝牙、红外感应、ZigBee①、工业现场总线等短距离有线或无线传输技术进行协同工作或传递数据到网关设备,初步处理和判决所采集的感知信息,实现对"物"的识别,并通过各种接入网络把中间或最终处理结果传入传输层。感知层获取数据的特性决定了物联网的上层发生一些相应的变化。

(2)传输层包括宽带无线网络、光纤网络、蜂窝网络和各种专用网络、网络管理和信息处理中心,对来自感知层的信息进行接入和传输。传输层的作用:一是判断数据的目标网络,并生成相应的协议数据单元;二是承担数据信息传输。

(3)处理层利用云计算、数据挖掘、中间件等技术,实现对物体的自动控制与智能管理,并对获取的海量信息进行实时管理,为上层应用提供数据服务接口;表现为各种各样的数据中心以中间件的形式,采用数据挖掘、模式识别和人工智能等技术,提供数据分析和局势判断,将获得的结果数据提交给上层应用,以供控制决策等处理。云计算的"云端"就在处理层,主要通过数据中心来提供服务。

(4)应用层建立不同领域中的各种应用,是物联网与行业专业技术的深度融合,与行业需求结合,实现行业智能化,类似于人的社会分工,最终趋同人类社会。

---

① ZigBee 技术是一种短距离、低功耗的无线通信技术;又称紫蜂协议,源于蜜蜂的八字舞——由于蜜蜂(Bee)是靠飞翔和"嗡嗡"(Zig)地抖动翅膀的"舞蹈"来与同伴传递花粉所在方位信息。其特点是近距离、低复杂度、自组织、低功耗、低数据速率;主要适用于自动控制和远程控制领域,可以嵌入各种设备。ZigBee 是一种低速、短距离传输的无线网络协议。

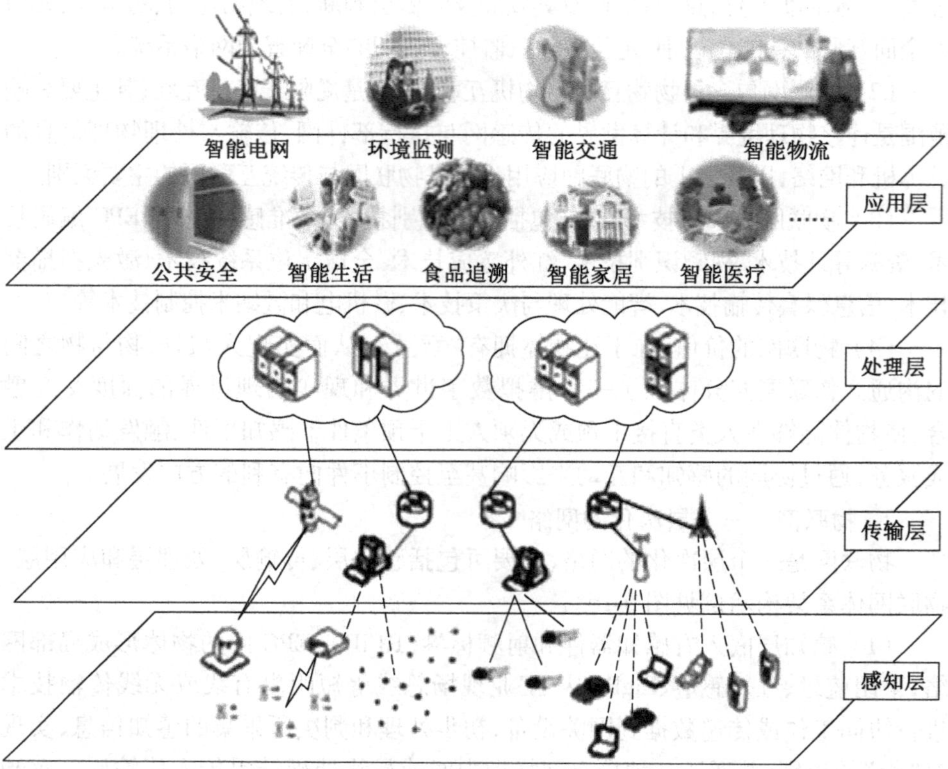

图 6-16　物联网体系架构

此外，还有层与层之间定义信息传输的标准接口。在各层之间，信息不是单向传递的，也有交互、控制等作用，所传递的信息多种多样。其中，关键是物品的信息，包括在特定应用系统范围内能唯一标识物品的识别码和物品的静态与动态信息。

就像互联网改变人们的交流方式和商业模式一样，物联网也会改变人、信息空间和物理世界的交互方式。它将人们所在的物理世界和虚拟世界桥连起来，实现人与人、人与物、物与物的紧密耦合，形成一个智能、绿色、和谐的世界。

3. 纳入物联网的“物”

物联网是实现智能化识别、定位、跟踪、监控和管理的一种网络。纳入物联网的“物”需具备以下条件：

（1）要有相应信息的接收器。

（2）要有数据传输通路。

（3）要有一定的存储功能。

（4）要有 CPU。

（5）要有操作系统。

(6) 要有专门的应用程序。

(7) 要有数据发送器。

(8) 遵循物联网的通信协议。

(9) 在世界网络中有可被识别的唯一编号。

(二) 物联网与云计算、海计算、大数据

物联网实现全球亿万种物品之间的互联,将不同行业、不同地域、不同应用、不同领域的物理实体,按其内在关系紧密地关联在一起,对小到螺丝、铅笔,大到飞机、轮船等巨量物体之间进行联网与互动。人类通过各种信息感应、探测、识别、定位、跟踪和监控等手段和设备,实现对物理世界的"感、知、控",可视为物联网的"前端";而基于互联网计算的涌现智能,以及对物理世界的反馈和控制,则视为物联网的"后端"。

1. 物联网和云计算

云计算(cloud computing)是互联网发展带来的一种新型计算和服务模式。最初起源于2007年,Amazon和Google首先使用了云计算概念。初期,云计算多采用低端计算机,通过云技术,构建可靠的服务。云计算一定是基于互联网的。

(1) 云计算,即通过分布式计算和虚拟化技术建设数据中心或超级计算机,以租赁或免费方式向技术开发者或企业客户提供数据存储、分析及科学计算等服务。广义上,云计算是指厂商通过建立网络服务集群,向多种客户提供硬件租赁、数据存储、计算分析和在线服务等不同类型的服务。

(2) 云计算的"云",就是存在于互联网服务器集群上的服务器资源,包括硬件资源(如服务器、存储器、处理器和带宽等)和软件资源(如应用软件、集成开发环境等)。本地终端只需要通过互联网发送一条请求信息,"云端"就会有成千上万的计算机提供所需要的资源,并把结果反馈给发送请求的终端。每个提供云计算服务的公司,其服务器资源分布在相对集中的世界上少数几个地方,对资源基本采用集中式的存放管理,而资源的分配调度则采用分布式和虚拟化技术。云计算强调终端功能的弱化,通过功能强大的"云端"给需要各种服务的终端提供支持。如同用电、用水一样,人们可以随时随地获取计算、存储等信息服务。

(3) 云计算的主要影响范围,是网络的边缘设备(客户端设备和服务端设备)与新兴的网络应用,重点是互联网服务端的数据中心;关键技术包括AJAX(Asynchronous Javascript And XML)客户端、REST(Representational State Transfer)服务、CAP(Consistency, Availability, Partition Tolerance)定理、多租户集中服务、资源按需供给、虚拟化及海量数据处理。云计算强调弹性资源服务、虚拟化、低成本、高效率、可扩展性。

云计算出现的初衷是解决特定的大规模数据处理问题。因此,它被业界认为是支撑物联网“后端”的最佳选择。云计算可为物联网、泛在网①提供后端处理能力与应用平台。

2. **物联网与海计算**

物联网包含亿万种多样的物体，承载和处理巨海量的感知信息，容纳各种模式的接入和通信模式，实现从感知、处理到控制的循环过程。它既是物理世界与信息空间的深度融合系统，又是涉及全球的人、机、物的综合信息系统，其规模之大，无所不包。

物联网的物体之间需要协同交互，对事件及时做出反应。这就需要对可感知的各种信息进行实时性采集、处理和控制。大量的感知信息在采集和使用的本地进行存储，经过处理后的中间或最后结果存储在互联网上（后端），放到“云”中的数据中心。感知信息的预处理、判断和决策等信息处理主要在当前场景下的前端完成，必要时需采用大运算量的计算才通过“云端”的数据中心来处理。应运而生的，便是海计算。

（1）海计算（sea computing）是一种最简单、可依赖的互联网需求交互模式，是倡导由多个融入了信息装置、具有一定自主性的物体，通过局部交互而形成具有群体智能的物联网系统。它是于2009年8月18日由美国通用汽车金融服务公司董事长兼首席执行官德莫里纳（Alvarode Molina）在2009技术创新大会上所提出的全新技术概念。

（2）海计算为用户提供基于互联网的一站式服务。用户只要在海计算输入服务需求，系统就能明确识别这种需求，并将该需求分配给最优的应用或内容资源提供商处理，最终返回给用户相匹配的结果。海计算的本质是物体与物体之间的智能交流，实现的是物之间的交互，强调物理世界的智能连接和物理性质涌现，是以物理世界为中心的思维。在技术上，它主要包括融入式的新型计算系统（包括硬件和操作系统）、自组织群体智能算法（Interaction of Crowd Intelligence）、内嵌式微型传感系统、自组织网络等。

（3）海计算把智能推向前端。与云计算的后端处理相比，海计算主要是智能设备的前端处理。智能化的前端具有存储、计算和通信能力，能在局部场景空间内前端之间协同感知和判断决策，对感知事件及时做出响应，具有高度的动态自治性。海计算的每个“海水滴”就是全球的每个物体，其具有智能，能够协助感知互动。亿万种物体组成物联网系统，就如同海水滴形成大海一样。

① 泛在网是指基于个人和社会的需求，实现人与人、人与物、物与物之间按需进行的信息获取、传递、存储、认知、决策、使用等服务，具有超强的环境感知、内容感知及智能性，为个人和社会提供无所不在的信息服务和应用。它的主要技术包括：联网设备技术，从米级（Boards）、分米级（Pads）到厘米级（Tabs）甚至毫米或微米级（Dust）设备，三屏联动技术，用户中心（User-Centric）技术，背景意识（Context Aware）技术，位置定位与服务技术，智能空间技术，智能人机交互技术等。

3. “云”与“海”结合

物联网涉及全球的物体(包括人)规模及其应用需求和感知层数据的特性。这决定了物联网的架构需要“云”和“海”相结合。

海计算代表终端的大千世界,是物理世界各物体之间的计算模式。智能前端在协同感知的基础上,通过实时交互共同完成事件判断、决策等处理,及时对事件做出反应。而云计算是服务器端的计算模式。云计算的“云”的后端提供面向全球的存储和处理服务。物联网的各种前端把处理的中间或最后结果存储到云的后端。前端在本地处理过程中,必要时需要后端的存储信息和处理能力的支持,及时发送服务请求获得“云”的后端支持。海计算具有良好的扩展性,既满足前端实时交互,又满足全球物体的互联互动。

物联网需要云计算,但不能把所有的传感器信息都放到云端去计算,还需要海计算来辅助;要让90%的基础信息在传感器“海”里面处理,“云”只负责处理从“海”中“蒸发”的复杂信息。

4. 物联网与大数据

大数据(big data),或称巨量数据、海量数据,指任何超过一定时间用常规软件工具进行截取、管理和处理的庞大数据量,是数量超大、类型繁多、处理时效紧、数据源价值密度低的综合性数据集合。大数据的数量,一般在10 TB规模左右;很多用户把多个数据集放在一起,形成PB级的数据量。20世纪90年代,“数据仓库之父”恩门(Bill Inmon)提出“大数据”的概念。大数据需要特殊的技术,包括大规模并行处理(MPP)数据库、数据挖掘电网、分布式文件系统、分布式数据库、云计算平台、互联网和可扩展的存储系统。大数据代表了互联网的信息层(数据海洋),是互联网智慧和意识产生的基础。

物联网、移动互联网再加上传统互联网,每天都在产生海量数据,而大数据又通过云计算、海计算的形式,对这些数据进行筛选、处理和分析,提出有用的信息。这就是大数据分析。物联网、移动互联网等,是大数据的来源;大数据分析是为物联网和移动互联网提供有用的分析,获取价值。

(三)物联网与智能物流

物流业是物联网早就落到实处且产生实效的行业之一,很多物流系统采用了自动识别、EPC编码、资源寻址、传感技术、红外感应、全球定位系统、信息保真传输、人工智能等高新技术,实现了信息化、网络化、集成化、智能化、柔性化、敏捷化、可视化。这就是物联网在物流业应用的体现。

1. 智能物流:“物流领域中的物联网”

智能物流(intelligent logistics)是物联网的一部分,是贯穿于供应链全程人工智能化运作的物流系统,亦即“物流领域中的物联网”。如果从某物流中心发出的一个单元货物,在任何时候、任何地点,系统都能自动显示它是什么货物、从哪儿来、要到哪儿去及如何去等信息,那么,这个单元货物的物流过程就是智能物流过程。

2．智能化物流配送中心

基于传感、RFID、声、光、机、电、移动计算等各项技术，建立的全自动化物流配送中心，依托自动化操作网络，可实现局域内的物流作业智能控制。如，无人仓，包括码垛机器人、无人搬运小车、自动化输送分拣线、自动化堆垛机等，以及无人机、无人配送车/无人货车，整个物流作业系统与环境完全实现了全自动与智能化。

3．智能配送可视化管理网络系统

基于GPS卫星导航定位技术、RFID技术、传感技术等，在物流过程中实时实现车辆定位、运输物品监控、在线调度与配送等物流作业的透明化、可视化管理。

4．产品的智能可追溯网络系统

产品的智能可追溯网络系统，如食品的可追溯系统、农产品的可追溯系统、药品的可追溯系统等，发挥着货物追踪、识别、查询、信息采集与管理等方面的巨大作用，已有很多成功应用。智能产品可追溯系统为保障食品安全、药品安全提供了坚实的物流保障。

5．智能物流公共信息系统

智能物流公共信息系统利用现代信息传输融合技术，建立面向企业和社会服务的"车货仓三方对接""制造业物流业跨行业联动""集装箱运输箱货跟踪""危险化学品全方位监管"等应用平台，形成互联互通、高速安全的信息网络，实现不同组织（政府、企业）间异构系统的数据交换、信息共享，以及整个物流作业链中众多业主主体相互间的协同作业、设计架构出配套的机制及规范，以保证体系有序、安全、稳定地运行。

实际上，物联网是一个大智能物流概念，主要领域是集成物流、集成运输、集成仓储行业，以及交通运输业，包括航运、海运、陆路运输等；还有制造业、农业，涉及汽车、冰箱、彩电、鞋子、衣服、帽子等生活用品，包括食品等任何东西，只要跟产品生产和消费有关的都在内，通过智能管理，自动识别、标识、跟踪、监控，将保障物流在合规的、合法的、高质量的、有效的环境中安全运转。

（四）智慧物流

物联网把物流业带入了智慧时代。2009年6月，美国IBM公司提出了"智慧供应链"概念，由此在中国延伸出"智慧物流"的概念。

1．智慧物流：智能物流全域化

智慧物流（intelligence logistics）是智能物流全域化，是基于智能技术升级和应用覆盖全域的智慧态综合物流系统。智慧物流与智能物流同源，又是智能物流的跃升，将物联网、传感网与互联网整合，并以智慧化管理，实现物流的自动化、可视化、可控化、智能化、网络化。智慧物流的核心是"物联化""互联化""智能化”。同时，智慧物流既要求强化企业内部生产过程，又致力于企业与企业、企业与个人之间的全部物流运作一体化；而且，智慧物流也不仅仅限于一个企业、地区、国家，更是一个空中（无人配送机）、地面（无人配送车、无人仓）和地下（城市地下物流管网）立体的全覆盖的智慧态和自动化社会物流系统。。

智慧物流不仅能获取基于供应链的运输、仓储、包装、装卸搬运、流通加工、配送、信息服务等各个环节的大量信息，实时收集数据，初步实现各方准确掌握货物、车辆和仓库等信息智慧感知，还可以通过网络传输到数据中心，建立强大的数据库，又能运用模拟器模型进行智能分析，不断验证问题和发现新问题，优化决策，为物流各个环节提供最强大的系统支持，实现各环节协作、协调、协同；更为重要的是按照优化决策方案，系统能自动选定和沿着最快捷有效的路线运行，一旦发现问题将自动修正，且备案待查，及时反馈，实时更新，保障系统修正和完善。

2．智慧供应链

智慧物流可以有多层面。常见的便是企业智慧物流和全球智慧物流，以及介于中间层的区域智慧物流。其一，企业智慧物流主要在于装卸、搬运、运输、仓储、配送等各个环节作业及管理智能化。其二，区域智慧物流以智慧物流中心（或智慧物流园区）为载体，其关键是搭建区域智慧物流信息平台，并形成完备的智慧供应链物流网络，以及网络中物流结点优化。区域智慧物流通常融入“智慧城市（smarter city）”。其三，全球智慧物流在于全球视野下依托物联网的物流智慧化，并融于“智慧地球（smarter planet）”。

智慧物流的伸展取向将是智慧供应链（intelligent supply chain），既包括企业智慧供应链，也包括区域乃至全球智慧供应链网络。智慧供应链服务示意见图6-17。

3．智慧物流信息平台

智慧物流运作的基础和重要构件是数据中心及物流信息系统平台。数据中心主要通过一系列数据的单证，实现物流的数据管理，如产品生产、订单、销售、客户、车辆、驾驶员等分布情况统计数据，都将被纳入整个物流管理的数据流。智慧物流信息涉及众多专业领域，主要包括与智慧生产系统对接及融合的生产物流物联网、仓储物联网、运输可视化跟踪定位物联网、港口物联网、货运车辆智能停车物联网、物流中心或物流园区物联网，以及货品溯源物联网、冷链物联网、特种货物物联网、物流安防物联网和超市物联网等专业物联网，它们在不同的企业、专业、层面和范围要分别保持互联互通。而且，物流业物联网需要对接和融入全社会物联网，协同构筑智慧物流信息系统平台，并实现电子商务与智慧物流的高度融合。

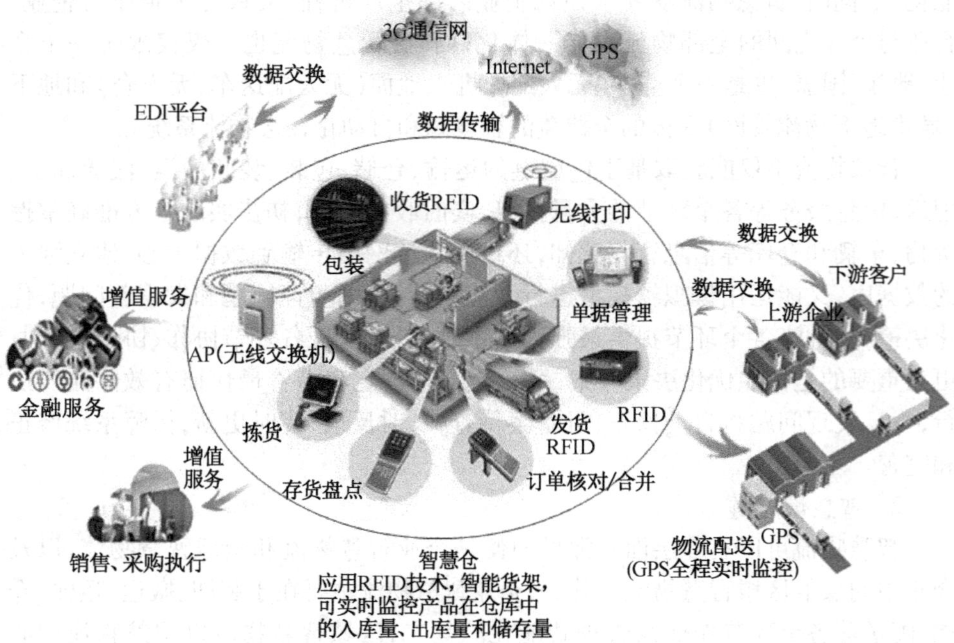

图 6-17 智慧供应链服务示意图

智慧物流信息平台的建设(融于智慧城市建设系统),可采用智能视觉物联网技术、3DGIS 可视化管理平台技术和 VIDC 技术①,依托电信运营商强大的网络资源,形成强大的物流定位能力、存储能力、信息通信和处理能力,确保政府各级部门的智慧物流系统实现互联互通,打通各级部门的"业务孤岛""网络孤岛"和"数据孤岛",实现智慧物流系统的统一管理。

---

① 智能视觉物联网技术:智能视觉分析和自动语义识别即嵌入式智能行为识别技术,特别是自驱动 PTZ(在安防监控应用中是 Pan/Tilt/Zoom 的缩写,代表云台全方位——上下、左右移动及镜头变倍、变焦控制)高速球机技术,将实现"智能视觉 + 物联网"的真正的物联网。

3DGIS 可视化管理平台技术(3DGIS 虚拟现实与实景视频相结合自动显示技术):基于 4 + 1 的智慧城市体系,即智能感知,互联互通,协同共享,城市运营,其核心是运用城市级 VIDC 技术进行云计算 - 云分析 - 云存储。

VIDC(Visual Internet Data Center)技术,即基于视频数据分析和基础数据混合计算、联合运营、自动存储的客户端感知型的云计算技术——云计算 - 云分析 - 云存储技术,包括以嵌入式软件技术制造的城市级云计算 - 云分析 - 云存储主机即 VIDC 主机,构成一个可扩展的高智能并具广泛兼容性的城市运营核心设备。

这是"智慧科技运营商"——深圳市贝尔信科技有限公司所拥有的填补国内空白,在全球处于顶尖地位的三项智能核心技术。(http://www.baike.com/wiki/深圳市贝尔信科技有限公司)

案例6-1　智能物流:耐克的绝密仓库

2011年初,耐克(中国)物流中心在江苏太仓启用。这是耐克的全球第七个和第二大物流中心,建筑面积达 20×10^5 m^2,拥有超过 10×10^5 个货品托盘,年吞吐能力超过 2.4×10^8 个件次,同时可满足79个集装箱货车装卸货。更重要的是,耐克将凭此缩短15%的交货时间——1件货品从门店下单到发货将只需要数小时。

这里就像是一个巨型的中央处理器,所有商品分拣和管理的基础,都依赖于强大的数字化采集和处理能力。所有货品都嵌入了电子标签,并逐一扫描,工人们根据电子显示屏上的信息来分拣、配送货品,其信息通过专门数据端口与耐克全球(总部)连接,每天都会有完整的共享数据反馈给相关部门。海量信息如此之多,以至于计算机所需要的编码数量几乎与全球最大的购物网站亚马逊一样多。

总长达9 km的传送带、顺序拣货机、无线射频扫描仪、自动化仓库管理系统等在内的诸多物流技术与装备,让这座仓库在分配效率、吞吐力、弹性力三项指标上均达到了全球最高水准。

智能世界。这座耐克在中国的第一家大型物流中心有两幢建筑,分别储存鞋类和服装类货品,两者之间通过传送带装置接驳。仓储区被分为整箱区和托盘区,散装托盘区分布其间。如果有大订单到来,整箱区即可直接配送;小订单补货则可以直接从托盘区内散装货品中抽取。根据配送分拣需求,服装配送楼层被分割为三层:顶层是拥有 4.5×10^4 个设置了独立编码的货架区,二层则是两套自动分拣系统,一层为打包和装车配送区。

拥有 4.5×10^4 个独立编码的顶层货架区的编码,并无规律可言。这主要是为了避免操作员因频繁操作熟记下编码,从而产生误操作。取货操作员运用机器语音系统与计算机对话,核对存货信息——取货前自动控制系统会告知操作员取货区域;操作员到达后,通过麦克风和耳机先向电脑系统报告货架区编码,以及对取货数量进行确认。这套语音识别系统由耐克独立研发完成。它可以识别各国语言,甚至包括方言,系统会事先采集记录每一个操作员的音频信息。为以防万一,耐克另配备了一套应急装置,一旦语音识别系统发生故障,取货员可以用手持扫描设备救急。这也是货架编码的另一用途。

同时,这些货架安放的角度,按照人体工程学原理设计,最大限度地避免员工腰肌劳损。耐克规定,在货架充裕的情况下货品必须先存在中间层,方便员工取货。在货架最下端,底层货架与地板的间隙,可以容纳临时扩充的货架，便于在发货高峰期存放物料。

耐克（中国）物流中心三楼顶层的仓储区高达 10 m 多，为了最大限度地提高空间使用率、增加货品容纳量，采用了窄巷道系统，货架之间的巷道宽度也被压缩到最低，与叉车的宽度相差无几。耐克在地板下方安装了用于叉车牵引的特殊磁力导线系统。这套智能引导系统可以令驾驶员在磁力线的自动引导下，以最精确的行车姿态进入取货巷道，完全避免任何碰撞。在自动引导取货时，叉车只能沿着磁导线的分布前后直来直往，而不会左右摇摆；取货小车装运完毕，关掉磁导线开关，货车方可左右拐弯。

耐克（中国）物流中心配送货品的一般流程是：接到订单、区分订单大小、仓储区取货。仓储区整箱订单货品通过传送带运至二楼分拣区，操作员和传送带会进行两次核对分拣；订单货品的余额件数由三楼操作员人工补货，自动分拣机验货、装箱后，再运至一楼，进行扫描核对、装车及发运。

作业过程中，最关键的要素是精确。以服装分拣为例，当三楼仓储区的整箱货品通过传送装置送到二楼时，操作员会通过手持扫描设备进行标签扫描。所有货品标签的贴放位置和高度都有严格规定，以提高核对效率。核对无误后，在传送带送至一楼的过程中，沿途每隔数米均有扫描设备对包装箱条码进行扫描，记录下位置信息。这些信息又与分布于物流中心各功能区的自动化分拣设备相连，使产品可以快速被传送至不同的操作区。一旦分拣有误，传动带会自动将错误货品甩出，进入特殊通道交由专人处理。

当货品经过层层校验，从分拣来到打包环节时，耐克（中国）物流中心的系统会自动打印一张货品标签单，清楚地标明货品编号和件数。电脑还能估算出货物体积，并提示操作员大概选用何种型号的包装箱最为合适。

装箱操作员除了核对货品件数和编码外，另一项重要工作就是要把货品发货标签贴到规定位置，便于下一个环节的机器或人工再次抽查核对。在装车发货之前，仓储管理系统再次进行信息甄别，根据订单的时间配送要求，采用不同的交通工具和多级物流网络，确保产品高效、准确、及时，并以最低成本送达。

耐克（中国）物流中心共安装了超过 220 个空气探测器，一旦失火，自动报警系统便会响应，并打开喷水灭火系统。在仓储区之外，耐克还设立了“防火墙”，即便发生火灾，楼层也只会朝着特定方向倒塌，保证另一个独立区域安然无恙。在两道墙壁中央，专门设置了消防人员救援通道和避难走道，后者还有特制的正压送风系统，只会依照特定风道排放烟雾,不会伤害人身安全。

(物流网世界:《智能物流经典案例:耐克的绝密仓库》,(2012-01-17)[2015-03-26],http://www.iotworld.com.cn/html/importLib/201201/1960d22fc4ec679c.shtml.)

第二节　实物流网络

实物流网络是物流网络工程系统正常运行的基础和主要资源条件,通过物流线路和物流节点,集聚了物流系统的主要基础设施、设备,以及相应的技术、人员和管理等资源要素,并覆盖生产企业、供应商、用户和消费者,直接关系到综合物流的发展水平。

实物流网络是由物流线路和物流节点连接形成的实体网络。物流全程是实物由"动态"与"静态"相结合的过程。实物"动态"发生于物流线路,"静态"停顿于物流节点,在一定空间纵横错综组成实物流网络。

一、物流线路:陆水空立体运输路线

物流线路是物流赖以运行的基础设施载体之一。它体现在一定区域范围内,货品所发生的聚集、扩散的空间位移路线轨迹。

(一) 物流线路:公路、铁路、水道、航线和管道

物流线路(logistics line),泛指所有能实现由人为作用(包括被人所利用的自然力作用)下物体发生空间位移的作业路线。在常态下,这更倾向性地是指所有可使交通工具安全行驶或航行及货品安全输送的陆上(含地下)、水上、空中立体运输和接驳各个物流节点的线状空间路径,主要是公路线路、铁路线路、水道线路、航空线路和管道线路。

1. 公路线路

公路泛指可供机动车、人力车、畜力车等各种交通工具行驶及行人走行的公众交通道路;现多指汽车专用公路,即由路基、路面和桥隧组成,并主要供汽车行驶的一个整体工程结构。公路可分为高速公路、快速公路、普通公路。

2. 铁路线路

铁路是由路基、桥隧建筑物和轨道组成,并供列车行驶的一个整体工程结构。其中,轨道为两股平行钢轨,钢轨内侧的最短轨距分标准轨距、窄轨距和宽轨距。标准轨距为1 435 mm。

3. **水道线路**

水道是由航灯和灯塔构成，可供船舶或排筏在不同水位期安全航行的水域；也可以是在天然条件下不同水位期能供船舶安全通航的那一部分水域。以通航木排为主的叫木排航道；以通航内河运输船舶为主的叫内河航道，主要有天然河流、渠化河流及通航渠道和运河（但在某些航段会受到过河桥梁、过江/河管道、缆线等建筑物的限制），依据通航条件，可分等级；以通航海轮为主的称海轮航道。

4. **航空线路**

航线是相对应的地球表面两个点间的连线飞行器在空中飞行的线路，包括民航飞机规定的具体飞行方向、起讫与经停航站。它以连接各个地面无线电导航设施的直线为中心线，规定上下限飞行高度和宽度，是走廊式保护空域，在线内飞行的飞机受空中交通管制。航线分国内航线和国际航线。其中，航线起讫点均在本国（或地区）境内的，为国（境）内航线；连接两个或两个以上省（区）的航线为国内干线，省（区）以内的航线为地方航线。航线跨越本国国境（或地区），通达其他国家（或地区）的航线称为国际航线。

5. **管道线路**

管道主要指长距离输送管道（简称长输管道），有干管、沿线阀室，以及通过河流、铁路、公路、峡谷等的穿（跨）越结构物，管道防腐用的阴极保护设施等。管道通常按管径大小区分，但由于管道的专用性极强，网络性较差，加上运输量的弹性较小，管径的大小更多取决于需求量的大小。

管道主要有油品管道、输气管道、固体料浆管道、气动管道等。其中，油品管道由连接成线的钢管、输油站及储油库等组成；输油站包括增压站、加热站、热泵站、减压站和分输站等。输气管道由连接成线的钢管、输气站及储气库等组成；输气站有压气站和调压计量站。固体料浆管道由连接成线的钢管、泵站、加压设备等组成，也称固体管道或浆液管道（因输送的是用液体载着固体的浆液）。气动管道由传输管、空压机、三向转接机和收发站组成。示例：长距离输油管道示意见图 6-18。

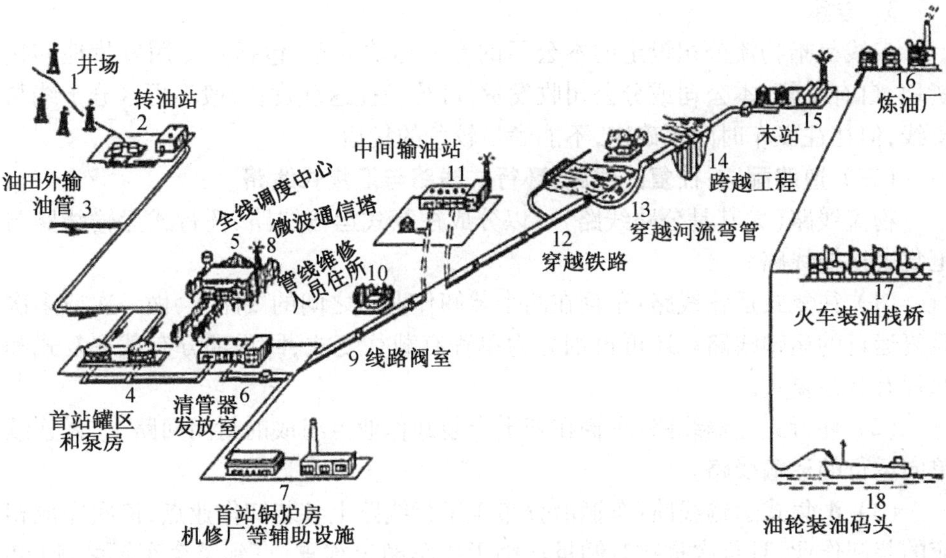

图 6-18　长距离输油管道示意图

（二）干线、支线与专线

在整个实物流网络中，尤其对于一个企业，物流线路更多地指向已开辟的并按规定可实现物流营运的路线或物流通道。它可以是由公路、铁路、水道、航空、管道及其多式组合的干线、支线或专线，但相互连接与交叉，在一定空间距离保持着此消彼长的关系。

1. 干线

干线就是交通运输线、输送管道等的主干通道线路，也是长距离类的输送线路。

相应地，干线运输便是经由干线进行大货量的长距离输送，是一种远距离空间位移的重要运输形式。它伴随重型卡车、货运专列、大型船舶、货运专机、主管线等的货物长途运输，并在城市设有进出港、机场、货站或卡车终端等，产生巨大的物流。

2. 支线

支线对应于干线，是指辅助干线扩大服务范围的分支交通线路，也是短距离类的配送线路。

支线运输也与干线运输相对应，是对干线运输的补充，主要承担从供应商到运输干线上的物流站点，以及从该类站点再到配送站点的货物输运，是辅助干线运输的一种运输形式。当然，支线与干线的区分，在一定空间距离内是相对的。一般地，支线路程比干线要短很多，运输量也要小很多，渗透于城乡社区，犹如“毛细血管”；端梢则是配送线路的“最前 1 000 m”或“最后 1 000 m”。

3. 专线

专线是指物流公司设定的本公司的专一运输线路,包括有专用发货地和接货地、自有车辆,本公司或分公司收发货,可统一往返载货;一般不再区分干线与支线,但往往发车时间不确定,不能满足较急的货运。

(三)道路配送:往复式线路、环行式线路与汇集式线路

物流线路(尤其是公路线路)可以分成往复式运输线路、环行式运输线路与汇集式运输线路。

(1) 往复式运输线路:车辆在两个装卸作业点之间的线路上,做一次或多次重复运行的运输线路。还可再细分为单程有载往复式、回程部分有载往复式和双程有载往复式。

(2) 环行式运输线路:车辆在若干个装卸作业点组成的封闭回路上,做连续单向运行的运输线路。

(3) 汇集式运输线路:车辆沿分布于运行线路上各装卸作业点,依次完成相应的装卸作业,且每次货物装卸量均小于该车额定载重,直到整个车辆装满(卸空)后返回出发点的行驶线路。

汇集式行驶线路有环形的,也有直线形的,一般情况下为封闭路线,包括分送式、收集式和分送-收集式。这种形式的运输线路的组织工作较为复杂,但有利于做到"取货上门,送货到家",可有效满足客户需求,在配送运输中被广泛应用。

二、物流网络接驳与物流集散地:物流节点

物流节点将各个物流线路接驳成一个网络系统,使各个线路无缝对接贯通和联动,并发生和成全物流集散。

(一)物流节点:"条"与"块"并存、组合或融合

物流节点(logistics node)是有一定空间区位的结节性物流路线接驳与物流集散地,又称物流结点,在有些场合也称物流据点。它是实物流网络中集管理调度、信息处理、网络接驳、货物聚散为一体的物流专业设施,但条块有别又相并存,组合成分布于整个实物流网络的各物流节点。

(1) 物流线路(条)上的物流节点,主要指公、铁、水、空和管道路线上的各货站、货场、港口、机场、仓库等(均指公共型)。在不同物流线路上的物流节点有很多。公路线路主要包括货站、货场、中转站、枢纽站等;铁路线路有货运站、专用线货站、货场、转运站、编组站等;水路线路有码头、港口、堆场等;航空线路有货运机场、航空港等;管道线路主要包括首输油(气、固体料浆)站、中间输油(气、固体料浆)站、末储油(气、固体料浆)库及城市储配气站等。

散布在不同物流线路上的货站、货场、仓库、港口等物流节点不尽相同,大多与物流线路建设或改造同步建成,并按所地处的区位城市——物流枢纽城市、物

流中心城市、物流节点城市，有等级之分，但都是物流路线接驳与具备物流运作某一功能或以某一功能为主兼具其他辅助功能的物流集散地/场所。

(2) 物流网络空间(块)上的物流节点，主要是城市及依托城市的一定区域内的物流园区、物流中心、配送中心等。

同样，散布在不同物流运营空间的物流节点，也都是物流路线接驳与具备物流运作某一、某些功能抑或综合功能的物流集散地/场所。

(3) “条”与“块”上的物流节点，既可独立并存，也可组合或融合，甚至叠加。因为，第一，两者都是物流网络接驳与物流集散地，只是看似有“条”与“块”之分，但可归于同一实物流网络；第二，物流园区、物流中心、配送中心的理性选址条件，首推交通枢纽，或者尽量位于内外交通枢纽附近①，即依托主要港口、铁路货运枢纽及站场、公路货运枢纽及站场、机场、港口或码头，具有交通区位优势，便于发展多式联运。一般地，物流园区、物流中心和配送中心均设于城市交通枢纽，在城市对外交通的主通道(如高速公路、国道、省道、铁路、空港、码头或港口等)附近(一般相距1～3 km为宜)。因而，一个城市的物流节点，倾向于依托(叠加或组合或融合)与本级城市相称的货站、货场、港口、机场、仓库的物流园区、物流中心、配送中心。

(二) 物流园区

物流园区是实物流网络的一个重要节点，但国外大多称为物流基地，日本又称物流团地，在欧洲有的称为货运村(A Freight Village)。物流园区最早出现于1965年的日本东京。始建于1998年12月的深圳平湖物流基地是中国第一个物流园区。

1. 物流园区：物流聚散地

物流园区(logistics park)，是相当大空间和功能规模的物流聚散地。它在空间上集中众多物流企业及与物流相关的企业，集散功能强，辐射范围广，物流企业密集，物流资源整合优化，物流产业链一体化，属物流业集聚区。

2. 物流园区功能区及主要设施

物流园区功能区及主要设施，主要包括货运区、仓储区、流通加工区、配送区(城市配送、跨区域配送)、国际物流区、信息服务区、延伸服务区(商贸展览区、货物调剂中心和批发服务中心等)、配套服务区(车辆辅助服务、行政服务、金融服务、通关服务，以及生活服务)等，又有赖于与各种服务相匹配的能保障服务实施的建筑和设施。只要不涉及危险货物及相关的特殊设施，通常情形下，不同

① 物流节点的选址条件，除了交通枢纽或尽量位于内外交通枢纽附近之外，还应具备以下几点：一是宜建于临近有较大物流产生、吸引和聚散量的区域。比如，工业区、仓储区、专业市场等附近；二是应位于城市中心区边缘，既利于城市内外货物的流通和输配，又利于减轻城市中心区的交通压力，保护城市中心区的交通环境、土地开发、生态环境等；三是与相关规划和现有设施相衔接；等等。

类型物流园区主要功能设施，至多只有服务类别数量和服务规模大小所产生的差异，更多的理应是大体相同或相近的。

3. 物流园区类型

物流园区有多种类型。其中，较常见的一组类型是货运枢纽型物流园区、商贸服务型物流园区、生产服务型物流园区、口岸服务型物流园区和综合服务型物流园区。

（1）货运枢纽型物流园区：依托交通枢纽（包括空运、海运、陆运），至少有两种及以上运输方式，能够实现多式联运，具有提供大批量货物转运的物流设施，为国际性或区域性货物中转服务。其中，空港物流园区依托机场，以空运、快运为主，衔接航空与公路转运；海港物流园区依托港口，衔接海运与内河、铁路、公路转运；陆港物流园区依托公路或铁路枢纽，以公路干线运输为主，衔接公铁水转运。

（2）商贸服务型物流园区：依托城市大型商圈和各类大型批发市场、专业市场，能围绕一般商业和大宗商品贸易的物流需求，为商贸企业提供运输、仓储、配送、流通加工等物流服务，以及商品展示、电子商务、融资保险等配套服务。

（3）生产服务型物流园区：依托开发区和制造业集聚区，或者毗邻工业园区、特大型生产制造企业，基于制造企业的外购件、外协件、物料供应与产品销售等物流需求，能够为生产制造企业提供采购供应、仓储保管、库存管理、物料计划、准时配送、产能管理、协作加工、运输分拨、信息服务、分销贸易及金融保险等供应链一体化服务。

（4）口岸服务型物流园区：依托口岸，面向进出口加工企业和国际贸易企业物流需求，能够为进出口货物提供报关、报检、仓储、加工，以及国际采购、分销和配送、国际货代、国际中转、国际转口贸易、商品展示等服务。

（5）综合服务型物流园区：依托区域物流、城市配送、商贸流通业、制造业、进出口加工与贸易等，按照区域、城市的规模物流需求和国际物流需求，采用多式联运，综合提供包括货运枢纽、商贸服务、生产服务、口岸服务等在内的至少两种以上的服务。

案例 6-2　日本东京京浜—平和岛物流基地

日本东京的道路以市中心为圆心，呈同心圆的环状公路，一环一环地向外拓展，并与市区的高速公路交织成发达的交通网络。城市从里到外散布着各种产业的大量批发、经销商，交通混杂，车辆空驶率高，城市功能低下。1965 年起，由政府统一规划、集资，在东京近郊的东、南、西、北部分别建设了京浜—平和岛、阪桥、足立和葛西 4 个现代化的流通基地。其中，最早建成的是于1968年6月正式启用的京浜—平和岛物流基地。

京浜—平和岛物流基地位于东京南部，建在填海造地的基地上，西靠东京湾港区码头，南邻羽田机场，附近有高速公路和城市环状公路，是东京的水、陆、空交通枢纽。整个流通中心占地5×10^5 m²，耗资5.72×10^{10}日元，建造了1.34×10^5 m²的流通性综合仓库、1.48×10^5t冷库、能停靠433辆送货卡车同时装卸作业的2.5×10^5 m²公路货物集散中心、由7×10^4 m²商务交易馆和3.5×10^5 m²物流大楼组成的商业流通中心，货物年处理量达7×10^6 t，每天出入送货卡车6 185辆，对整个东京地区及全日本的商品流通起着举足轻重的作用。

第一，商业流通中心。商业流通中心占地面积达1.5×10^5 m²，总建筑面积为4.12×10^5 m²。建筑物的容积率为270%、覆盖率为60%。流通中心的展示厅建筑面积1×10^4 m²，各种国际研讨会、新产品发布会经常在此举办。两幢物流大楼各1.74×10^5 m²，大楼之间为宽24 m的中央干道。物流大楼是六层钢筋混凝土结构的建筑物，长312 m、宽90 m、高33 m，每层建筑面积达2.9×10^4 m²。底层层高均4.6 m，设计荷载为1.8 t/m²。大楼的平面设计呈双向对称型。南北两端各布置卡车上下楼坡道，坡道平面呈“回”字形，出入分道、单向行驶，车道宽7.5 m，坡度为1∶10，可上5 t以下卡车；5 t以上大型卡车在底层装卸货物，用货梯上下运输。

大楼两侧，设有8 m的外廊式车道。由于采用卡车上楼的方案，使大量车流得以分散在各层楼面，且方便楼层用户，大大减少了装卸环节，提高了经济效益。整个大楼共有客梯4台、1.5 t客货两用梯8台、3 t货梯8台（叉车可直接驶入货梯轿厢内装卸托盘）。物流大楼的每个楼面划分成8个单元，每个单元使用面积为2 000 m²，各有1.5 t和3 t货梯1台，供租用单位使用。

第二，仓库团地。仓库团地拥有许多现代化的大型仓库。这种仓库与普通仓库不同，它们不是储存型仓库，而是流通型仓库。工厂生产的产品和批发商、商社的货物，在仓库里进行储存和保管，然后根据客户的要求配货出仓，再送到零售商店。它具有处理量大、商品周转率高、机械化程度高等特点。商品在仓库里的年周转率超过12次。现代化的仓库团地，使日本仓库业的经营方向已从单纯的储存型仓库发展成为综合性的流通仓库、配送中心，并拥有信息处理系统、兼营流通加工、包装、配送等配套服务。仓库业在日本被称为“仓库工业”。

第三，公路货物集散中心。京浜—平和岛公路货物集散中心是连接东京和全日本的中转基地。它为49家运输企业所租用，有1 516个中转点，遍及整个日本的中小城镇，形成一个全国性的运输网络。该中心利用长途运输卡车来回双程运输，与市内的短途运输、铁路、港口和空运相衔接，形成一个高效率的全国运输体系，成为日本国民经济的大动脉。

京浜—平和岛公路货物集散中心基地面积为 $2.228\,9\times10^5\ m^2$，货运站台和配送中心建筑面积达 $1.053\,07\times10^5\ m^2$，拥有433个供卡车停靠装卸货物的车位，货物年处理量为 4.38×10^6 t。其中，配送中心面积为 $5.036\,3\times10^4\ m^2$，车站面积为 $1.870\,2\times10^4\ m^2$，集配车场所面积为 $1.818\,3\times10^4\ m^2$，调车场面积为 $7.216\,3\times10^4\ m^2$，停车场面积为 $2.994\,6\times10^4\ m^2$，集装箱临时堆场面积为 690 m^2。

该中心还建造有一幢 $1.5\times10^4\ m^2$ 的管理楼，提供全方位服务。其中，办公用房 3 110 m^2，宿舍 200 间可供 1 200 人入住，食堂 1 483 m^2，邮局 94 m^2，诊所 51 m^2，理发室 24 m^2，浴室 349 m^2；加油设施 2 289 m^2，洗车设施 1 945 m^2，检车、修理设施 2 278 m^2，轮胎更换场地 310 m^2，过磅能力 30 t。

公路货运集散中心的建设，保证了"限制大型卡车进入市区"措施的落实，大大缓解了东京交通混乱、道路拥挤的状况，改善了城市的功能。

（佚名：《物流中心运作与管理》，（2015－04－22）[2015－05－27]，http://wenku.baidu.com/view/a201a130852458fb760b5656.html；邬跃：《日本物流园区的建设经验及模式》，（2012－09－01）[2015－05－27]，http://wenku.baidu.com/view/91b5b84a2b160b4e767fcff4.html——经整理）

（三）物流中心与配送中心

物流中心与配送中心在整个实物流网络是更具活力的节点，承担并完成核心物流作业和实际物流运营。

1. 物流中心

相对于物流园区，物流中心（公共型）的规模一般较小，在功能上是物流园区的具体化，并成为物流作业的实际载体。

（1）物流中心（logistics centre）是将物流集散和专业服务或综合服务功能实现一体化运作的物流据点。它是某一专业性的物流节点，也可以是综合性物流节点；同时，其物流功能健全、集聚辐射范围大、存储吞吐能力强，是接驳各种线路、各条线路的中心点。

（2）物流中心主要功能区：仓储作业区、配送作业区、加工作业区、保税物流（需具备一定条件）、信息中心、停车场、管理办公场所。

物流中心集商流、物流、信息流、资金流等为一体，比配送中心更具综合性功能，可兼容配送中心业务。

(3) 物流中心类型，较常见的有专业型物流中心、通用型物流中心和综合型物流中心。

专业型物流中心：需配置专用设施设备以满足特定货物专业化运作要求的物流中心，如低温类物流中心、散装类物流中心等。

通用型物流中心：满足一般货物运作要求的物流中心。根据不同的服务功能侧重点，通用型物流中心可分为仓储类物流中心、集散类物流中心和其他类物流中心。其中，仓储类物流中心以储存业态为主，货物储存量大、储存时间长；可为工商业企业提供分拨、配送或其他增值服务。集散类物流中心以大批量货物集散及配送业态为主，大量货物整进整出或批量零出，在中心周转期短。

综合型物流中心：专业型和通用型兼具的物流中心。

2. 配送中心

通常，配送中心（公共型）在规模上要比物流中心小些（但并非必须的），在功能上与物流中心可相似，有的甚至更细化，特别是可提供服务前置，并成为物流作业的实际载体，可看成为一种物流中心。在国外，大多并不严加区分物流中心与配送中心，也较少使用“物流中心”概念，而更多的直接称“配送中心”。

(1) 配送中心（distribution centre）是物流前端收货和末端送货的专业性物流节点/结点；是接受并处理前端和末端客户的订单信息，进行收货/采购、拣选、加工、组配等作业，或者接受上游供应商的供货，进行倒装、分类、保管、流通加工等作业，再按下游需求者的订单配货，并提供送货服务的物流集散场所。一般主要处理小批量、多批次、多品种的货品。

(2) 配送中心主要功能区，包括配套的收货（验收）作业区、分拣作业区、流通加工作业区、储存保管作业区、特殊商品存放区、配送理货作业区、停车场及办公场所。同时，配送中心需配置相应的装卸、搬运、存储、分拣理货等作业的设备，以及相应的信息处理设备，包括内部信息处理与外部信息处理。

三、多层级实物流网络：结构及空间布局

实物流网络结构及空间布局，主要因物流节点的功能定位、规模及其覆盖空间差异，以及物流线路级差，呈现多层级网状，且在城市或区域与企业两个的不同视域下，就可分出城市多层级实物流网络和企业多层级实物流网络。其中，城市多层级实物流网络基于社会实物流网络层面，更倾向于宏观视角，着眼点是公共性/半公共性（企业外部）物流基础设施网络空间结构及布局；企业多层级实物流网络基于企业个体实物流网络层面，出自微观视角，着眼点是企业自建物流运营网络空间结构及布局，尤其是企业在物流运营技术上与城市物流基础设施网络对接（利用）联网/并网。

同时，实物流网络所覆盖的一定空间地域，构成区域物流域面（regional logistics zone),即物流节点接驳物流线路产生吸引和辐射所形成的腹地,且也呈现相应层级。

(一) 城市:物流园区、物流中心及配送中心

物流发展的基础和条件受制于实物流网络。一个完善化的实物流网络,关键是依托城市,在物流基础设施网络空间结构及布局优化中,构建物流园区、物流中心及配送中心的多层级实物流网络体系。当然,城市本身应拥有优越的物流线路条件,物流集散面广、力强、量大,属区域中心城市或副中心城市、物流节点城市。

(1) 一级物流节点:物流园区,分布于物流线路枢纽或附近、服务面向优越的空间区位,主要功能是集货、分拨、中转、仓储、加工、配送、配载、国际物流、信息服务等。

(2) 二级物流节点:物流中心,一般分布于物流线路枢纽或附近和产业集聚区、大型市场,甚至在空间区位上可与物流园区部分叠加,主要功能是集货、分拨、中转、储存、流通加工、配送、信息服务等。

(3) 三级物流节点:配送中心、货运站,通常分布于交通便捷或交通节点和城市近郊,在空间区位上有些甚至可与物流园区部分叠加,主要功能是收货/集货、分拨、配送、储存、流通加工、信息服务等的一项或多项。

同样地,这一城市多层级实物流网络结构及空间布局,可适用于依托该城市的整个区域;在跨区域物流一体化乃至供应链全球化进程中,通过跨区域一体化、全球一体化联动,尤其是经由企业物流运营网络与城市、跨区域、国际及全球实物流网络对接并网,也可成为跨区域、国际/全球的多层级实物流网络中的相应组成部分,且是在总体上趋向更前端、更末端又更小的那部分。这主要取决于该城市在跨区域、国际或全球多层级实物流网络结构中的地位。如,跨区域物流节点/枢纽城市、国际物流节点/枢纽城市、全球物流节点/枢纽城市,并依此形成多枢纽(2 个及以上物流枢纽城市)跨区域多层级实物流网络、国际/全球多层级实物流网络。

(二) 企业:中央配送中心、区域配送中心、前端配送中心及配送站点

对于一个企业,在物流运营上需要拥有适应竞争和支持自身发展的实物流网络,即依托社会公共物流基础设施网络,并在空间结构及布局优化中自建中央配送中心、区域配送中心、前端配送中心及配送网点的多层级实物流网络体系。当然,企业本身应拥有相当的规模优势和实力。

(1) 中央配送中心(Central Distribution Center,简称 CDC):企业或公司统管旗下各配送层级的核心配送中心;一般分布于该企业选定的物流节点/枢纽城市,或适用于该企业物流运营的其他中心/枢纽城市,可选址于这些城市的物流园区(但这并非必须),拥有集散配送服务面向的优越空间区位,主要功能是分拨、中转、仓储、加工、配送、信息服务、大数据处理,以及指挥、调度等。

（2）区域配送中心（Regional Distribution Center，简称 RDC）：企业或公司旗下分管一定空间区域内各配送层级的配送中心，也有的设为大件仓库；通常分布于该企业选定的区域物流节点/枢纽城市，或适用于该企业物流运营的其他区域中心城市，以及区域经济、交通相对发达地区，可选址于这些城市/地区的物流园区或物流中心（但这并非必须），拥有较强的区域辐射力和库存储备力，配送规模较大，且大多配送至下一级配送中心，也可直接向零售商、大客户配送，亦即承担"一级配、一级送"（Direct Store Delivery，简称 DSD）干线配送网络运作。

（3）前端配送中心（Foregoing Distribution Center，简称 FDC）：企业或公司旗下设于靠近供应端或销售端进行直接配送服务的配送中心，相当于城市配送中心（以城市的市域为配送服务范围的配送中心）；一般分布于区域内的物流节点城市，或适用于该企业上一级配送中心在物流运营（车辆及批次装载率）中超过经济里程的其他城市，也可选址于这些城市/地区的物流园区或物流中心（但这并非必须），拥有快速反应速度和从事多品种、少批量、多用户的短距配送优势，主要负责货品的暂存和中转，承担区域配送中心直接对本区中转配送站的"一级配、二级送"（Transit Warehouse Delivery ，简称 TWD）干线配送，即区域配送中心将货品送至前端配送中心，再由前端配送中心向部分中转站配送；同时，以"日配"运作模式，也可直接配送到零售商、连锁店和生产企业等最终用户。

但是，前端配送中心设置与否，应依据企业多层级实物流网络节点空间结构分布的配送运作实际条件和需要，而并非是固有的和必需的。

（4）配送站点（Distribution Network，简称 DN），包括中转配送站及配送点（含自提点）：是社区或局部区域性单一业务的微节点，也是整个物流网络末梢物流或者快递公司的最小分货场所；分布于居民社区、学校社区、商务社区、工厂社区、公共服务社区等（包括农村地区），主要提供前端和末端收货、送货服务。其中，中转配送站的配送货品，可直接来源于区域配送中心，也可来自前端配送中心。

配送网点的布局关系到城乡一体化物流运营网络体系及结构布局的完善化，需要综合考虑供需状况、运输条件、自然环境等因素，对配送网点的数量、位置、规模、供货范围等进行研究和设计，特别在电子商务迅猛发展的态势下，要求更优化快速消费品配送网点布局。

相应地，一个完整的企业多层级全球实物流网络空间结构布局，可包括国际/全球配送中心、区域/跨区域配送中心、前端配送中心及配送站点。其中，国际/全球配送中心即中央配送中心；区域/跨区域配送中心可设 2 个及以上；前端配送中心及配送站点根据实际运营情况设置布局。多层级实物流网络体系示意见图 6-19。

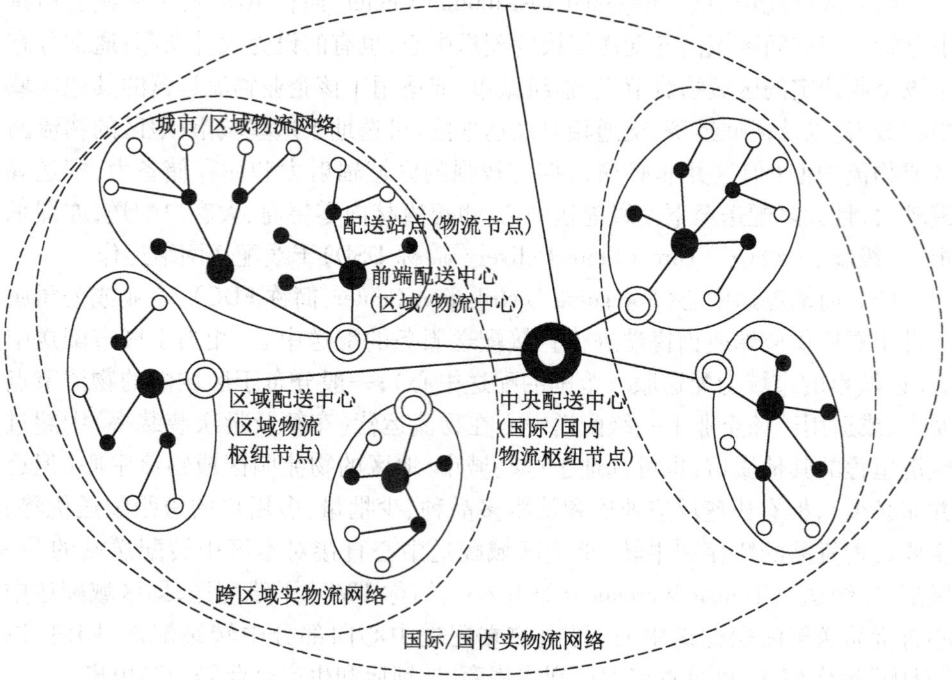

图 6-19 多层级实物流网络体系示意图

此外,凡企业未自建实物流网络,将全部或部分物流外包的,其所委托外包的全部或部分物流,由受托的外包物流企业或合作伙伴/物流联盟受理,并通过其实物流网络完成全程运营。

(三) 实物流网络类型

企业实施物流运营,通常情况下,其实物流网络结构有多种类型,依据实际需要,在网络架构时可选用一种或多种并举。

1. 线状物流网络

线状物流网络:一个物流节点与其他任一物流节点之间,存有依次相串联的若干中间物流节点所构成的一条链(物流环节链),且由此发生物流。如果线状网络中首末两个物流节点相连接,并发生物流,就成了环状网络。这种环状网络也视为线状网络的一种特例。

2. 星状物流网络

星状物流网络:以一个物流节点为枢纽物流节点,这一枢纽物流节点与周边散布的其他任一物流节点相连接,并发生物流,而在其他各个物流节点相互之间都各不相连接,不发生物流。

3. 轴辐式物流网络

轴辐式物流网络:以一个或多个物流节点为枢纽物流节点(即单枢纽或双

枢纽、多枢纽物流节点)，非枢纽物流节点都只由枢纽物流节点彼此相连接，并发生物流；枢纽物流节点之间可发生较多物流，且相互间的可达性很强；货物先由各非枢纽物流节点运至枢纽物流节点，再集中运至目的物流节点(送货站点)，然后由送货站点递送至收货客户。

4. 网状物流网络

网状物流网络：各个物流节点都与各自周边的部分物流节点相连接，并发生物流。其中，枢纽物流节点既发生货物收发或“路过”，还要发生货物中转；而其他物流节点则仅发生货物收发或“路过”。

第三节　物流组织网络

物流信息网络和实物流网络的构建及正常运转，关键还在于有一个在不断发展中适应力强、运行有序和高效的物流组织网络。物流组织网络也是物流网络工程系统的一个子系统。

一、物流组织网络：多层级网状体系

物流组织泛指从事物流经营和管理的主体性聚集体，包括物流企业、物流中介服务企业、企业内部物流管理和运作部门，以及物流合作伙伴、物流联盟①。它在发展和现实运营中自成网状体系。

(1) 物流组织网络呈现由各物流经营和管理主体业务大规模化拓展、渗透，以及通过并购、重组和合作联盟，形成遍布跨区域/国乃至全球化物流运作的多层级网状体系。其中，各个层级网络节点都是开放的，均可从外部获取共享信息和资源，从而在整体上构成一个资源和信息充分共享、可动态重组、开放的无边界网络系统，包含物流联盟组织、虚拟组织及其他物流组织形态，并为客户提供更加满意的物流服务。

(2) 物流组织网络体现物流网络工程系统中具有主观能动性的主体要素，决定系统的利益导向和利益分配格局，以及企业社会责任担当，是物流网络工程系统乃至整个物流系统运行的组织保障；物流信息网络和实物流网络则体现基础性的客体要素，归属技术范畴。物流组织网络利用物流信息网络和实物流网络，经优化配置，在交互作用和影响下共同集成系统的物流服务能力，进行和完成物流运作。

① 物流组织：还包括一国(或地区)与物流相关的各级官方管理部门和非官方物流行业组织，以及与物流相关的官方/半官方国际组织、非官方国际物流行业组织，相对于企业个体物流组织，属于企业外部的社会物流组织，并自成网络体系。

（3）物流组织网络中各层级任一节点都可能和其他节点发生相应的关系。这反映了网络节点间联系的重要性，以及信息流在物流组织网络运作中的作用。即通过信息在不同物流组织网络中快速、准确和实时地流动，指引物流组织网络中各节点能动地感应市场变化，并积极反应，最终满足客户的物流需求。

二、空间结构及分布：物流组织网络层级

多层级物流组织网络，因其覆盖的空间跨度及规模差异，相应的空间结构层级也有所不同，并随空间规模的变化而变化。物流组织网络覆盖一个城市域的，其空间结构层级通常分为公司、分营业部或配送中心、业务受理点；也有的分为总公司/集团公司、分公司、营业部或配送中心、业务受理点。但是，更典型和有代表性的多层级物流组织网络，一是覆盖一国（或地区）境内跨区域的，其空间结构层级通常可分为总部、子公司（地方公司）/分公司、业务受理点/办事处；二是覆盖全球或跨国/境的，其空间结构层级通常可分为全球总部、片区总部、子公司（区域公司、地方公司）/分公司、业务受理点/办事处。物流组织网络空间结构各层级组织，有其不同的功能和区位倾向，是一个物流企业业务运作的基础，大体上对应于其实物流网络。

一般地，达到一定空间规模以上的跨区域物流组织网络，其空间结构层级可分为总部、子公司/分公司和业务受理点。

（1）总部。总部是跨区域多层级物流组织网络的中枢和核心，也是物流企业的运营管理的规划中心、决策中心、指挥中心、信息中心，以及经济核算中心；主导功能是制定企业战略规划、战略决策和信息传递，包括企业资源优化配置、人事管理、财务控制、市场、法律税务等。

基于区位条件的综合影响，总部倾向优选设于国内或区域物流枢纽城市、物流节点中心城市。全球或跨国/境的，总部一般多设于国际物流枢纽城市、跨洲物流节点中心城市、区域物流枢纽城市/物流节点中心城市等。

（2）子公司/分公司。子公司（含区域公司、地方公司）/分公司是片区、区域及跨区域网络的重要组织单元（仅限于空间网络层级功能），也是本区（层级物流组织物流运营区）运营中心。其中，子公司（含区域公司、地方公司）的主要功能是在总部统领下，从本区层面与总部联系，实施总部发展战略、战略决策，执行总部指令；同时，制定本区的经营战略、对企业资源进行配置，统筹管理和协调区内由总部授权的各项运营管理，并管辖本区的各类分支机构，包括指挥、协调、信息传递，负责本区的法律、财务、税收等。分公司更具有完整的企业功能，包括物流操作、市场开发、客户服务、财务结算等，以及实施本地的物流中转与输送。

受制于相应的区位条件，子公司（含区域公司、地方公司）倾向优选设于本区物流枢纽城市、物流节点中心城市、物流节点城市等。分公司倾向性设于本区物流节点城市。

（3）业务受理点。业务受理点是区域网络的辅助组织单元，主要承担物流业务运作的具体操作，尤其协助上一层级组织在某地完成物流运营，收集市场信息并及时上传反馈。

业务受理点的设置，基于市场扩张或业务拓展需要，在网络中的适宜物流节点空白处布点，扩大或补充、完善网络体系。

（4）空间组织网络联系。网络组织单元间存有垂直性功能联系和水平性功能联系。垂直性联系使各层级网络组织具有不同主导功能，并通过互补构成区域跨区域物流组织网络；水平性联系使各层级网络组织具有相同功能，可独立开展物流运作。

三、物流组织网络运作

物流组织网络运作的目标，在于通过网络组织单元间的物流信息提前传递，以最低成本将货品在有效时间内完好地从供给方送达需求方，实现"按需配送、零库存、短在途时间、无间歇传送"的理想物流业务运作状态。

（1）物流组织网络运作模式，一是由总部与旗下子公司/分公司及下属各层级按垂直性主从关系协同；二是由与合作伙伴、战略联盟依靠"协作协议"约束①。个中核心和根本，便是用足用好企业运行的关键资源和本企业的优秀资源，同时全力寻找和充分利用本企业没有或本企业拥有但其他企业更优（如成本更低、效率更高等）的外部资源。

（2）物流组织网络的运作机制，包括互动和整合、协调和维护、协同和有序。其中，互动与整合机制具有动态性，促使互动中实现资源整合、网络空间结构调整，以及网络功效的改善等；协调和维护的功效，在于网络组织层级间关系和运作行动协调、利益目标维护，也将促进网络运作中相关物流组织履行企业社会责任；协同和有序将使系统不依靠任何外来干预，以自组织能力，在协同中实现有序化发展。

（3）物流组织网络的运作，牵涉网络空间多层级多节点，而网络关系形成后又起到支配和役使各层级各节点的作用，并依托实物流网络具体实施相应的物流运营。其中，线路运营即利用运输工具，按一定线路形成干线和支线运输；节点运营发生在物流中心或配送中心内的物流组织，包括仓储、分拣、加工、配送等物流作业；网络运营体现在线路运营和节点运营的衔接、联动和融合，并使系统形成网络化运营。

---

① "物流组织网络运作"也可参见第七章"物流运作：物流外包与外包物流"、第八章"电子商务：网上物流与网下物流"和第九章"物流管理与企业社会责任"的相关内容。

思考题

1. 结合案例解读全球统一标识系统。

2. 结合案例解读地理信息系统与全球定位系统在物流领域的应用。

3. 结合案例解读智能交通系统及其与物流的关系。

4. 结合案例解读物联网与智能物流、智慧物流。

5. 结合案例解读物流线路。

6. 结合案例解读物流节点。

7. 结合案例解读实物流网络层级结构及空间布局。

8. 结合案例解读物流组织网络。

9. 案例分析:阅读所给的案例材料,结合所学的相关知识展开分析,并加深对知识的理解。

案例6-3 日本菱食公司:RDC = FDC 体制

日本株式会社菱食公司是1979年由日本三菱商社的4个食品加工批发企业重组而成的,主要销售调料、罐头、面等干货产品、饮料、冷冻产品、酒类和宠物食品等,并通过配送中心的社会化配送服务于连锁店、中小型超市、便利店。菱食接受食品超市、便利店的委托建立专用配送中心,提供一揽子专门物流服务。从20世纪80年代末到2000年12月,该公司实现了连续15年销售额和利润的双增长,显示了很强的上升势头。2005年10月菱食公司启动RYQUE事业开发,主要以外食专业餐饮店为客户群体,并定义为以东京都内为中心,面向中小餐饮店及中小配给餐饮店铺,规定到04:00为止,所下的订单,都于当日送到;不在这个时间段内,主要提供业务用食材及材料的配送服务。最初,注册的店铺没有像预期那样增长,但自2007年起开始出现增长,2009年初已突破5000家,2010年9月已超 1×10^4 家;截至2011年5月30日,以东京23个区及横滨为中心,注册的店铺超过了 1.4×10^4 家。

物流中心/基地:FDC、RDC和SDC

在菱食公司的实物流中,连接单品大量运输和面向零售企业分拣组合配送,并具体开展物流作业环节的是前端配送中心FDC(Front Distribution Center);其主要功能是直接从生产商处进货,并进行相应的物流作业。但是,在FDC内进行的物流作业,基本上是以整箱为单位的,如果是小批量进货就需要有下一步的备货、分拣等物流作业。这无疑大大降低了FDC的作业效率。

面对这种状况,菱食公司将小批量分拣作业从FDC中分离出来,以“将生产主导变为消费主导的流通系统变革”为取向，构建“新物流”系统，专门建设用于小批量物流作业的区域配送中心 RDC（Regional Distribution Center）。1990 年，在冈山建立了第一个大型 RDC。RDC 的主要功能，是对应多频度、少量物流，集中处理既花人力又花成本的小批量分拣作业，把各种商品集中放置在一种特定的货箱中。这种 RDC 的配送货箱不是特定商品的货箱，而是特定店铺的货箱。RDC 完成物流作业后，将各店铺的货箱输送到 FDC，再由 FDC 实行大规模的集中配送。这样就真正实现了物流规模化效益。从某种意义上讲，RDC 是 FDC 的后方支援基地。通过这种物流中心，相对于统一作业的集中化物流，小批量物流作业也能实现效率化。

与此同时，菱食公司还为一些特定零售商建立了特种零售业专用配送中心 SDC（Specialized Distribution Center）。这种物流中心是专门为某一特定量贩连锁店提供自动化的小批量分拣作业，或是零售商专有的将 RDC 和 FDC 功能兼容的物流配送中心。日本菱食公司实物流网络见图 6-20。

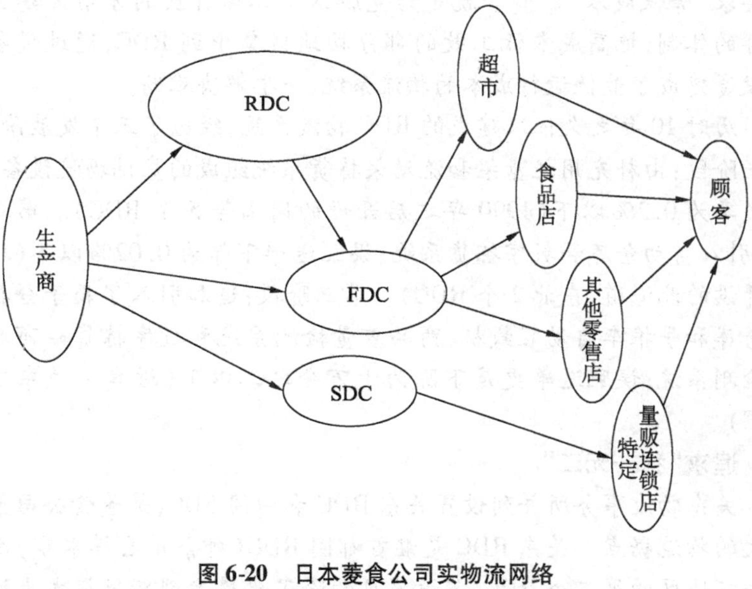

图 6-20 日本菱食公司实物流网络

RDC = FDC 体制：实物流网络

“RDC = FDC”计划是菱食公司物流战略的核心指导思想。2000 年 10 月，关东物流事业所（并列设置关东 RDC 和白冈 FDC）投入使用。由此，最终完成了菱食公司的日本全国性物流体制建设，实现了“RDC = FDC”的物流构想——把最烦琐的零散分装出货作业，从分布在各地的物流据点中分离而出，改在区域物流中心 RDC 内集中进行处理，同时与负责以箱为单位出货及按店铺进行配送的前端物流中心 FDC 并网，相互配合满足高标准的物流需求。这种“RDC = FDC”的构想现在已广为人知。关东物流事业所使用的最新物流系统，集中了菱食公司多年形成的大量物流经验和技术，在加工食品批发行业中堪称是“世界最先进的物流据点”。

随着关东 RDC 的建成，菱食在全日本完成了共 10 个 RDC 的设置，即 9 个加工食品 RDC（北海道、东北、关东、首都圈、北陆、东海、近畿、冈山和九州）和琦玉的酒类专用 RDC。每个 RDC 管辖范围内配置若干 FDC 和 SDC，形成了共计为 10RDC/7SDC（FDC + SDC）的网络体系（其中有 4 个 RDC 中并列设置 FDC）。

不满一箱的零散分装出货和低周转箱装物品的出货作业，在设有高水平自动化物流系统的 RDC 集中处理，以物品箱为单位，按店铺及商品类别分装完毕后送到相应的 FDC，再由 FDC 结合以箱为单位的一般性出货按店铺进行配送。

零售业顾客要求很高，要求“零散分装，分类送货”，而行业的竞争又要求“降低成本”。菱食就是为克服这个二律背反的矛盾才建立了这样的体制，把高成本低工效的部分按地区集中到 RDC，通过设备集中投资建成了最低运行成本的物流系统，一举解决难题。

历时 10 年之久依次建成的 RDC 物流系统，经历了三个发展阶段。第一阶段：由补充用托盘架和流动架拣货系统组成的基础物流设备；误配送率为 0.2% 以下（1990 年之后开设的冈山等 5 个 RDC）。第二阶段：引入自动仓库和数字拣货系统；误配送率下降为 0.02% 以下（1995 年开设的北海道、东北 2 个 RDC）。第三阶段：追加引入了箱子分拣自动仓库和手推车自动装载机、商品重量检测系统和数字拣货 - 商品扫描检测系统；误配送率更是下降为十万分之二以下（近畿 - 关东 2 个 RDC）。

追求“独一无二”

关东物流事务所并列设置关东 RDC 和白冈 FDC，是菱食公司最新最大的物流据点。关东 RDC 是继首都圈 RDC（神奈川县厚木市）之后在关东地区的第二个 RDC，其设置目的除了要覆盖因距离厚木太远而无法得到充分支持的茨城、栃木两县之外，还要将货物处理能力已超过 80% 而接近满负荷状态的首都圈 RDC 的业务转移到这里，以形成关东地区两个据点的体制（关东 RDC 负责茨城、栃木、群马、琦玉、千叶和东京，首都圈 RDC 负责神奈川、山梨、长野）。白冈 FDC 具有向东京 23 区提供箱单位货物的前线物流基地功能。

现在，在关东 RDC 处理约 5 500 个项目商品，在白冈 FDC 处理约 3

000个项目商品，合计为8 500个项目。2001年计划处理金额RDC为1.3×10^{10}日元，FDC为1.1×10^{10}日元，共计2.4×10^{10}日元。不到9 000坪（1坪=3.3 m^2）的占地面积和商品处理总额均为菱食公司里最大规模。通过以上系统能够以每箱100日元以下的低成本完成越来越多的当天接单当天出货的紧急订单（最短交货期要求接单后2 h之内出货）。可以预见，在食品中间环节流通行业中，包括批发商在内的所有物流环节优胜劣汰的较量还会继续。

菱食公司在本行业中最早构筑完成了RDC=FDC体制，并且将会继续进击，直到成为“独一无二”的优胜者。

（菊田一郎：《日本菱食物流运作的核心》，雷惊编译. 2004-12-20. http://www.chinawuliu.com.cn/xsyj/200412/20/132774.shtml.）

第七章
物流运作:物流外包与外包物流

物流运作是基于企业实现满足自身或客户物流需求目标,设计物流方案,并调集资源组织实施的实际运营与作业实务操作。相应地,物流运作模式一般为自营物流和物流外包,以及与物流外包对应的外包物流。外包物流技术的重点,在于外包受托方向委托方提供自己所能提供的物流服务。物流服务,过程就是产品。典型的和有代表性的外包物流是第三方物流和第四方物流。高端物流是现代物流发展和正在探索中的一个新领域,包括金融物流与供应链金融、项目物流(工程物流、会展物流)等。

第一节　自营物流、物流外包与物流服务

物流运作的主体是物流组织,且构成一个开放又复杂、有序的物流组织网络。物流运作过程是一个资源投入、转换和服务产出的过程,既是一个物流作业,也是一个物流服务和物流服务价值增值过程。物流运作的目标对象,可以是为自身企业,也可以是为客户企业。物流运作既可以是物流需求的自我满足过程,即自营物流;也可以是物流需求的满足委托外包,由受托人提供物流服务的实现过程。

一、物流运作模式选择:自营物流或外包物流

物流运作模式就是物流业务的常态运行和操作形式。从一般企业来看,它可分为自营物流与物流外包。

(一)自营物流

自营物流是一种先于现代物流的流行运作模式。这种模式基于企业业务求全、求有、求自营的产业业态发展环境,有其存续的优势和空间。

(1)自营物流(self-support logistics):企业自身的物流业务(全部或部分)自我运营模式。企业自建物流运行和管理机构,自己制订物流运营方案;拥有一整套自有的所需设施设备,如仓库、配送车辆、物流设备等;自己的物流业务全由自己承担和运营,或者除少量作业外大部分由自己承担和运营。自营物流运作的

主体是大型企业及少数大型电子商务企业，归属自营物流组织。

（2）自营物流的主要优势在于自营物流由企业自我掌控，运营管理灵活，从属和服务于主营业务，有利于企业物流各个环节的协调和一体化作业，及时解决问题和调整经营战略；也有利于整合内部资源，盘活企业原有资产，包括车船、库房和装卸等设备；可避免多次交易花费和交易结果的不确定性；原材料、生产工艺等商业秘密不会通过物流泄露。

但是，自营物流会加大企业的投资负担，削弱企业抵御市场风险的能力；物流业务规模有限，资源利用率低，物流运营成本高、效率低；物流运营管理专业化发展和竞争能力提升有局限。

（3）选择自营物流运作模式，要求拥有覆盖面很广的代理、分销、连锁店，而企业业务又集中在其覆盖范围内；或者业务集中在企业所在城市，送货方式比较单一，网络资源丰富，物流管理能力强。

通常，对于一些规模较大、资金雄厚、货物配送量大的企业，投入资金建立自己的配送系统，掌握物流配送的主动权，是一种战略选择。

（二）物流外包

外包（outsourcing）是企业为维持其核心竞争力，将非核心业务委托给外部专业组织，利用外部资源为内部的生产和经营服务。这是对当前业务流程的一种战略“安排”，意在通过引入外部资源进行更加有效的资源配置。外包可以适用于众多领域。其中之一，即物流外包。

物流外包（Logistics outsourcing）：企业将自身的部分或全部物流业务委托外包给他人（第三方）承担和运营的模式。这是一种长期的、战略的、相互渗透的、互利互惠的业务委托和合约执行方式。

1. 物流外包利得

企业之所以会将自身的部分或全部物流业务委托外包，由第三方承托运营，自有其理由，且得益甚多。

（1）全力发展核心业务。企业经营发展所需的资源往往是有限的。物流外包可以突破企业资源“瓶颈”约束，节约资源投入，腾出因自营物流所占用的资源，集中于自己的核心业务，即强化和充分发挥企业的核心竞争力，将非核心业务外包给合作伙伴，借助外力优化组合，致力于发展核心业务。

（2）精简业务，促进管理柔性化。企业实行物流外包，可因物流业务精简扩大应变空间，更有效地实施运营协调和监控，并保持平衡和连续性关系，促使柔性化管理，形成一种对“稳定和变化”同时进行管理的新战略，以充分利用组织资源，增强企业对复杂多变的动态环境的适应能力。

（3）分散市场风险。为应对复杂多变的市场和快速发展的技术环境，企业通过物流外包，可与合作伙伴建立起战略联盟，充分利用战略伙伴的优势资源，拓展产品分销渠道，扩大市场规模，降低物流成本，以合作伙伴的专业化、高水准物流服务满足客户需求,减轻市场风险。

2. **物流外包风险**

企业物流外包可预期的主要风险:(1) 所选的物流外包合作伙伴在业务能力上可能达不到企业的要求,尤其是一旦物流外包失控,关键物流业务失控,会带来核心业务与物流之间的联系断裂,以致客户满意度降低;(2) 因某些情况外包一些战略性的物流业务,将产生潜在的可靠性风险;(3) 可能带来信息资源外泄等其他风险。

(三) 部分物流外包:自营物流与物流外包并举

部分物流外包,即自营物流与物流外包并举的运作,意在生产企业的全部物流业务中,部分采用自营物流,部分选用物流外包。这种模式兼容自营物流与物流外包的运营优势,既可增强业务控制,确保核心业务发展,又可选用和分享更好的外部物流服务,化解资源约束负担,减轻成本压力,提高效率,以及降低信息外泄的可能;同时,还可以激发自营物流部门或控股物流公司(子公司/分公司)的竞争意识,促使其增强竞争力,实现快速发展。

(四) 物流运作模式选择制约因素

物流外包是一种战略选择,但也不是任何企业、任何业务都适合采用物流外包的方式,关键是要适合自己、拥有优势、适应时势。因此,企业在做出物流运作决策时,应该根据自己的需要和资源条件慎重选择,需考虑一下因素:

(1) 与物流的关联度和物流业务力。企业经营与物流的关联度较低,该企业的物流业务能力又相对较低,则拟选用物流外包;反之,企业经营与物流的关联度很高,且该企业的物流业务能力又很高,则拟选用自营物流。

(2) 对物流控制力的要求。企业要强化对供应和分销渠道的控制,则拟选用自营物流。

(3) 物流业务需求。大宗工业原料回运或鲜活易腐品分销,则应利用相对固定的外包物流商;全球市场分销,拟采用区域性的外包物流商;对于口岸物流等技术性较强的物流业务,应采用物流外包;非标准设备,也拟采用物流外包。

(4) 企业规模和实力。大型企业实力都较雄厚,一般有能力建立自营物流系统,且还可以利用过剩的物流网络资源承接外部业务(拓展外包物流)。中小企业则受资源约束,有限资源主要用于核心业务,则拟采用物流外包。

(5) 物流总成本。物流总成本包括总运输成本、库存维持费用、批量成本、总固定仓储费用、总变动仓储费用、订单处理和信息费用、客户服务费用。其中,减少库存数量,可降低仓储费用,但运输量增加势必导致运费增多;运费增量超过仓储费用的减少部分,物流总成本反而增大。所以,应该对企业物流总成本进行核算,选择物流总成本最小的物流运作模式。

（五）外包物流

企业自身的部分或全部物流业务不再由自己承担，而是委托外包给他人承担，即所谓物流外包，而与之相对应的，便是外包物流。

（1）外包物流（outsourcing logistics）：外包受托方承接委托方部分或全部物流业务的运营模式。这就是外包受托方以自己所能提供的物流服务，对所承接的委托方的物流业务全权负责并实施，双方建立战略合作伙伴关系，实现共赢。外包物流运作的主体是物流企业[①]，属于外包物流组织。

（2）外包物流可分为重资产型外包物流和轻资产型外包物流。重资产型外包物流，即自有运输工具和仓库等大额硬件设施设备资产，通常装卸搬运、仓储、运输、配送等功能物流服务专业化程度高。轻资产型外包物流，即不拥有硬件设施设备或只租赁运输工具等少量资产，主要从事供应链解决方案设计、物流信息服务、物流管理咨询等集成物流服务，一般具备较强的整合和调配多方资源的能力。

（3）外包物流的具体模式，典型的和有代表性的是第三方物流和第四方物流。

二、物流服务：产品与供给

外包物流技术的重点，在于外包受托方向委托方提供自己所能提供的物流服务，或者通过资源整合，提供供应链集成商协同提供的物流服务。

（一）物流服务与物流产品

服务是指在一定的场所有条件（借助于某些工具）或无条件、有偿或无偿地为满足他人某种需求所提供的不可存储性劳务。服务类别繁多，物流服务仅是其中之一。

1．物流服务

物流服务可以发生在物流作业各环节，又可体现在增加便利、加快反应速度、降低成本和拓展延伸等方面；它的提供者，通常是专业物流企业，也包括具备从事外包物流能力的企业（其内部所设的物流部门）。

（1）物流服务是指物流企业或企业的物流部门为满足客户物流需求所进行的全部活动；主要包括从受理订单开始直至货品送达客户过程中，按客户要求承担和有效地完成货品包装、搬运装卸、运输、储存、流通加工、配送、信息处理等物流作业。这可以提高物流作业效率，减轻客户的物流作业负担，增强竞争力。

（2）物流服务的提供，需要拥有客户所期望的服务产品，在客户所期望的时间内将其所需要的货品按时送达，并符合客户所期望的品质。当然，物流需求的

① 企业设立的物流事业部或物流业务分公司，或者组建的控股物流公司（子公司），主要承担本企业的自营物流；但当其物流业务运营能力出现产能过剩，也会走向外包物流运作。

个性化和独特化发展，需要有个性化、柔性化的物流服务。

（3）如何保证物流服务水平？首先，通过调查、专访和座谈，了解让客户满意的服务需求、与竞争对手相比的优势，特别是与最强竞争对手或一流企业的活动与业绩连续进行比较评估。其次，根据客户的不同需求，归纳不同服务类型，找出影响核心服务的问题点，分析物流服务的满意程度及其影响因素，还须考虑对本企业效益的贡献度。第三，按客户的类型确定物流服务形式，制订基本方针，确定重要客户，同时进行盈亏分析。第四，建立实现相关物流服务项目的运作机制，包括定期检查已实施的物流服务的成效。

2. 物流产品：非物质产品、异质产品与选择性组合产品

物流一经发生，全程几乎无不会产生对包装、搬运装卸、运输、储存、流通加工、配送、信息处理等的全部或部分需求。这些物流需求的满足，全赖可选的相应物流服务。

（1）对于物流服务，过程就是产品。就服务本身来看，又可以是由劳务活动、利益或满足所组成的用于出售的一种产品形式。因为，服务的供给总是一个过程；而对于服务，“过程就是产品”。显然，物流服务作为从业人员利用物流资源、物流设施条件和方法，并在分工协作下从事和提供满足物流需求的劳务活动过程，既是一种供给，又是具有营利性的物流产品。物流产品，从其形态、特质或结构等诸方面看，都属于一种可用于交换的特殊产品。

（2）物流产品是一种非物质产品。物流产品作为一种形式，所表现的是物流服务和服务过程。在物流服务过程中，不仅需要利用物质性物流资源和设施条件，也需要具有能动性的从业人员无形的和非物质的劳务性服务。而且，正是这种非物质的劳务性服务，才构成物流产品的实质和内涵主体。可以说，物流产品就是以这种非物质的劳务性服务而存在的。物流服务生产的不是有形的产品，而是一种伴随生产和消费同时发生的即时服务，属于一种非物质产品。

（3）物流产品是一种异质产品。物流服务的供方包括许多不同的部门组织，即使在同一部门组织中更有为数众多的不同企业，由于物流需求是多种多样的，因而满足物流需求的物流服务是一种差异性服务。这既表现为物流服务的多样化，又体现在不同物流需求的差异化，即使是同一种物流需求也具有不同的个性差异。因此，物流产品是异质的。

（4）物流产品是一种选择性组合产品。从供给角度看，物流产品是物流服务供方为物流服务需方提供一次物流作业所需的包装、搬运装卸、运输、储存、流通加工、配送、信息处理等各种单项产品的组合。而且，对于这种组合产品，物流服务需方可以购买整体产品，也可以选购某一个或几个单项物流产品（如运输、储存）。显然，物流产品又属于选择性组合产品。

（二）物流服务生产

物流产品是物流服务的一种形式，也就是物流服务生产的结果，这便牵涉一个问题——服务生产。

生产,一般地说,就是资源投入,成果产出;严格地说,是指将投入的要素资源转化成物质产品和非物质产品的活动过程。物流服务属于一种非物质产品,是利用诸如有形工具、设备等物质资源,以及包括劳动或体力、智力、知识、软技术(如咨询、管理等)等非物质手段和方法,满足物流需求的直接或间接接触活动过程。

简言之,物流服务是一个过程。这个过程,集物质资源与设备、非物质手段、人员等要素及互动接触过程为一体;并按作业程序和互动要求,形成物流服务的生产系统,即物流服务生产。

三、物流企业与物流业

物流服务生产的目的,在于满足物流需求。多数情况下,物流服务是由物流企业向物流外包方提供的,为的是尽可能满足其物流需求。因此,物流企业的物流服务便构成物流供给,在总体上又形成物流业。

(一) 物流企业

任何一个物流部门、机构或组织都生存于一定的空间。自然地,在广袤空间分立有众多直接或间接从事物流服务生产的实体。这些物流服务生产实体,至少从事运输(含运输代理、货物快递)或储存一种以上的经营业务,并能够按照客户物流需求对运输、储存、装卸、包装、流通加工、配送等作业进行组织和管理,或者能提供物流资源整合和供应链解决方案的服务,又具有与自身业务相适应的信息管理系统,实行独立核算,独立承担民事责任。简言之,物流服务的供应商,也就是物流企业,即外包物流组织(不含部分自营物流组织)。

1918 年,英国犹尼利弗的商人利费哈姆(Lefinham)勋爵成立了"即时送货股份有限公司",其公司宗旨是在全英范围内把货品及时送达批发商、零售商及用户手中。这是初具现代企业制度意义的物流企业的最早文献记载。

现代物流企业主要有:物流公司、运输(铁路、汽车、船舶、航空)公司、仓储公司、包装公司、流通加工企业、配送中心,以及物流技术开发公司、物流信息服务公司、物流管理咨询公司、供应链管理公司等。

(二) 物流业:物流企业的集合

无论是满足物流需求的全部还是部分,相应的物流服务生产都会涉及多个领域,每一领域又有众多企业。物流业就是从事物流服务生产或直接或间接提供物流服务的所有企业;简言之,物流业是物流企业的集合。而且,物流业是一个新兴产业,不能简单等同于运输业或者仓储业。

(1) 物流业是一个复合型产业。物流业是物流资源产业化而形成的一种复合型或聚合型产业,物流资源有运输、储存、装卸、搬运、包装、流通加工、配送、信息平台等。其中,运输又包括铁路、公路、水运、航空、管道等。这些资源产业化就形成了运输业、储存业、装卸业、包装业、加工配送业、物流信息业等，且分散在多个领域，包括制造业、农业、流通业等。把产业化的物流资源加以整合，就形成了一种新的物流服务业，这是一种复合型产业，也叫聚合型产业。因为，所有产业的物流资源不是简单地叠加，而是通过优化整合，可以起到 1 +1 >2 的功效。

(2) 物流业是生产性服务业。生产性服务业是指为第一、二、三产业的实物生产和服务生产提供服务的产业。生产可分为农业生产、工业生产及服务业生产；农业生产、出产农产品，工业生产、出产工业品，服务业生产、出产服务产品。无论是农业生产、工业生产还是服务业生产，都需要外包服务，并将之作为生产要素投入本企业的生产过程，这些外包服务就构成生产性服务业。

在国际上，一般把 50% 以上产品用于生产的服务部门称为生产性服务业，50% 以上产品用于消费的服务部门称为消费性服务业。在发达国家，生产性服务业在整个服务业的比重超过 60%，发展速度也明显快于消费性服务业，特别是金融、物流、运输、信息、商务服务发展最快。因此，物流业是生产性服务业。

第二节　外包物流：第三方物流

外包物流是物流运作的一种新模式，无论是对于物流外包委托方，还是对于物流外包受托方，都具有战略意义。典型的和有代表性的外包物流之一是第三方物流。

一、什么是第三方物流

"第三方物流"是由美国物流管理委员会于 1998 年进行的一项顾客服务调查中首次使用的，因其运作优势被越来越多的企业看好，是一种很流行的物流运作模式。

(一) 第三方物流：独立于供需双方提供外包物流服务

第三方物流(Third Party Logistics，简称 TPL)，常被泛称为外包物流或合同物流，人们对它的认识不尽一致，解释也有所差异。事实上，第三方物流只是外包物流或合同物流的一种模式。

(1) 第三方物流：独立于供需双方，为客户提供专项或全面的物流系统设计或系统运营的物流服务模式。

通常，物流外包委托，将由委托方以外的专业物流服务商接受委托；受托方按委托方的要求提供外包代理服务，进行物流系统设计，并负责和承担系统的运营。这种外包物流服务才是真正意义上的"第三方物流"。

(2) 第三方物流服务提供的主体，既非生产者自身或货主，也非最终用户，而是第三方物流企业。在某种意义上，它是物流专业化的一种形式。

第三方物流企业在货品的实际供应链中并不是一个独立的参与者，而是代表发货人或收货人，通过提供一整套物流作业来服务于供应链。第三方物流企业本身不拥有货物，而是为其外部客户的物流提供管理、控制和专业化服务的企业。

第三方物流企业在提供服务时，涉及多种业务，主要包括仓储服务、运输服务、综合服务、国际货代业务等，以及仓单质押融资、项目物流等结合其他资源形成的新业务。

（二）第三方物流技术优势

第三方物流呈现专业化、高端化、一体化趋势。它以合同导向提供系列多功能物流服务，甚至是全方位的物流服务，具有胜任外包物流的技术优势。

（1）拥有专业技术知识和信息。物流技术专业化发展，第三方物流企业积累了物流运作专业知识（尤其是增值服务），收集和掌握大量最快、最新的一手关键信息，可更有效地预测市场变化，减少“牛鞭效应”①，并能为客户企业进行物流系统设计或调整，以及运作管理，包括运输线路的最佳选择、仓储管理保持与服务目标一致的最低库存等。

（2）基于计算机和移动通信的电子信息技术，以及依托支持集成化物流、个性化物流和网络化物流的技术，能充分满足客户企业全部或部分物流需求的集成运作、可视化监控、个性化服务等过程的技术需要；可以帮助客户企业以最低的投入充分享用更好的信息技术。并且，与独立的软件供应商结盟或者开发了内部的信息系统，能最大限度地利用运输和分销网络，有效地对跨运输方式的在途货物实施全程监控，进行电子交易，生成提高供应链管理效率和进行其他相关的增值服务。

（3）有能力重新设计现有流程，利用实用信息技术将大量的运输、仓储、销售业务信息化，建有对生产企业、批发企业、零售企业等都有用的数据和信息管理系统，形成能准时、有效、快速反应的调配物流资源的控制力，可及时将顾客需求信息转化，从而指导生产、运输、仓储与配送，改善服务水平与库存量。

（4）提供个性化物流服务。一般只有少数几个固定客户企业，其服务规范化、重复性强，可根据客户企业的生产经营规律，提供个性化、专业化的定制服务，特别是进行直接到户的“点对点”配送，实现货品的快速交付，在增强客户企业的市场感召力和提高客户企业满意度上具有独特的优势。

（5）通过签订较长时间的外包物流服务合同，与客户企业建立稳定的联盟

---

① 牛鞭效应（Bullwhip Effect），指的是供应链上的一种需求变异放大现象。信息流从最终客户端向原始供应商端传递时，无法有效地实现信息的共享，使得信息扭曲而逐级放大，导致需求信息出现越来越大的波动，此信息扭曲的放大作用在图形上很像一根甩起的牛鞭，因此被形象地称为牛鞭效应。可以将处于上游的供应方比作梢部，下游的用户比作根部，一旦根部抖动，传递到末梢端时就会出现很大的波动。

关系，并基于联盟关系为供需双方提供物流服务；尤其是可深入到客户企业的分销计划、库存管理等整个生产经营过程。甚至有的外包物流供应商会成为客户企业营销体系的一部分，超越了一般意义上的买卖关系，与客户企业成为一种战略合作伙伴关系，以灵活多样的增值服务，为客户企业创造更多价值，协助客户企业提升核心竞争力。

（6）利用规模化的专业优势和成本优势，通过提高各环节资源的利用率，为客户企业提供资源支持，节省固定资本投入及其他运作费用，降低生产企业运作成本。例如，制造企业可以降低为了拥有运输设备、仓库和承担其他物流业务所必需的投资，把更多的资金投向核心业务，从而改善其盈利状况；外包物流商在国内外拥有良好的运输和分销网络，使客户企业可借以拓展国际市场或其他地区市场，开发新业务。

（7）可为客户企业分担风险。一是由物流需求的不确定性和复杂性带给客户企业的部分固定资产投资风险、仓单质押融资等物流金融风险。二是库存积压或超过安全库存量存货、配送能力不足妨碍存货流动速度等造成的存货风险。三是在运输、仓储、装卸搬运和配送环节，因不可抗力、火灾、运输工具出险，以及野蛮装卸、偷盗等，可能发生的货物毁失和损害、货物配送不及时、货物错发错运，以及因诈骗而致的货物失踪。四是交通拥堵、机动车排放尾气、噪声等环境污染风险，以及交通肇事、危险品泄漏等。

二、专业化与综合化：第三方物流运作

第三方物流企业为满足客户物流需求，通过设计物流服务方案，利用自有的和其他可调集的资源进行运营与作业操作，形成第三方物流运作，并由此而发挥其技术优势。第三方物流运作模式在发展中创新，呈现专业化和综合化态势。

第三方物流运作将利用各种软件资源（如规章条例、合同、制度、知识技能等）和硬件资源（如运输设备、搬运装卸机械、仓库、机场、车站、道路、网络设施等），在一定的外部环境中完成物流运营与作业操作。具体地，这也就是根据客户物流需求，经对外部环境调研分析，规划物流方案，通过资源整合进行物流运作管理，包括运输管理、仓储管理、配送管理、信息管理及其他管理的一整个流程。示例见图 7-1。

第三方物流运作的关键，在于资源整合、技术应用与物流服务的有机联动，并形成体系和相应的物流运作模式。其中，资源整合是对各种资源的利用与运作；技术应用是联结资源与产品的黏合剂；而物流服务则是物流运作模式运行的输出结果；物流运作模式的运行就是通过资源整合，利用各种技术，输出物流服务产品。

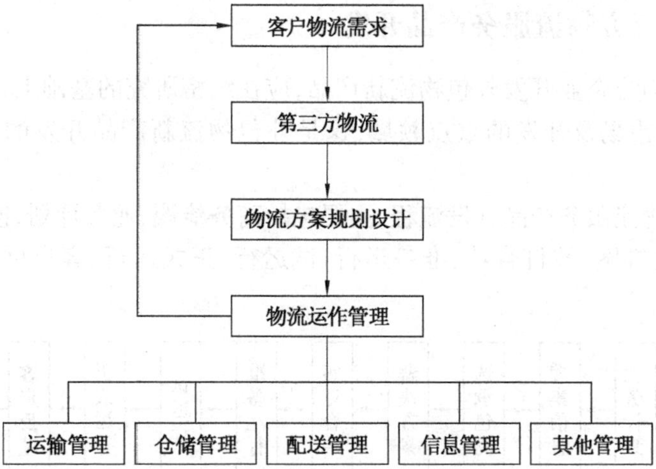

图 7-1　第三方物流运作流程

（1）普通型物流运作：第三方物流企业独立承包一个或多个生产商或经销商的部分或全部物流业务。第三方物流企业以契约形式与客户确定合作关系，以生产商或经销商为中心，大多提供仓储、运输或配送服务，一般不介入客户企业的生产和销售计划，部分目标客户相对不固定；因仓库、车队等资源可以共享，能同时为较大范围的客户服务，既能保证稳定的业务量，避免设备闲置，又可实现规模效益。

（2）专业型物流运作：第三方物流企业在少数的行业领域能够为客户提供一类或几类产品契约性一体化的专业化物流服务，可介入客户企业的生产和销售计划。第三方物流企业在其自身所涉及的行业拥有竞争力优势，专业化服务能力突出，一般只涉及少数专业性很强的行业，且这些行业的准入门槛比较高；多结成包括运输、仓储、信息管理等战略联盟，相互间协同运作，网络系统信息共享，供应链衔接顺畅。

这类运作模式中，也包括为客户提供门到门运输、门到站运输、站到门运输、站到站运输等一体化服务的运输型物流，提供货物存储、保管、中转等仓储服务的仓储型物流，以及提供配送（含流通加工）服务的配送型物流等。

（3）综合型物流运作：第三方物流企业提供多种物流服务，业务范围经营广泛，涉及运输、货运代理、仓储、配送等；也可为少数行业提供高集成度的一体化供应链物流服务，可深度介入客户企业的生产和销售计划，可为上、下家生产商提供产品代理、管理服务和原材料供应，对下家经销商可全权代理其配货业务，并同时完成商流、信息流、资金流、物流；为客户制定整合物流资源的解决方案，提供物流咨询服务。

三、第三方物流服务产品开发

第三方物流企业开发外包物流新产品,应在缜密研究的基础上,明确市场定位,确定目标市场及开发的重点领域,这是外包物流新产品开发的一项基础性工作。

第三方物流服务产品开发流程,主要包括商务洽谈、业务计划、搜集信息、选承包商、解决方案、签订合约、准备运行、试运行、正式运行、客户反馈和服务改进,见图 7-2。

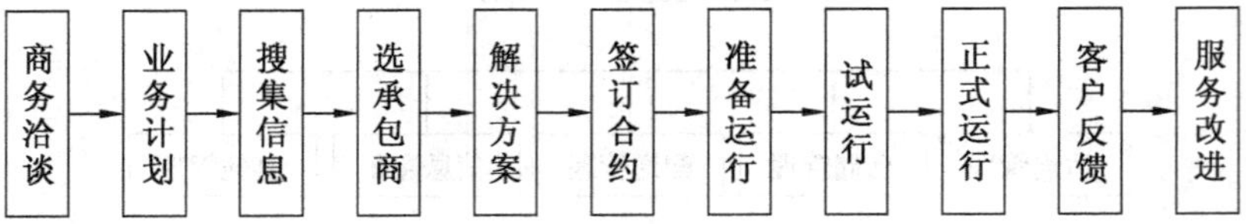

图 7-2　第三方物流服务产品开发流程

1. 商务洽谈

商务活动中的交流、洽谈,其目的在于知己知彼,找到切入点,与客户良性互动,从而与客户建立业务合作伙伴关系。

商务洽谈要注意方式方法,包括时间、地点、人员、各种必备的文件和记录,以及语言、行为等细节问题。

2. 业务计划

业务计划是外包物流新产品开发战略项目内容及其在规定时间内完成或达到的目标的文件,通常为业务计划书文本。

(1) 公司简介:营业范围、组织机构、公司网络。

(2) 物流资源:企业内部资源和企业外部资源、外包资源。

(3) 技术条件:信息网络系统、电子商务。

(4) 客户资源:已经成功开发的客户。

(5) 业务设想:仓储、运输等各物流环节以及组织机构改进的设想和建议。

(6) 其他资料:尚未列入的对优化业务计划有用或可能有用的资料。

3. 搜集信息

这主要包括客户信息和竞争对手的信息。

4. 选承包商

根据搜集的物流资源信息,确定承包商的备选方案,在每个单项的承包商必须有两个以上作为备选。

5. 解决方案

科学合理地设计物流服务方案。

(1) 业务流程。

（2）作业规程。

（3）网络建立。

（4）费用方案。

（5）成本分析。

（6）信息管理。

6. 签订合约

物流企业的业务部门会同法律部门或者法律部门制定出符合企业特点的合同范本，以此作为每个企业合同的标准和依据。在签订每个业务合同时，应当遵循基本步骤。

（1）同业务部门草拟合同主要内容。

（2）由法律部门或法律顾问审核。

（3）必要时应当对合同进行公正。

7. 准备运行

准备运行包括对客户的实地考察确认，对承包商的实地考察确认。

8. 试运行

试探外包物流服务新产品运行状况，包括服务质量、效率、流程，尤其应发现问题，进行问题反馈和改进建议等。

9. 正式运行

试运行及调整、改进后，外包物流服务新产品正式投放运行。期间，重点关注事故处理：

（1）真实全面地记录事故的过程，包括文字、照片、录像和录音等。

（2）根据事故记录，向各方报告事故情况。

（3）提出解决方案或补救措施。

（4）查找原因，改进作业与管理，防止过失再发生。

10. 客户反馈

客户企业反馈分为日常反馈和集中反馈。

（1）详细记录客户企业的日常反馈。

（2）定期或不定期地通过电话等方式征求客户企业的意见。

（3）主动登门拜访客户企业。

（4）通过研讨会或联谊会的方式与客户企业交流。

11. 服务改进

（1）优化业务流程。

（2）改善作业规程。

（3）优化网络结构。

（4）优选承包商。

（5）改进技术装备。

案例 7-1　上海虹鑫物流公司为冠生园配送服务

冠生园集团实施物流外包战略，经选择比较，委托上海虹鑫物流有限公司作为第三方物流机构。上海虹鑫物流公司与冠生园签约后，为冠生园组织实施集约化的配送运作。

每天一早，上海虹鑫物流公司在电脑上输入冠生园相关的配送数据，制订出货最佳搭配装车作业图，安排准时、合理的车流路线，车辆绝不走回头路；货物不管多少，都按时送达。特别是远途送货，原来铁路运输发往北京的货途中需 7 d，由上海虹鑫物流公司运输只需 2 ~ 3 d，且做到门对门的配送服务，配送及时周到、保质保量。

更重要的是，上海虹鑫物流公司外包物流服务，使冠生园从非核心业务的后道工序，包装、运输中解脱出来，精力集中于生产；既节约了物流费用，加速了产品流通，又使集团的销售额有了较大增长，赢得了更大的市场。

（佚名：《冠生园集团案例》，2007 - 12 - 25. http://www.56135.com/56135/info/infoview/4511.html.）

第三节　外包物流：第四方物流

外包物流是一种趋势发展，其在第三方物流快速发展的基础上，逐渐演变为全球供应链物流、资金流、信息流的多元技术整合服务。外包物流要求统一外包给一个一站式集成服务提供商，而现实中的第三方物流服务商在包含综合能力、集成技术、战略管理等的业务流程外包能力上，却满足不了外包物流发展的需求。正是由于第三方物流留有如此大的服务空间，所以需要一个具备多元整合服务能力的服务集成商，整合一个或多个第三方物流服务商及其他相关的咨询、金融、信息技术等服务提供商，为客户企业提供更加全面的供应链流程管理服务，由此出现了一种新的外包物流服务。这就是第四方物流。

一、第四方物流：一个供应链集成商

第四方物流是由美国著名的管理咨询公司安达信咨询公司（2001 年更名为埃森哲公司）于 1996 年首次提出并注册商标，后逐渐成为一种全新的物流运作模式。

（一）何谓第四方物流

对于第四方物流的认知，在不断的探索中逐渐深化，释义虽尚不尽一致，但已形成倾向性解释。

（1）第四方物流（Fourth Party Logistics，简称4PL）是一个供应链集成商，能有效整合第三方物流服务商、技术供应商、管理咨询以及其他增值服务商，调配和管理其所拥有的不同资源、能力与技术，并提供整套供应链解决方案的运作模式。

（2）第四方物流是供需双方及第三方物流的领导力量，它将物流运作范围延伸到供应链两端，能够支持企业上、下游协同合作；是通过拥有的信息技术、整合能力及其他资源提供一套完整的供应链解决方案，并以此获取一定的利润。

（3）第四方物流提供多种供应链功能和过程，不仅仅是传统的运输、仓储等外包物流，更多的是供应链外包；与物流业中的其他概念相比，第四方物流是一种提供更广范围服务的供应链服务提供商，一种更高维度的外包物流。

（二）第四方物流技术优势

第四方物流是一种新的外包物流模式，能高度整合资源，提供供应链解决方案；综合实现外包物流运作模式新发展，特别是呈显更专业化和更高端化的运作技术优势。

1. 提供一整套供应链解决方案

第四方物流通过对客户企业所处供应链或行业物流的整个系统进行详细分析，依据客户企业的需求和核心业务发展的战略目标，以及供应链管理要求，能提出一整套全方位的综合性的供应链解决方案，尤其是将合适的第三方物流企业、技术服务公司、管理咨询公司和其他多类公司加以集成，共同协力实施该解决方案。

2. 提供相对于行业或供应链的全局最优

第四方物流有能力管理与客户企业合作的第三方物流服务提供商，在第三方物流的基础上对现有资源和物流运作流程进行整合和再造，使整个物流系统的流程更合理、效率更高，从而将产生的利益在供应链的各个环节之间进行平衡，使每个环节的客户企业都受益，从而超越为客户企业提供相对于企业的局部最优，达到所预期的提供相对于行业或供应链的全局最优①。

3. 具有对整个供应链的影响力

第四方物流服务提供商拥有雄厚的知识型轻资产，克服了大多以设备为主

① 全局最优/总体最优（global optimum），指最优化问题中从整体考虑求得的最优结果，或者复杂环境下在有多项可能的决策中挑选"最好"的决策，即针对一定条件/环境下的一个问题/目标，若一项决策和所有解决该问题的决策相比是最优的，便可被称为全局最优；若一项决策和部分解决该问题的决策相比是最优的，则可被称为局部最优（一定范围或限制内最优）。这是最优化（Optimization）的一个基本原理。

的重资产第三方物流企业对整个供应链运作战略性专长的不足，以及对整合供应链流程相关技术的欠缺，帮助客户企业实现持续运作成本降低，成为一种有别于其他外包业务的外包物流运作模式，且充分依靠业内优秀的第三方物流服务提供商、技术服务商、管理咨询顾问和其他增值服务商，以一种新的方式影响或者整合进入客户企业，又对整个供应链产生影响力，从而满足客户企业所面临的广泛而又复杂的需求，并由此而增加价值。这是任何一个公司所不能单独提供的。

4. 以“行业最佳”提供服务与技术

第四方物流以“行业最佳”的物流方案为客户企业提供服务与技术，从而彻底改变了第三方物流独自提供服务，或者通过与自己有密切关系的转包商来为客户企业提供服务，以致难以提供技术、仓储和运输服务最佳整合的局限，并成为第三方物流的“协助提高者”，也是货主的“物流方案集成商”；以提供最佳的增值服务，为客户企业降低营运成本及带来利润增长，即通过提高整条供应链运作效率，降低采购成本，实现流程一体化。

（三）第四方物流主要服务

第四方物流侧重于业务流程外包服务，是有领导力量的中立物流服务商。它通过对整个供应链的影响力，解决物流信息共享、社会物流资源充分利用等问题。

（1）准确把握复杂的客户企业需求，提供全方位的完善的整个供应链解决方案。

（2）根据客户企业的特殊需求，设计、整合和改善供应链流程。

（3）承担供应链多个环节和流程的运作责任，包括制造、采购、库存管理、供应链信息技术、需求预测、网络管理、客户服务管理等。

（4）协调与监控供应链节点企业之间的合作关系，保证供应链上各个环节计划、运作的协调一致和紧密集成。

（5）围绕供应链整合和同步问题，提供多个行业供应链解决方案的开发与咨询。

（6）充分利用信息技术、战略思维、精细分析、流程再造和卓越的组织变革管理等手段，为客户企业提供增值服务。

二、第四方物流运作模式

第四方物流的运作，主要是由咨询公司提供物流咨询服务。咨询公司应客户企业的要求为其提供物流系统的分析和诊断，或提供物流系统优化和设计方案等。第四方物流服务提供商以其知识、智力、信息和经验为资本，并不需要从事具体的物流作业，更不用建设物流基础设施，只是对于整个供应链提供整合方案。示例：第四方物流运作模式见图 7-3。

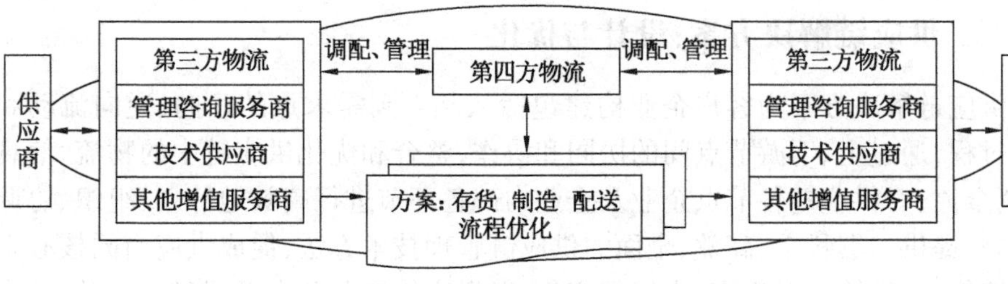

图 7-3 第四方物流运作模式

1. 协同运作

协同运作模式下,第四方物流只与第三方物流有内部合作关系,即第四方物流服务供应商不直接与客户企业接触,而是通过第三方物流服务提供商实施其提出的供应链解决方案、再造的物流运作流程等。这就意味着,第四方物流与第三方物流共同开发市场,在开发过程中第四方物流向第三方物流提供一系列的服务,包括技术支持、供应链管理决策、市场准入能力及项目管理能力等。第四方物流和第三方物流一般会采用商业合同的方式或者战略联盟的方式合作。

2. 方案集成商

方案集成商模式下,第四方物流作为客户企业与第三方物流的纽带,将客户企业与第三方物流连接起来;客户企业就不需要与众多第三方物流服务提供商进行接触,而是直接通过第四方物流服务提供商来实现复杂的物流运作管理。第四方物流作为一个枢纽,可以集成包括自身的能力、多个服务提供商的能力和客户企业的能力。在这种模式下,第四方物流除了提出供应链管理的可行性解决方案外,作为方案集成商,还对第三方物流资源进行整合,统一规划为客户企业服务。

3. 行业创新者

行业创新者模式下,第四方物流为同一行业的多个客户企业开发和提供行业供应链解决方案,以整合行业整体供应链物流为重点,将第三方物流加以集成,向上、下游的客户企业提供解决方案。第四方物流成为上游第三方物流的集群和下游客户集群的纽带,使第四方物流运作的规模更扩大化,给整个行业带来最大化的利益。第四方物流会通过卓越的运作策略、技术和供应链运作实施来提高整个行业的效率。

第四方物流无论采取哪一种模式,都突破了单纯发展第三方物流的局限性,能真正地低成本运作,实现最大范围的资源整合。因为,第三方物流缺乏跨越整个供应链运作,以及真正整合供应链流程所需的战略专业技术。第四方物流则可以不受约束地将每一个领域的最佳物流提供商组合起来,为客户提供最佳物流服务,进而形成最优物流方案或供应链管理方案。

三、供应链解决方案:设计与优化

供应链解决方案为客户企业构建包括从起点到需求点的正向、逆向流动和存储过程,通过上、下游节点间的协同和协作,整合和优化供应链中的物流、信息流、资金流,对供应链各节点企业及企业内部各环节进行高效地计划、组织、协调和控制,提供一套科学、高效、全面的供应链管理技术方法,促成供应商同核心企业无缝集成,敏捷应对生产、市场的变化,以提高物流服务水平,降低供应链总成本,进而提升供应链整体可持续的竞争优势。

(一)供应链运作:问题、设计思路及数据准备

1. 需要解决的问题

(1)供应链上下游企业间的合作与信任程度较低。

(2)供应链不完整。

(3)产品/流程设计不完整。

(4)配套企业订单完成缺乏协调。

(5)运输渠道分析不够。

(6)库存控制策略过于简单,库存成本评价不合理。

(7)信息系统效率不高。

(8)客户服务的定义欠明确。

(9)其他。

2. 供应链设计分析

(1)采用何种方法将产品运到需要的地方。

(2)最合适的配送方案。

(3)配送中心数量、地理位置及规模的优化。

(4)运输成本和仓储成本的权衡。

3. 供应链网络设计所需数据

(1)所涉及的产品。

(2)用户所在地、库存水平及来源。

(3)用户对各种产品(零部件)的需求。

(4)运输成本。

(5)仓储成本。

(6)运输批量。

(7)订单的数量、频率、季节、内容等。

(8)客户服务目标。

(二)供应链系统优化

1. 供应链管理战略计划

(1)合作伙伴选择。

(2) 供应链/物流网络设计。

(3) 每一个节点企业的工作设计。

2. 供应链管理战术计划

(1) 库存策略。

(2) 配送渠道。

(3) 运输和转动方案选择。

3. 供应链管理运作优化

(1) 订单及作业计划。

(2) 同步制造(生产)、准时物流(JIT)。

(3) 车辆送货路线。

4. 供应链系统构建策略

(1) 在原有上游供应商和下游分销商中进行筛选。

(2) 寻找核心企业,建立战略联盟。

(3) 以业务外包建立供应链系统,专抓关键性的核心能力。

(4) 利用集团公司内部联系构建供应链。

(5) 借助电子商务、IT,寻找合适的合作伙伴,建立供应链。

(6) 以产品结构为媒介构建供应链。

(7) 依托实施新的物流管理技术(如 VMI、TPL)构建供应链。

(8) 通过价值链分析(value chain analysis)构建供应链。

(三) 解决方案设计步骤

1. 分析市场竞争环境和客户企业现状

2. 确定问题,提出供应链设计项目

3. 明确供应链设计目标

(1) 进入新市场。

(2) 开发新产品。

(3) 开发新分销渠道。

(4) 改善售后服务水平。

(5) 提高用户满意程度。

(6) 降低成本。

(7) 通过降低库存提高工作效率等。

4. 分析供应链组成,提出组成供应链的基本框架

5. 分析和评价供应链设计的技术可能性(Design for Manufacture,简称 DFM)

6. 设计供应链

(1) 供应链的成员组成(包括供应商、设备、工厂、分销中心的选择与定位、计划与控制等)。

(2) 原材料的来源问题(包括供应商、流量、价格、运输等问题)。

（3）生产设计（包括需求预测、生产什么产品、生产能力、供应给哪些分销中心、价格、生产计划、生产作业计划和跟踪控制、库存管理等问题）。

（4）分销任务与能力设计（包括产品服务于哪些市场及运输方式、价格等问题）。

（5）信息管理系统设计、物流管理系统设计等。

（6）在供应链设计中，常用的工具和技术包括归纳法、流程图、模拟和设计软件等。应重点解决的问题是第三方物流的选择与定位、计划与控制；确定产品和服务的计划、运送和分配、定价等，设计过程中需要各个节点企业的参与交流，以便于有效实施。

7. 检验供应链

8. 实施供应链

9. 改进供应链

——案例7-2　埃森哲公司与菲亚特公司合作：第四方物流服务——

1994年，为了管理在欧洲的维修部件的物流业务，菲亚特公司（意大利著名汽车制造商）的农业器具子公司纽荷兰（New Holland）与埃森哲（Accenture，爱尔兰全球著名管理咨询、信息技术和外包服务商）合资成立了纽荷兰物流公司（New Holland Logistics S. P. A），专门经营零配件物流。其中，纽荷兰拥有80%的股份，埃森哲占20%的股份。纽荷兰投入硬件，包括位于6个国家的仓库、775名雇员及资本；埃森哲提供软件，包括管理人员和信息技术、运作管理与重组、流程再造等专业技术，对欧洲范围内的服务零配件物流进行规划管理，涵盖与备件管理有关的计划、采购、库存、运输、分销、配送及客户支持等。

到2001年，纽荷兰公司的回报达6.7×10^7美元，节省费用有2/3左右来自运作成本的降低，20%来自库存管理，15%来自货运成本。同时，纽荷兰物流公司履行订货准确率超过了90%的水平。

（杨鹏：《第四方物流：供应链服务的创新》，《IT经理世界》，2001年第13期）

第四节　高端物流：现代物流发展新趋向

物流运作模式的演进，是物流发展的一种突破，又是一种必然趋势。第四方物流作为一种新的物流运作模式，正是物流发展趋势的一个表征。同时，第四方物流与其他领域的新生事物一样，也是在实践中不断发展和完善的，并由此引领整个物流发展的高端化。高端物流是现代物流发展和正在探索的一个新领域。

一、高端物流及其主要形态

经济全球化背景下，市场竞争的先机在于占据全球产业链制高点。与此相应的，基于全球供应链一体化环境，供应链整合和管理的创新发展，现代物流服务集成化发展中衍生了高端物流。

（一）高端物流：高知识含量和高智力集成物流服务

高端物流是什么？高端物流有什么优势？高端物流的主要形态有哪些？这些都是需要不断深化认识和深入探索的问题。

（1）高端物流（high end logistics）：一种高知识含量和高智力的集成物流服务，即物流服务链高端以知识、智力为主的轻资产集成物流服务及其运作形态。它离析于物流服务链低端以技术设备为主的重资产功能物流服务，特别是包装、搬运装卸、运输、仓储、流通加工、配送等常规性功能物流服务。

（2）高端物流服务应是能为物流服务需求方提供各种以高知识含量和高智力为主的物流服务集成，主要包括供应链战略管理、供应链网络设计、供应链流程再造与优化、物流系统规划与设计、物流增值服务、物流信息和咨询服务、物流系统智能技术应用、物流技术研发等。物流服务链是以集成物流服务企业为核心的与物流有内在联系的企业群结构，并大量存在着上、下游关系和相互价值的交换，上游环节向下游环节输送物流服务或产品，下游环节向上游环节反馈物流信息。一般地，集成物流服务企业将功能性物流服务转包给功能型物流服务企业。

（3）物流服务链既体现物流服务的关联程度，又体现物流服务的层次和集成度、知识含量、满足物流需求的程度，特别是物流服务向前或向后延伸新增服务节点，或者上升服务层级加注知识含量，应用创新技术，升级信息交流平台，提高服务质量和集成度，将实现更多的物流服务附加值。同时，物流服务链上的任何一个服务节点或服务层级，都可以看作一个相对独立的系统，其运作需要进行物流系统规划与控制、物流服务方案设计与实施。

（二）高端物流主要形态

高端物流集聚高智力资本，富有高科技含量，既按高水准引领，又能实现低资源消耗和低环境污染，远远超越了一般物流的作用和物流经济影响力，成为现代物流新发展且呈现多样化的物流服务形态。高端物流主要有擅长提供整个供应链解决方案的第四方物流，也可包含第三方物流中以知识和智力为主所能提供的部分集成性物流服务；此外，还有与商业银行业务融合的金融物流、供应链金融，以及项目物流、融入电子商务的网上物流①等。

二、金融物流与供应链金融

金融物流②与供应链金融都是由物流企业参与的物流与金融相融合发展的新态势，属于物流、信息流、资金流集成供应链解决方案的一部分，是一项重要的高端物流服务。

（一）金融物流

金融物流是金融与物流的复合概念，是物流企业与金融机构联合起来为资金需求方企业提供的融资服务。

1. 金融物流：物流服务与金融业务融合

金融物流（finance logistics）是指与金融业务相融合的物流服务，是金融机构向需要融资的企业（即借款企业）提供授信融资，并以借款企业自有或金融机构认可的第三人的动产或权利凭证（仓单或提单）作为担保，以质押、抵押或物流企业（与金融机构签有监管协议）所有权的形式，由物流企业提供物流监管和相应融资及结算的物流增值服务模式。

金融物流的要点：其一，商业银行有金融授信行为，并贯穿整个物流过程；其二，物流企业有良好的信用和物流运作能力；其三，动产所处状态为质押物、抵押物或物流企业所有权物（代购）；其四，由物流企业在物流环节操作和管控动产。

金融物流的实质，在于担保物的物流业务，且由担保物仓储保管（监管）发展到整个物流过程。这是物流企业提供的一种涵盖物流与金融的创新性服务，可包括与金融机构相整合的融资、结算、保险等金融服务。它不仅能提供高附加值的物流服务，更能为客户企业提供间接或直接的金融服务，使之既获取资金支持，又降低交易成本和规避风险，增强核心竞争力。

2. 金融物流主要业务模式

物流服务高端化发展和现代金融服务及其衍生品的不断发展，在相互融合中推出了多种金融物流业务模式。其中之一，借款企业将其拥有的动产/存货作为担保，向资金提供方（即贷方）出质，同时将质物转交给具有合法保管动产资格的中介公司（物流企业）进行保管，从而获得贷方的贷款。这既可以发生在企业的销售环节，也可以发生在采购环节，且不影响商贸型企业运作。因为，质押物不被冻结，商家可以通过不断追加部分保证金赎出部分质押物，从而满足正常经营需要，顺利解决融资和资金占压问题。

---

① 详见第八章第二节“网上物流：电子化物流解决方案”。

② 金融物流，银行称之为物流金融，是指银行在面向物流业的运营中，开发各种金融产品，组织物流领域的资金融通；包括发生在物流作业环节的各种存款、贷款、投资、信托、租赁、抵押、贴现、保险、有价证券发行与交易，以及金融机构所办理的各类涉及物流业的中间业务等。

(1) 仓单质押融资。仓单质押融资是指借款企业将其拥有完全所有权的货物存放在商业银行指定的物流企业,并以物流企业出具的仓单在商业银行进行质押,作为融资担保;商业银行依据质押仓单向借款企业提供用于经营与仓单货物同类商品的专项贸易的短期融资业务。在此基础上,物流企业根据客户企业不同,整合社会仓库资源甚至是客户企业自身的仓库,就近进行质押监管,形成多物流中心仓单质押。仓单质押融资可分为质押担保融资和信用担保融资。

(2) 存货质押融资。存货质押融资是指借款企业将其拥有的存货作质物,向资金贷方出质,同时将质物转交给具有合法保管存货资格的物流企业进行保管,以获得贷方贷款的业务活动,是由物流企业参与的动产质押业务。

存货质押的担保物,主要包括原材料、半成品、成品,以及现有的机械设备等。

第一,存货质押授信。存货质押授信是指借款企业以自有或第三方合法拥有的动产作质押授信产品向商业银行融资;商业银行一般需要物流企业对借款企业提供的存货质押的货品实行监管。

存货质押授信分为静态质押授信和动态质押授信。静态质押授信不允许客户以货易货,只能以款易货。动态质押授信对借款企业用来担保的存货价值设限;高于界限的存货,借款企业可以自由使用,即以货易货或以款易货。

第二,融通仓。融通仓是一种物流和金融的集成式创新服务,其物流服务可代理商业银行监管流动资产,金融服务则为企业提供融资及中介服务、风险管理服务等其他配套服务。这一模式就是借款企业以存入物流企业仓库中的原材料、半成品或产成品存货为担保,商业银行给予借款企业贷款,并设有一个库存界限;借款企业在生产过程和销售过程中以款或者以货易货,只要保证最低库存界限即可。这种模式比较适合融资规模要求比较小、融资期限比较短的企业,也适合生产销售有较强季节性的企业。

融通仓与存货质押授信的最大区别,在于货物的监管地在第三方的仓库,而不在借款企业。同时,物流企业的作用和责任要比存货质押授信大得多。物流企业要有自己的仓库,能提供货物运输、价值评估、货物流动监管、存货保管等工作。因此,商业银行对物流企业的资质也会有一个详细的要求。

第三,统一授信。统一授信模式就是商业银行根据长期合作的物流企业的规模、管理水平、运营情况,将贷款额度直接授信给物流企业;物流企业再根据借款企业的运营情况和质押物给予贷款,并利用借款企业存放在监管仓库的货物作为反担保;商业银行基本上不参与质押贷款项目的具体运作。统一授信要求物流企业有一定的资质,且在授信金额上也有一定的限制。

3. 金融物流基本操作

金融物流的基本操作,主要包括垫付货款、垫资—代收货款、替代采购、仓单质押、动产质押、保兑仓、海陆仓、池融资和开证监管等模式。

(1) 垫付货款。垫付货款的操作流程:发货人委托物流企业送货,物流企业垫付扣除物流费用的部分或者全部货款；物流企业向收货人交货，根据发货人的委托同时向收货人收取发货人的应收账款，最后物流企业与发货人结清货款。除了发货人与收货人签订的购销合同之外，物流企业还应与发货人签订物流服务合同，在该合同中发货人应无条件承担回购义务。

如果物流企业没有雄厚的资金实力，就需要引入商业银行参与。在货物运输过程中，发货人将货权转移给商业银行，商业银行根据市场情况按一定比例提供融资。当收货人向商业银行偿还货款后，商业银行向物流企业发出放货指示，将货权还给收货人。当然，如果收货人不能在规定的期间向商业银行偿还货款，商业银行可以在国际、国内市场上拍卖掌握在商业银行手中的货物或者要求发货人承担回购义务。

（2）垫资—代收货款。垫资—代收货款是物流企业为发货人承运货物时先预付一定比例的货款（如一半）给发货人，并按约定取得货物的运输代理权，同时代理发货人向收货人收取货款，收货人在收货时一次性将货款付给物流企业。物流企业在将余款付给发货人之前会有一个时间差，该部分资金在交付前就有一个沉淀期。

基本流程：第一，物流企业依照发货人和收货人签订的购销合同，取得货物承运权；第二，物流企业代收货人先预付一定比例的货款，获得质物所有权；第三，收货人支付物流企业所有货款并取得货物；第四，物流企业在一定的期限后将剩余货款扣除服务费后支付给发货人。这样，发货人在签订购销合同后，就能获得物流企业垫付的部分货款，即取得融资，改善资金流。

（3）替代采购。替代采购是指由物流企业向发货人开具商业承兑汇票，并按照借款企业指定的货物采购要求签订购销合同，同时负责货物运输、仓储、拍卖变现，并协助借款企业进行流通和销售。除了发货人与借款企业签订的购销合同之外，物流企业还应该与发货人签订物流服务合同，在该合同中发货人应无条件承担回购义务。

基本流程：第一，由物流企业代替借款企业向发货人采购货品并获得货品所有权；第二，物流企业垫付扣除物流费用的部分或者全部货款；第三，借款企业向物流企业提交保证金；第四，物流企业根据借款企业提交保证金的比例释放货品；第五，物流企业与发货人结清货款。

（4）仓单质押。仓单质押涉及物流企业、货主和商业银行的利益，有一套严谨、完善的操作程序。第一，货主（借款人）与商业银行签订“银企合作协议”“账户监管协议”；物流企业、货主和商业银行签订“仓储协议”；同时，物流企业与商业银行签订“不可撤销的协助行使质押权保证书”。第二，货主按照约定数量送货到指定的仓库，物流企业接到通知后，经验货确认后开立专用仓单；货主当场对专用仓单作质押背书，由仓库签章后，货主交付商业银行提出仓单质押贷款申请。第三，商业银行审核后，签署贷款合同和仓单质押合同，按照仓单价值的一定比例放款至货主在商业银行开立的监管账户。第四，贷款期内实现正常销售时，货款全额划入监管账户，商业银行按约定并根据到账金额开具提单给货主，仓库按约定要求核实后发货；贷款到期归还后，余款可由货主（借款人）自行支配。

（5）动产质押。动产质押是商业银行以借款企业自有货物为质押物发放授信贷款。除了对借款企业的存货核定质押率，并给予一定比例的授信金额以外，动产质押还会根据存货价值核定最低控制线。当存货价值超过控制线时，借款企业可向第三方物流企业申请提货和换货；反之，借款企业必须向商业银行提出申请，由第三方物流企业根据商业银行的指令进行提货或者换货操作。

（6）保兑仓（买方信贷）。保兑仓，亦即承兑汇票，是以商业银行承兑汇票为结算工具，由商业银行控制货权，卖方（或仓储方）受托保管货物，并对承兑汇票保证金以外金额部分由卖方以货物回购方式作为担保措施，由商业银行向生产商（卖方）及其经销商（买方）提供的以商业银行承兑汇票的一种金融服务。

实际上，这是仓单质押的延伸。具体地，经销商（买方）根据与生产商签订的购销合同，向商业银行缴纳一定比率的保证金，一般不少于经销商计划向制造商此次提货的价款，申请开立商业银行承兑汇票，专项用于向生产商支付货款，由第三方物流企业提供承兑担保；经销商以货物对第三方物流企业进行反担保。第三方物流企业根据掌控货物的销售情况和库存情况按比例决定承保金额，并收取监管费用。生产商在收到商业银行承兑汇票前开始向第三方物流企业的仓库发货，货到仓库后转为仓单质押，若借款企业无法到期偿还商业银行敞口①，则上游生产商负责回购质押货物。

（7）海陆仓。海陆仓是指在传统“仓单质押”融资模式基础上，发展成为集“货物在途运输质押融资监管”模式与“仓单质押”模式为一体的，从货物启运地至目的地，“仓储质押监管、陆路运输监管、铁路运输监管、沿海运输监管、远洋运输监管”等任意组合的供应链全程质押融资监管模式。

这种模式横跨时间和空间，可以更大限度地满足供应链中各环节企业的融资需求。这种模式下，第三方物流企业负责从生产地到消费地，以及中间的海运和陆运全程质押监管。该模式可以结合保兑仓和融通仓的业务模式，并可以根据客户的需求演化出多种操作方法，主要包括内贸集装箱模式、内贸散货模式、信用证下进口模式、非信用证下进口模式和出口模式等。

（8）池融资。池融资就是企业无须额外提供抵押和担保，只要将日常分散、小额的应收账款集合起来，形成相对稳定的应收账款余额“池”并转让给商业银行，就可以据此获得一定比例金额的融资。这几乎可以覆盖企业所有应收款领域，包括出口发票池融资、票据池融资、国内保理池融资、出口退税池融资、出口

① 敞口是金融风险中的一个重要概念，指在金融活动中存在金融风险的部位及受金融风险影响的程度。

应收账款池融资等。

(9) 开证监管。开证监管是指商业银行为进口商开具信用证,进口商利用信用证向国外的生产商或出口商购买货物,进口商会向商业银行缴纳一定比例的保证金,其余部分则以进口货物的货权提供质押担保;货物的承运、监管及保管作业由物流企业完成。

(二) 供应链金融物流

供应链金融物流是基于金融物流的新拓展,涉及整个供应链上、下游企业。它是为寻求更完善的供应链融资解决方案,以化解全球性外包所带来的整个供应链融资难题,尤其是部分节点资金流"瓶颈"带来的"木桶短板"效应,甚至资金链断裂问题,成为一项备受关注的金融创新,也是一项新兴的高端物流服务。

1. 供应链金融与供应链金融物流

供应链金融与供应链金融物流都着眼于供应链的综合授信融资,属同一种新融资模式,只是以金融机构的视野,称为供应链金融;而以物流企业的视野,则称为供应链金融物流。

(1) 供应链金融(supply chain finance)就是基于供应链核心企业与上、下游企业的资金流、物流相连带,由金融机构提供金融产品和服务的一种融资服务模式。它是金融机构围绕核心企业,向供应链各个环节的多个企业提供全面的金融服务,并把单个企业的不可控风险转变为供应链相关企业整体的可控风险,从而实现风险最低控制,还可避免供应链因资金短缺造成断裂,促成金融机构、企业和供应链物流互利共存、持续发展、良性互动的产业生态。

供应链金融改变了以往商业银行对单一企业主体的授信模式,改为以核心企业为出发点,从原材料采购到制成中间产品及最终产品,再由销售网络将产品送到消费者手中的一条供应链,使供应商、制造商、分销商、零售商,直到最终客户连成一体,全方位地为其中的多个企业提供融资服务,并通过相关企业的分工与协作,实现整个供应链的不断增值。因此,它也被称为"1+N"模式。

供应链金融衍生于供应链基础之上,借助核心企业的信用实力或单笔交易的自偿程度与货物流通价值提供融资服务,特别是将资金注入处于相对弱势的上、下游配套中小企业,有效缓解中小企业融资难和供应链失衡的问题;同时,又将金融信用融入上、下游企业的购销行为,增强其商业信用,促进中小企业与核心企业建立长期战略协同关系,提升供应链的竞争能力。在供应链金融的融资模式下,处在供应链上的任何企业一旦获得资金支持,该资金也就等于进入了供应链,可激活整个供应链的运转;而且,借助金融信用的支持,还为中小企业赢得了更多的商机。

(2)供应链金融物流是金融机构对供应链中相关客户企业进行授信,并由物流企业对其动产进行物流监管的金融物流运作模式。在供应链金融模式下,物流企业辅助金融机构完成整条供应链的融资,提供多环节物流运作服务,解决上、下游企业资金流转及物流运作难题;同时,与金融机构、借款企业,以及供应链上其他企业一起,各自发挥作用,相互协调,共担风险,共享收益,从而实现供应链金融的高效和多赢模式。

2. **供应链金融物流：应收账款融资、融通仓融资与预付账款融资**

供应链金融物流或供应链金融的融资模式,主要有应收账款融资、融通仓融资与预付账款融资。它们分别以应收款、存货和预付款为质押物为中小企业融资,处在任何一个供应链节点上的中小企业,都可以根据企业的上、下游交易关系,所处的交易期间及自身的特点,选择合适的融资模式以解决资金短缺问题。

(1) 应收账款融资及运作机理。

应收账款融资:以未到期的应收账款向金融机构办理融资,根据应收账款单据是否具有后续追索权,进行应收账款融资。主要方法是应收账款融资质押,即用借款企业的应收账款作为贷款的质押物,从供应链核心企业获得付款后再到借款机构归还贷款。

此外,应收账款融资的方法,还有应收账款保理,即应收账款打包卖给商业银行、财务公司和其他金融机构,应收账款保理业务中借款企业不负有后续追索权。但这种方法在实际操作中难度较大,应用范围也较窄。

(2) 融通仓融资及运作机理。

融通仓融资,即存货融资,是企业以存货作为质押向金融机构办理融资业务的行为,是物流企业提供的一种金融与物流集成式的创新服务。该类业务专门针对借款企业以自身经营项目,采用动产质押的模式获得金融贷款服务。在企业需要向商业银行贷款而又没有足够的不动产、有价证券或第三人担保的情况下,根据相关规定,企业可以将其拥有的生产原料、存货、商品等可流动的货物交给物流企业保管,并由商业银行、借款企业和物流企业三方签订相关的协议,商业银行将为企业提供短期贷款。

第一,信用担保融资。商业银行根据仓储物流企业的企业规模、经营业绩、运营能力、资产负债比率及信用状况,将一定的授信额度授予仓储物流企业;仓储物流企业根据与自己长期合作的借款企业信用状况配置信贷配额,为其提供信用担保,并以借款企业质押在融通仓内的货物作为质押品或反担保品,确保信用担保的安全。

第二,质押担保融资。商业银行作为信用贷款的提供方,物流企业作为融通仓服务的提供方,借款企业作为资金的需求方和质押物的提供方,三方协商签订长期合作协议;借款企业在商业银行开设特殊账户,并成为提供融通仓服务的物流企业的会员,借款企业采购的原材料或代收产成品进入融通仓,同时向商业银行出具贷款申请;物流企业负责进行货物验收、价值评估和监管,并据此向商业银行出具证明文件;商业银行根据贷款申请和价值评估报告酌情给借款企业发放贷款,借款企业照常使用和销售其融通仓内产品;物流企业在确保销售产品的收款账户为借款企业在商业银行开设的特殊账户的情况下予以发货融资,借款企业以其所得货款还款。如果借款企业不履行或不能履行贷款债务,商业银行有权从质押物中优先受偿。这一方式由于有质押物作担保,由物流企业中间把关,对商业银行的风险相对较小。

(3) 预付账款融资及运作机理。

预付账款融资(又称保兑仓融资),即借款企业向金融机构办理融资业务,用来支付预付账款的融资。处于供应链下游的中小企业,经常需要向上游的核心企业预付账款,才能获得持续生产经营所需原材料、半成品等。对于短期资金流转困难的企业,商业银行可对其某笔专门的预付账款进行融资,从而获得短期信贷支持。具体地,在核心企业(供货方)承诺回购的前提下(若借款企业未能足额提取货物,核心企业须负责回购剩余货物),商业银行、核心企业、借款企业(购货方)、物流企业共同签订"保兑仓协议书",允许借款企业向商业银行缴纳一定数额的保证金后,由借款企业向银行申请以供货方在商业银行指定仓库的既定仓单为质押,获得商业银行贷款支持,并由商业银行控制其提货权。其中,物流企业承担了既定仓单的评估和监管责任,确保商业银行对提货权的控制。

(三) 物流企业参与模式

金融物流和供应链金融物流的运作中,物流企业是一个参与者,发挥了重要的中介性作用。

1. 代理模式

物流企业代理商业银行对质押物进行监管,并收取一定的管理费用,主要提供验收、价值评估、仓储保管、货款流向监管,以及质押物的拍卖处理等服务,不承担市场风险。一般包括仓单质押和保兑仓业务。

商业银行将质物监管、变现等业务委托给物流企业,发挥其网络和信息的优势,以其专业性代理商业银行进行质物监控。而物流企业则需对新质物进行估值,避免借款企业以次充好而产生坏货风险,需验证借款企业提货单的真伪;在动态质押中的货权风险也要给予关注,要避免多重质押和非法的质押物。

借款企业一般都是中小企业,由物流企业凭借良好的信用及其与商业银行的合作关系,帮助借款企业获得商业银行的贷款,起到了桥梁作用。当然,商业银行也要减除物流企业与借款企业合谋骗取贷款的可能性。

代理模式更适用于一些物流企业不太发达的地区。这样,主要的风险将由商业银行来承担。

2. 担保模式

物流企业向商业银行提供信用担保以获得银行的统一授信,根据借款企业需求进行灵活放贷和结算,但要承担借款企业违约等造成的风险损失。

物流企业利用商业银行授信额度内的资金,自主选择物流金融服务对象,并对服务实行全程监控,需防范市场风险和借款企业的违约风险等。商业银行的风险在于物流企业能否按期偿还贷款本息及其他金融服务的费用。

担保模式适用于物流企业提供的服务相对多样的地区,物流企业资金实力比较雄厚,可以承担较大风险。

3. 自营模式

物流企业集贷款与物流服务于一身,包括垫资、代收货款等资产运营服务模式,以及将物流与银行业务一体化的综合模式。同时,通过为采购方垫资服务和为供货方代收货款服务,增强了对购销双方的吸引力,以特色服务扩大了对市场的占有,既增加常态物流服务业务量,又可拓展新业务。

在这一模式下,物流企业承担较大风险,但其能有效避免供货方和采购方合伙欺诈的发生,能确保获得收益。物流企业如果想要更有能力以承担更大风险,则应拥有完备的管理模式。

案例7-3 浙江涌金仓储公司的金融仓储

浙江涌金仓储股份有限公司从2008年成立以来,与近20家银行开展了动产监管业务合作;监管的物品涉及黑色和有色金属、造纸、化纺、食品、建材、电子机械、交通、农产品、石油、能源等多个行业的产品和原材料,仅2009年就做了1.6×10^9元授信。2010年能做到5×10^9元的授信。这种金融仓储有效地解决了中小企业"融资难"困境。

"动产(三方)监管"

2008年6月,杭州的一家金属材料企业找到恒丰银行杭州分行,准备贷款1×10^7元。让恒丰银行犯踌躇的是,这家企业既无不动产可供抵押,也没找其他企业担保,能做担保物的仅有当时市值$1.666\,67\times10^7$元的动产——冷轧钢板。当年,冷轧钢板的国际市场价格波动剧烈,要确保贷款安全,恒丰银行必须逐日紧盯冷轧钢板市场行情,同时还得将冷轧钢板拉到自备仓库,雇专人看管。如此高昂成本和不可控风险,银行显然缺乏积极性。

恒丰银行、金属企业与浙江涌金仓储公司经协商,共同签订了"浮动抵押仓储监管三方协议"。协议约定,金属企业将存放在自家仓库内的价值$1.666\,67\times10^7$元的冷轧钢板,移交给浙江涌金仓储公司;浙江涌金仓储公司在第一时间派出自己的仓库监管员对金属企业仓库中的货物实施24 h现场监管,并通过视频实施远程监控。浙江涌金仓储公司接管完毕后,恒丰银行就给金属企业发放大约为抵押物价值6折的贷款1×10^7元。同时,浙江涌金仓储公司以货物初始值设定监管的安全货值线,组织专业人员逐日掌握市场行情,确保仓库中货物价值在每个时点都不低于安全货值线;还逐月向银行管理部门提供监管报告,实行严格的监管+补货机制。

2008年10月,国际钢材价格下跌了55%。按照协议,货物价格跌幅大于6%,浙江涌金仓储公司就必须向银行反馈信息,提醒银行调整抵质押物品价格,且还必须督促企业及时补货,以防止仓库内抵押品实际货值低于安全货值。从2008年6月到2009年6月,根据浙江涌金仓储公司的监管报告,银行5次调整了抵押物价格,未出现任何风险。

2009年6月25日,金属企业如期归还银行贷款本息,银行通知浙江涌金仓储公司解除监管,一笔动产监管业务至此结束。

"标准仓单"

2009年11月27日,绍兴一家纺织企业把价值6.61×10^6元的白坯布存放到浙江涌金仓储公司的自备仓库。浙江涌金仓储公司按照抵押物价格的60%放款的原则,在对货物进行验收后,签发了6张标准仓单。企业拿着6张仓单到杭州银行瓜沥支行质押申请了6个月期的3.66×10^6元贷款。半年到期后,如果企业及时归还了贷款,那么,银行就会将标准仓单归还给企业,企业凭标准仓单到浙江涌金仓储公司仓库将货提走;如果企业无法偿还贷款,则银行可以凭标准仓单,到浙江涌金仓储公司仓库提货,也可以委托浙江涌金仓储公司按市价将货物变现偿贷。绍兴的这家纺织企业对标准仓单模式称赞有加:"为了货源和价格,我们经常会提前备料,比如一次采购可供一年生产的原材料。这样,我们仓库里就会有一半原材料闲置半年以上,等于占用了半年以上流动资金'死'在库里。有了标准仓单,既可以质押贷款,又加快了资金流转;既节约成本,又扩大了再生产,真是感到方便。"

浙江涌金仓储公司以金融仓储方式开展的动产抵质押贷款,既有充足的动产作为担保,系自偿性信贷产品,又有专业化的金融仓储企业监控动产物资和市场价格波动,还有完善的"补差"机制,保证了抵质押品的"足量、足值"。

(徐绍峰:《浙江金储:金融仓储解开两难"魔咒"》,《物流与供应链》,2010年第11期)

三、项目物流:工程物流与会展物流

项目是围绕一个或一组特定目标在规定时间内以有限资源组配,创造独特产品、服务或成果的活动过程或一次性作业任务。物流项目就是物流领域有目标地创造物流服务产品的一项任务。而项目物流则是物流的一种形态,是一种高端物流。

（一）项目物流：特定项目立项及实施全程一次性物流服务

项目实施尤其是大型项目的实施，往往会将相互间有联系或配套的工作分层、分项又整体集成化运作，包括相关的物流服务；有多半项目特别是建设工程类项目实施的主体部分就依靠复杂、量大的物流服务。这种物流服务形态构成项目物流。

（1）项目物流（item logistics），是指特定项目的立项和实施全过程所发生的一次性物流服务与运作形态。它包括与该项目相关的前期物流咨询、物流预案规划和立项论证、物流解决方案设计和实施、项目实施综合物流管理，以及项目实施中所需货品的供应链（含部分项目逆向物流）各物流环节作业操作技术创新服务。

（2）项目物流有明确的时限和范围，通常情况下，项目完成，项目物流也就随之完结；一般重复性较少，且常需要特种运载工具和技术方法才能运作。承揽项目物流的主体，必须有能力进行项目物流资源的高端运作和监控；项目物流经营和运作过程具有一定的特殊性，需要进行运作创新。

（3）项目物流因项目特殊性，往往不可能完全单独自营，也需要采用外包物流。外包物流的实施，物流企业并不需要每个环节都自己做，而是主要强化管理能力，把握核心技术提供一体化物流解决方案、技术、控制和管理。

（4）不同的项目物流，运作技术、方式和组织等不尽相同。典型的项目物流有工程物流和会展物流等。

（二）工程物流

通常，工程泛指以预算规定的资源配置在预定时间内达到预期目标所进行的协作活动过程或一项一次性任务，具有实施一次性、整体关联性、工序不确定性、技术复杂性和过程风险性等特征。大多数情况下，关系到工程，特别是建设类工程进程甚至成败的决定性因素，便是工程物流。

（1）工程物流（project logistics），是在特定工程项目立项和实施全过程中，为完成产品或实现目标所发生的一种专项性物流服务，属于项目物流的一种形态，又是体现工程特性的一种物流运作形态。

典型的工程物流主要是公路、铁路、水/电/力、石化、航空、采矿、冶金、建材、机械制造类建设工程物流，即依据工程建设方案的预期目标所进行的特定物流系统构建和专项物流解决方案策划，以及对如期顺利实现建设目标起决定性作用的物流服务管理和物流运作方案设计与实施，还包括建设工程所需设备和建材或施工机具的采购、包装、装卸、运输、固定、安装、回收各环节物流作业操作技术服务方案设计与实施。

（2）工程物流一般较为复杂，物流系统化运作要求高，尤其是重大建设工程更是物流量大、建材物料繁多、涉及面广，有赖于社会资源的支持，以及按照工程合同规定的进度、时间要求保障建材按质按量供应（进度和质量控制）和设备租用等物流成本控制；而且，工程物流的一次性特点，决定了其运作管理模式和具体作业的个性化定制方案设计，往往需要依托专业性物流服务，需要较强的资源整合能力、综合管理能力和集成技术应用能力，并具有解决突发事件能力的物流服务商，包括第四方物流服务。

工程物流部分属于高端物流，不包含工程所需设备、辅助设备、器具和建材的采购、包装、装卸、运输、固定、安装、回收各环节具体的功能物流服务，以及工程实施期间（前、中、后各期或阶段）的生活消费品类普通货物的常规性功能物流服务。

（3）工程物流主要包括公路工程物流、铁路工程物流、水电工程物流、大型工程物流、整体搬迁物流等。其中，与部分工程所需的各种特大件、特重件、特长件和超高、超宽件的设备或构件，也属于特种货物物流。

案例7-4 三峡工程左岸电站大型永久机电设备运输方案

三峡工程左岸电站大型永久机电设备，主要包括14台水轮发电机组、15台主变压器、4台厂房桥机和500 kV高压电气设备，总运输重量约 1.2×10^5 t，高峰年运量达 3.4×10^4 t，最高月到达工地的设备总重量约9 000 t。这些设备大多是重件、大件、不规则件（几何中心与重心偏离多）和散件、裸件。其中，永久机电设备的主要特殊部件见表7-1。

表7-1 永久机电设备中主要特殊部件一览表

部件名称	单台机组装运件数（件）	单件重量(t)	单件尺寸 长×宽×高(m)	特点
转轮	1	430/407	10.25×10.25×5.98 10.10×10.10×5.60	重、大件
水轮机主轴	1	135/131.1	6.08×3.80×3.80 7.00×4.40×4.40	重、大件
发电机主轴	1	124/109	5.30×4.30×4.30 4.20×4.20×4.20	重、大件
座环（分瓣）	6	67.5/61.5	7.65×4.78×2.54 7.50×2.90×4.80	外形不规则
顶盖（分瓣）	4	93.3/83	9.31×5.32×2.41 9.10×5.00×2.70	外形不规则
控制环（分瓣）	2	36/32.5	10.00×5.00×2.10 9.30×4.90×1.70	外形不规则

续表

部件名称	单台机组装运件数（件）	单件重量(t)	单件尺寸 长×宽×高(m)	特点
转子中心体	1	126/83.26	6.10×6.10×2.60 6.00×3.30×6.00	重、大件
下机架中心体	1	210/79	8.20×4.10×4.80 4.00×4.00×8.80	重、大件
定子机座(分瓣)	10 8	29.614/29.6	6.55×1.40×6.25 8.40×3.90×2.00	外形不规则
转子支臂	16 10	15.8/21.37	5.50×3.40×3.40 6.50×5.30×4.00	外形不规则
转子磁轭	42(161)	26(6.1)	2.70×1.20×2.00 2.40×1.25×1.00	外形不规则
磁极	80	6.42	3.70×0.70×0.60	外形不规则
桥机大梁		158	33.4×4.0×3.6	重、大件
主变压器	1	375	9.9×4.4×2.16	重、大件

注:表中,重量和尺寸有两种,是由不同的供货集团的设计差异决定的。

三峡左岸电站永久机电设备分别由国内外的多家工厂制造,大件和重件由上海港水运至三峡工地,作业中,捆扎、起吊、装卸、运输平稳性(如主变压器)要求高。

1. 三峡工程对外交通

三峡工程交通便利,从宜昌利用对外交通专用公路和长江水运可直达坝区,铁路运输可抵达宜昌。工区道路网已形成,道路的技术标准可以满足运输要求。

(1) 公路:从坝区进口至宜昌市区的三峡工程对外交通专用公路全长28.6 km,为准一级高速公路,并与宜黄高速公路相接。桥涵荷载标准为汽-36,可通行运载100 t重件平板挂车,沿线建筑限界为8.5 m×5.0 m(宽×高)。

(2) 铁路:经过国家铁路网运输的货物,可在宜昌中转,宜昌转运站起重机起吊能力为36 t。

(3) 长江水运:长江水运可直达三峡坝区,其中三峡坝河口重件码头至宜昌水运里程约33 km,最大通航净空高度18 m,可通行1 000~1 500 t级的驳船。

(4) 航空:宜昌三峡机场起降B737机型飞机,三峡机场至三峡工地的公路里程约60 km。

2. 三峡工地场内运输条件

三峡工地坝区采用公路与对外交通的进场公路和坝河口重件码头衔接。从三峡工地坝区进口至左岸电站安装公路里程约9 000 m,坝河口重件码头至左岸电站安装场公路里程约7 000 m。

(1) 机电设备部件由长江水运至坝河口重件码头起驳上岸后,经过江峡大道运至左岸电站厂房内的安装场或运至三峡工程设备仓库、堆场。

(2) 坝河口重件码头泊位宽33m,设计水深为9.0 ~9.5 m,平均水深为6 m,可停靠1 500 t驳轮。

(3) 江峡大道路基最小宽度为21 m,车道宽14.3 ~16 m,最小弯道半径为15 m,最大纵坡3.25%,最大横坡2%,机电设备部件运输沿途需经永久船闸第五级下闸首公路桥及升船机下航道公路桥(覃家沱大桥)。两桥宽度均为19 m,三峡工地公路、码头及桥梁的验算载荷均为520 t重件车组。

(4) 左岸电站厂房安装场分为三段,即安Ⅰ、安Ⅱ、安Ⅲ。其中,安Ⅰ段与厂外公路相连。安Ⅰ段设有宽12 m、高8 m的大门。

3. 场内起吊手段

坝河口重件码头配备有300 +300/50 t桥机,桥机两台小车主钩额定起重量分别为300 t,2台小车联合起吊重量为500 t(不包括平衡重),桥机跨度16 m,主起升高度为33 m。

厂房内设有2台1 200 t/200 t桥机和2台125 t/32 t桥机。大小桥机均可运行到安Ⅰ段,125 t/32 t桥机布置在上层,1 200 t/200 t桥机布置在下层,各桥机跨度均为33 m。

业主还可以提供300 t履带吊、(8 t、25 t、50 t、200 t)汽车吊、组合式平板车组等设备。

4. 运输线路

货物运输线路的选择,主要取决于货物的特性(包括尺寸、重量)、途中的装卸转运条件和线路的运输限制(如桥梁、隧洞的限制)。三峡工程的不同运输方式的限制条件是:

(1) 铁路运输:宜昌花艳火车站只有36 t起吊设备;焦枝铁路线承载能力有限,无法运输重件。铁路运输尺寸限制见表7-2。

表 7-2　铁路货运对货物的尺寸界

限界级别	正常限界	一级超限限界	二级超限限界	超级超限
高度限制/mm	4 800	4 950	5 000	建议不采用
宽度限制/mm	1 700 × 2	1 900 × 2	1 940 × 2	

（2）公路运输：宜昌至三峡专用公路途中的桥梁过载能力 120 t，隧洞限制尺寸为高 5 m、宽 7.5 m；外界通往宜昌的公路受到途中收费站、隧洞、桥梁等诸多因素限制，因而大件运输一般不选择公路方案。

（3）水路运输：上海港装备有 200 t 和 500 t 浮吊，可用来装卸重件、大件；从上海至三峡坝区段航道通畅，途中运输无约束；长江上游在宜昌至宜宾段有良好的水运条件；宜宾至乐山可经岷江行驶 1 000 t 级驳船，主要限制是从宜宾至乐山段受季节影响，一般在 5 月—10 月才可以行驶 1 000 t 级以上驳船；三峡坝区左岸重件码头配备有（300 + 300）t/50 t 桥机，能够满足包括机组转轮、定子和主变压器等大件的卸船起吊要求，该码头已投入正常运行。

（4）空运：受航班所限，且对货物的要求较高，只适用一些急需的零配件运输。

综上所述，水运约束限制条件最少，是三峡工程物资设备运输，尤其是大件、重件运输的首选方案。

5. 重要运输线路信息

三峡左岸电站永久机电设备中，由国外供货的，从上海港运抵三峡坝区；国内供货，低于 36 t 且尺寸在极限内的，采用铁路、公路，36 t 以上或尺寸超极限的采用水运。运输线路信息见表 7-3。

表 7-3　运输线路信息表

货源	类型	线路与运输方式	备注
国外供货	无要求	上海港→三峡坝区（水运，km）	
国内供货	36 t 以下且尺寸在极限内	德阳→郑州→宜昌（铁路运输，2 153 km）→三峡坝区（公路运输，28.6 km）	1. 三峡专用公路桥梁过载能力 120 t，隧道限制尺寸为高 5 m，宽 7.5 m 2. 铁路运输对货物的尺寸有限制
		哈尔滨→沈阳→郑州→宜昌（铁路运输，2 883 km）→三峡坝区（公路运输）	

续表

货源	类型	线路与运输方式	备注
国内供货	36 t以上或尺寸超极限	葫芦岛→上海(海运,731km)→三峡坝区(水运)	
		德阳→成都→新津→彭山→眉山→夹山→乐山→(公路运输,240 km)→岷江→三峡坝区(水运,1 200 km)	1. 从德阳至乐山,全部桥涵按721 t荷载验算 2. 从乐山转水运可将1 500 t或1 650 t甲板驳船改造加固后装运 3. 岷江上的大件(如转轮)运输受季节性影响,100 t以上驳船每年只在5月—10月可通航

6. 其他转运站点情况

(1) 上海港:可利用200 t、500 t浮吊,在上海港九区、十区码头装卸及转驳,还可利用上海电机厂的起吊设备通过铁路运输到水运码头进行装卸作业。

(2) 四川乐山:肖湾码头,设计吊桥500 t,可停靠1 500 t驳船,保证率90%。东方电机厂制造的大件设备可经德乐公路在此转水运到三峡工地。

(3) 葫芦岛大件加工厂:该厂属哈尔滨电机厂和渤海造船厂合资厂,是哈尔滨电机厂加工大件、重件的地点,大件、重件可由海上运往上海等港口。

7. 主要重件、大件运输线路选择

(1) 水轮机转轮。由国内供货,海运至上海→水运至三峡坝区;由哈尔滨电机厂供货,葫芦岛→海运至上海→水运至三峡坝区;由上海希科公司供货,上海→水运至三峡坝区;由东方电机厂供货,德阳→公路运至乐山→水运至宜宾→水运至三峡坝区。

(2) 主变压器(可能线路)。由国内供货海运至上海、水运至三峡坝区;由沈阳变压器厂供货,沈阳→铁路运至大连→海运至上海→水运至三峡坝区;由保定变压器厂供货,保定→铁路运至上海→水运至三峡坝区;由西安变压器厂供货,西安→铁路运至上海电机厂→水运至三峡坝区;由重庆变压器厂供货,重庆→水运至三峡坝区。

(3) 厂房桥机大梁。太原→铁路运至天津、海运至上海→水运至三峡坝区。

8. 运输工作组织

按三峡总公司的职责分工,设备公司受总公司委托负责永久机电设备的运输工作，由于国内分包或国内独立制造的设备由厂家直接供货至三峡工地，设备公司主要负责国外供货部分的境内运输工作。

（1）招标优选承运单位。设备公司在1998年对机组设备境内运输进行了招标，包括中国外运公司、中远国际货运有限公司、上海亚东国际货运公司、长江航运集团在内的8家运输单位参加了投标，经过专家的综合评定，最后上海亚东国际货运公司作为上海一家富有活力的中型国际货运企业，凭借其合理的报价和运输三峡施工机械的优良业绩夺得了本次运输招标的A1标段（VGS供货部分）；中远国际货运有限公司作为国内一家与国际接轨较早的运输企业，则凭借优秀的技术方案和良好的运输业绩，在B1和G1标段（ALSTOM和ABB供货部分）上中标。

（2）三峡工程设备运输信息系统。为了便于对在途设备进行动态监视，设备公司委托中远公司和广东南方卫星通信公司开发了一套基于美国高通公司的专利产品Om－ni TRACS全球卫星定位系统的三峡工程设备运输信息系统。该系统建成后，设备公司将能够做到“足不出户”即可掌握设备在途信息，同时系统会自动将该信息在NOTES上公布，总公司的其他部门就能通过NOTES查看设备的在途信息。

（肖崇乾，李靖，郑昌，曹诗雄：《三峡左岸电站大型永久机电设备运输方案简介》，《中国三峡》，2000年第5期）

（三）会展物流

会展是在一定地域空间，许多人聚集一起形成的定期或不定期、有主题或无主题的传递和交流信息的公众性社会活动，包括各种类型的博览会、展览会、展销会、交易会、展示会、大型体育运动会、大中型会议、文化活动、节事活动和各类产业/行业相关展览。世界博览会为最典型的会展活动。会展离不开物流支撑。会展物流是一种新兴的高端物流。

1. 什么是会展物流

会展业与物流业同属现代服务产业。会展的发展为物流发展提供了广阔的空间，物流的发展也为会展的顺利举办提供了有力保障。

（1）会展物流（convention and exhibition logistics），是在会展项目立项和展前、展中、展后全过程，以展品为主及为保障会展目标实现所发生的一种专项性物流服务，既属于项目物流的一种形态，又是体现会展特性的一种物流运作形态。

典型的会展物流是博览会物流，即依据博览会方案的预期目标所进行的物流系统构建和专项物流方案策划，以及对如期顺利实现博览会目标起决定性作用的物流服务、物流管理和物流运作方案设计与实施，还包括将展品从参展商所在国（地）运至参展目的地，展览结束后再运回参展商指定地，涵盖展前展后的包装、国内运输、仓储、进出口报关或 ATA① 报关和清关、国际运输,以及展中装卸、搬运等各环节物流作业操作技术服务方案设计与实施,供应给参展商和观众的食品、生活品、其他展览相关的配套设施设备和用品等的物流解决方案设计与实施,以及展览物流信息服务和物流管理咨询服务。

(2) 会展物流呈现空间上的突发集中性,时间上展前、展中和展后阶段性强,需求上具有双向性和不确定性,过程控制复杂,要求提供高层次的快速物流反应服务。国际展览涉及出口报关、国际运输、国际保险、展品再处理等环节,需要设计科学合理的展品物流实施方案,包括展品的及时调度、运输、仓储、包装、清关、展馆现场操作、布展、运回、保险等各个环节的服务及实时监控等,保证在指定的时间内用最低的成本将展品安全运达展览目的地和返回地。同时,会展组织管理者应会同各参展商与物流服务商,不断对各种相关信息进行实时监控。这就需要专业性物流服务,特别是要求会展物流管理能力强,有能力统筹招展、运输、保管、布展、保险、商贸、广告等各方面的运作,并进行完整会展物流方案设计与实施的专业物流商。

会展物流部分属于高端物流,不包含展品及会展所需器材、辅助设备、展材、特装板材等各环节具体的功能物流服务,以及会展期间(前、中、后各期或阶段)的生活消费品类普遍货物的常规性功能物流服务。

(3) 会展物流中的展品,尤其是世界博览会和其他国际性展览会、交易会所展示的,大部分是高技术含量的尖端产品,或是高附加值的高端产品。此类产品物流也属于特种货物物流。

2. 会展物流业务流程

会展物流必须设计合理的物流实施方案,包括展品的提货、运输、仓储、装卸、包装、搬运、布展,以及人员组织、调度、管理,设备的供给、保养、回收,保险等一系列服务。示例:会展物流业务流程见图 7-4。

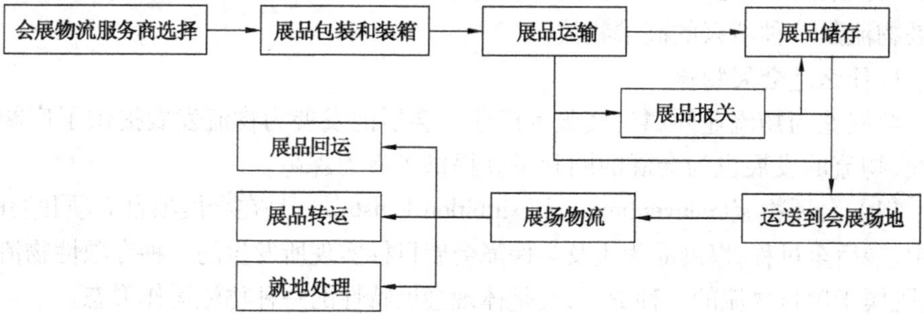

图 7-4 会展物流业务流程

① ATA 是法语 admission temporaire 与英语 temporary admission 第一个字母的组合,意思均为“临时准许进入”或临时准予免税进入,通常称为“暂准进口”。使用 ATA 单证册的货物与普通进口货物的明显区别,在于这类货物在国际流转时,其所有权不发生转移。

(1) 指定物流服务商。按国际惯例,一般大型展会组委会都要指定物流服务商。参展商可与会展主办方进行沟通,自己选择物流服务商。通常,展品的物流运作模式,主要有参展商自营物流、参展商自选外包物流服务商、展会主办方指定会展物流服务商;参展商采用邮寄或快递。

(2) 物流服务方案的设计与完善。承担会展物流业务的物流服务商,根据参展商的要求设计物流服务方案。一般地,海外参展商通常有一些国际性的运输公司代理。

(3) 物流服务方案的实施。根据会展主办方的展会日程安排,物流服务商依据方案进行展品提货、运输、保管等物流作业;会展期间要与会展主办方及时沟通。交付展品后,要由参展商进行确认,待展览结束后立即启动下一轮物流或展品回程运输。

思考题

1. 结合案例解读自营物流或物流外包选择。
2. 解读物流服务与物流产品、物流企业与物流业。
3. 结合案例解读第三方物流。
4. 结合案例解读第四方物流。
5. 结合案例解读高端物流。
6. 案例分析:阅读所给的案例材料,结合所学的相关知识展开分析,并加深对知识的理解。

案例7-5 "越海模式":外包供应链一体化服务

2007年7月,飞利浦将一张高达 3×10^9 元的物流订单交给了深圳越海全球物流有限公司。这份巨额订单凸显了飞利浦的配送模式之变:一改以往一条供应链被多家物流服务商分割的局面(即由货运代理公司负责码头运输和报关、物流商负责运输和配送、代理商负责产品分销),而是交由越海统一管理。这种从工厂到终端均由一家企业来操作的配送模式,便是被业内普遍看好的"一体化供应链"。

越海与飞利浦的合作涵盖了飞利浦的订单管理、采购执行、报关、仓储、运输、配送等大部分供应链环节。越海给飞利浦提供的物流合作方案,采用一体化供应链管理模式,把采购、进出口代理和报关、仓储、配送、分销等集中为一体,甚至分销渠道和售后服务等不属于物流领域的环节,全由越海物流一家"吃"下了,包括从生产到消费者手中的诸环节。简单地说,这就是用金融手段将货物提前买下,然后再进行货物的物流运作。

“一体化供应链”模式演变

供应链中，二级代理商并不在乎谁当总代理，更关心的是谁能提供更优惠的价格和更好的服务。越海从供应链的核心环节做起，向两端延伸。

事实上，越海最初与飞利浦的合作也是从最基本的货运开始。1997年越海刚刚成立，当时公司核心业务是货运代理。这一年，飞利浦在东莞的显示器工厂竣工，越海承包了飞利浦显示器的原材料进口的报关、运输、厂内周转仓储等物流业务。2004年，越海又承接了飞利浦内销部分的运输、进出口代理贸易等业务。

2005年，飞利浦更换华南区总代理。在这之前，飞利浦将显示器生产线与全球另一大显示器生产巨头冠捷整合，建成全球最大的显示器生产厂家。当时，国内不乏具有庞大销售渠道的IT代理商，但飞利浦将华南区的代理权抛给了IT产品分销的“外行”——越海全球物流公司。由此，越海完成了一体化供应链的最后一跃，建立了自己的分销系统，由物流商转身为代理商。

在成为飞利浦华南区总代理之前，越海已经在为飞利浦的各级代理商配送产品。换而言之，在做飞利浦总代理之前，越海已经与飞利浦各级渠道商保持密切的联系，掌握大量的渠道信息。至2010年10月，越海拥有100多家二级代理商，在深圳的电脑城，越海还有自己的IT零售店铺。

接管飞利浦分销渠道之后，越海进行了流程优化改造。与此同时，越海组建起一支针对分销业务的管理团队，出台多项鼓励下游分销商的奖励政策。此举得到飞利浦及下游分销商的积极支持。整合后，飞利浦的物流管理从复杂迈向简约，物流效率显著提高，供应链成本也明显下降。自从渠道整合以来，飞利浦产品从工厂到客户端的平均周期，由之前的1周左右减少到3~4 d。

越海的一体化供应链可以由物流服务向金融服务延伸。在越海为飞利浦提供的服务中，进口报关、代缴关税、增值税、代垫货款等价值链服务，越海全部为飞利浦提前买单。对于AOC（Admiral Overseas Corporation，艾德蒙海外股份有限公司）这样的全球知名显示器厂商，越海则负责其原材料的采购与垫资，在采购、报关、仓储、配送等一系列环节完成之后，AOC才需要向越海支付相关的各种费用。

这样，客户在供应链的管理过程中根本不用掏一分钱，完全可以由越海代为先行买单。越海在价值链上的管理不仅提高了客户的物流效率，而且极大地降低了客户的资金成本。

无缝连接

从工厂到终端，一体化供应链涉及多个环节，往往是牵一发而动全身。因此，供应链各环节无缝连接看似容易，实则很难。

在越海全球的6层楼华南物流中心(位于深圳平湖)，仓储库房分为3层：一层存放小电器和周转速度快的商品，二三层为周转速度相对慢的产品，楼层之间由大型货梯连接。位于二层的会议室可以通过巨大玻璃窗观察到现场发生的任何情况。

接管客户整条供应链，越海能够掌握产品配送过程中的每一个节点，并通过信息系统与遍布全国的运输网络，以及供应链各个环节形成无缝连接。这一点，在"一体化供应链"的体系中是十分重要的。

越海在华北、华南、华东地区均有物流中心。这些物流中心对接着客户企业的数百家工厂和下游渠道商。这样的"无缝连接"如何实现？

每天客户会下达指令单到自己的系统。由于越海全球的ERP与飞利浦、富士康、华硕等客户的ERP系统进行连接，登录越海的ERP系统，便可以看到客户下达的指令单。该指令单包含了丰富的信息，如客户名称、订货时间、发货仓库、调度部门、发票号、目的地、产品数目和规格等，甚至连产品的配送路径都进行了详细的规划。

收到客户指令单后，配送中心的仓储系统人员根据客户指令信息打印拣货单，仓管员安排人员进行拣货。与客户指令单相对应，拣货单内容包含产品型号、出厂批次、产品所在的库位等。在配送中心工作人员拣货的同时，车辆的安排已经在进行中。此外，如果该批货物要运输到其他区域的分仓中，系统便会通知当地的分仓做好收货准备。

前期介入

越海模式可以延伸到供应链最前端，当一个产品还在原材料阶段的时候，物流商就已经介入，从而最大限度地减少供应链环节，提高配送效率。

纬创资通(Wistron)是全球最大的ODM(Original Design Manufacturer，原始设计制造商)专业代工公司之一，致力于生产ICT产品(信息通信技术产品)，纬创总部位于台湾，其分部和运营点遍及亚洲、欧洲及北美洲。越海为纬创资通中山分公司进行VMI(Vendor Managed Inventory，供应商管理库存)服务。

越海的客户原本在内部开展VMI运作，厂内外用于存放液晶面板和物料的仓库面积高达4×10^4 m^2以上，纬创资通导入越海第三方管理的VMI服务后，仓库面积降至不足7 000 m^2。越海又着手库存数据分析，以这些数据为参考，制定明确的库存管理目标，使在库超期呆滞库存比例从初期的66%降至17%。

工厂生产组织的重点越来越从紧盯订单转向交期,随之而来的生产物料供应也将由根据订单采购转向根据生产排程采购。这就要求对于生产物料的库存有更加及时和精准的预测。VMI倡导的零库存需要在买卖双方同时实现,才能真正获得双赢甚至多赢。越海以此为目标,指定了相应的管理流程,并将此管理流程设定在自行开发的、多方信息共享的VMI物料管理系统内。供应链上各方可据此系统的数据报告,进行生产排程编订、库存物料补充、超期物料处理等一系列的高效、有序互动,从而达到VMI实施所期望的目标。这一切都是由越海自主研发的WMS(Warehouse Management System,仓库管理系统)来完成的,每个供应商都有自己的独立账号和登录账号,可以看到自己需要在什么时间交付多少物料。

为了降低物流费用、提高配送效率,越海VMI管理提供了不同的交付模式,一天一次,或者几个小时一次。这取决于运输的满载率和工厂车间的储存空间,弹性的交付方式使得供应链更加有效。

有些时候,工厂订单突然发生变化或者临时需要赶制某一产品。这就需要"紧急Call料"。一般"紧急Call料"都会在1 h内送达,但需要额外加收物流费用。

配送中心不但对接下游的代理商,还要与上游客户企业的工厂相连接。这就需要有一个产品入库的流程。与"发货"流程相类似,产品进入配送中心之前,信息系统首先接收到的是包含产品型号、数量、来源等信息的入库指令单;库管员清点货物并存放进入相应的库位以后,ERP自动记录每个货物的库位和相关信息,方便出口时拣货。

越海解决供应链各环节无缝连接难题的秘诀,是提高综合执行力。其中,往往有一些细节,最能考验供应链管理的水平。以货物的保护为例。像光驱、键盘这样的IT产品,对外包装的保护要求非常严格。比如,如果一箱产品的外包装凸起超过1.5 cm,那么这个产品将被视为不合格,要求退回去进行质量鉴定。如此"苛刻"的要求对物流商提出了很大的挑战。因此,越海为了保护货物的外包装,减少退货成本,在商品外包装的四角贴上护条,并在外面用塑料膜进行"打膜"。在运输过程中,每箱货物之间都要进行填充,如果空隙过大,甚至要用到充气袋。

此外,为了保证到货的及时率,在陆运资源方面,越海开通了深圳分别至四川、上海、北京的3条干线。越海采用GPS定位管理车队,并在每条干线设置多个支援中心。越海每200 km处便有一个支援中心,配备有修车工具、医药箱等设备,支援中心24 h待命。一旦中途发生事故,支援中心在3 h之内即可赶到现场。

越海由金融做主的"一体化供应链管理服务模式",被为"越海模式”，已被飞利浦、英特尔、宝洁、冠捷等公司采用，并被邀请加入英特尔创新俱乐部，成为核心成员。越海物流公司客户很多都是世界500强企业，如飞利浦、英特尔、三星、LG、富士康、UPS等。“越海模式”代表了中国现代物流产业的发展方向。

（李媛：《越海国际：一体化供应链转型之考》，2010－10－23. http://www.cb.com.cn/deep/2010_1023/158965_4.html 等）

第八章
电子商务:网上物流与网下物流

电子商务属于典型的商物分流。完整的电子商务,全赖物流的支撑和保障;物流是电子商务的另一半,两者协同发展。电子商务物流体系包括网上物流和网下物流。网上物流是一种电子形式的线上物流服务;网下物流就是离线实体物流,包括收集货、干线物流和落地配,以及快递自提、众包物流或智能配送。

第一节　物流与电子商务

物流作为电子商务的一个支撑,与电子商务协同造就了电子商务时代,促成产品销售方式和终端消费者购买方式发生了根本性转变。同时,电子商务的发展,也为物流提供了新的技术、新的发展机会和发展空间。

一、物流:电子商务的另一半

电子商务的重心是商务,涉及商品交易和商品流通,包括商流与物流,既表现出典型的商物分流,又表现为商流与物流相辅相成。物流对于电子商务,所担当的角色之重要无可替代。物流是电子商务的另一半。

(一) 电子商务:一种新型的商品流通模式

通常,电子商务就是全球商贸活动中利用电子形式运行的商品流通模式,也可泛指依托互联网进行的商务活动。它所能涵盖的范围,小到个人及家庭购物,大至企业经营、全球贸易诸领域。

电子商务是多式多样的,主要有 B to B(Business to Business,商家对商家)、B to C(Business to Customer,商家对消费者)、C to C(Consumer to Consumer,消费者对消费者)、ABC(Agent、Business、Consumer,代理商、商家和消费者)、O to O(Online to Offline,线上对线下)、C to B(Customer to Business,消费者对商家),以及 B to G(Business to Government,商家对政府管理部门)、O to P(Online to Partner,门店在线)、M to E(Manufacturers to Ecommerce,厂商与电子商务),以及社交电子商务(Social Commerce)、团购(Group Purchase)、跨境电子商务(Cross - border Business),等等。

然而,电子商务无论覆盖面多广,无论怎样的多样化,其本质不仅包括便捷地实现消费者网上购物、商户之间网上交易和在线电子支付,以及相关综合性服务,而且还蕴含网上完成交易的商品必须流转到终端买方之手的意思。这涉及的正是商品流通。

由此可见,不管怎样看待和解释,电子商务实则为一种以电子形式运行的新型商品流通模式。当然,对电子商务的认识,将会在其发展中相应地不断得以深化。

(二)电子商务:商流与物流

电子商务作为一种新型商品流通模式,具有一般商品流通过程的共性,即商流与物流并存。

商流,即商品所有权转让。其中,商品所有权转让过程及各相关环节,包含货币支付(资金流)、信息传递(信息流)。

物流,即商品实体转移。其中,主要涉及运输、储存、分拣配货、包装、搬运装卸、配送等作业,从而实现商品实体的物理性空间位移。

电子商务的商流与物流是分流的,这明显不同于一般情况下的部分商品流通过程。因为,电子商务中的商流(含资金流、信息流),可以通过计算机和网络通信设备在线实现。而物流(所有的实体类产品及相关服务的空间位移)却需要在网下才能最终实现;只有少数非实体类产品和服务(各种电子出版物、信息咨询、金融服务等),才可直接通过网上传输实现配送。

但是,电子商务商流与物流又是相辅相成的。电子商务商物分流却不分离。物流是电子商务的有机组成部分,是电子商务的另一半。离开了物流的电子商务是残缺的,也是不复存在的。事实上,电子商务流程就是客户从登录网络查找产品/服务信息、网上交易、网上结算,经配送到门及售后服务与支持的全过程。很明显,电子商务 = 商流 + 物流。电子商务流程示例见图 8-1。

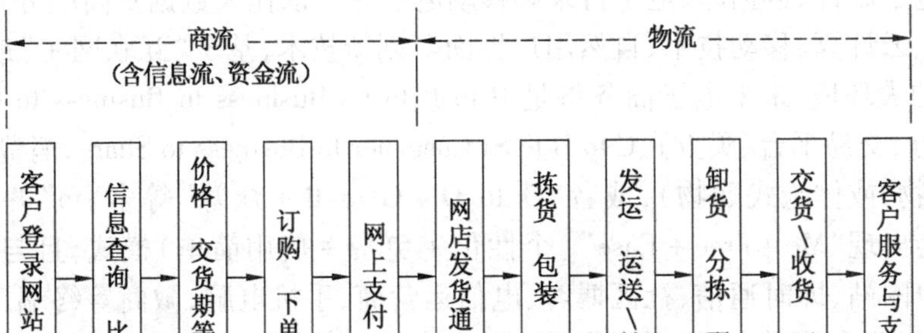

图 8-1 电子商务流程

二、电子商务的保障:物流

物流作为电子商务的另一半,所起的作用很大,不可低估。完整的电子商务,全赖物流的支撑和保障。

电子商务的出现,在最大程度上方便了商品交易,消费者完全可不必再到商业街一店又一店地挑选所需的商品,而只要在任何正常联网之地,无论固定的或是移动的,经网上搜索、查看、挑选,就可以轻松完成购物过程。厂企、商家也完全可以在网上自由地选择合适的供应商,完成所需的原材料、外购件、设备、成品、半成品等的采购过程。

但是,通过网络购物或采购,很便捷地完成的,只是商品所有权的转让过程,而电子商务流程并未结束。只有当网上交易的商品和服务最终到达买方手中,才算完成物流,整个电子商务全程才算终结。在整个电子商务中,物流实际上是商流的后续,是保障商流真实兑现的一个不可缺少的环节。没有物流的配合和支持,电子商务商流只是“空头支票”而已,是毫无实际意义的;电子商务所带来的购物便捷也就归于零。

现实生活中,当通过网上订货、支付,完成网上购物或采购后,所购之物却迟迟不见送到买方的手中,或者到手的货物发现有差错、破损,人们一再抱怨,甚至怨声四起,也足以反映物流对于电子商务的重要性。

三、物流与电子商务协同发展

电子商务基于计算机和计算机技术的广泛应用,产生于20世纪60年代,90年代起开始快速兴盛,并以越发持续、强劲又难以预料的速度迅猛发展,不断渗透到更多更新的领域。

电子商务的关键就在于依靠电子设备和网络信息技术,主要包括互联网、外联网、电子邮件、数据库、电子目录和移动电话等。依托大数据及高端分析技术、物联网、云计算、移动技术、自然用户界面等创新技术,基于“互联网+”或“+互联网”的大环境,未来电子商务将是B to B to C(Business to Business to Customers,卖方、交易平台、买方)、C to B to S(Customer to Business to Share,消费者与分享式购物,或体验式购物),或者“O to O+C to B+众筹”等多“to”并存的形式,更会出现“Me+Free+Ease”(个性化+免费+使用简单)模式,且与搜索引擎、门户网站、即时通信、社区博客、电信运营商、手机电脑、微商等终端厂商,甚至传统行业企业融合,呈现出多维一体化趋势,其以发展的不可预见性,将人类带入一个充满无限可能性的网络化新世界。

不断发展中的电子商务,为物流提供了相应的发展机会、发展空间和技术支持,也对物流发展提出了新的要求。物流必须与电子商务协同发展,重点是不断完善电子商务物流体系,即网上物流+网下物流体系。

第二节　网上物流：电子化物流解决方案

电子商务物流体系的两个组成部分之一，即其网上运行部分，也就是网上物流。网上物流既体现了物流技术的发展，又呈现出物流业现代化的态势。

一、网上物流：一种高端物流

网上物流是物流的一种新业态和新技术，是电子商务理念、技术方法对物流的渗透或应用，其提供电子化物流解决方案和"云物流"服务平台，实现物流智能化，是一种高端物流。

（一）电子形式的线上物流服务：网上物流

对于网上物流，有不同的解释。泛泛地看，网上物流本来就是一种电子商务；具体地看，它应该是一种与物流相关或涉及物流服务的电子商务，也可称为物流电子商务化。

（1）网上物流（online logistics）是依托互联网或移动通信网络以电子形式提供的高端物流服务，也有的称之为电子商务物流，或电子物流。它包括在线订单处理、在线网络仓库调货和发货、在线规划配送路线、在线进行物流调度、在线进行货运检查，以及在线追踪发出的货物等，实现从网络前端到最终客户端的所有中间过程的物流服务。

（2）网上物流最显著的特点，是各种软件与物流服务的融合应用。网上物流就是支持电子商务的物流服务或物流服务的电子化。归根结底，它是基于大量复杂的电子化信息互动，实现产品简单、准确、快捷的物流过程。

（3）网上物流通过互联网或移动通信网络，可密切供应链上、下游企业及各环节的联系沟通，协调合作，优化物流资源配置和共享，更可促进商流和物流之间的协同无缝化和一体化。尤其是网上物流致力于将全球范围内最大数量的物流服务需方和物流服务供方聚集在一起，以中立、诚信、自由的物流交易网络平台，帮助物流供需双方高效达成交易和合作。网上物流提供了实现价值最大化的各种可能性和更多的机会。

（二）电子化物流解决方案与"云物流"

基于开放的互联网或移动通信网络环境，网上物流所能提供的是一整套电子化物流解决方案，尤其是"云物流"平台服务。

1. 电子化物流解决方案

电子化物流解决方案主要包括订单管理、客户管理、供应商管理、仓储管理、运输管理、计费与结算管理、数据分析管理等。

（1）订单管理，包括订单控制流程、订单的生命周期、订单的有效性标准、订单的调整、订单处理流程等。

(2) 客户管理,包括客户基本信息管理、商品信息管理、关键业务指标分析等。

(3) 供应商管理,包括基本信息、采购管理、库存管理、退换货管理、结算管理、预付款、账期、供应商绩效管理等。

(4) 仓储管理,包括基本流程设计、基本资料管理、入库管理、库存管理、盘点管理、补货管理、出库管理、退货管理、条码管理系统等。

(5) 运输管理,包括调度管理、运输管理、运输作业管理、运力管理、终端分拨配送管理、中断配送信息管理、退换货管理等。

(6) 计费与结算管理,包括计费管理、结算管理等。

(7) 数据分析管理,包括报表管理、BI(Business Intelligence)①报表分析管理等。

2. 云物流

云物流(cloud logistics)集成和应用云计算、物联网、语义 Web、高性能计算、数据挖掘等信息技术,并融合供应链管理、物流专业化分工、资源整合、服务外包、虚拟经营等管理技术,是一个全方位、全息化的智能物流公共信息示范平台,提供安全可靠和有质量保证的物流综合解决方案。

(1) 以一体化和复合化的功能集群,包括政府监管、信息发布、物流交易、产品展示、互动交流、决策分析、系统应用等,提供各种运作功能服务,即注册发布、搜索与匹配、组合与调度、监控、评价、交易过程管理、计费等;提供包括订单处理、仓储、运输等基本物流服务,物流信息、物流咨询、物流金融、物流保险等增值服务,以及一体化物流服务。

(2) 虚拟化整合物流资源载体,包括各类物流装备资源、物流软件资源、物流人力资源、物流方案设计能力和资源、物流公共服务和政策资源等。其中,公共仓储平台即云仓储(cloud storage)。

(3) 以智能化管理和运营,实现高效的信息共享与过程协同,并通过线上和线下的协同运作,实现全程在线交易、跟踪及支付的网上物流,包括从供求信息发布开始,到订单达成、收货、装卸搬运、在途跟踪、送货、签收、返单,一直到支付结算全过程,提供可按需获取和使用、安全可靠及有质量的物流服务。

(三) 网上物流技术优势

网上物流拥有的技术及其优势,主要包括数据库技术、电子订货系统、电子数据交换、快速反应及有效的客户反映、企业资源计划计算虚拟化、云端接入等技术;条码/语音/射频自动识别系统、自动分拣系统、自动存取系统、货物自动跟

---

① BI(Business Intelligence)即商务智能,它是一套完整的解决方案,用来将企业中现有的数据进行有效的整合,快速准确地提供报表并提出决策依据,帮助企业做出明智的业务经营决策。

踪系统等;物联网、增值网(Value-Added Network,简称 VAN)和企业内部网。物流智能化已成为电子商务物流发展的一个新趋势。

网上物流使用互联网或移动通信网平台、安全数据交换技术,且与广泛厂商的系统相互支持、与广泛的用户相连,是电子技术对物流服务的应用、改造和升级。这是网上物流与一般物流的最大区别。但是,无论如何,现实世界的物流,其真正的最终完成者,不是网上物流,而是网下物流。

二、网上物流环节链与一般流程

网上物流作为一种电子商务,与电子商务链框架及电子商务流程一样,也有相应的环节链与流程,主要包括网上交易前、网上交易和网上交易后三大环节。其中,网上交易前环节,泛指物流及相关信息发布、展示、查询与沟通;网上交易环节,重点是以价格为主的磋商、洽谈,以及成交、签约;网上交易后环节,即付款、物流配送方案及相关实施。

(一) 信息发布与查询

物流信息发布与查询是网上物流的起始环节,主要包括物流行情、物流供求、物流交易、物流广告及其他信息,尤其是供方的车/船源、运价、认证等相关信息,需方的货源、时限、运距及其他要求等信息。通过网络进行物流信息发布和查询,供需双方可以获取各自需要或有用的信息,并进行相互沟通、对接和联系。

1. 注册或登录

注册或登录,即按物流服务平台的要求和规定程序进行登记注册,已注册的,直接登录。在网上交易中,会员信息会与相关业务自动关联。例如,发货时可将会员信息中的姓名或单位名称、电话、地址自动导入。

为了保证信息的真实性,网上物流服务平台应采取用户实名注册,并进行身份认证、信用认证、质量认证、资质认证。通过认证后,才允许发布信息。

(1) 身份认证。身份是主体具有唯一性的标识。在现实中,能证明身份的,自然人使用居民身份证,企业法人使用营业执照证明。网上常用的身份认证方式,主要有用户名/密码、IC 卡、短信密码、动态口令、生物特征、USB Key 认证等。身份认证应联合公安系统提供在线身份核查。

(2) 信用认证。认证机构依据国际和国内公认的有关信用规定,对申请认证的企业社会信用(社会责任、无形资产、质量、服务、合同等)和个人的社会信用进行考量,达到技术规范规定的,颁发认可证书。

(3) 质量认证。质量认证是国际上广泛应用的一种合格评定活动。物流属于服务行业,主要实施 ISO9000 质量体系认证。

(4) 资格认证。国际上,权威的物流职业认证,主要有英国皇家物流与运输学会(Institute of Logistics and Transport,简称 ILT)的英国皇家物流职业资质认证(ILT)、美国国际执业管理认证中心(International Profession Administration and

Certification Association，简称 IPAC）的国际物流职业认证等。

（5）电子认证。电子签名（数据电文中以电子形式所含、所附用于识别签名人身份，并表明签名人认可其中内容的数据）认证。电子认证机构必须是依据国家相关法律设立的，才合法有效。

2．信息发布

信息发布，主要是按照物流服务平台所提供的格式和要求填写信息后，进行信息提交、信息存储（物流服务平台验证用户提交的信息，验证后存储在数据库中）和信息展示。

3．信息检索、浏览和沟通

信息检索、浏览和互动，通过搜索引擎或者网站提供的标准格式，进行运价、跟踪等物流相关信息查询和浏览，对货源、车/船源、运价、认证等与物流相关的各个文件信息或图片依次进行阅览、比较，筛选所需要的信息，并可采用电子邮件、在线聊天等方式展开双向互动和沟通，初定目标客户范围。

（二）谈判与签约

选择合适的目标客户，围绕物流项目、时间和质量要求、价格及相关事项等，进行双边或多边磋商、洽谈；当双方达成一致后，成交、签订合同。

1．在线洽谈

在线洽谈，即物流供需双方发出洽谈邀请信息，也可等待其他交易商发起洽谈。双方洽谈达成一致结果后，可采用标准合同模板签约。

2．在线竞价

在线竞价，即物流供方或需方，通过网站提供的交易系统发布竞价要约，由相应的需方或供方以出价方式进行公开竞价，最后拍得标的一方与对方签约。

3．在线招标

在线招标，即物流需方通过网站的交易系统发布招标信息，提供标书下载、中标公告等，供方下载标书填写、投标；竞标成功则签约。

4．网上下单

网上下单，即通过网络为物流需方提供的网上运单，在线填写、下单，并经双方确认，视同签约，网上受理订单；对未处理订单可修改或撤销。同时，通过系统的网上下单和发货信息记录，支持用户随时检索订单、查看订单明细，检索发货清单。

5．在线合同

物流供需双方通过在线洽谈、竞价、招标等，就物流业务达成一致意见后，在线签订物流交易电子合同。

（三）履行合同

合同签订后，物流供需双方分别履行合同。需方可通过网上物流服务平台提供的支付宝、网上银行或其他电子支付方式按约进行付款；供方根据合同的约定，安排和实施网下物流，并为客户提供各种售后服务，主要包括货物追踪跟进、咨询、在线客户服务等。

（四）网上物流服务平台

网上物流的运营，需要有一个载体。这个载体就是网上物流服务平台，即基于计算机技术、通信技术及信息技术，提供电子商务物流信息、交易、技术和管理等服务的平台。它可以是多功能综合性的，但不同行业企业的层次、需要不同，其功能是可选择的；也有的属于功能专业性的，如仓储服务平台、运输服务平台等。

一般地，一个典型的综合性网上物流服务平台的功能结构，主要包括信息服务、在线交易、会员服务、货物跟踪、智能配送、智能仓、货代管理、决策支持、金融服务、信誉评价、系统管理等功能模块，见图 8-2。

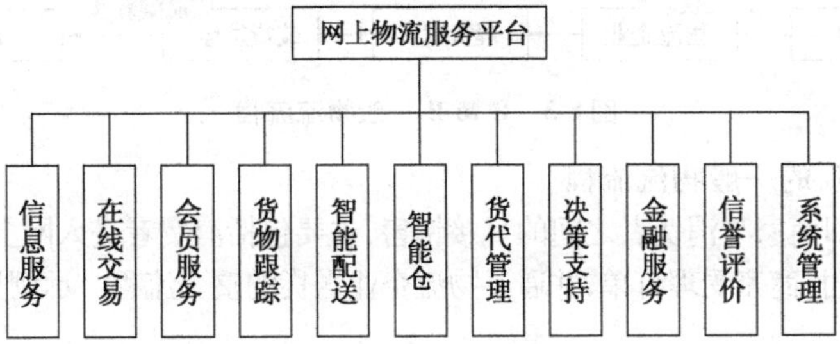

图 8-2　网上物流服务平台模块

网上物流服务平台的建设，分为自建、外包和购买等方式；相应地，运营模式有自营、托管和租用模式。其中，自营模式，即由物流企业自建和自主经营管理、维护网上物流服务平台的运营模式；托管模式，就是由物流企业自建，但委托专业网络服务商管理和维护网上物流服务平台的运营模式；租用模式，是指由第三方建设、运营和维护网上物流服务平台，物流企业付费租用平台的模式。

（五）网上物流一般流程

网上物流环节链构成其一般流程，但因网上物流模式不同，其运行的要求和环节不同，或者因行业企业、操作系统平台等不同，相应的流程也有所差异。

1. B to B 的一般物流流程

B to B，即商家与商家之间在网上进行从订购到结算的全部交易行为，包括商品信息发布/浏览与查询、洽谈订购与支付、处理订单，以及通过物流企业送货最终完成交易的整个流程。示例见图 8-3。

（1）商家在网上交易平台发布商品，供客户查询。

（2）客户登录网上交易平台，查看商品信息，采集适用商品。

（3）客户将所选产品放入购物车，填写相关订购信息，并下达订单。

（4）商家收到订单后，进行订单处理，并进行双方磋商洽谈。

（5）双方确认成交，选择在线支付或指定银行转账，银行经审核后转账。

(6) 商家处理订单,选择物流服务商,生成发货通知单,并支付运费。

(7) 银行审核通过商家与物流公司之间的运费转账。

(8) 物流企业待资金到位后处理发货单,发货给商场并通知商场确认。

(9) 客户办理产品入库,验货回单。

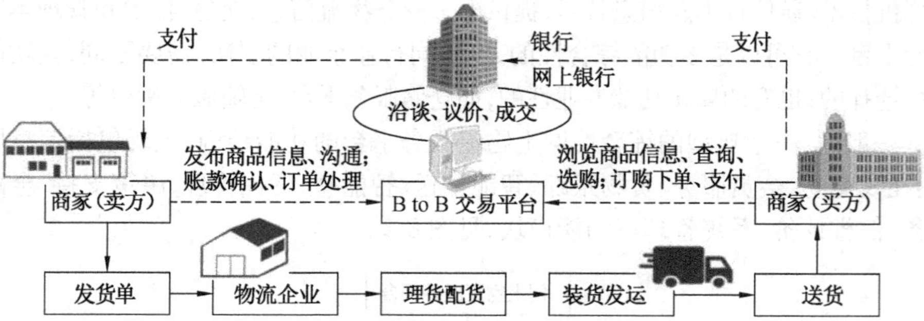

图 8-3 B to B 一般物流流程

2. B to C 的一般物流流程

B to C,即商家与消费者之间的直接销售,主要包括消费者进入网上商城选购商品、下单并支付,商家受理订单,并通过物流企业送货的整个流程。示例见图 8-4。

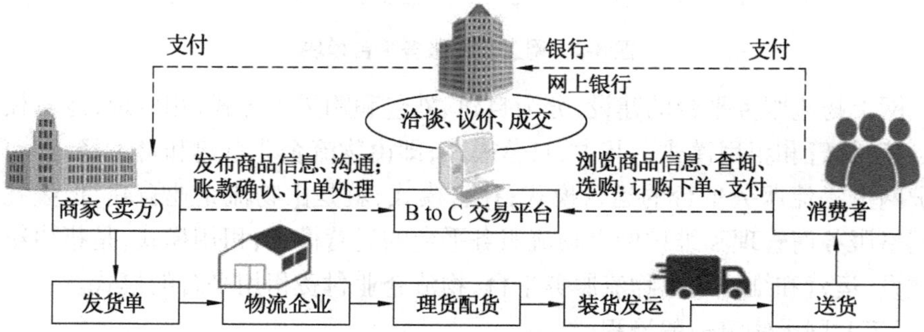

图 8-4 B to C 一般物流流程

(1) 商家在网上交易平台发布商品,供客户查询。

(2) 消费者进入网店,查看商品信息,采集适用商品,放入购物车。

(3) 消费者确认购物车内的商品,下达订单,并支付货款。

(4) 商家确认到款后,处理订单、发货,并选择物流企业运送。

(5) 银行审核商家支付运费的转账信息。

(6) 物流企业发货,并通知消费者确认收货。

(7) 消费者接受产品,回复确认收货。

3. C to C 的一般物流流程

C to C,即消费者与消费者之间在网上互相买卖商品(常见方式是网上拍卖)。任何消费者都可以在拍卖网站发布自己的商品,也可以竞买他人的商品,成交后通过物流企业送货(也可送货上门或上门取货)。示例见图 8-5。

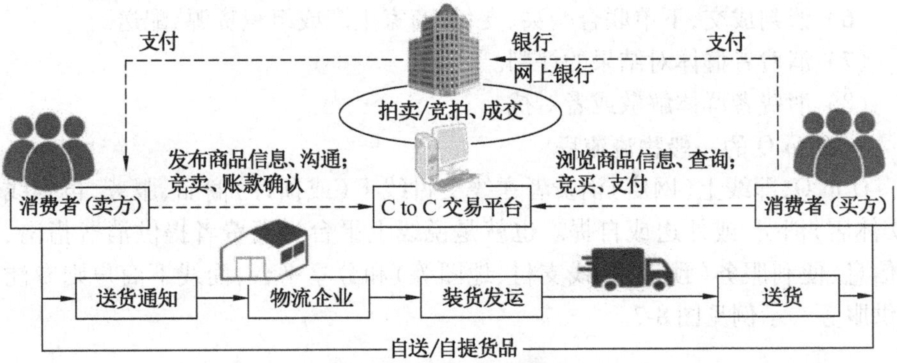

图 8-5　C to C 一般物流流程

(1) 消费者(卖方)发布自己的拍卖商品。

(2) 消费者(买方)浏览拍卖网拍卖商品信息,选择想要竞买的商品,参加竞拍。

(3) 买方查看详细的竞拍过程后,出价竞买。

(4) 竞拍成交,买方支付货款。

(5) 卖方确认到款后,选择物流企业送货。

(6) 卖方向物流企业支付运费。

(7) 物流企业确认运费到账后,装货运送,并通知买方收货。

(8) 买方收验,回复确认收货。

4. C to B 的一般物流流程

C to B,即消费者群体与企业群体之间通过集体议价进行联合购买,也就是消费者先提出需求,企业进行定制化生产(反向定制)。示例见图 8-6。

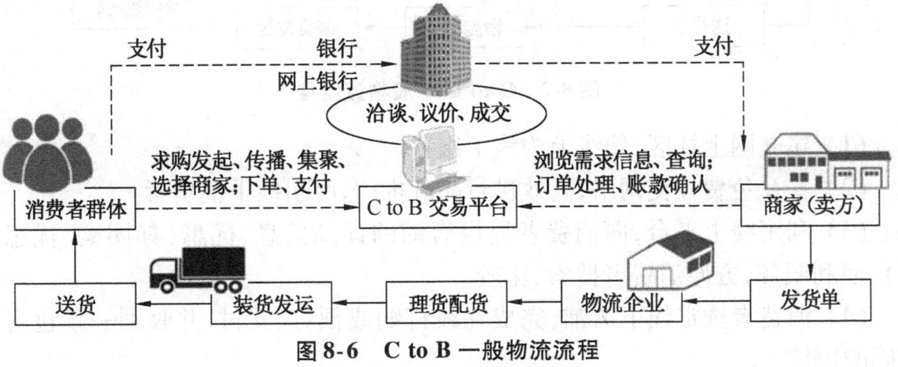

图 8-6　C to B 一般物流流程

(1) 需求动议的发起,并通过多种渠道进行传播。

(2) 消费者群体自觉聚集。

(3) 消费者群体制订明确的需求、谈判、采购、分配计划等。

(4) 选择核心商家或者企业群体。

（5）展开集体议价谈判。

（6）谈判成交，下单联合购买、支付；商家生产或组织货源、配送。

（7）消费者群体对结果的评判。

（8）消费者群体解散或者对抗。

5. O to O 的一般物流流程

O to O，即线上（网店）消费者在线支付线下（或预订）商品、服务，再到线下（实体店）消费，或外送或自提。也就是说线上平台为消费者提供消费指南、优惠信息、便利服务（预订、在线支付、地图等）和分享平台，而线下商户则专注于提供服务。示例见图 8-7。

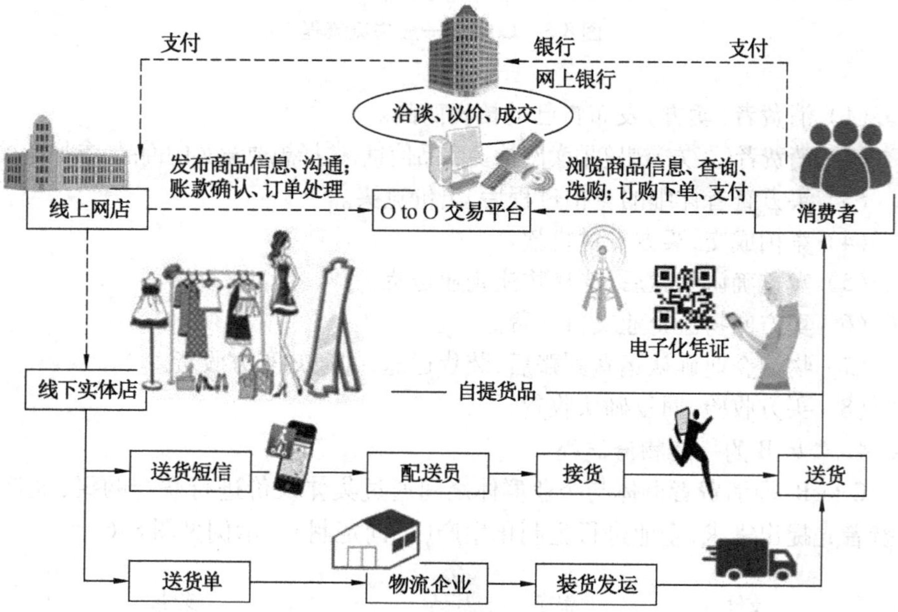

图 8-7　O to O 一般物流流程

（1）建立网上社区，使线上为线下服务。

（2）普及免费社交网络，高效进行品牌推广，吸引线下消费者。

（3）利用线上平台，向消费者提供店铺的详细信息、优惠（如团购、优惠券等）、便利服务，方便消费者搜索、比较。

（4）消费者选定线下店铺，完成在线订购或预订、支付，并收到一条包含二维码的短信。

（5）消费者凭借收到的信息，到线下店铺经验证后，进行消费，或外送或自提。

（6）消费者将消费体验反馈到线上平台，平台通过梳理和分析，形成更加完整的本地店铺信息库，可吸引更多的消费者使用在线平台。

（7）线上平台为消费者和本地店铺建立沟通渠道，帮助店铺维护消费者关系。

三、跨境电子商务物流流程

跨境电子商务是分属不同关境以电子形式运行的新型跨境商品流通模式，整个流程包括通过电子商务平台达成交易，进行通关和支付结算，完成跨境物流送达商品等。

（一）跨境电子商务一般进口货品物流流程

跨境电子商务进口，引导境内消费者通过跨境电子商务系统平台进行跨境网购活动，通常分保税进口和直邮进口两种货品物流模式。

1. 跨境电子商务保税进口货品物流模式

跨境电子商务保税进口货品物流，主要为跨境电子商务平台提供从国外运输、国内保税区备货、保税仓储，并在订单产生时直接从保税仓通关、分拣包装并发货的一体化服务。

为方便消费者购买，跨境电子商务保税进口可将保税商品前置到商业区，设置进口商品体验中心，让消费者可看到商品实物，然后通过 O to O 订购系统完成线上支付，订单实时传递到保税库，并由保税库负责分拣、包装、发货。

跨境电子商务保税进口货品物流的一般流程，主要包括境外集货、境外清关、跨境运输、保税仓储、分拣包装、海关通关、境内配送等环节。示例见图 8-8。

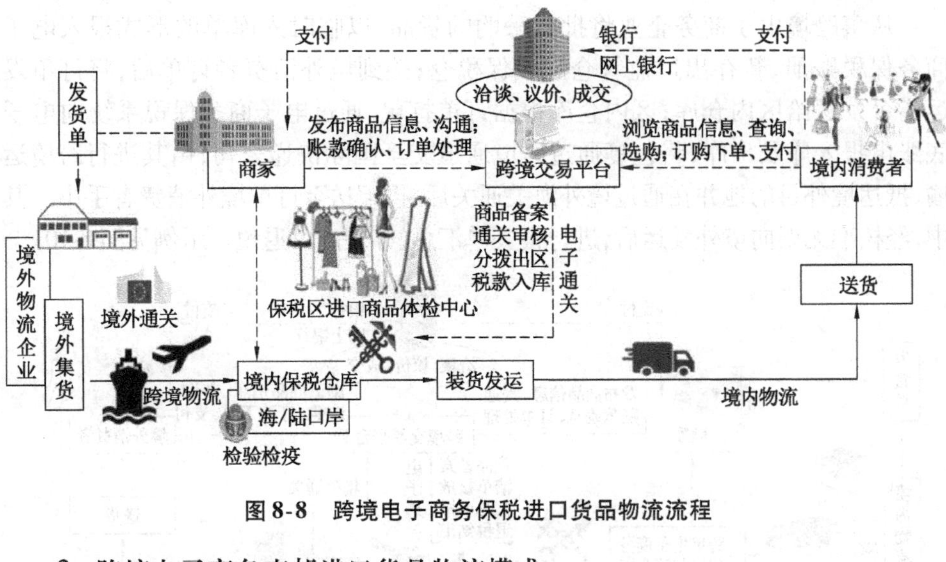

图 8-8　跨境电子商务保税进口货品物流流程

2. 跨境电子商务直邮进口货品物流模式

跨境电子商务直邮进口主要适用于境内或境外独立电子商务平台企业、综合性电子商务平台商家、品类较分散的代购平台，为跨境电子商务企业和平台提供从国外收货、国际运输、国内报关清关到国内派送的一体化服务。

跨境电子商务直邮进口货品物流的一般流程主要包括境外集货、境外清关、跨境运输、海关通关、境内配送等环节。示例见图8-9。

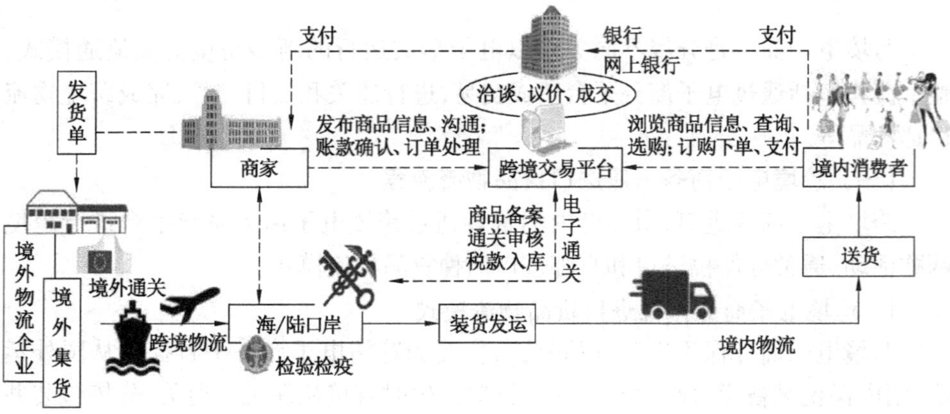

图8-9　跨境电子商务直邮进口货品物流流程

（二）跨境电子商务一般出口货品物流流程

跨境电子商务出口,引导境外消费者通过跨境电子商务系统平台进行跨境网购活动;同时,引导境内商家通过该系统平台进行跨境电子商贸活动。B to C出口业务,通过“清单核放、汇总申报”的方式,可解决电子商务企业原有的以邮件快件出境无法办理退税的问题。

从事跨境电子商务企业将批量采购的货品,以临时入库单的形式报入电子商务保税账册,暂存出口监管仓库或保税仓;接到境外消费者订单后,将订单发运指令发送给区内仓库;区内仓库根据订单打包,通过电子商务保税系统向电子底账申报入库及出库,将包裹通过跨境通道交至国际快递公司,由其进行跨境运输,抵达境外目的地并在通过境外海关通关后,再配送至订单境外消费者手中。其中,经核准无误向境外发运后,进行报关单汇总,办理出口退税。示例见图8-10。

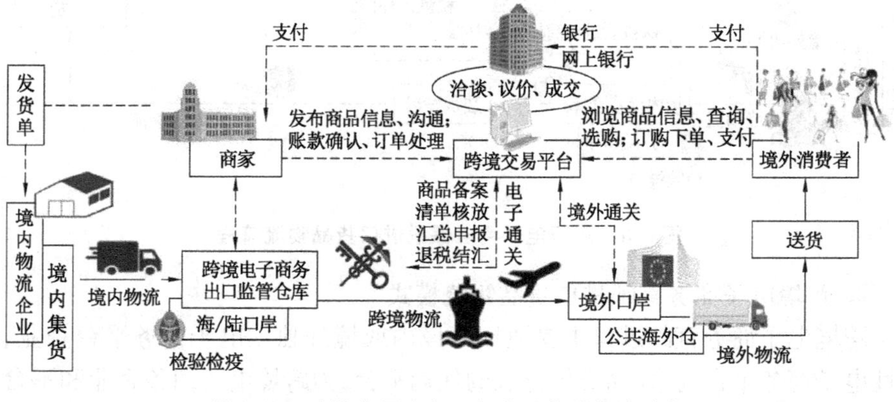

图8-10　跨境电子商务一般出口货品物流流程

在这一模式下,实际产生订单的货物才会实际报入保税仓库,未产生订单的货物仍然处于暂存状态，可以随时办理出库。这对于批量向供应商提前进货的跨境电子商务企业是较适合的。

案例 8-1　一件澳洲鱼油两天到货背后的奥秘

拿出手机，扫一扫商品标签上的二维码，自动链接至网商平台，网上下单支付——从杭州市区来到杭州下沙的小李上周好奇地在首家 O to O 体验中心体验了一回。两天后，他就收到了发自下沙保税仓的澳洲深海鱼油。

探索可推广复制的 O to O 示范性项目

位于下沙物美高沙店二楼的 O to O 体验中心，是杭州首家由政府主导、突出公共服务功能的跨境商品 O to O 体验中心，也是唯一在相关监管部门监督指导下，引导消费者进行理性跨境采买的实物展示平台。

实物展示、线上下单，是 O to O 体验中心的最大特色。中心开业当天，就实现消费者扫码 4 105 次。通常，日均扫码保持在 2 000 次以上，扫码最多的是母婴用品、化妆品、日用品、保健品等。

天猫国际、网易考拉网、苏宁易购、壹路通等主要入园电商及平台的母婴、食品、日化、电器等 7 个门类超过 500 种物品在中心内展示，500 个以上的产品通过店内视频、画册等方式进行虚拟展示。这将探索出可推广、可复制的集 O to O 展示和信息化应用、大学生创业及实训为一体的示范性项目，未来在更多的 O to O 体验中心推广。

感受智能服务平台 2.0 的威力

小李的跨境深海鱼油能像国内商品一样快速送到，走的是下沙园区占主导的网购保税渠道。大量的跨境畅销商品在保税仓集货，通过高效的通关、国检手续和智能化仓储物流服务系统“壹路通”跨境电商智能服务平台 2.0，实现快速出仓速递。

“壹路通”跨境电商智能服务平台 2.0 投入运行，是全国第一个基于云服务 + 大数据的跨境电商智能信息系统，也是 2015 年新入驻下沙园区的重点服务平台。通过该平台的进口商品，将拥有一个唯一的二维码“身份证”信息，确保其为原装进口商品；并且，将以 2 000 单/h 以上的速度，通过海关国检的系统核查和分拣包装，快速抵达消费者手上。该平台还可以结合国内保税仓和“海外仓”的网购保税和集货直邮双通道，为消费者提供更多的品牌商品选择。

一件件奶粉、巧克力、尿不湿等进口商品经过先进的声光电技术拣选，迅速在自动化的箱式输送线上流转、打包；在流水线上自动从二楼输送到一楼，打包、快速通关。

如果客户在14:00前下单，跨境商品当天就能出仓，江浙沪一带1~2 d就能收到货。这种智能服务平台对许多中小型电商十分合适，可以通过产业链的专业化分工，更好地提高跨境电子商务的效率。

该平台每天一个班次8 h可处理2×10^4个包裹，每天峰值可达到$5\times10^4\sim8\times10^4$个包裹，可同时处理$1\times10^4$个以上的商品。已吸引了一大批包括母婴之家、东仁堂、汤团妈妈等20余家知名垂直跨境电商平台和银盈通等跨境支付商的加入。

海淘商品溯源追查

随着跨境电商服务后台的智能化、信息化发展，阳光海淘的商品可实行溯源追查，确保所购跨境商品的正宗。在该平台仓库上，将一件邮包上的二维码一扫，手机便出现了这件夹心巧克力商品的详细信息：

销售商：香港母婴之家有限公司；

启运国：日本；

进口口岸：上海浦东；

运输方式：航空运输；

收货单位：费舍尔物流（杭州）有限公司；

境内目的地：杭州出口加工区费舍尔保税仓；

报关单号：915002565；

海关国检查验时间……

下沙园区首批网易、壹路通、心怡3个仓库共$2.6\times10^4\ m^2$已于2015年3月测试启用，同步中外运、和达、海沧科技、华田合计$3.3\times10^4\ m^2$的保税仓也将投入使用。下沙园区将以更大的吞吐容量迎接全年1×10^9美元业务交易额的到来。

（郭峰，潘海波：《下沙"跨境之旅"：一件澳洲鱼油两天到货背后的奥秘》，2015-05-12. http://biz.zjol.com.cn/system/2015/05/12/020646823.shtml.）

第三节　网下物流：实体物流回归与运作

网下物流是电子商务物流体系的另一组成部分，即由虚拟化网上物流回归网下实体物流，以保障完整电子商务的最终实现。

一、网下物流：离线实体物流

网下物流，是相对应于网上物流而言的，反映一种电子商务物流现象；更准确些，是与网上物流相区分的一种物流状态。

（一）网下物流及其技术优势

网下物流（offline logistics）是网上物流在网下的实体运作，指向与网上物流相称的离线货品/商品实体物流，包括网上商品交易及商品流通中的离线实体物流，以及与网上物流服务交易相关的离线实体物流。通俗些，它就是网上成交的商品和物流服务，在网下兑现其实体转移，包括从收货入库、储存保管、发货出库、理货配装，到装货发运、送达交货全过程。

然而，网下物流不是物流的全部。无网络地区，或者尚未联网、网络使用不正常，以及无须网络等情况下，物流依然是存续的。例如，部分生活物流；还有网络化、信息化发展不足地区的物流或部分物流。

相比于非电子商务下的实体物流，网下物流所呈现的特点和技术优势，一是识别系统、分拣系统、存取系统、导向车、跟踪系统等机电一体化，实现反应快速化、运营智能化、操作无人化；二是借助计算机网络和仿真技术，以虚拟网络空间仿真模拟实体空间，对实体物流作业各环节和线路进行优化，可设计和遴选最优方案，特别是以“云仓储”将散置仓库连接为“集成仓库”，放大服务半径和货物集散空间，从而有效地实现全过程效率最高、费用最低、运距最短、时间最少，且可突破时空制约，进行全程监控，实现物流过程管理实时化；三是末端物流服务个性化和社会化。

（二）网下物流模式：自营物流、外包物流和物流联盟

网下物流运营模式多样，有代表性的，主要是自营物流、外包物流和物流联盟，且正在不断探索中寻求新发展。

（1）自营物流，即包括仓储配送系统全部由电子商务企业自建，并承担整个物流运作过程。在电子商务发展中，采用自营物流的，主要有两类情况。其一，资金实力雄厚且业务规模较大的电子商务企业。例如，京东、唯品会等。其二，大型制造企业或大型批发企业经营的电子商务网站。例如，中粮集团、苏宁易购等。

自营物流能够控制和改进物流服务资源，保证供货的准确和及时，确保服务质量，维护了企业和客户间的长期关系。但是，自营物流所需的资源投入量大，建成后对规模的要求很高，大规模才能降低成本。否则，将会长期处于不盈利的境地。更重要的是，自营物流需要较强的物流管理能力，建成之后需要工作人员具有专业化的物流管理能力。

（2）外包物流，即电子商务企业或制造企业集中于业务平台、数据信息管理，将实体物流配送环节全部外包，真正实现“归核化”和“服务外包”。

这种模式可减轻电子商务企业或制造企业对物流配送系统建设的资金压力，并通过电子商务平台与物流企业实现实时交流、互动，提高物流化水准，但对外包物流企业依赖度很高，需要具备较高的合作风险管控能力。绝大部分中小

电子商务企业会倾向采用这一模式。

电子商务的跨时域性和跨区域性,使电子商务下的物流活动也具有跨区域或国际化的特征。与之相应,外包物流模式将成为电子商务时代的一种必然选择。

(3) 物流联盟(logistics alliance),也称半外包,即自营物流 + 外包物流,主要是指电子商务企业或制造企业与一家或多家物流企业进行合作,或多家电子商务企业共同组建一个联盟企业为其提供物流服务的运营模式。

这种模式下,电子商务企业自建仓储中心和掌控核心仓储业务,将其他物流业务进行外包,从而降低全部外包的可能风险,争取利益最大化。典型代表有淘宝网、当当网、新蛋网等。

此外,快递物流企业搭建电子商务平台,向电子商务业务拓展,是一种新经济模式。这是值得关注的。

二、收集货与落地配

网下物流全程尤其是远程,在大体上也由前端收集货经干线运输到末端落地配。其中,干线运输相对简单易行,众多物流企业能够提供相应的服务,而收集货与落地配要更为繁复难做得多,由此便愈被看重。

(一) 收集货

网下物流快递配送支持和支撑电子商务发展,首要的前提条件,便是在网购商品从生产基地到零售企业中央仓、经销商仓库的环节要求有保障。这就是收集货环节,亦即所谓“最前 1 000 m”物流。

收集货,即收货与集货。收货,即按订单或合约经相关手续对供方交付的货品进行验签接收,并运往集散场所/仓库或仓储地的前端物流作业。集货,即将按订单、合约或者经办理相关交接手续所接收的零散小批量货品运抵集散场所/仓库或仓储地的前端物流作业。收货与集货是前分拨、干线运输或配送作业环节。

1. 收集货环节及流程

收集货“最前 1 000 m”,主要是通过对订单的全生命周期管理,提供循环收货、集中预约、拼货运输、合并交仓等服务。它的作业具体包括收货环节、运输环节、集货/分拣环节、交仓环节;也可以是在供应商处取货后,直接通过整车干线运输至零售商/电商的配送中心进行交仓(省去集货/分拣环节)。

收集货环节的完整流程,即物流服务商从供应商收货,通过各种运输形式集货至物流企业的仓库进行分拣,分拣之后再运输至零售企业/电商的配送中心进行交仓。

2. 收集货服务

收集货运作,要求有高效的“最前 1 000 m”物流服务意识,更需要有这一环节高物流技术和高质物流服务的支持保障。

（1）规划和优化收货环节循环取货（milk run）的解决方案，主要包括货量核实、车辆配置、路径选择、配装设计、时间计划等，确保整体运作最佳。

（2）基于供应商区位约束、目的地约束和货品约束，拟定可行的运输拼箱计划，以实现运输环节的成本最优、服务质量最高。

（3）利用集货/分拣，帮助供应商管理库存，将货物存储在靠近零售商/电商的配送中心仓库，满足多频次少批量的送货要求，实现货物稳定到达入库。

（4）强化订单管理，采用合并客户订单和货物集中交仓，将大量供应商每天分散送货变成集货后送至零售商/电商的配送中心，以提高配送中心作业效率，缓解现场拥堵。

3. **信息系统保障**

收集货高效服务，强大的信息系统是不可或缺的因素之一。这就是依托信息系统实现循环取货的路径规划、运输环节的自动拼箱、仓储服务的库存管理、交仓环节的订单管理和全过程的信息跟踪与反馈，真正实现收集货物流服务运作。“最前1 000 m”物流基本流程见图8-11。

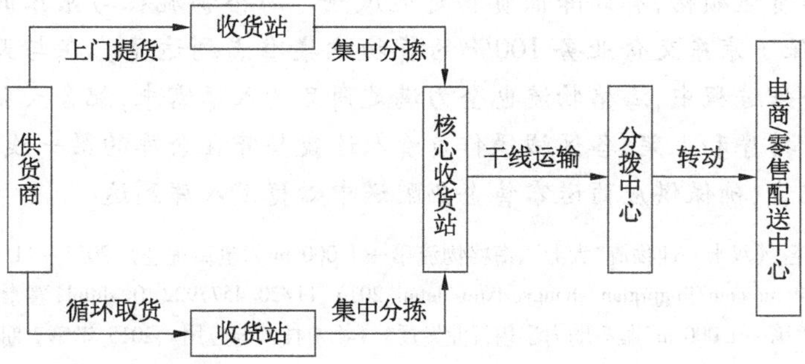

图8-11 “最前1 000 m”物流基本流程

案例8-2 海格物流：“最前1 000 m”为电商提速

深圳市海格物流股份有限公司是天猫、一号店、当当等多家大型线上电商企业的物流承运商。为保障2015年“双11”期间（11月11日—16日）各电商企业物流配送服务的顺利运行，担当B to B物流企业的海格物流也加入了这场“备战”，通过优化前端物流，以“最前1 000 m”物流的作用，有效连接供应商与零售企业，最大限度地保障货物运输渠道的通畅，提升供应链效率和整体服务水平。

海格物流“最前1 000 m”物流服务是连接供应商与电商之间的一张网络，包括“最前1 000 m”收货环节循环取货解决方案、“最前1 000 m”运输环节拼箱约束/编组策略、“最前1 000 m”运输环节拼箱计划、“最前

1 000 m”运输环节装箱测试等，其全国网络布局30座城市，建有1 000个收货点，连接超过2×10^4家供应商；在“最前1 000 m”物流的具体运作上，主要是订单优化，帮助客户优化前端物流（即从工厂到电商/零售企业配送中心的物流），使几百个工厂/供应商的几百台车每天送货，变成海格物流一家集齐货物后，送至电商零售企业的配送中心；这样，配送中心的作业效率大大提高，拥堵现象也大幅度缓解。同时，很多电子商务公司的库存仅仅能够维持1周时间，供货方的供货难度大；如果为电商送货可能周期更短，1周一送，甚至按天送货，供应商的物流压力大幅增加。“最前1 000 m”物流，就是帮助企业消化这个压力。

2015年9月，海格物流开始提前进行相关准备，就“双11”配送方案开展会议讨论，并于10月增派车辆及人员，以避免资源不足。同时，全国各网点经营部仓库积极操作协调，进行全程有效监控，提升货物配送效率，保证货物配送的有序进行，有效缓解商家送货难交仓难问题。

“双11”期间，海格物流全力保障“最前1 000 m”的准时、高效，支持后续货运顺畅，有效降低货物延迟风险。海格物流在与京东的合作中，确保了京东交仓业务100%的货物收集准点到达率。在与天猫的业务合作过程中，海格物流也全力满足商品的入库需求，配合天猫将货物进行排序和上架，各区域操作负责人连夜坚守在仓库的第一线理货，兼理配载，确保供应商送零售企业配送中心稳定入库到达。

（佚名：《双十一迎物流“大考”，海格物流第一1 000 m为电商提速》，2015-11-20. http://gz.ifeng.com/jingjiquan/shangyezixun/detail_2015_11/20/4577922_0.shtml；喜崇彬：《海格物流：“第一1 000 m”服务助力零售行业发展》，《物流技术与应用》，2015年第7期）

（二）落地配

电子商务企业在网上平台销售虚拟的商品时，既需要解决对商品品质、进销存、退换货的实体管控问题，还需要让客户获得真实的消费体验，解决商品销售的虚与实相结合的问题，而这是普通快递业务无法做到的。应运而生的一种新型快递方式，便是落地配，也就是网下物流“最后1 000 m”。

1. 落地配：一种入宅配送服务

落地配（floor distribution），即落地配送，意思是货物在到达城市后，由到达城市的物流企业实施配送操作，即其只完成最后一个配送的物流作业环节；更确切些，是指为客户提供同城或省内货物的落地分拨、转运与配送（如需干线运输按重量计费）的入宅配送服务，包括开箱验货、货到付款（含POS机支付）、代收货款、夜间送货、上门退货、带货换货、半收半退、试穿试用、送二选一等诸多电子商务增值服务。落地配也称COD（Cash on Delivery，货到付款）配送。

落地配基于电子商务企业自建仓储。因为,仓储外包不能保障对网上交易品实体的掌控和实现客户体验。电子商务企业自建仓储,既满足了对实体商品销售的要求,又可集货与分拨并举,而“最后 1 000 m”的配送服务就可施以外包。这样,落地配成为零售企业/电子商务企业通过虚拟网络销售在真实生活中得以实现的重要途径。

落地配不是简单的送货,更融入了销售服务,如同将商店的柜台放到了客人的家门口。同时,落地配还可以为客户提供个性化的服务。

落地配与快递的最主要的区别:一是落地配依托电子商务配送代收货款业务,更注重精细化和专业化;而快递则需要通过网络扩张才能实现市场拓展,规模化是其关注点。二是落地配的收入来源于送件,快递的收入则主要来源于取件。

2. 落地配主要业务

落地配的主要业务有三大类:一是常规服务;二是增值服务;三是待增值服务。

(1) 标准服务。第一,货到付款。COD 满足客户线下支付的需求,是待货物配送入宅,客户验收满意后再以现金或刷卡的方式支付货款的业务产品。第二,开箱验货。宅配人员在配送货物时,对货物开箱,提请客户对货物进行数量清点和查验。第三,拒收返货。当客户对商品不满而拒收后,配送人员注明拒收原因将货物返回运转中心等待返仓。第四,夜间配送。宅配站点支持 18:00 ~ 22:00 为客户提供上门宅配业务的服务。

(2) 增值服务。其一,上门退货。宅配人员持上门退货指令/单据,到指定的收货人地址清点退货数量、确认货物外观完整并包装好后返回给商家。其二,带货换货。宅配人员带新货及换货指令上门,先清点退回货品并包装退回,再将所带新货品交客户查验、签收并收取新旧货品差额。其三,半收半退。客户开箱验货后,只收部分满意商品,配送人员将不满意货品返仓,只收取客户满意的商品货款。其四,试穿试用。客户在开箱验货后,进行商品试穿试用,满意后付款,不满意退换货。

(3) 待增值服务。一是回收包装。货物配送完毕后,将货品原包装带回返仓。二是新品推广。为商家提供目录投递和产品宣传推广。三是安装调试。需安装调试的产品,宅配人员提供有偿服务支持。四是送多选一。按照客户要求的尺寸提供放大和缩小尺寸的产品,由客户在收货时选一,其余货品包装后带回返仓。

3. 落地配一般流程

落地配一般流程,主要是备货、打印与粘贴送货单、提货、转运并与当地落地配库房交接、分拣、包装、派送、签收等。示例见图 8-12。

(1) 商家备货完毕,系统数据无差异,确认配送取货时间。

(2) 打印与粘贴运单。

(3) 库房提货。这主要包括携带订单办理取货手续;在提货区,将订单商品的运单全部扫描,保存数据,并在规定时间内上传至客户服务系统;扫描运单号与出库商品件(箱)数相符,无包装破损,签字确认商品及其数量,装车出库;客户服务员接收运单数据,确定实发商品数量,导入系统,更改当前商品状态。

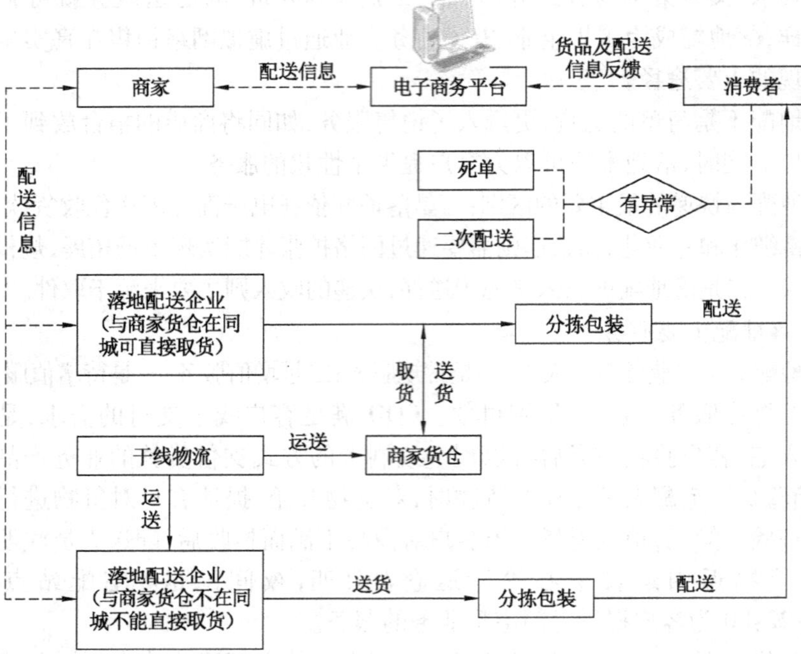

图 8-12　落地配一般流程

(4) 转运并与当地落地配库房交接。一是与商家库房在同一区域的落地配企业,由其自提,并填写入库单入库。二是与商家库房不在同一区域的落地配企业,由某企业指定干线物流公司安排车辆将该区域商品运输到当地落地配库房,送到落地配库房时,由库房收货人员在商品销售明细单上签字确认收货。三是落地配企业做接收商品入库手续,导入系统。四是客户服务员接收运单信息,确定商品状态,导入系统,更改当前商品状态。

(5) 落地配企业分拣、包装、派送、签收。第一,检查运单粘贴是否牢固、外包装有无破损,根据客户订单信息考虑是否需要做简单包装。第二,按照订单信息,将商品按区域分拣到配送站的指定装车区域。第三,在系统上将订单信息转成派车单格式,生成派送时间、派送车辆、路线及客户信息等内容的运单并打印,调度持运单安排车辆。第四,车辆将客户所购买的商品按派车路线卸到辖区各指定配送站。配送站接收客户商品并签字确认收货。第五,配送站按不同的客户地址,将客户商品二次分拣到各个配送员所负责的线路的装车区域。第六,调度安排各配送区的派送员交接、取货、装车、出库送货。第七,商品送到客户指定地址,客户签收。第八,落地配企业修改商品状态,并每日定时与干线物流公司沟通信息。第九,客户服务员实时接收货单信息,确定商品状态,导入系统,更改当前商品状态。

——案例8-3　快行线 to C，看得见温度的“二段式冷链宅配”——

快行线物流原本是一家专注于食品冷链配送的企业，成立于1996年，经历了两次转型。第一次转型是由于连锁零售兴起，快行线由商贸物流转向第三方物流，开始了B to B的商超配送。但商超配送面临着配送区域分散、零供关系紧张、城市通行受阻等种种问题。配送天猫车厘子的第一单，是快行线物流试水生鲜产品电商的开端。冷链to C的变革，是快行线的第二次转型。

电商生鲜产品面对庞大的C群体，强化宅配，因为客户要求时效性强，且不同生鲜产品多温层的保鲜、运输过程中损耗等配送上有难点。如此专业化的服务，不是所有物流企业都可以提供的。快行线的信息系统是将冷链和落地配这两个成熟的行业贯穿起来的重要因素，所有的操作都是在其使用的G7系统平台上完成的。于是，便有了快行线“看得见温度”的生鲜产品宅配。

就在天猫为找不到合适的生鲜产品物流服务商发愁时，快行线物流以“传统冷链＋落地配”的“二段式冷链宅配”模式，获得了天猫车厘子的配送机会。

“二段式冷链宅配”依托城市间干线冷链运输，以城市冷库为节点，配合“最后1 000 m”的落地配完成宅配。以北京为例，同城客户将货交给快行线后，由快行线提供专业的冷库保鲜、分拣包装等，再根据订单要求，运输到全北京25个落地配网点，然后由落地配完成“最后1 000 m”。在落地配无法覆盖的密云、怀柔等偏远地区，则由快行线自行配送。外省客户则由干线冷链运输企业完成城市间运输，到达本地后同样采用快行线自行配送。

“二段式冷链宅配”相比于“一站式冷链配送”，最大的优点是能够快速复制。在短短几个月的时间内，完成了43个城市的布网。这种模式已不仅用于服务天猫，更为快行线等企业开启了to C时代的大门。

（彭适：《快行线 to C，看得见温度的“二段式冷链宅配”》，2013－11－14．http://www.itrans.cn/i/2510.html.）

三、快递自提、众包物流与智能配送

落地配要解决的是电子商务网下“最后1 000 m”实体物流配送问题。其中，快递自提与众包物流服务属于落地配探索中具体的新运作模式；而智能配送则是未来落地配发展新动向。

（一）快递自提

基于电子商务的快速发展，采用快递自提成为网下“最后 1 000 m”实体物流配送的可选模式之一。

1. 快递自提：快递包裹由收件人自行提取

快递自提，即电子商务企业（自营物流）或快递企业（外包物流）在网下物流系统布设快递自提网点，快递包裹由收件人前往自行提取；也是电子商务结合线下物流、快递、仓储的一种新型快递包裹收发模式。快递自提点一般布设于校园社区、居民社区、邻里商业社区、交通公共社区等，也属于社区物流。

快递自提模式整合的是最贴近消费者的零散社会资源，数量庞大，运作成本投入相对较低，但管理压力增大。

2. 快递自提点布设

快递自提点的布设，可以采用自建、自营方式，也可以采用合作方式，由此也就形成了两种主要模式。

（1）电子商务企业或快递公司在社区自建自营的快递自提点；部分快递自提点设置的是智能自提柜。这种快递自提点主要提供本企业的快递包裹的代收发和自取服务。例如，京东商城、天猫商城、顺丰速运公司等。

（2）电子商务企业或者快递公司与便利店、都市连锁式私人仓储公司合作的快递自提点，即由便利店、都市连锁式私人仓储公司代理电子商务企业或快递公司的快递包裹收送。例如，顺丰与 7-11 便利店的合作、深圳好管家迷你仓等。

3. 快递自提点基本运行方式

（1）客户通过电子商务网站进行商品选择、下单。

（2）客户选择支付方式（网上银行、手机支付、在线信用卡、货到付款等）。

（3）客户指定提货的地点（自提点/CVS①）和时间。

（4）网站或通过快递公司按订单将商品送到指定地点，客户按照约定时间自提（也可根据需求进行送货）。

（5）指定地点用于服务商收取服务费。

（二）众包物流

“众包”（crowd - sourcing）指的是一个公司或机构把过去由员工执行的工作任务，以自由自愿的形式外包给非特定的（而且通常是大型的）大众网络的做法。它源于对企业创新模式的反思，应用于物流领域，便生成了众包物流。

1. 众包物流：企业外部大众同城即时配送

众包物流就是将原先由企业内部员工直接承担的配送服务，通过互联网以自由自愿的形式转交给企业外部的大众群体来完成的一种同城即时配送服务模

---

① Convenience Store 简称 CVS，即方便商店，24 h 商店，一般营业面积为 100 m^2 左右的小规模零售店，以无人售货方式出售食杂货，一般设在住宅区附近，全年营业。

式。其中,企业只需要为自愿配送员支付一定的报酬。

众包物流与外包物流是有差别的。首先,外包物流大多是一对一的关系,即使有可能把同一物流业务外包给两个以上的接包方,也是相对有限的;而众包物流则是企业面向不限量的接包方,可以泛指自愿的一个社会大众群体,甚至延伸到互联网上的所有网民。其次,外包物流体现发包方与接包方的合作伙伴关系;而众包物流是从外部吸引社会大众参与完成配送过程。第三,外包物流专业化强;而众包物流更表现个体行为,且利用的是可自由支配的碎片化时间。

2. 众包物流运作模式

众包物流的运作模式是多样化的,在具体操作上各有所别,但一般的运作主要包括建立平台、组建配送队伍、审核身份、参与抢单、配送、结算等。

(1) 网上建立众包物流平台,并进行发布和推广。

(2) 招募和组建配送队伍,进行培训。

(3) 应招者下载 App 系统,点击链接,打开 App,注册并上传合格的身份证照片。

(4) 网站后台进行身份审核;审核通过的,成为配送员。

(5) 配送员在空闲时间,打开 App,查看附近需要配送的订单详情。

(6) 点开有意向配送的订单,进行抢单。

(7) 抢单后,按要求自行取货送货。

(8) 结算配送费。

众包物流作为一种全新的同城即时配送模式,正处于探索、尝试、不断改进和完善的状态,认识也有待不断深化。与此同时,正快速扩张的这一模式,和其他新生事物一样,有诸多发展中的问题亟待解决,突出的是对商品质量和配送服务质量保证、过程监控,以及政策支持、运营公司信用、客户维权保障等,尤其是庞杂配送员的诚信。这些问题将影响到这一模式的未来。

(三)智能配送:未来落地配发展新动向

智能配送是利用人工智能技术,以仿人智能、智慧,包括感知、学习、思维、推理判断等,实现自动化、无人化落地配作业,归属于智能物流、智慧物流范畴。这种方式正在探索中尝试,预示着未来落地配发展新动向,主要有无人机配送、无人车配送和城市地下物流系统。

(1) 无人机配送,即利用无线电遥控设备和自备程序控制装置操纵的无人驾驶低空飞行器自动运载包裹快递配送。2016 年,京东集团开始尝试无人机配送(主要是乡村社区);2017 年,顺丰速递获批物流无人机示范运行,以及亚马逊、苏宁、阿里巴巴等,都在无人机配送上投下重注。

(2) 无人车配送,通过搭载摄像头、雷达等传感器,定位系统以及高精地图,可自主完成运行路线规划,自动驾驶,实现主动换道、避障、反复校正和选择道路、车位识别、自主泊车等操做。2017 年 9 月 28 日,京东无人车在交管部门指定的固定路段内开始路试(在进行路试时,为应对可能产生的突发事件,确保路试安全地进行,车上仍配备了驾驶员)。

(3) 城市地下物流系统,也称地下货运系统(Underground Freight Transport System,简称 UFTS),是指运用自动导向车(Automated Guided Vehicle,简称 AGV)和两用卡车(Dual Mode Truck,简称 DMT)等承载工具,通过大直径地下管道、隧道等运输通路,对固体货物实行运输、分拣及配送的一种全新概念物流系统。在开发技术上,主要有管道和轨道运输(轨道运输结合地铁的轨道运输有很大的发展空间)。

城市地下物流系统可与物流配送中心、大型零售企业、电子商务企业实现网络连接,客户网上下单,物流中心订单处理后高速配货,并通过地下管道物流智能运输系统和分拣配送系统进行运输或配送;也可与城市商超结合,建立商超地下物流配送。地下物流系统末端配送可以发展成一个连接社区各楼宇或生活小区的地下管道物流运输网络,并达到高度智能化。当这一地下物流系统建成后,人们购买任何商品都只需点一下鼠标,所购商品就像自来水一样通过地下管道很快地"流入"家中。

城市地下物流系统技术正向智慧化和自动化方向发展。2014 年,国京融投资(北京)公司展示的球体"LuGuo 地下管道物流系统"可将地上轨道物流与地下管道物流流畅衔接,实现智能配送、精准分流,非人力自动送达入户,节能 90%,为城市物流"最后 1 000 m"提供了一个解决方案。

思考题

1. 结合案例解读物流是电子商务的另一半。
2. 结合案例解读网上物流是一种高端物流。
3. 解读网上物流环节链与一般流程。
4. 结合案例解读跨境电子商务物流流程。
5. 结合案例解读收集货与落地配。
6. 结合案例解读快递自提、众包物流与智能配送。
7. 案例分析:阅读所给的案例材料,结合所学的相关知识展开分析,并加深对知识的理解。

案例 8-4 达达平台:一个众包物流模式

很多人都希望做一个像 Uber① 一样的公司,用很少的全职员工调

① Uber(Uber Technologies, INC.,优步)是一家风险投资的创业公司和交通网络公司,总部位于美国加利福尼亚州旧金山,以移动应用程序链接乘客和司机,提供租车及实时共乘的服务。

动尽可能多的闲置资源做平台。上海趣盛网络科技有限公司——“达达”的运营公司，于 2014 年 6 月初正式上线达达平台，为的就是尝试做这样的事。在这个平台上，商家发出配送需求，任何有闲置时间的人注册成为达达配送员后，都可以去抢订单，获取相应报酬及平台的补贴。

达达平台，即基于众包和移动互联网，提供同城即时配送服务的平台，主要产品：第一，达达 Web（商家版），商家可以登录达达商家网页版（手机、电脑均可），在线注册并发布订单；第二，达达商家 APP（餐饮商家版）——专门供商家发单使用的手机客户端 APP，商家只要下载 APP、注册成为达达商家，在有配送需求时只需简单填写收货人信息，即可一键发单呼叫达达配送员，做到随叫随到，直拿直送，快速送达；第三，达达 APP（配送员版），一款可以让人们利用空闲时间当兼职配送员赚钱的手机客户端，主要用户群为有时间富余人士，只要下载达达 APP 注册，审核通过即可成为达达平台的配送员，并根据自己的时间和意愿，自由选择订单进行配送，赚取配送费。

到 2015 年 6 月底，短短一年时间，公司全职员工从起初的 10 多人增加到近 300 人；达达已开通上海、北京、深圳等 30 多个城市，扩张成了一个拥有 1×10^5 名兼职配送员、日均完成超过 6×10^5 票订单、服务超过 1×10^5 户商家的众包物流平台。

和 Uber 司机不属于 Uber 一样，达达配送员也不是达达的雇员。他们自备交通工具，自付油费，从达达上接单后直接去商户取货，货物送到即可点击确认，配送费就打到了配送员的达达账户里。

这 1×10^5 名兼职配送大军，每天给自己打工，不属于任何公司，出了事谁负责？货丢了怎么办？有了配送员，达达要解决的后续难题还有不少。

达达是服务餐馆、花店、水果店、超市等商户的，是 B to C。众包物流的安全问题，主要包括人身安全、货物安全、钱财安全，达达在设计产品时都做了考虑。

最基本的是实名身份证认证。所有配送员除了上传身份证照片，还要上传一张拿着自己的身份证自拍的照片。达达工作人员会进行相应的安全调查，依靠权威数据库确保申请人没有前科才能审核通过。另外，达达给每个审核通过的配送员都购买了保险。

为确保货不出问题，达达要求配送员取货时先检查货物，拍好小票上传，小票上必须有收货人地址、手机号、菜品清单及价格，以确保货物与用户订单一致。若配送员中途损坏了货物导致用户拒收，由配送员负责赔偿。

商户发货时最担心的则是收款。达达解决的方式是让配送员先把货买下来。达达APP接受两种付款形式，当用户选择货到付款时，由配送员先行垫付，如用户订了50元的货，配送员需要先付给商家45元，把货送到时再向用户收取50元，这样就赚到了单笔5元的配送费；当用户选择在线支付时，如买一杯30元的咖啡，达达会在配送员账户里先冻结30元，货物送到后再解冻，并给予配送员5元配送费及相应补贴。

达达平台是去中心化的模式，需要直接面对大量配送员，不可能靠人治，必须建立规则和文化。为此，达达建立了"达达学院"。获得认证的配送员先参加达达学院的线上培训，线上考试通过后才可以接单。接满50单后，配送员必须报名参加达达学院的线下培训，学习达达"踏实可靠、使命必达"的文化及配送员服务的流程。在北京，达达每天都会在中关村、国贸、望京举行若干场线下培训，每场培训几十个配送员。至2015年5月，达达在全国范围内培训了超过1×10^4名配送员。

达达还制定了一套配送员信用评价制度，通过GPS定位及后台系统的数据分析，对配送员的配送效率、服务质量打分，并根据评分高低对配送员进行奖惩。评分低的配送员，将减少抢单权限，或者禁用APP满7 d甚至彻底清退。

（覃敏:《众包模式才是物流O to O的解决之道?》,《财新周刊》,2015－06－30——经删改及整理）

第九章
物流管理与企业社会责任

物流管理涵盖国家、区域和企业各层级，贯穿于相应的物流各环节作业，涉及全方位的操作。物流管理主要包括物流战略管理、物流运营管理、物流流程管理、物流质量管理等。物流企业与其他行业企业一样，应履行企业社会责任。

第一节　物流战略管理

物流战略管理主要指向物流战略及战略性物流的动态管理问题，并贯穿于相应的物流各环节，是物流管理的重点之一。

一、物流战略与物流战略管理

物流战略事关一定时空范围的全局性物流发展与运营问题，也是物流战略管理的主要依据。

（一）战略与物流战略

物流具有战略性，关系到社会经济整体协调发展，也会影响企业总体的生存和发展，是国家、区域社会经济发展战略及企业发展战略的一部分。

（1）战略，泛指统领和指导全局的有目的、有计划的行动方略。它基于对各种环境因素的分析判断和科学预测，围绕未来行动目标和实现目标的具体行动进行全面谋划与部署，是一套有明确行动目标和行动计划的方案，可适用于各领域、各层级的行动。战略主要有国家战略、区域战略和企业战略。

其中，企业战略一般又可分为公司战略、业务（事业部）战略和职能战略。公司战略和业务战略决策“做正确的事情”，而职能战略直接落实和处理“正确地做事”。物流战略属于企业的职能战略之一。

（2）物流战略（logistics strategy）是统领和指导全局实现物流可持续发展与运营目标的行动方略。它主要包括一定时期内物流可持续发展战略目标、运营总体目标，以及实现目标的相应行动对策与谋略、计划。

对于一个企业，物流战略是企业总体战略的组成部分，与该企业的研发、生产运作、营销、财务、人力资源战略等相协同，支持企业战略的实现。

（3）物流战略可以分不同层级，一般包括国家物流战略、区域物流战略和企业物流（包括自营物流和外包物流）战略。国家物流战略，属于一国物流发展的顶层设计，站在宏观层面统领大局；区域物流战略基于国家物流战略，与国家物流战略相对接，是国家物流战略的分区域落实，属于微观层面，即直接引导和规制区域内企业尤其是物流企业发展，并支持和确保国家物流战略的实施。

此外，还有部门物流战略，同样依据和对接国家物流战略，是国家物流战略的分条线落实，直接引导和规制行业内企业及关联企业发展，也是实施国家物流战略的有力支持。

（二）战略管理与物流战略管理

战略管理是一种管理理念，又是一种管理方式，主要是对企业的战略实施进行监督、分析与控制，特别是对企业的资源配置与发展方向加以约束，最终促使企业顺利达成企业目标的过程管理。

（1）战略管理是指一个企业或组织对未来一定时期内全局的发展方向、目标、任务和政策，以及资源调配做出的决策和实施、控制的过程。它包括基于外部环境和内部条件确定企业发展与运营战略目标、保证目标落实和实现的计划安排、计划付诸实施，以及在实施中进行控制。这不是静态的、一次性的，而是动态的过程。

战略管理是对企业最重要和最高层次的管理，主要包括战略分析、战略规划、战略实施和战略控制。战略管理的任务，就在于通过战略规划及其实施、控制，在保持动态平衡的条件下，实现企业的战略目标。

（2）物流战略管理（logistics strategy management）是指企业对一定时期内与全局相关的物流发展方向、目标、任务和政策，以及资源调配做出的决策和实施、控制的过程；或者物流企业对一定时期内全局的发展与运营方向、目标、任务和政策，以及资源调配做出的决策和实施、控制的过程。

（3）物流战略管理在微观层级，可适用于任何行业、企业，但其要求和实际运作在不同行业、企业是不同的。这大体可以分为企业物流战略管理和物流企业物流战略管理。

企业物流战略管理是企业战略管理的一个组成部分。这主要是因为，在一般企业，物流只是其一部分业务，且多属于非核心业务，是从属和服务于其核心业务的。在物流企业，物流是核心业务，因而通常情况下物流企业物流战略管理是其战略管理的主干，决定和影响着其他战略，除非它拓展并从事非物流业务。然而，在严格意义上，物流企业物流战略管理也属于职能战略范畴，因而与企业物流战略管理存有共性。由此，便可归纳成一般物流战略管理。

二、物流战略管理：分析、规划、实施与控制

一般地，物流战略管理的主要环节分为物流战略环境分析、物流战略规划、物流战略实施和物流战略控制。其中，物流战略环境分析是基础；物流战略规划

是物流战略管理的前提和主要依据；物流战略实施是整个战略管理实现战略目标的关键；物流战略控制则是物流战略目标顺利实现的保证。

（一）物流战略环境分析

物流战略环境是指直接或间接影响企业生存、发展的各种与物流相关的因素和条件，主要包括宏观环境、物流市场环境、物流资源环境等。物流战略环境分析是物流战略规划的一项基础性工作，其目的就是对充分调查所取得的有关物流战略环境的大量翔实资料、数据，有目的地进行全面、科学的分析和论证，并得出结论，从而为物流战略规划、物流战略决策提供可靠依据。

1. 宏观环境

宏观环境，又称为大环境，泛指国家政治、经济、技术、社会文化及自然等因素和条件。这构成整个社会总体发展状况，主要包括政治法律环境、经济环境、技术环境、社会文化环境和自然环境等。

2. 物流市场环境

物流市场环境，主要包括物流需求市场和物流供给市场；既能提供机会，也有潜在威胁。

（1）物流需求市场是物流服务需方的集合，它涵盖全球或全社会的物流服务需求（含物流外包需求）。第一，货运量、货品出入库量、库存量等物流流量，包括运输方式、主要仓储方式，以及货品资源的离散程度。第二，物流流向和货品流通覆盖区域。第三，自营物流量及流向。

（2）物流供给市场是物流服务供方的集合，即物流企业的集合；它形成物流行业（不含自营物流方），并与配套或关联的物流支持方共同构成物流产业。第一，运输企业、仓储企业、快递企业等第三方物流企业，以及第四方物流企业数量。第二，主要竞争者及其现有物流资源、客户资源等。自营物流企业不归入物流行业，但也有一定的物流供给能力。

3. 物流资源环境

物流资源环境，既涉及宏观的，也涵盖微观的，主要包括人力资源、资金、物流设施、物流装备、物流技术、物流信息、信誉、软实力等。

（1）物流从业人员的数量和素质。

（2）资金、股票、债券、风险投资。

（3）交通、仓储设施；运输、包装、装卸搬运、分拣等装备及器具；办公场所、计算机及其辅助设备等。

（4）主要客户数量，包括客户行业分布和区域分布、客户的稳定性或亲和度、客户资源的离散程度，以及潜在客户数量及其分布。

（5）物流信息，包括市场情报、规划设计、经营战略、解决方案、技术咨询等。

（6）公司网络、业务网络、信息技术、无形资产（品牌、商誉、域名等）、制度、合作伙伴、管理软件及系统应用、市场开发能力、国际合作经验等。

这些资源是任何一个企业或物流企业都应该具备的，但并不是都同等具备；即使都具备，其利用效率与效益水平，也绝不是相称的。同时，任何一个物流企业外部的其他物流企业、非物流企业和相关公共部门，能用于满足物流需求的所有资源，都可构成社会物流资源。

物流资源需要进行评价。第一，物流资源与客户企业需求匹配度和形成的竞争优势；第二，对客户形成的资源吸引力，包括物流资源的独特性、传递方式和转移效用；第三，优势物流资源积蓄、提高的速度和等级，以及资源可持续发展能力。

4. 物流环境分析方法

战略环境分析的常用方法是 SWOT 分析法。SWOT 分析法，即优势(strength)、劣势(weakness)、机会(opportunity)和威胁(threat)综合分析法，亦称为自我诊断法。利用这种方法可以找到对己有利的、可利用的因素，以及对己可能不利、应避开的因素，或发现需要解决的问题，并明确未来发展和行动方向。示例见图 9-1。

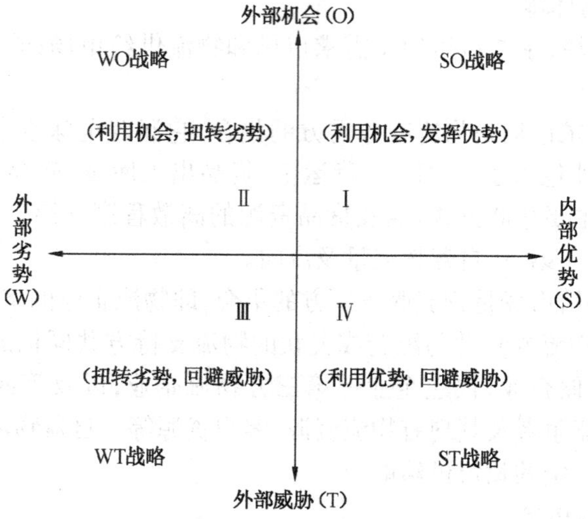

图 9-1 SWOT 矩阵

(1) SO 战略：抓住外部机会，发挥和利用自身优势——发展型战略，又称进攻型战略。在Ⅰ区中的企业，环境提供了发展机会，内部又有优势。此时，企业应抓住机会，采取发展型或进攻型战略。如，采用扩张联合战略、纵向一体化战略和横向一体化战略等。

(2) WO 战略：利用外部机会，克服和扭转内部劣势——防御型战略，又称防守型战略。在Ⅱ区中的企业，虽然环境提供了发展机会，但企业内部却处于劣势。此时，企业应采取防守型战略，即采取集中优势战略、联合战略等，在克服和避开自身劣势的基础上，抢抓机会求发展。

(3) WT 战略：克服和扭转内部劣势，回避或减轻外部威胁——紧缩型战略，又称退却型战略。在Ⅲ区中的企业，面临较大的环境威胁，其内部又有明显的劣势。此时,企业应采取紧缩型战略,即采用精简压缩战略、调整巩固战略、资产重组战略等,积蓄力量,等待时机,再图发展。

(4) ST战略:利用自身优势,回避或减轻外部威胁——分散型战略。在Ⅳ区中的企业,其内部有优势,环境却有威胁。此时,企业应采取分散型战略,即采取多样化经营战略、名牌战略、质量取胜战略、低成本战略等,以分散风险,继续保持企业优势。

此外,在进行物流环境分析时,还可选用波士顿矩阵分析法、麦肯锡矩阵分析法和波特矩阵分析法等。

(二) 物流战略规划

物流战略管理的先决条件,需要有切实可行的物流战略。这就要求在战略环境分析的基础上,以科学的态度和方法,缜密地进行物流战略规划。

1. 物流战略规划:物流发展与运营远景方案谋划

物流战略规划是企业未来一定时期内物流发展与运营远景方案的谋划、设计。它事关未来一定时期物流发展与运营全局的战略性决策,以构思和前瞻性地安排未来物流发展与运营为核心,对一定时空物流发展与运营做出概念性描述和布局,且有明确资源开发总方向和大目标的设想蓝图。

2. 物流战略规划程序

物流战略规划程序,一般依据物流战略环境分析所得的成果,确立物流战略思想;接着以物流战略思想为指导,确定物流战略目标、划分战略阶段、拟订物流发展计划和项目、制定战略措施,形成战略方案;最后进行战略方案评价和选择。

(1) 确立物流战略思想。物流战略规划,首要的是形成和确立物流战略思想。这就是在对物流发展态势和内部资源优势进行全面透彻分析后,高度概括、凝练和提升企业物流战略发展前景和未来发展方向,形成物流发展与运营的核心理念,即物流战略思想。它决定和指导物流战略规划,并贯穿于包括战略实施、战略控制的物流战略管理全过程,也渗透到物流战略管理相关的各个方面,决定了整个物流战略系统的运行。

(2) 确定物流战略目标。物流战略目标是指企业在完成物流服务过程中所期待实现的最终结果。它基于企业使命和经营宗旨,是在物流战略思想指导下经缜密研究确定的,包括中长期目标(经营规模、服务水平、市场份额、利税额、市场地位等)和分期目标(经济目标、市场目标、区域目标、客户数量等);既指明企业的物流发展与运营方向,也为企业物流绩效评估标准和资源配置提供依据,依此可有效地实施物流战略管理。

(3) 划分战略阶段,明确物流战略重点。战略阶段,也可称为战略步骤,是战略实施全过程中划分的若干个阶段或步骤,尤其是一个较长期的战略,更需要分段实现分步推进,从而达到预定的战略目标。实际上,这是对战略目标和战略周期的分解。明确战略重点就是抓住关键,突破薄弱环节,便于带动全局,实现战略目标。

(4) 拟订物流发展计划和项目。这主要包括物流机构设置,物流决策咨询机构建立;设施建设;确定核心企业和重点区域;市场开发和业务开发;建立和完善业务流程(内部业务流程和为客户服务的业务流程),优化业务流程,并根据业务的拓展情况,探讨和建立新的业务流程。

(5) 制定战略措施。战略措施是指为实现战略目标所采取的主要策略和重要政策举措。这主要是根据企业内外环境情况及变动趋向,有针对性地拟定多种策略及应变措施,以保证战略目标的实现。重点是制定操作规程(含仓库作业、运输作业、装卸作业、搬运作业、配送作业和其他作业);资源整合(企业并购和重组)和国际合作;质量体系和安全认证;特种货品的仓储和运输;完善企业社会责任认证体系(Social Accountability 8000,简称 SA8000)等,包括商业道德、行业素质和企业社会责任。

(6) 形成战略方案。采用文字和图表,将物流战略规划相关的内容,按一定格式加以表述,形成物流战略方案文本,以供评价、选择、备案和实施执行。

(7) 战略方案评价和选择。战略方案评价是战略规划阶段的最后一个环节,主要是对战略方案是否可行进行评价。一个企业可能会制订出多种达到战略目标的战略方案,这就需要对每种方案进行鉴定和评价,以选择一个更适合的方案。一般地,企业在评价和选择物流战略方案时需要考虑的,一是物流战略的适宜性;二是物流战略的可行性;三是物流战略的可接受性。

一旦战略方案被否定,就必须按程序重新拟定;战略方案获评审肯定,便进入战略的具体实施阶段。

3. 物流战略规划的重点

物流战略规划的重点,除了物流战略目标之外,主要包括物流系统空间布局、物流信息平台、物流运营管理体系等。

(三) 物流战略实施

物流战略实施就是将战略转化为实际行动,主要涉及按照战略计划要求分解物流目标任务、配置物流资源、细化可操作性物流政策措施落实,以及相关的外部资源条件的获取和使用等。

(1) 战略发动。这主要是调动大多数员工对实现新战略的积极性和主动性,利用培训等方式,灌输新的思想、新的观念,使之逐步接受一种新战略。

(2) 战略运作。物流战略实施运作会受到多种因素影响。主要有管理人员的素质和价值观念、企业的组织机构、企业文化、资源结构与分配、信息沟通、控制及激励制度等。为此,一要确定分阶段物流目标;二要进行物流组织结构战略调整;三要制订应变计划。

(3) 战略资源配置。在物流战略实施过程中,必须按物流战略资源配置的原则方案,对企业所拥有的战略资源进行具体分配。企业在推进战略的过程中,一旦要进行物流战略转换,往往是通过资源分配的变化来实现的。

物流战略实施的要点，一是构建高效的组织；二是重视人才队伍建设；三是选择适当的协调控制系统；四是培养企业文化；五是制订计划，落实战略。

（四）物流战略控制

物流战略控制是物流战略实施中保证物流战略实现的一个重要环节，直接关系到物流战略管理的成效。

（1）物流战略控制，主要是检查战略实施过程中战略目标的进展情况，评价战略实施后的企业绩效，并与既定的战略目标与绩效标准相比较，发现战略差距，分析产生偏差的原因，并纠正偏差或进行战略调整，以使企业战略的实施能更好地与当前所处的内外环境协调一致，从而最终实现企业战略目标。

（2）物流战略控制步骤大致包括制定衡量、评价战略实施状况的标准；运用制定的标准对战略实施状况进行衡量、评价；将衡量、评价所得结果及时反馈给战略决策机构；采取相应的纠正措施。

（3）物流战略控制方式有多种选择，常用的是事前控制、事中控制和事后控制。

事前控制，又称前馈控制。在物流战略实施前，对物流战略行动的结果有可能出现的偏差进行预测，并将预测值与物流战略的控制标准进行比较，判断可能出现的偏差，从而提前采取纠正措施。

事中控制，又称现场控制。在物流战略实施过程中，按照控制标准验证物流战略执行的情况，确定正确与错误、行与不行。

事后控制，又称后馈控制。在物流战略推进过程中，将行动的结果与期望的控制标准相比较，看是否符合控制标准，总结经验教训，并制定行动措施，以利于将来的行动。

物流战略控制可预期的结果：一是物流战略继续顺利推进；二是物流战略的局部调整或物流战略新方案的采用。

三、物流战略风险及其防范

物流战略管理的实施，对于企业或物流企业都存在不同程度可能的风险，需要加以防范、规避和化解。

（1）企业物流战略选用物流外包战略，无论是全部物流外包或者部分物流外包，在不同程度上都可能面临战略风险。物流外包战略风险较多见的，主要是信息不对称风险；公司战略机密泄露风险；物流企业文化障碍风险；内部员工抵制风险；技术对接障碍风险；客户关系风险；物流企业能力不足风险；协调困难风险；对物流的控制能力降低甚至丧失的风险等。

物流外包风险的成因是多样化的。其中，最突出的是，物流外包市场不成熟；物流外包目标不明确；物流外包范围确定不当；与承包商关系定位不准确；错误的物流外包决策；内部人员的抵触；运营信息的泄露；未有效地进行绩效测评；计划组织不力；对物流外包的阶段性结果未能做出正确的评价；沟通协商不够；

选择承包商失误;与承包商签订了错误的外包合同等。

物流外包风险的规避:营造充分竞争的外包环境;组建高素质的外包管理团队;有一套有效的物流外包业务管理办法;建立物流外包信息共享机制;建立利益共享、风险共担机制。

(2) 物流企业物流战略风险的表现,集中于物流合作伙伴选择风险;控制权丧失风险;不合作行为风险;服务质量连带风险;专用资产投资风险;企业运作成本上升风险;市场波动风险;意外事故发生的风险等。

物流企业对战略风险规避的措施有多种选择。第一,与用户企业商量分担专用资产投资风险;第二,谨慎地选择合作伙伴;第三,外包合约中尽量将服务内容、质量陈述详细,并注意建立科学的激励机制;第四,密切关注市场的变化;第五,建立预警和意外事故处理程序。

四、物流战略管理与物流运营管理

物流战略管理是物流发展与运营的全局性管理,事关发展方向。物流运营管理(logistics operations management)基于物流战略管理,又对接、延续和支持物流战略管理,是与物流服务创造密切相关的各项具体操作管理,或者是对所提供的物流服务的系统进行设计、运行、评价和改进,属于具体行动执行。

物流运营管理主要包括包装管理、装卸搬运管理、运输管理、仓储管理、流通加工管理、配送管理、物流信息管理、客户服务管理等。

案例9-1 山东高速集团物流战略

山东高速集团有限公司成立于1997年7月,是以投资、建设、经营、管理高速公路、桥梁、铁路、港航、机场、物流为主业,集金融、建设、置业、信息、建材为一体的现代化、国际化、高效化、综合型国有独资特大型企业集团。

2012年6月,通过对山东高速集团内外部环境分析,制定山东高速集团新一轮的物流发展战略,更明确公司的使命、愿景和战略目标,设计实现战略目标的策略和行动,为高速物流的发展提供战略指导。

战略定位

(1) 高速物流的定位:以港口为龙头,打造海陆并举的"大交通"战略格局;聚焦优势货种,重点培育和发展煤炭、油品及液化品、铁矿石、大宗农产品等优势货种,做资源型的大宗商品、战略型货种的物流。

(2) 物流+贸易的发展模式:将物流与贸易相结合,通过贸易的辐射力,带动区域的物流需求,通过物流的流通能力,加速区域的贸易发展;形成以贸易为基础,以物流为主导的"大市场、大贸易、大流通、大物流”的发展模式。

战略目标

使命:把山东高速物流打造成为支撑山东乃至全国经济发展的物流引擎。

愿景:成为国内乃至国际一流的大宗资源型物流企业集团。

理念:通过集团化的发展方式、集约化的管理方式、专业化的经营方式、精益化的服务方式,打造高起点进入、高标准运作的物流企业集团,为国内乃至全球大客户提供优质贴心的物流服务。

战略阶段

近期:资本运作+资源型贸易。

中期:向专业化、精细化物流运作发展。

远期:具有国际视野的综合性物流企业。

服务模式设计

(1) 物流网络战略布局。高速物流应根据省内及国内主要的战略型、资源型货种通道进行战略部署,通过战略合作、参股控股、购买岸线、新建码头泊位等方式控制港口节点,必要时以修建疏港铁路为置换条件,形成海铁联运通道,通过与当地政府的战略合作,延伸物流仓储服务。在疏港铁路沿线修建货场、物流园区或战略储备基地,开展物资贸易及物流服务,提高疏港铁路的经济效益,缩短投资回收期。

(2) 物流通道建设。注重对物流通道的整合与改造,积聚优势物流通道资源,形成多式联运的、辐射全国的物流网络,发展资源型、战略型货种的物流及贸易业务。

(3) 物流节点建设。配合国家战略储备体系,在主要产地、进口口岸和集中消费的交通枢纽城市规划布局国家级资源储备库,并配套建设物流基地、临港工业基地和战略物资储运基地,形成与能源采集、加工、输送、终端消费等环节有机结合的一体化储运分配系统。

(4)物流综合业务开拓,包括大宗商品交易及市场建设、战略储备基地建设、工程物流、应急物流,以及云物流等新兴物流业务开拓。

战略保障

(1) 平台支撑,包括物流信息平台、物流金融平台。

(2) 管理支撑,包括资本运作、集团协调、组织结构、人力资源和政策支撑。

(上海交通大学中美物流研究院:《山东高速集团物流战略规划(缩略版)》. 2012-06. https://wenku.baidu.com/view/f3a1a20aa45177232f60a2eb.html.)

第二节　物流流程管理及流程技术

物流流程①可以实现与物流作业环节链及各项业务链的同步运营，包括包装、装卸搬运、运输、储存、流通加工、配送和信息处理等，并表现在业务需求发生后同步触发相应管理职能活动（含准备、跟踪、监控、实施等），具有很好的主动性、协调性和计划性，是物流战略管理过程中落实物流战略的首选工具之一。

一、流程与物流流程

任何一件事情的操办，任何一个项目、一项工作或活动的运作，都可以有一个流程。流程中有效地把控各个节点，可以切实保证工作高效率，并形成独特的优势。

（一）什么是流程

对于一个企业，流程是企业运行的神经系统，是指导企业运作遵循的路线，并与制度、结构形式共同构成企业管理体系的一个完整有机体。

（1）流程是一系列有条理、有方向和连续有序的事项或行为序列。更朴实地理解，流程是做一件事或完成一项工作、作业、活动的顺序。

这种顺序，是一系列事项或行为，而非单一事项或行为，至少有两个及以上的事项或行为；它们可能是串联的、并联的，或者是任意组合的、反馈的，且由此建立结构或者逻辑关系，进行流转，由一事项或行为到另一事项或行为，按照明确的目标或任务，依循一定的顺序关系渐次行进。其中，目标或任务，可以是一次使客户满意的服务，也可以是一次及时的产品送达等。

由此而论，流程也可以是一组能够为客户创造价值的相互关联的跨部门的事项或行为进程。因为，一系列事项或行为，总是基于某一价值目标的。例如，建一个厂房，从奠基到厂房竣工交付，是一个流程；一个项目，从项目开始策划到项目验收结案，是一个流程；将货物从这一端着手搬移到达那一端，也是一个流程。因此，流程是一个“端对端”（end to end）的工作。一件工作或作业，由最基本的数据输入，经过多个环节，即经过多个流程（流程一般都可再细分），最后的成果是给客户创造价值。

（2）流程层次，即流程中可分的主流程嵌套子流程的层级。这意思是流程中的某一事项或行为可以继续分解为若干事项或行为，生成子流程，并不断细分化，直至具体岗位可特定操作。示例见图 9-2。

① 流程（process）与作为物流要素之一的“流程”（distance of flow，即流体按一定流向的空间里程），是完全不同的两个概念。

子流程是指在某个流程流转过程中创建、执行,结束后可在此返回主流程的一个新流程。通常某一简单流程会嵌入大的或复杂的流程。例如,整个采购系统中的退货流程,按照退货办理顺序流转,可以主动发起退货流程,也可以嵌入到采购流程,或者库存管理流程、销售流程等。

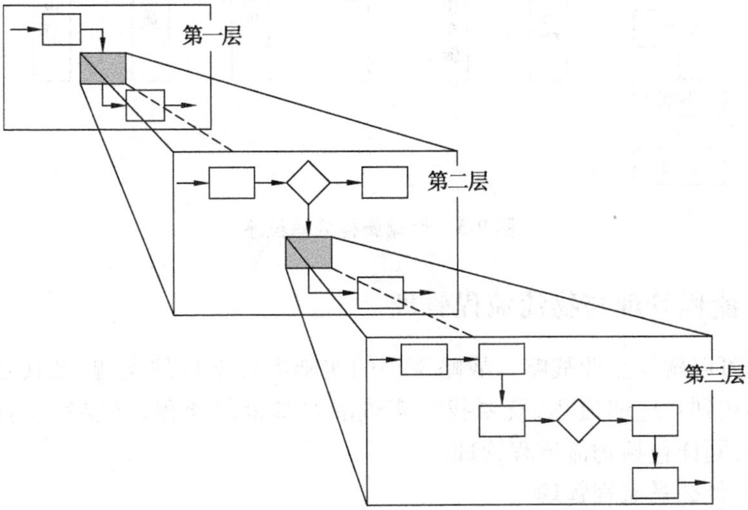

图9-2 流程层次

(二)物流流程

物流流程与一般流程有很多共性。流程的一般性原理,同样也完全适用于物流流程。

(1)物流流程是一系列能为客户创造价值的相互关联、有序的物流作业进程。物流作业集合了所需的人员、设备、材料,并运用特定的作业方法,结果是为客户创造更多价值。

(2)物流流程属于服务性流程,一是除内部物流之外,物流流程与客户的接触度高、接触面广;二是流程输出的服务无形又不可储存,其质量可按指标测评,与客户个性感受及其满意度也有联系;三是物流流程层次相对较多,也较复杂。

(3)物流流程的主体是物流作业,包括包装、装卸搬运、运输、储存、流通加工、信息处理等。其中,每一项作业都可独立组成一项主流程,又都可嵌套若干子流程。例如,运输(公路运输)可分为配货、装车、驾驶、卸货等作业环节,又可分解为若干具体操作。如,配货作业操作可分为审核货物发运单→计算货量和选定车辆→调派车辆→确定装车时间→安排装车人员→拣货与核验单货。运输流程分解程序示例见图9-3。

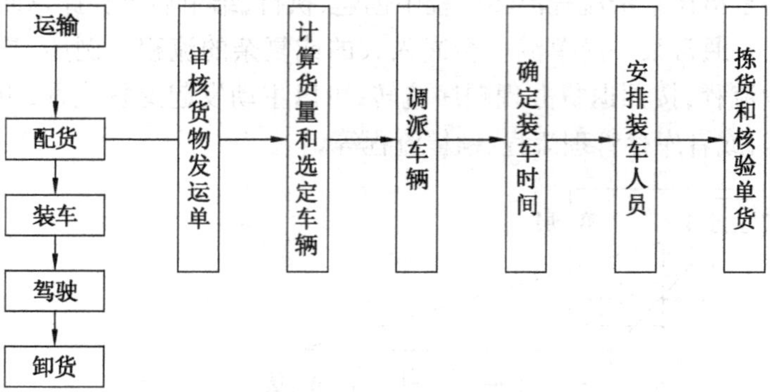

图 9-3　运输流程分解程序

二、流程管理与物流流程管理

流程可以融入企业战略。战略管理的实施需要流程的支持，尤其是战略举措必须落实到对应的流程，既要找出实现战略举措的流程，又要对流程进行管理。其中，同样包括物流流程管理。

（一）什么是流程管理

任何企业运作的基础都是流程，企业所有的业务都需要流程进行驱动和运营。一个企业的不同部门、不同客户、不同人员和不同供应商，都是依靠流程来进行协同运作的。这就需要流程管理。

1．流程管理释义

流程管理（process management）是应用流程技术实现业务或事务运作流程化和流程标准化，以期达到更高绩效目标的过程，也是一种管理技术方法。它以端到端的标准化流程，使办理一项业务或事务能更有序、更简捷和更高效。

对于一个企业，流程管理就是基于企业战略，围绕满足客户需求和为客户创造更多价值，进行业务流程分析、流程规划与设计，流程组织机构建立，流程管理责任确定，资源分配和时间安排，流程质量监控与流程运行绩效测评，适时进行流程变革和流程优化等。因为，流程管理是为满足客户需求而设计的，内外环境的变化要求流程不断优化。实际上，流程管理应该是一个闭环过程，即认识流程—建立流程—运作流程—优化流程—再认识流程。

2．流程管理：流程梳理、优化与再造

流程管理一般所包含的层面，是流程梳理、流程优化和流程再造。这是按照不同的流程状态所相应采用的流程管理运作。

（1）流程梳理。流程应该呈现的是企业业务运营的现实，怎样做的就应怎样呈现。否则，流程就与现实脱节。梳理企业业务流程，就是要界定流程各环节内容及各环节间的交接关系，形成业务的无缝对接，使流程与现实能达到一致，特别是对于可能不完全规范的流程进行规范化。这适合所有企业的正常运营时期。

(2) 流程优化。流程梳理和呈现不可能一蹴而就,有问题是正常的。这就需要持续审视企业的流程,删除冗余的或多耗成本的环节,包括确定适当的流程颗粒度(组成流程的一个序列单位大小),使流程持续优化,并确保流程与现实在变化中始终保持高度一致,不断自我完善和强化企业的流程体系。这适合于企业任何时期。

(3) 流程再造。重新审视企业的流程和再设计,对于完全不能适应现实需要或满足不了需要的流程,需要进行再造,包括治理结构的变化、购并、企业战略调整、商业模式转变,以及新技术、新工艺、新产品和新市场的出现等。这主要适合于企业的变革时期和转型阶段。

3. 流程导入和实施

企业处于不同发展时期,流程导入和实施的要求也各有所别。

(1) 企业创业期,为了能快速反应和适应市场,重点导入业务流程化,营造流程规范化的基础。

(2) 当企业步入成长期,规模和业务量不断扩大,需要强化流程标准化建设。

(3) 企业进入成熟期,为保持企业有不断发展的潜力,流程标准化需要继续完善和创新。

(4) 成熟期以后的企业,流程管理的目标转向流程不断优化。

(二) 流程型组织

流程型组织是以流程为运营管理主线的组织。这种组织形式不以职能为中心,企业员工是在团队中工作,不是在原来的职能部门工作;企业员工是对最终的结果负责,不是对上司或活动负责。管理人员更像是导师,而非原来类似监工的角色。实施流程管理的企业围绕流程进行管理,并将转变成流程型组织。

流程型组织一般可包括流程管理委员会(或者领导小组)、流程管理专业部门,以及流程管理团队。流程管理委员会(或者领导小组)由企业的主要高层组成,是一个虚拟组织。流程管理专业部门可以是一个独立部门,也可以是由一个现有的职能部门兼管。流程管理团队包括内部专家团队(或者内部顾问团队)、专业管理团队和企业各部门和单位的流程管理专业人员,应保证所有的下属部门和单位都有兼职的流程管理人员。

流程型组织淡化业务部门的职能,跨任务、跨部门围绕产出组织流程,省去传递、沟通过程,可加快速度和提高效率,且能对客户变化做出快速响应。

(三) 物流流程管理:主流程与子流程

物流中,处理一份送货单,或者完成一次货品移库,优化一个配送系统等,均可视为一个流程。而且,看似单个的流程,实际上与其他职能部门的流程有密切的联系，通常会形成跨部门的更大、更复杂流程。这就需要进行有效的物流流程管理。

物流流程管理（logistics process management）是应用流程技术实现物流作业流程化和流程的标准化，由此达到物流服务更高绩效目标的过程。物流作业流程可分为物流主流程和物流子流程。

1. **物流主流程**

物流主流程是一系列物流环节的专业化作业流程，也称为物流作业主流程。一般情况下，这是一个物流企业的核心业务或核心服务，主要包括货物运达仓库，完成验货、进货作业，货物入库后施以储存、保管作业，并定期或不定期对库存货物做养护、盘点检查，部分货物按照客户需求可能要进行流通加工；出现库存低于安全存量时，及时向上游供应商补货；收到客户订单后，进行订单处理作业，接着按单进行货物分拣配货，然后核验出货，配装发货运送至下游客户。其中，涉及货物实体的作业环节，都需要搬运装卸作业。示例见图9-4。

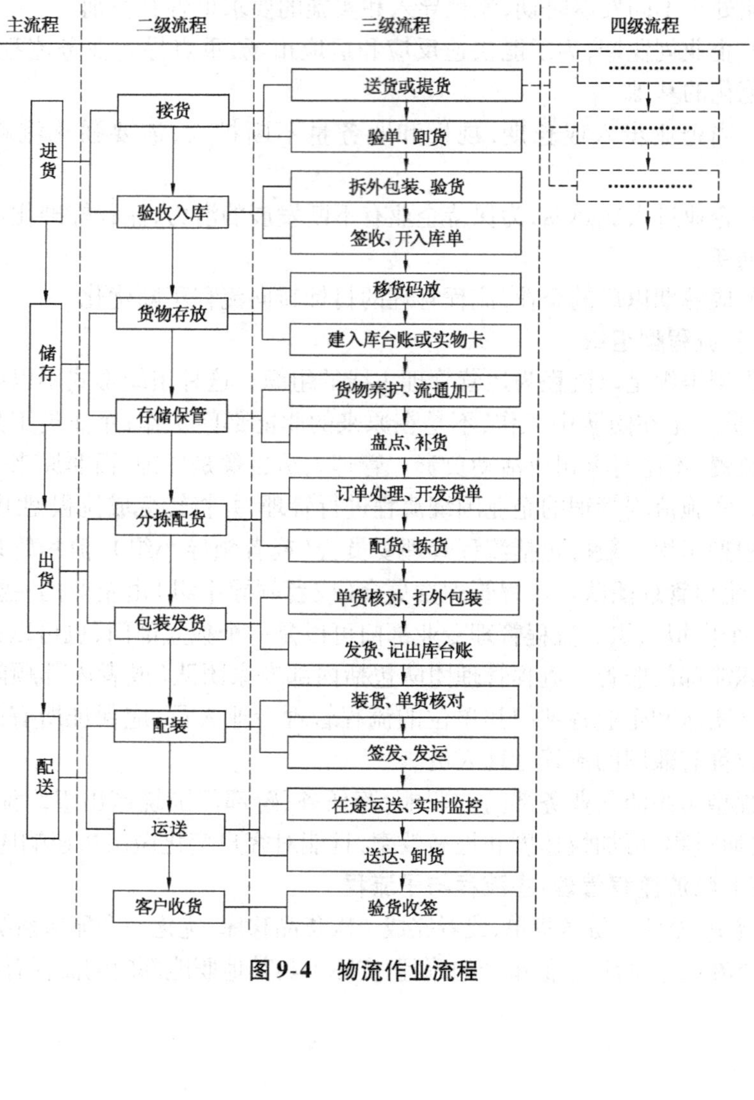

图9-4　物流作业流程

2. **物流子流程**

物流主流程又可进行细化分解,并分别自成物流子流程(物流作业子流程),主要包括进货作业流程、搬运装卸作业流程、储存作业流程、流通加工作业流程、盘点作业流程、订单处理作业流程、分拣作业流程、补货作业流程、出货作业流程、配送作业流程等。每个子流程可继续细化,直到达到合适的流程颗粒度。

例如,进货验收作业。货物运抵仓库后,按收货操作程序和要求进行验收、入库操作。

(1) 货车抵达收货站台,审核送货单;确认后,准备拆箱卸货。

(2) 卸货、验收:验收货品条形码、件数、包装、品名、规格、颜色、等级、质量等,保证单货相符,准确无误;托盘上码放的货品平稳,宽、高和重量不得超过规定标准,包装标志清晰;每一托盘标明货品件数,并标明同批次货品的总件数。

(3) 核对单货相符,确认签收、盖章并签注日期;对于1份收货单的货品分批配送的,应将每批收货件数记入收货检查联,待整份单据的货品件数收齐后,方可盖章回单给送货车辆。

(4) 对验收产生的差异,逐一记载,分类处理。进货验收差异分类处理见表9-1。

表9-1 进货验收差异分类处理表

常见问题 处理	数量 溢余	数量 短缺	品质 不合格	包装 不合格	规格 不合格	单据与 实物不符
通知供应商	✓	✓			✓	✓
按实数签收		✓				
维修整理						
查询等候处理	✓				✓	✓
改单签收	✓				✓	✓
拒绝签收	✓		✓	✓	✓	✓
退单退货	✓		✓	✓	✓	✓

(5) 验收信息录入库存管理系统,确保后续入库、储存保管及发货作业便利。示例:进货验收作业流程见图9-5。

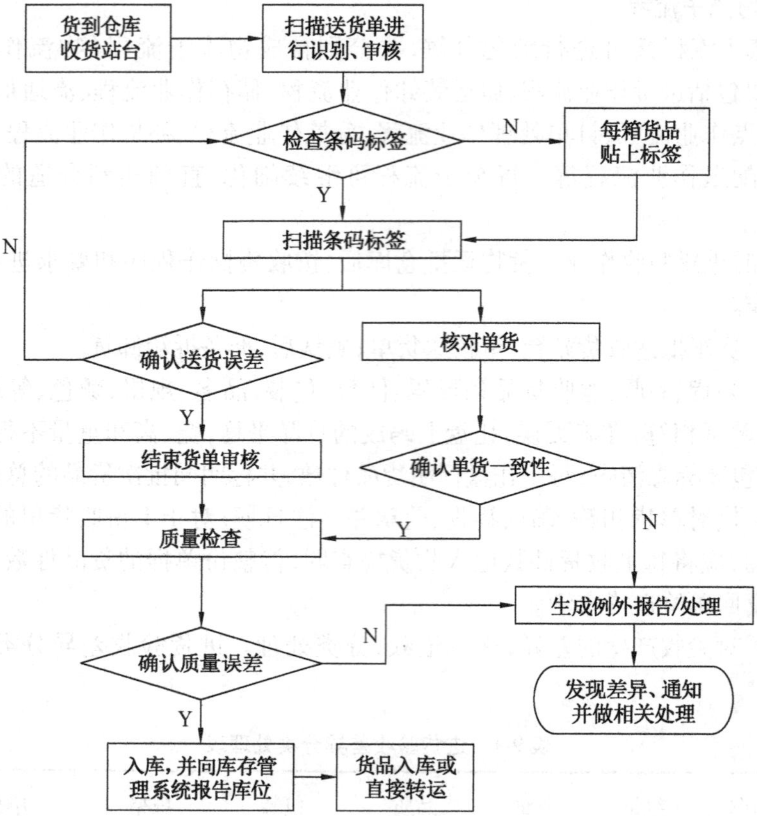

图9-5 进货验收作业流程

(四)物流流程绩效测量

物流流程管理的目标是实现物流服务更高绩效。这就需要对物流服务流程绩效的表现进行分析,找出其中存在的问题,并通过建立科学合理的指标体系,监控流程绩效,尤其是要查找问题的原因,识别改进的机会和优势,采取相应的措施,适时进行完善和优化。

物流流程绩效测量的主要指标包括服务能力、服务质量、产品/服务的交付速度、流程周转率、柔性等。

(1)服务能力,或生产能力:一个流程在一定时间内实现的最大产出。例如,物流公司每小时分拣商品数量;订单部每小时平均接待的订单数量;仓库每小时能提供入库商品数。测量服务能力时,需要考虑设计能力,即企业在标准工作环境下的理想产出与实际产出的关系。这一般定义为能力利用率。公式:

能力利用率 = 实际产出/设计能力

(2)服务质量:衡量质量的标准常常用出错率,如物流破损率、分拣出错率等。在物流服务系统中,还需要考虑与顾客的“友好性”、响应速度等。

(3) 产品/服务的交付速度:通常情况下有两点,一是从下订单到顾客得到所需的时间(交付时间);二是交付时间的可靠性。

(4) 流程周转率:完成产品/服务本身的增值时间与产品/服务通过整个流程总时间的比率。公式:

$$流程周转率 = 增值时间/产出周期$$

例如,某物流企业从产品入库到出库平均需要 150 d,而真正的增值时间只需要 2 h。因此,它的流程周转率为:

$$流程周转率 = \frac{2\ h/产品}{(150\ d/产品 \times 8\ h/d)} = 0.17\%。$$

(5) 柔性:用来度量物流企业为满足不断变化的顾客需求,调整自身业务流程的有效程度指标。一般应考虑三点,首先是由生产某一产品向另一产品的转换速度,如不同车型生产流程的转换;其次是对客户变化所要求的反应速度;再次是一个流程同时产出一种以上产品的能力,如不同商品组合配送。

(五) 物流流程优化

物流流程优化,是从客户需求出发,以物流流程为改造对象,对物流流程进行根本性的思考和分析,通过重新组合物流流程的构成要素,产生更为有价值的结果,以此实现物流流程的重新设计,从而获得企业效益的巨大改善。

实施物流流程优化,从整个物流流程的角度看,就是设计和优化物流流程的各个功能和环节,从而更好、更省、更快地完成物流流程的目标;其核心在于对流程的构成要素的重新组合,以产生更有价值的结果。因此,对物流流程的优化,并不是对原有物流系统的全盘否定,而是使物流系统再升华,使物流更加合理化、高效化、现代化,使物流时间、空间范围更加拓展。

流程优化步骤,一般包括流程评估、流程分析、新流程设计、新流程评价、新流程实施和持续改进。

(1) 流程评估。首先要评估、分析、发现现有业务流程存在的问题和不足,实现途径包括绩效评价、事故检讨、客户反馈、检查控制和学习研究等。

(2) 流程分析。对流程评估中发现的问题的影响面和严重性进行分析,判断其类别和性质;分析探寻问题产生的原因和影响因素;弄清楚现行流程的核心环节,哪些流程是重要的,哪些是绩效低下的,哪些具有可重组性;分析存在的问题及潜在的解决方案影响、涉及哪些关联方,对这些关联方影响的程度及其可能的配合程度等。

(3) 新流程设计。经过分析,确定了问题所在,进行新流程设计或改进。重点是根据设定的目标、现有流程的不足及流程优化原则,重新设计新的流程,识别核心流程,简化或合并非增值流程,减少或剔除重复、不必要流程,从而构建新的业务流程模型。这是对原流程优化改造和解决问题的关键步骤。

(4) 新流程评价。根据既定目标与现实条件,对新流程进行评估,评价其是否可行，效益如何及能否有效实现原定目标。

（5）新流程实施和持续改进。经评估确认新流程可行，便付诸实际操作运行。

随着企业的持续经营和新流程的实施运营，又重新进入流程优化评估阶段，开始一个新的流程优化循环。这样持续改进、不断优化，实现业务流程自发地、持续地进行自我改造、调整，实现流程绩效持续改善和提高。

三、物流流程技术

流程管理的起点是流程描述。流程描述就是将企业现有的业务管理情况用一种公认的、易于理解的流程符号进行表示，并形成一个流程图。其目的是使每一项业务流程均能清楚呈现，任何人只要看到流程图，便能一目了然，有助于相关作业人员对整体工作流程的掌握；即使更换人手，按图索骥，新人也容易上手；而且，所有流程在绘制时，很容易发现疏失之处，可适时予以调整更正，使各项业务工作更为严谨。流程描述是一种方法，更是一项技术。

（一）通用流程技术

流程描述可以采用文本、表格、流程图等多种不同的方法。一般情况下，图形比文字能更加清晰地描绘和解释流程，为人们所常用。流程图法是基本的流程技术。

1. 流程图

流程图是以简单的图标符号表达的事项或行为进程步骤示意图。它描述系统内各单位、人员之间的事务关系、行为顺序和管理信息流向，是一个直观的可视技术模型，主要描述事项处理或行为指向。

流程图的绘制必须使用标准的流程图符号，并遵守流程图绘制的相关规定，才能绘制出正确而清楚的流程图①。

2. 流程符号

流程符号是流程图中表示操作、信息、流向等的各种图形与箭线标识。在流程图中，绘制流程图常用单代号表示法，即用一个圆圈或一个方框与箭头标识从上向下通过各类连接法编成流程图。流程符号各有特定含义，也有不同的具体用法。常用流程图符号见表9-2。

---

① 流程图的制作可选用流程管理软件，除了 Microsoft Word 之外，常见的专用流程管理软件有以微软公司的 Visio 为代表的逻辑流程管理软件、以英国 Nimbus 公司的 Control－ES 为代表的全息流程管理软件、以德国 IDS Scheer 公司的 Aris 和美国 Metastorm 公司的 Provision 为代表的仿真流程管理软件，以及 Youfabao 的在线流程图软件框图宝（My Flow Chart）、基于 Web 的免费画流程图的网站 Process On 等。

表 9-2　常用流程图符号表

符号	含义
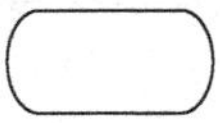	开始/结束：用以表示一个流程的起始端或终结端。开始符号在流程图中只能出现一次，但结束符号则不限。如果流程图能一目了然，则开始符号及结束符号可省略。
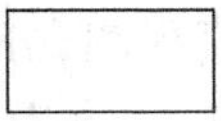	处理/执行：用于指示某一具体事项的处理或执行；文字简明，尽量采用动宾结构。例如，编制作业计划。
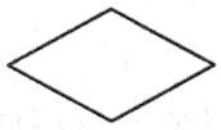	决策：表示此处需要做出决定；通常其侧面连接“否”的情况，下方连接“是”的情况。
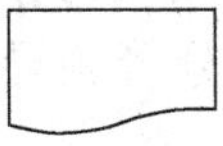	文件/表格：表示文件，包括表格、报告；既可表示输入，又可表示输出。可在该标识上写出标题，用以代表特定的文件。
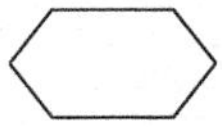	准备：表示准备阶段；大多数人用作流程的起始，类似起始框。
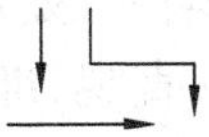	流程线：有向箭线表示任务执行时的次序，它们引导着流程。流向从左到右表示输入反馈或根据流向从上到下表示任务被完成。流线应对准符号的中心，同时还应尽量避免流线交叉。在两个符号之间不得使用双向箭头。箭线不交叉，不可避免出现交叉时应采用跨线（弧形线）。

3. 流程符号要素

流程符号要素即事件、处理、时间/资源、箭线。正是这些要素，才使流程符号所要表达的信息得以完整呈现。

（1）事件（节点、结点）。事件指某道工序开始或前道工序结束的两道工序交叉接点，在流程图形中称为节点。

（2）处理（工作、工序）。工序是流程图的重要组成部分，它需要消耗时间或资源。由多种原因引起的等工，也可算作一道工序（消耗时间，不消耗资源）。

（3）时间/资源。时间/资源指完成一道工序应消耗的天数或资源。对老工序消耗的时间/资源，由经验数据可提供；对新工序可用对最短时间、最保守时间、最可能时间的估算法获得。

（4）箭线（流程线）。箭线指从流程起点时间事件开始顺着箭线方向到流程终点时间事件为止，中间由一系列首尾相连的节点、工序和箭线所组成的通道，一条路线上各工序的作业时间之和就是该流程所需要的周期，在流程图中有很多条路线，每条路线只表示逻辑顺序，不消耗时间/资源。

4. 流程图绘制基本程序

因流程图的作用和过程不同，流程图的绘制程序是有区别的，但也有一些共性的基本程序。

（1）确定流程的目标或功能是什么，涉及哪些部门和岗位。

（2）划定流程的边界，即工作起点和终点；明确流程的输入是什么，流程的产出是什么，该流程与其他相关流程的接口。

（3）跟踪关键过程，重点是关键业务对象（物料、票证单据、资金等）的流向转接。

（4）确定相关组织单元及其执行权限，即明确跨越的部门范围及外部组织（供方、顾客等），各组织单元的权限。

（5）绘制流程图草案。

（6）流程图汇总分析。依据相关规章制度、调查结果和相关流程图，分析本流程逻辑关系、各组织单元的权限、文件记录的完备情况、流程责任人、与其他流程接口是否符合实际等。

（7）流程图编、校、审。通常，流程图的编制为流程责任人，校核人为相关部门相关人员，审核人为本部门负责人，均应按要求签名。最后，经分管领导确认发布运行。

（二）流程技术应用：物流流程设计

流程技术应用于物流业务处理，可分析出物流业务流程的合理性，除去不必要的环节，合并重复环节，增补新环节，从而理清每一物流业务的输入、处理、输出要求，并收集和利用相应资料，用规定的图形符号及连线，形象、直观、准确地表达实际的处理过程，使之成为表示物流业务处理过程的图形工具。这便是物流流程设计。

物流流程设计就是运用流程技术和流程工具分析物流作业，并记录分析的结果，形成表示事项或行为的一系列有序作业操作，及其指明执行先后顺序的简单图框。

流程设计方法。一个有效的流程设计的前提，首先是必须保证做正确的事，然后是思考如何把事情做正确。

（1）了解企业主要营运项目及获利来源，以及与客户、上游供货商之间的关系，确认企业创造价值和“增值”的核心渠道，确定流程目标。流程目标是流程责任主要承担者提出的流程要求。这是一个流程图的起点。

（2）安排流程先后进程。一是确定流程活动的相互承接关系；二是尽量安排并行活动，减少等待时间；三是尽量减少审批环节；四是每一个进程的完成时间能够尽量具体落实到天、到小时。

（3）确定流程运行的结果，且必须与流程目标首尾呼应。流程运行达到的结果，是该流程运行的终端，它与起端相呼应，形成一个闭环。这个闭环是暂时的，会继续运转，好的流程是环环相扣的。

（4）将流程图中的进程进行连线。这个连线从流程目标开始，到流程结果结束。至此，形成一个流程图。

流程设计的关键就在于“战略”“客户”“问题”。第一，战略决定业务，业务决定流程。流程管理所围绕的中心，便是如何保证战略的落地执行。偏离了这一中心，形成的任何流程体系、流程图、流程文件，大多情况下都会失去实际意义。第二，流程的客户是谁，客户的需求是什么，如何满足客户的需求。客户不仅是购买企业产品或服务的外部客户,也包括内部客户。流程就是为了满足这些客户的需求而存在的,如果没有任何的内部或外部客户需要该流程,它就只能被删除。第三,流程作为一项管理工具,就是被用于解决和改善业务中所存在的问题,尤其是解决跨部门的协同、知识和标准的沉淀与复制等问题,提高效率,更好地满足客户需求。

(三)物流流程设计示例

物流作业环节众多,不同的物流作业要求不一,理解也不同,加上所应用的流程技术不同,因而物流流程设计是可以多样化和多选择的。

1. 物流中心作业流程

物流中心作业流程,主要是订货、收货、验货入库与存储管理、订单处理、分拣、出货、理货、配装、送货、送达服务及退货处理等,形成多功能、全方位的作业流程。示例见图 9-6。

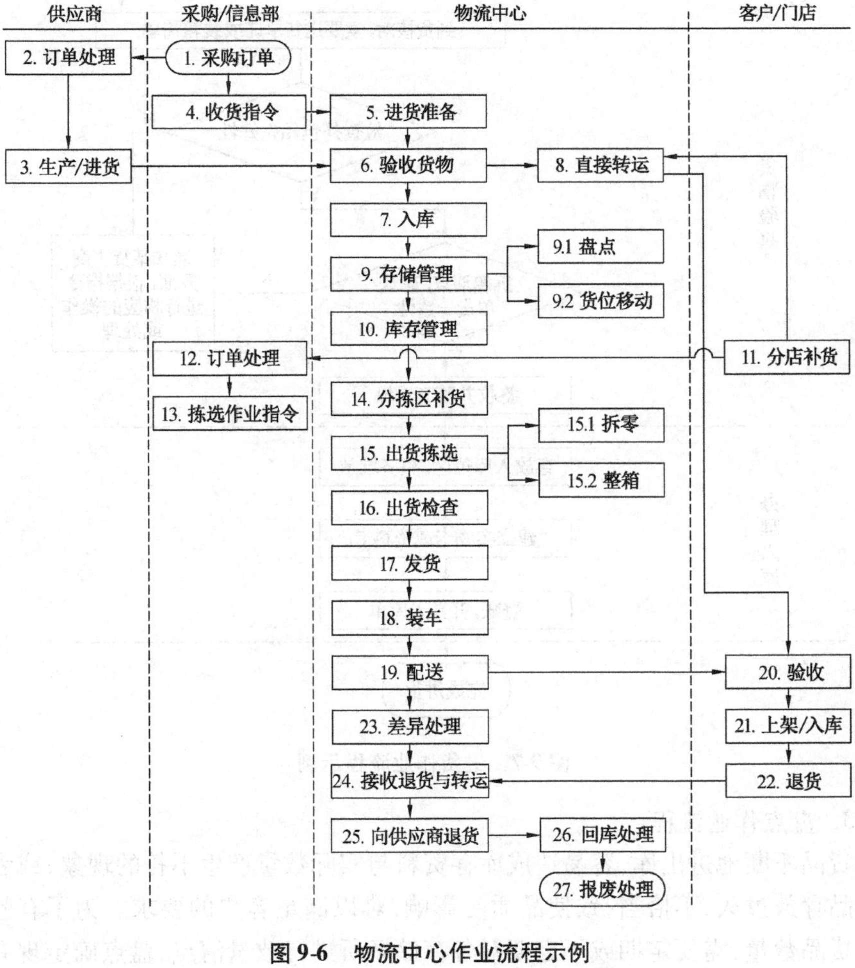

图 9-6 物流中心作业流程示例

2. 进货作业流程

进货作业流程是货品从生产商进入分销领域的基本环节，包括从货运车辆卸货、点数、分类、验收、搬运到仓库的存储地点，将有关信息书面化等。示例见图 9-7。

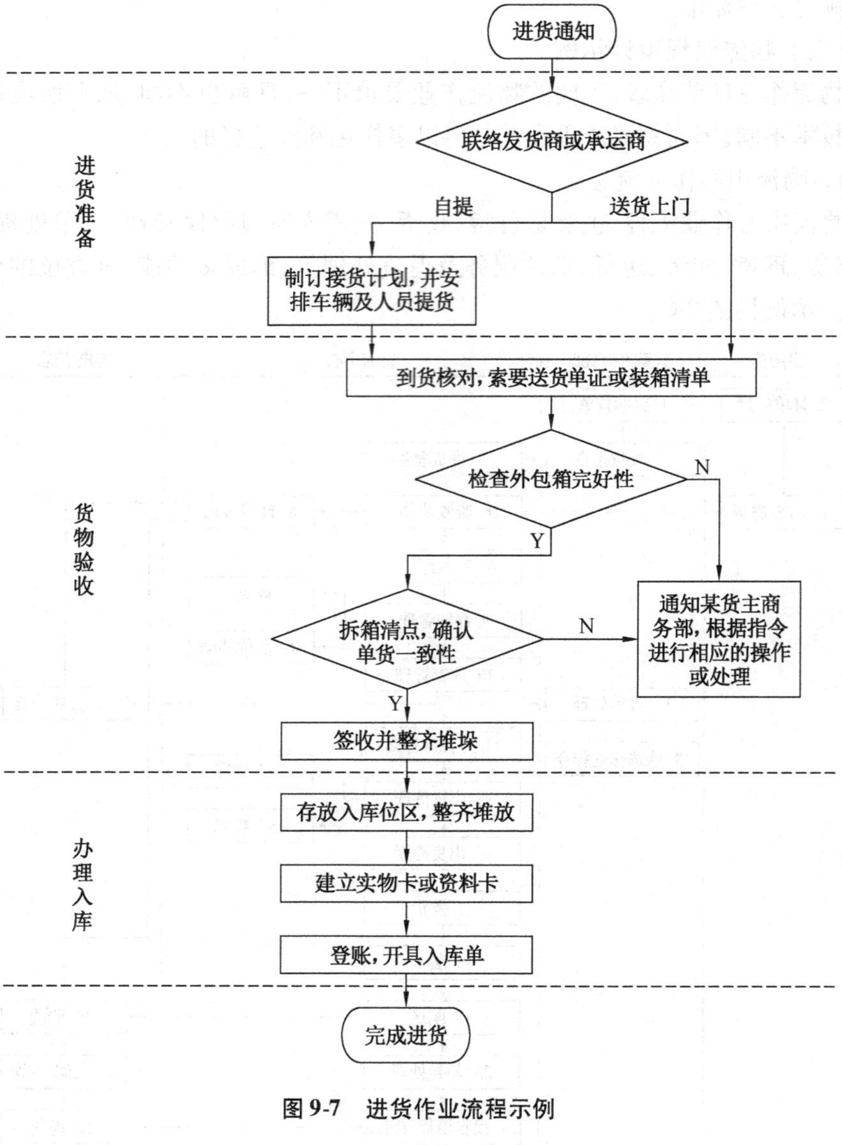

图 9-7　进货作业流程示例

3. 盘点作业流程

货品不断地进出库，容易造成库存资料与实际数量产生不符的现象；或者有些货品存放过久、不恰当，致使品质受影响，难以满足客户的要求。为了有效地控制货品数量，需要定期或不定期对各存储场所进行数量清点，盘点确定现有库存量，修正账实不符产生的误差，发现问题，查找原因，检查库存管理实绩，并进行相关处理和制作相应的报表。示例见图9-8。

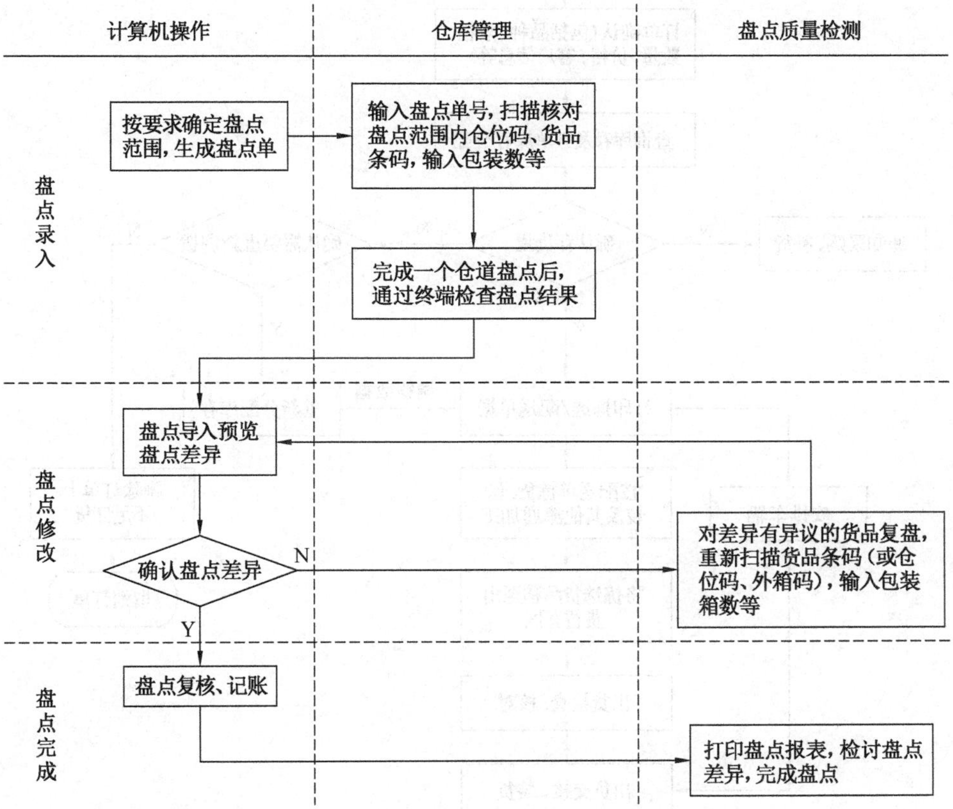

图9-8　盘点作业流程示例

4. 出货作业流程

接受订单后，按单拣选货品或按配送路线进行分类，对其中需要进行包装的货品，拣选集中后，先按包装分类处理，送到出货暂存区，再进行出货检查，包括货品号码和数量的核对，以及产品状态和品质的检验，最后装车出货配送。示例见图9-9。

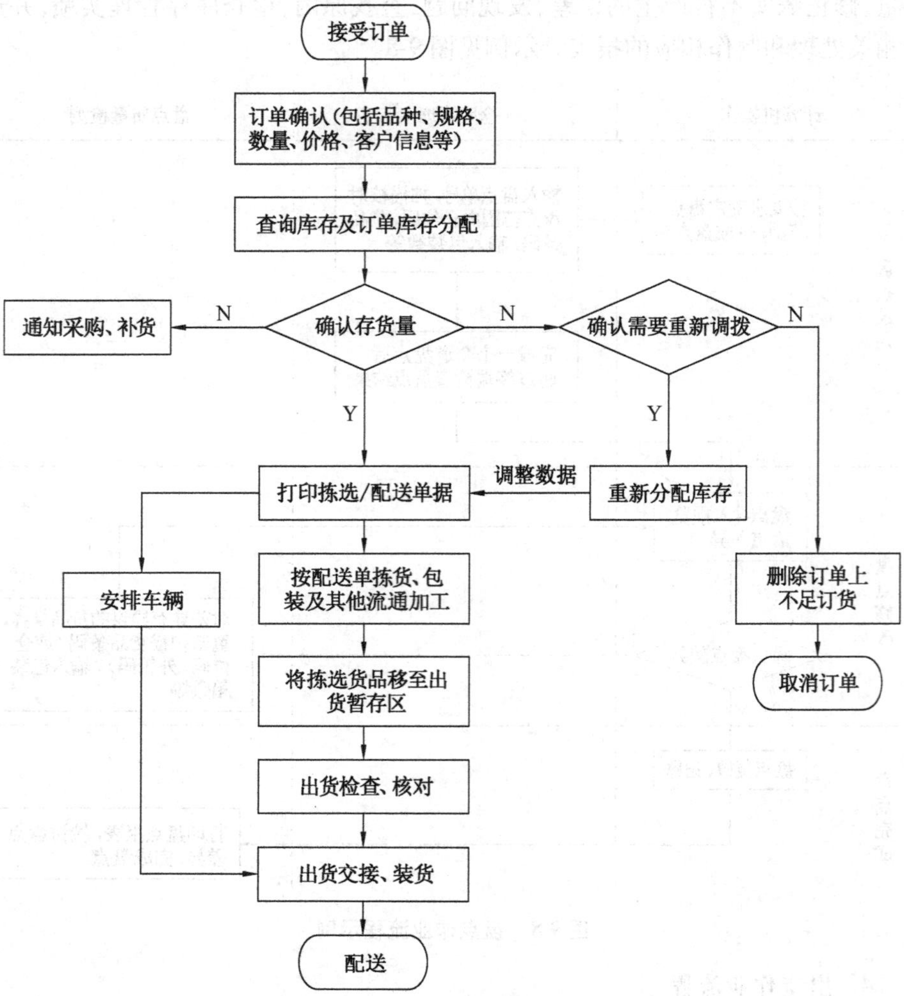

图 9-9 出货作业流程示例

5. 运输/配送作业流程

运输的可变因素多,且相互影响,需要做好备货、配货及运输计划方案等前期准备,尤其是提高装卸作业效率和车辆利用率,明确驾驶员工作职责、在途安全和交接货规范。示例见图 9-10、见图 9-11。

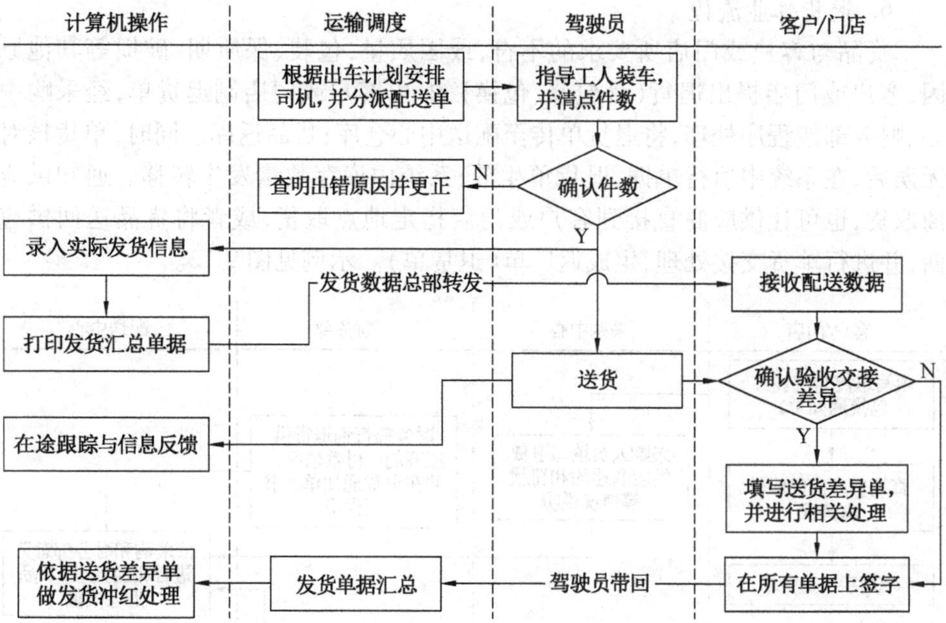

图 9-10　运输作业流程示例

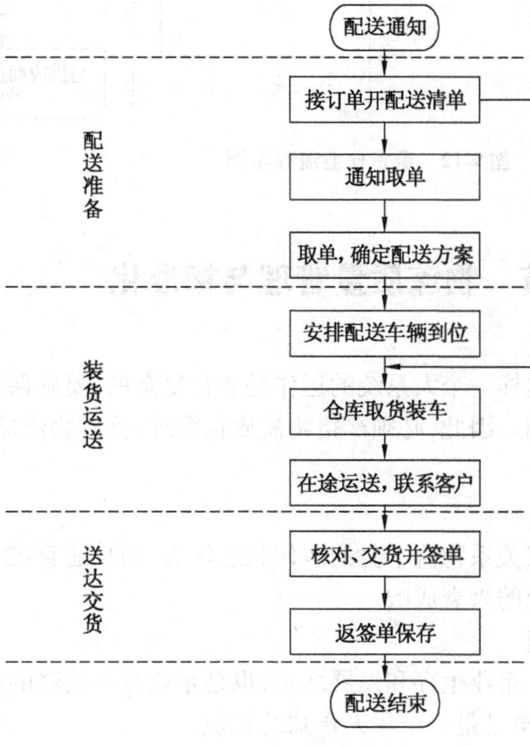

图 9-11　配送作业流程示例

6. **退货作业流程**

货品与客户或门店所要求的不符,或因质量、包装、保质期、破损等其他原因,客户或门店提出退货(含包修、包换)的,由客户或门店制退货单,经采购中心、财务部按程序处理,将退货单传至配送中心仓库;货品返库。同时,单货核对无误后,在系统中执行单据,退货单生效,系统内库存数量发生转移。通知供应商取货,也可让供应商直接到客户或门店指定地点取货,或者将货品送回供应商,并进行单货交接处理,生成返厂单(退货单)。示例见图 9-12。

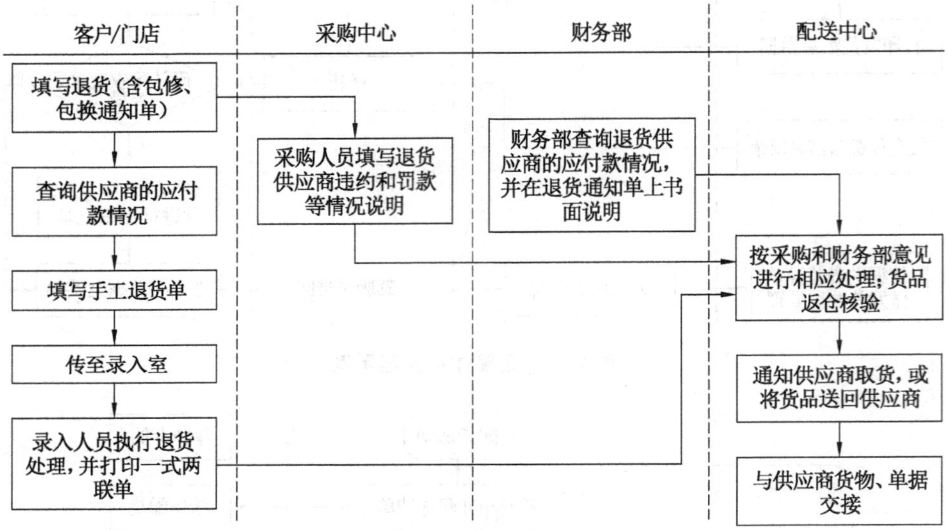

图 9-12　退货作业流程示例

第三节　物流质量管理与标准化

物流是一个大系统,这样一个大系统的运作是非常复杂的,要确保其实现高效运作,更不是轻而易举的。因此,必须严格物流质量管理,推广物流标准化。

一、物流质量管理

物流质量的高低,不仅关系物流本身的运作状态优劣,而且还直接与客户利益相关,并由此决定着企业的兴衰成败。

(一) 质量与物流质量

质量是企业的生命,是企业生存和发展之本,也是企业竞争战略的核心和竞争制胜的决定性因素。这早已是一个尽人皆知的共识。

1. **质量:一组固有特性满足要求的程度**

质量是指什么? 因视角和焦点不同,人们在认识和理解上也就不尽相同,解释多样,且各有聚焦,不断深化。

质量是一组固有特性满足要求的程度。这是国际标准化组织(ISO)颁布的ISO9000:2005《质量管理体系—基础和术语》中的质量定义。

质量可以存在于不同领域或任何事物,其载体不仅是零部件、计算机软件或服务等产品,也可以是某项活动或某个过程,还可以是组织、体系、个人等。凡产品、过程和体系设计或开发及所实现的属性,即固有特性,不仅不是单一的,而且除了产品的物理、化学或生物等物质特性之外,还包括嗅觉、触觉、味觉、视觉等感官特性,礼貌、诚信、守约等行为特性,准时、耐用(使用寿命)等时间特性,适用、可靠等功能特性,以及经济性、安全性、心理和生理性等。这就形成一组固有特性。

所能满足的要求可以是显性的(有标准或明确规定的),也可以是隐性的(组织惯例、一般习惯等),或必须履行的(法律法规、行规等)。依据所满足要求的程度,就可评判质量优劣。

2. **产品质量:产品满足客户要求的程度**

产品质量就是产品固有特性满足客户要求的程度。产品除了实物产品之外,还包含无形产品,即服务产品。服务产品也是有质量的。服务产品质量的评价,不仅要考虑服务的结果,而且涉及服务的过程。服务产品生产与交易或消费是不可分的,服务质量发生在服务生产和交易或消费过程之中,是在服务企业与客户交易的真实瞬间实现的;服务传递过程直接关系到客户对服务质量的评价。

因此,服务质量既要有标准加以衡量,又必须经客户认可。客户对服务质量的认可,一般取决于其预期同实际所感受到的服务水平的对比。服务感受与服务期望是否一致,以及一致的程度,决定了客户对服务质量优劣的认可。

3. **物流质量:物流固有特性满足物流需求的程度**

物流质量是物流固有特性满足客户物流需求的程度。物流是一项服务。物流服务的固有特性,主要是可靠性,即可靠地、准确地、无差错地履行服务承诺;安全性,即确保物流服务全程平安,货品完好无损;时间性,即及时、准时和省时;经济性,即客户支付物流成本最小化,效益最大化;移情性,即设身处地为客户着想,关注客户敏感点,深切理解客户需求;文明性,即服务中对客户保持热情、亲和、尊重、自然和谅解的态度。所有这些能满足客户物流需求的程度,决定了物流质量水平。

物流质量既包含物流流体质量,又包含物流服务、物流工作和物流工程质量,是一种全面的质量观。

(1) 物流流体质量,即货品质量,主要是货品在装卸、运输、储存中有无缺损或变质。同时,流通加工对货品质量是否有改善或提升。

（2）物流服务质量，在于物流服务能使客户满意的程度，包括包装、装卸、入出库、存货准备、送货时间安排，以及订单处理、分拣与配货完成率、长途货物运输中完好的转运衔接、配送路线合理设定、质量有缺陷的货品更换、收集客户服务信息等。

（3）物流工作质量是指物流各环节、各工种、各岗位的具体运行质量，这由物流运行中庞杂而细小的作业组成。例如，仓储工作中的入库检验，搬运装卸中的对货品的码放，存储中的温度与湿度控制，出库中的单据平整核对等。

（4）物流工程质量是指物流设施与装备的质量保障程度，包括各项物流设施与装备的技术水平、设备生产能力与适应性、设备配套能力、设备组合与配置，以及计量与测试技术等。

（二）质量管理与物流质量管理

质量的优劣取决于产品、过程或服务固有特性满足要求的程度。它可以有目标及其相关的实现措施，也需要控制和保证，即需要进行质量管理。质量管理是一种管理方法。

（1）质量管理（quality management）是对产品、过程或服务固有特性满足要求的程度进行计划、组织、控制和保证。它涉及确定和达到质量所必需的全部职能和活动，重点是确定质量目标和要求，采取措施达到质量控制的目的，向客户提供高质量产品或服务的保证。通常，质量控制注重监测，侧重于内部质量管理；质量保证体现信誉，主要是让外部相信质量管理水平。

（2）物流质量管理（logistics quality management）就是制定和实施科学合理的物流标准，建立健全的体系和适当的措施，对满足客户物流服务需求的程度进行计划、组织、控制和保证。它涵盖包装、装卸搬运、储存、运输、配送、流通加工、信息处理等物流作业各环节链，且必须一环不漏地进行全过程管理才能保证最终的物流质量，从而达到目标质量。

（3）物流质量管理是一种全面质量管理。第一，物流中任何一个岗位的责任者，对物流质量都有直接或间接的影响。一个企业的物流质量管理，应是全员参与，人人有责。第二，任何产品质量的产生、形成和实现都有一个过程，即质量环。物流质量的保证是物流全过程的质量管理，包括这一过程中各个环节及有关因素所形成的一个综合的质量体系。第三，全企业范围组织协调，有上层、中层和基层共同参与的组织体系，并形成全企业的质量管理。

（4）物流质量管理PDCA管理循环。PDCA管理循环，即计划（plan）、实施（do）、检查（check）、处理（action），是全面质量管理所应遵循的科学程序，同样适用于物流质量管理。这是由美国质量管理专家戴明（W. Edwards Deming）博士首先提出的，也叫“戴明环”。

第一，计划，即P阶段，确定质量目标、质量计划、管理项目和拟定措施。

分析质量现状，找出存在的质量问题。

分析产生质量问题的各种原因。

找出影响质量问题的主要因素。

制订对策,拟定措施,提出执行计划和预计效果。具体做法:为什么要提出这样一个计划(why)、预期什么样的效果(what)、改进何处(如工序、环节等)(where)、何时执行和完成(when)、由谁来执行(who)、用何种方法完成(how)?

第二,实施,即D阶段,按预定计划、目标和措施及其分工,务实执行,努力实现。

落实计划、措施,参与人员必须按要求受训。

采用措施保证计划得以实施。

第三,检查,即C阶段,对比实施结果和计划要求,检查效果,并从中找出问题。

检查计划执行的效果。

查找存在的问题。

第四,处理,即A阶段,总结经验教训、巩固成绩,处理出现的问题,提出尚未解决的遗留问题。

总结经验、纳入标准。

将遗留问题转入下一循环,并为下一循环计划的制订提供资料。

(三)物流质量指标体系

物流质量指标体系是基于物流服务最终目标,并围绕这一目标设置的一系列衡量物流质量的指标。物流质量评估牵涉多方面、多角度,可以是全方位的。不同的物流环节,有不同的标准与考核指标,从而形成了系列性的物流质量指标体系。其中,常用的主要是总体质量水平指标、仓储作业质量指标、运输及配送作业质量指标等。

1. 总体质量水平指标

物流总体质量水平指标就是衡量物流服务总体水平的指标,主要有服务水平、客户满足程度、客户满意率、客户投诉率、交货水平、交货期、货品完好率、物流吨位费用等。

(1)服务水平=满足要求次数/客户要求次数

(2)客户满足程度=满足客户数量/客户要求数量

(3)客户满意率=(客户满意订单数/全部订单数)×100%

(4)客户投诉率=(客户投诉订单数/全部订单数)×100%

(5)交货水平=按交货期交货次数/总交货次数

(6)交货期=规定交货期/实际交货期

(7)货品完好率=(交货时完好货品量/物流货品总量)×100%

(8)物流吨位费用=物流费用/物流总量

2. **仓储作业质量指标**

仓储作业质量指标就是衡量仓储作业质量水平的指标,主要包括仓储货品收发正确率、库存货品完好率、仓库设备完好率、吞吐能力、仓储吨成本、仓库利用率、库存资金周转率、缺货率等。

（1）仓储货品收发正确率 =（吞吐量 - 出错总量）/吞吐量

（2）库存货品完好率 =（货品库存量 - 出现缺损量）/货品库存量

（3）仓库设备完好率 = 完好设备台数/总设备台数

（4）吞吐能力 = 计划期内实际吞吐量/仓库设计吞吐量

（5）仓储吨成本 = 仓储费用/库存量

（6）仓库利用率 =（存储货品实际容积/设计库存容积）×100%

（7）库存资金周转率（次）= 全部供应金额/平均库存金额

（8）缺货率 =（缺货数量/存货需求数量）×100%

3. **运输及配送作业质量指标**

运输及配送作业质量指标是衡量运输及配送作业质量水平的指标,主要包括正点运输率、满载率、运力利用率、货品损坏率、装载效率、配送准时率、配送差错率、缺损率、客户满意率等。

（1）正点运输率 =（正点运输次数/运输总次数）×100%

（2）满载率 =（车辆实际装载量/车辆装载能力）×100%

（3）运力利用率 =（实际吨位公里数/运力往返运输总能力）×100%

（4）货品损坏率 =（年货损总金额/年货运总金额）×100%

（5）装载效率 =（车辆实际装载量/车辆装载能力）×100%

（6）配送准时率 =（配送准时次数/配送总次数）×100%

（7）配送差错率 =（配送差错次数/配送总次数）×100%

（8）缺损率 =（缺损货品量/配送货品总量）×100%

（9）客户满意率 =（满意配送货品数量/要求配送货品总数）×100%

二、物流标准化

物流系统的统一性、一致性及其运行质量的有效保障,既要有一个适合的体制形式,还要有多种管理手段,以实现对系统的有效指挥、决策和协调。物流标准化就是一个重要手段。

（一）标准化与物流标准化

标准化为企业实行科学管理和现代化管理奠定基础,使企业管理系统与企业外部约束条件相协调,保证系统稳定运行。标准化管理是有权威、有法律效力的管理。

1. **标准与标准化**

标准:在一定范围内对于常态性事物、概念、活动或其结果的共性因素所规定的共同和重复使用的规则、导则或特定文件。它以科学、技术和经验的综合成果为基础，经协商一致制定，并经一个公认机构的批准，以特定的形式发布，作为共同遵守的准则和依据。

标准化：为在一定范围内使常态性事物、概念、活动或其结果达到秩序最佳化而制定（修订）、发布及实施统一标准的过程。它具体涉及产品、工作、工程、服务等普遍的活动，以改进产品、过程和服务的适用性。

2．物流标准与物流标准化

物流标准（logistics standard）：对于物流所规定的共同和重复使用的规则、导则或特定文件。它主要包括物流系统的各类固定设施、移动设备、专用工具等各个分系统的技术标准，也称物流硬件标准；系统内包装、装卸、仓储、运输、信息处理等各个环节及之间的作业标准，即物流软件标准。

物流标准化（logistics standardization）：以物流为一个大系统，制定、发布、实施与国际接轨的物流标准化体系的过程，包括物流技术标准与物流作业标准，并按照物流系统各类技术标准之间、技术标准与作业标准之间、物流系统与其他相关系统的配合性要求，统一整个物流系统的标准。

3．物流标准化基本任务

物流标准化的基本任务是制定、修订和贯彻物流标准。一是托盘标准化、集装箱标准化、叉车标准化、拖车载重量标准化、保管设施标准化，以及货架、信息系统硬件配置等其他物流设备标准化；二是包装标准化、装卸/搬运标准化、运输作业标准化、存储标准化等；三是物流术语标准化、单位标准化、票证收据标准化、应用条码标准化、物流标志标准化，以及物流信息系统代码、文件格式、接口、操作规程标准化等。

物流标准的制定、修订和贯彻，是一个不断循环和螺旋式上升的过程。物流标准经实施后，应适时进行复审，以确认现行标准是否继续有效或废止或予以修订。

4．物流标准化：一个相对的概念

物流标准化是一个相对的概念。单独一项标准，无论其有多完整、多高水平，也是不易实现的，必须与相关的一系列标准配合，构成一个系统，且再与其他系统相配套，形成更大的系统，才能发挥出其应有作用。物流标准化的活动过程，就是系统地建立与系统之间协调、发展的过程。

物流标准化具有很强的国际性，本国物流标准力求与国际物流标准化体系接轨，并保持一致。

（二）物流标准化技术

物流标准化的重点，在于制定标准规格尺寸或规则、导则或特定文件，并使之实现全物流系统的贯通，从而提高物流效率和物流质量水平。

1. 物流标准化基点

物流系统标准化，首先必须寻找一个共同的基点，这个基点能贯穿物流全过程，形成物流标准化工作的核心。而这个基点的标准化应成为衡量物流全系统的基准。

物流领域的零杂货物、散装货物与集装货物中，只有集装货物在物流全程始终是以一个集装体为基本单元的，其包装形态在装卸、输送及保管的各个阶段基本上都不会发生变化，在物流节点和结点容易实现标准化处理。而且，集装形式是物流通行的主导形式；散装只是在某些专用领域可能有所发展。零杂货物的未来，一部分还会保持其多样化形态，一部分可取向集装形式。因此，集装系统是保持物流各环节上使用的设备、装置及机械之间整体性及配合性的核心，也就是使物流过程连贯而建立标准化体系的基点。

2. 物流系统各环节标准化配合性

配合性是建立物流标准化体系的基本要求。衡量物流系统标准化体系的成败，配合性是重要的标志之一。具体地，以集装系统为物流标准化的基点，该基点的作用之一，就是以此为准用以解决各个环节之间的配合性。

(1) 集装与生产企业最后工序，或物流活动的初始环节即包装环节的配合性，就是以集装的“分割系列”确定对包装的要求，主要涉及包装材料、包装强度、包装方式、小包装尺寸等。

(2) 集装与装卸机具、装卸场所、装卸小工具(如吊索、跳板等)的配合性。

(3) 集装与仓库站台、货架、搬运机械、保管设施乃至仓库建筑(净高度、门高、门宽、通路宽度等)的配合性。

(4) 集装与保管条件、工具、操作方式的配合性。

(5) 集装与运输设备(载重、有效空间尺寸)、设施的配合性。

(6) 集装与末端物流的配合性。末端物流是送达消费者的物流，是以消费者的要求为转移的，衔接消费者的“分割系列”与衔接生产者的“分割系列”不一定一致。要考虑首尾两端都适用的“分割系列”。

(7) 集装与国际物流的配合性。

3. 物流与环境的关系

物流量增大、流速加快、物流工具大型化，会影响到环境，加重噪音、废气污染。物流标准化必须制定物流安全标准、噪声标准、排气标准、速度标准。

4. 物流系统基础标准

基础标准是制定其他物流标准应遵循的、统一的标准，是制定物流标准必须遵循的技术基础与方法指南。它主要包括专业计量单位标准、物流基础模数尺寸标准、物流专业名词标准等。

(1) 制定专业计量单位标准。物流标准是建立在一般标准化基础之上的专业标准化系统，除国家规定的统一计量标准外，还必须在国家及国际标准基础上，考虑国际计量方式和国际习惯用法，制定本身的专业计量单位标准。

（2）确定物流基础模数尺寸。物流基础模数尺寸的作用和建筑模数尺寸的作用大体是相同的。考虑的基点主要是简单化。基础模数尺寸一旦确定，设备的制造、设施的建设、物流系统中各环节的配合协调、物流系统与其他系统的配合就有了依据。ISO（国际标准化组织）及欧洲各国认定600 mm×400 mm为基础模数尺寸标准。

以600 mm×400 mm为基础模数尺寸，主要是因为，模数所指为一个基本的度量单位，一种基准尺寸。这一术语最初用于建筑。为使房屋建筑的内面积能被充分利用，或使建筑物内部便于分割与处理，便规定一种基准的度量单位，建筑的长与宽都按这一基准的整数倍进行设计，称为模数。ISO将模数定义为能引出运输系统各构成要素尺寸的一个标准值。模数化就是在确定基础模数尺寸后，将相互联系的事物均按基础模数尺寸形成“倍数系列”和“分割系列”，以便相互配套。

物流基础模数尺寸的确立，主要考虑到对物流系统影响最大而又最难改变的事物，即输送设备。采取“逆推法”，由输送设备的尺寸推算出最佳的基础模数。当然，在确定基础模数尺寸时，也考虑到了现在已通行的包装模数和已使用的集装设备，并从行为科学的角度研究了人及社会的影响。从人体工学的角度看，基础模数尺寸是适合人体操作的最高限尺寸。

（3）物流模数。物流模数（logistics modulus）即集装基础模数尺寸。物流标准化的基点应建立在集装基础之上，并由此确定集装基础模数尺寸（即最小的集装尺寸）。集装基础模数尺寸可以从600 mm×400 mm按倍数系列推导出来，也可以在满足600 mm×400 mm的基础模数的前提下，从卡车或大型集装箱的“分割系列”推导出来。

物流模数尺寸（集装基础模数尺寸）：1 200 mm×1 000 mm为主，也允许1 200 mm×800 mm及1 100 mm×1 100 mm。物流基础模数尺寸与集装单元基础模数尺寸的配合关系，可用集装单元基础模数尺寸的1 200 mm×1 000 mm为例说明。集装单元基础模数尺寸可以由5个物流基础模数尺寸组成，见图9-13。

（4）物流建筑基础模数尺寸。主要是物流系统中各种建筑物所使用的基础模数。它是以物流基础模数尺寸为依据确定的，也可选择共同的模数尺寸。该尺寸是设计建筑物长、宽、高，以及门窗、建筑物柱间距、跨度及进深等尺寸的依据。

（5）以分割及组合的方法确定系列尺寸。物流模数作为物流系统各环节的标准化的核心，是形成系列化的基础。依据物流模数确定有关系列的大小及尺寸，再从中选择全部或部分确定为定型的生产制造尺寸。这就完成了某一环节的标准系列。

（6）物流专业术语标准，包括物流专业名词统一化、专业名词统一编码，以及术语的统一解释等。

(7) 物流单据、票证的标准化,可以实现信息的录入和采集,将管理工作规范化和标准化,也是应用计算机和通信网络进行数据交换和传递的基础标准。

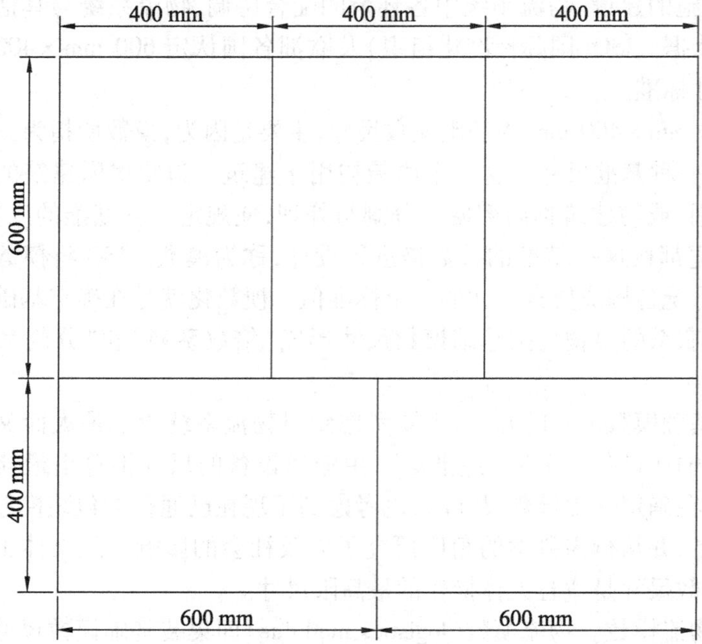

图 9-13 物流模数尺寸与集装单元基础模数尺寸配合性关系

(8) 物流核算、统计标准化,包括确定共同的、能反映系统及各环节状况的最少核算项目;确定能用系统分析,并可为情报系统收集储存的最少统计项目;制定核算、统计的具体方法,确定共同的核算统计计量单位;确定核算、统计的管理、发布及储存规范等。

(9) 标志、图示和基础编码标准。物流中的货品、工具种类繁多,且在不断运动中,需要有易于识别与区分的标识,有时需要自动识别,可用复杂的条形码代替以肉眼识别的标识。标识、条形码的标准化是物流大系统能够实现衔接和配合的最基本标准,也是采用信息技术对物流进行管理和组织、控制的技术标准。在这个标准之上,才可能实现电子信息传递、远程数据交换、统计、核算等。

(三) 物流标准化体系

物流标准化体系涵盖物流系统及相关系统各类物流标准。只要属于物流范畴,与技术、作业、管理有关的重复性事务、概念或活动所制定的标准,都纳入物流标准化体系①。

1. 物流设施标准

（1）物流设施基础标准，主要包括物流设施的原则、主要术语、分类、图示符号等。

（2）物流设施标准，主要包括仓库（平面库、立体仓库、专业仓库等）、货运站场（公路货运站场、铁路货运站场、码头、集装箱站场），以及与各种设施密切相关的配套设施。其中，大多是各个物流节点的接口部分，有其相关标准。

2. 分系统技术标准

物流分系统技术标准主要有：运输车船标准、作业车辆标准传输机具标准、仓库技术标准、包装、托盘、集装箱标准，包括包装、托盘、集装系列尺寸标准，包装物标准、货架储罐标准等。

（1）运输车船标准。从货物及集装的装运、与固定设施的衔接等角度制定的车厢、船舱、机舱尺寸标准，以及载重能力标准、运输环境条件标准等。此外，还有噪音等级标准、废气排放标准等。

（2）作业车辆标准。物流设施内部使用的各种作业车辆，如叉车、台车、手车等。包括尺寸、运行方式、作业范围、作业重量、作业速度等方面的技术标准。

（3）传输机具标准。包括水平和垂直输送的各种机械式、气动式起重机、传送机、提升机的尺寸和传输能力等技术标准。

（4）仓库技术标准。包括仓库尺寸、建筑面积、有效面积、通道比例、单位储存能力、总吞吐能力、温湿度等技术标准。

（5）站台技术标准。包括站台高度、作业能力等技术标准。

（6）包装、托盘、集装箱标准。包括包装、托盘、集装系列尺寸标准，包装物强度标准，包装、托盘、集装箱荷重标准及各种集装、包装材料、材质标准等。

（7）货架、储罐标准。包括货架净空间、载重能力、储罐容积尺寸标准等。

3. 物流信息标准

物流信息标准包括物流信息基础标准、物流信息应用标准、物流信息管理标准、物流信息服务标准和物流信息安全标准。

4. 物流工作标准及作业规范

物流工作标准是指对工作的内容、方法、程序和质量要求所制定的标准，也是各项物流工作制定的统一要求和规范化制度。

---

① 截至2015年6月，中国已颁布的现行物流国家标准、行业标准和地方标准目录共计835项。《中华人民共和国标准化法》将标准划分为国家标准、行业标准、地方标准和企业标准四层次。每层次之间有一定的依从关系和内在联系，形成一个覆盖全国又层次分明的标准体系。其中，国家标准分为强制性国标（代号为GB，即“国家标准”的汉语拼音缩写）、推荐性国标（代号为GB/T，“T”意为推荐）和指导性国标（代号为“GB/Z”，“Z”意为指导）。行业标准也分为强制性行业标准和推荐性行业标准。其中，推荐性行业标准代号同样是在强制性行业标准代号后面加“/T”。

物流作业标准是指在物流作业过程中，物流设备运行标准，作业程序、作业要求等标准。这是实现作业规范化、效率化及保证作业质量的基础。

（1）岗位责任及权限范围。

（2）岗位交接程序及工作执行程序。例如，配送车辆每次出车应由司机进行车检程序、车辆定期车检时间及程序等。

（3）物流设施、建筑的检查验收规范。

（4）货车、配送车辆运行时刻表、运行速度限制等。

（5）司机顶岗时间、配送车辆日配送次数或日配送数量。

（6）吊钩、索具使用、放置规定。

（7）情报资料收集、处理、使用、更新规定。

（8）异常情况的处置方法等。

5. 国际物流标准化

世界上约有近300个国际和区域性组织制定标准和技术规则。其中，与物流直接相关的，一是国际标准化组织（ISO），二是国际物品编码协会（GS1）。它们创立的ISO、GS1均为国际标准。

（1）ISO（International Organization for Standardization），即国际标准化组织，是一个全球性的非政府组织，也是世界上最大的非政府性标准化专门机构。ISO总部设于瑞士日内瓦，成员包括163个会员国和地区。中国于1978年加入ISO。

ISO于1947年2月23日成立，其主要活动是制定国际标准，协调世界范围的标准化工作。ISO共下设2 856个技术机构，包括185个技术委员会（TC），611个分技术委员会（SC），下设2 022个工作组（WG）和38个特别工作组，分别负责相关标准的制定工作。

ISO/IEC下设了多个物流标准化的技术委员会负责全球的物流相关标准的制定、修订工作，已经制定了200多项与物流设施、运作模式与管理、基础模数、物流标识、数据信息交换相关的标准。其中，运输181条、包装42条、流通2条、仓储93条、配送53条、信息1 605条。

（2）GS1，即国际物品编码协会，为全球性的、中立的非营利组织。GS1系统技术体系，一是编码体系，包括标识代码、附加信息编码等；二是数据载体，包括条码符号、电子标签、射频识别；三是数据交换，包括电子数据交换和可XML技术。

三、物流企业ISO9000族标准认证

物流质量管理的有效手段，和任何其他行业组织一样，按照国际通行惯例，就是ISO9000族标准认证。

（一）ISO9000族标准

ISO9000是由ISO制定并发布的国际标准，但不是产品质量标准，而是为保证产品质量所建立的关于质量管理体系要求的通用性标准。

(1)“ISO9000”不是指一个标准,而是一个族标准的统称。根据 ISO9000 - 1:1994 的定义:“ISO9000 族”是由 ISO/TC176 制定的所有国际标准。TC176 即 ISO 中第 176 个技术委员会,成立于 1980 年,全称“质量保证技术委员会”,1987 年更名为“质量管理和质量保证技术委员会”。TC176 专门负责制定质量管理和质量保证技术的标准。

TC176 最早制定的一个标准是 ISO8402:1986《质量—术语》,于 1986 年 6 月 15 日正式发布。1987 年 3 月,ISO 又正式发布了 ISO9000:1987、ISO9001:1987、ISO9002:1987、ISO9003:1987、ISO9004:1987 共 5 个国际标准,与 ISO8402:1986 一起统称为“ISO9000 系列标准”。1994 年修订后形成“ISO9000 族标准”。2000 年推出 ISO9000:2000 标准,将 ISO9002 和 ISO9003 融合到 ISO9001:2000 标准。2008 年又修订了 ISO9000:2000 版,并正式发布 ISO9000:2008 标准。

ISO9000:2008 标准将 27 个标准整合成 4 个核心标准,即 ISO9000:2005《质量管理体系—基础和术语》;ISO9001:2008《质量管理体系—要求》;ISO9004:2000《质量管理体系—业绩改进指南》;ISO19011:2002《质量和(或)环境管理体系审核指南》。

中国版的 ISO9000 族标准:GB/T19000:2008、GB/T19001:2008、GB/T19004:2000、GB/T19011:2003。

2012 年,ISO 开始启动下一代质量管理标准新框架的研究工作,修订 ISO9000:2008 标准,并于 2015 年推出 ISO9000:2015 标准。ISO9000:2015 标准提供一个稳定的系列核心要求,保留其通用性,适用于任何类型、规模及行业的组织,且采用新的高级结构,将风险管理引入标准,更加提升过程方法的应用,更适用于服务型组织。

(2)ISO9000 族标准的基本思想,最主要的,首先是控制思想,即对产品形成的全过程,从采购原材料、加工制造到最终产品的销售、售后服务进行控制。其次是预防思想,通过对产品形成的全过程进行控制,建立并有效运行自我完善机制以达到预防不合格的目的,从根本上减少或消除不合格产品。

(3)ISO9000 认证,即由可以充分信任的第三方证实某一经鉴定的产品或服务符合特定标准或规范性文件的活动。例如,对第一方(供方或卖方)生产的产品甲,第二方(需方或买方)无法判定其质量是否合格,而需由第三方来判定。第三方既要对第一方负责,又要对第二方负责,不偏不倚,出具的证明要能获得双方的信任。这就是认证。

第三方的认证活动必须公开、公正、公平,才能有效。这就要求第三方必须有绝对的权威,必须独立于第一方和第二方之外,必须与第一方和第二方没有经济上的利害关系,或者有同等的利害关系,或者有维护双方权益的义务和责任,才能获得双方的充分信任。

（二）物流企业 ISO9000 族标准实施

ISO9000 族标准同样适用于物流质量管理。对于物流企业，要求在全体员工熟悉 ISO9000 族标准的基础上，建立与其管理运作相适应的质量体系，稳步推进，最后通过第三方认证。

（1）做好前期准备工作。物流企业要通过 ISO9000 族标准认证，首先要对企业现状进行分析，找出质量管理薄弱环节，确定所需工作及其成本、工作主要程序和信息渠道，制订项目计划及时间进度。与此同时，在统一思想认识的前提下，做出实施认证的决策，并选定合适的咨询机构，组织培训和动员全体员工投入认证工作。

（2）确定质量体系，并做好相关工作。这主要是，针对企业特点，诠释所要达到的质量标准要求；仔细分析企业达标所要经历的流程，确认弱点和想要达到的目标；明确所采取的改进措施责任人；准备质量管理文件（手册、程序、工作指引等）。

（3）细致分析物流企业的"瓶颈"和解决方法，重新设计企业工作流程，在此基础上编写质量体系文件。质量体系文件主要包括质量手册、质量体系程序及其他质量文件。编制的质量文件既要符合 ISO9000 族标准，又要结合本企业的实际情况。编写文件时应着眼于全体员工的理解和接受能力，在不影响执行效果的前提下，尽量简化操作程序，减少文字条目，力求条理清楚、文字精练、好记易行。

（4）将质量体系文件中规定和设计的企业工作流程和措施办法，分解到部门、专业和岗位，并进行实际运作，发现问题及时纠正、修改，不断完善质量体系文件。

（5）物流企业在确认质量体系已达到质量标准的要求后，向认证机构提出认证申请，对质量体系运转情况进行预审，发现问题并采取对策予以纠正；然后向认证机构提出正式认证申请。经认证机构审查合格，就获得了该机构颁发的质量体系认证证书，有效期一般为 3 年。每年要进行 1 ~ 2 次监督式审核，如果发现重大问题，则有可能被暂停或取消认证资格。因此，企业应定期开展质量审核和管理评审，保证质量体系正常运转，不断提高服务质量。

企业进行质量体系认证的最终目的是提高物流服务质量。因此，企业要做好内审和管理评审工作。第一，建立一支既懂业务又通晓审核常识的内审队伍；第二，内审员必须有高度的责任感。同时，在日常工作中，要深入基层进行抽样检查，让员工明白质量体系认证只是一种质量管理手段，保持和提高服务质量必须持之以恒，而绝不是一劳永逸的。

（三）物流企业 ISO9000 族标准认证成效

物流企业为客户提供的，是物流一体化服务，其最终目的是通过降低物流成本，提升物流服务质量，从而最大限度地满足客户需求。

由此而论,物流企业通过 ISO9000 族标准认证及实施工作将会获取应有成效。这主要包括减少发货延误、缩短预置期、降低失误率、减免资源浪费、提高效率、吸引新客户、节支增收等,以及改变企业文化,使企业内部员工能更清楚地了解企业的组织和流程,调动员工追求高质量服务工作的积极性和创造性,并促使他们更深刻认识到日常工作与质量密切相关。

第四节 物流企业社会责任

物流事关人类社会生产、生活及公共活动,其触角遍及全球人居空间,是一项组织或个人的社会行为。任何组织或个人尤其是物流企业(含自营物流企业),都相应负有与物流相关的社会责任。和其他企业社会责任一样,物流企业的责任主要涉及经济、环境、安全、人权、道德、公益、慈善等,在约束性上集中归结为物流法律责任与物流伦理责任。这是一种法律与伦理约束并举的责任管理。

一、物流法律责任:合规、履约与守法

物流企业在与物流相关的法律法规框架范围内,遵循行业规范,执行物流标准,履行诚信承诺,提供物流服务,承担相应的法律责任,即物流法律责任(logistics logal liability)。

物流法律法规就是与物流相关的法律规范,主要包括与物流企业、物流服务、物流作业或物流操作等有关的国家法律、政府法令、部门法规、物流标准(国际标准、国家标准、行业标准)、国际公约、国际惯例等。物流企业及物流从业人员必须严格依法守法、合规履约,保证物流规范化、物流运营的有序和安全,维护有关当事人的合法利益。

(一) 维护利益相关者权益

利益相关者(stake holder)是指所有与物流企业存在直接或间接利害关系的人或组织,不仅包括股东和投资人、债主,也包括员工、客户、政府、社区、环境及社会。这些利益相关者以一定的契约关系组成企业集合体。物流企业必须依照相关法律法规,承担对利益相关者的责任,保证利益相关者的合法权益。

(1) 对股东和投资人、债主的资金安全和收益负责,并实现资金增值最大化,为股东和投资人创造红利,向债主支付利息。

(2) 按照国家适用法律及行业标准中有关劳动时间和劳动报酬的规定,对员工支付薪酬,尊重员工的各项权利,并为员工提供公平和人性化的工作环境,保障员工的健康与安全,关心员工生活、家庭及职业生涯,培训员工业务能力,并提供良好的职业发展空间;而且,不使用童工,不进行强迫性劳动,不发生各种用

工歧视。

（3）依据客户需求，将所运货物及时安全送达，储存保管好客户的货物，为客户提供符合质量要求与安全规范的产品或服务，尊重和维护客户的权益，努力提高客户满意度。

（4）按约向供应商提供成品、半成品、原材料或设备、技术等支付款项，并在平等互利的基础上与供应商建立长期合作关系，保证供应商的利益，与供应商结成战略联盟。

（5）接受政府政策导向和法律法规、行业规范的制约，自觉服从政府的监管，守法经营，照章纳税，实现生产安全和环境安全，节能减排，切实承担起保护环境的责任。

（6）参与社区建设，保持和美化社区环境，维护社区安全，为社区居民提供劳动就业机会，尽量减少对社区居民生活的影响，保持社区和谐。

（7）在物流中合理利用资源，减少交通拥堵和尾气、噪声污染，降低以至消除污染物的排放，建立有效的废弃物处理设施，使污染物的排放达标，确保生态安全，实现物流生态化。

（8）为社会发展、公众生活提供更多、更优质的物流服务，并创造更多的价值，回报社会。

物流企业必须不断提升对利益相关者履责的水平和自觉性。主要措施：第一，物流企业自身真诚守信，不断增强实力，以战略要求履行利益相关者责任，避免和杜绝导致利益相关者不满的可能；同时，密切关注利益相关者的不同利益诉求，积极呼应，立责于心，履责于行，全力保障利益相关者权益。第二，强化政府政策激励导向和法令规范，引导企业重视并履行利益相关者责任。第三，加强社会舆论的监督，特别是利用大众传媒舆论监督的放大效应，促使物流企业更好地履行利益相关者责任。

（二）强化物流安全

物流安全泛指物流运作中发生的因人为失误或技术缺陷造成的交通事故、危害环境生态、货物损坏或失效、物流设施损坏及物流信息失真等安全问题。它是关系到社会生产、生活、生命和健康，以及财货、物流设施设备等的头号大事。物流企业必须坚决贯彻“预防为主、安全第一”的方针，依法守法，将安全落实到物流全程，并全方位覆盖物流各个领域。这是物流企业的首要责任。

（1）防范内外人员故意或非故意性的破坏行为，防止内贼外盗、明火抢劫，以及物流过程中的各种破坏活动。

（2）采取各种防范措施，严防物流各环节作业中发生的人身伤亡、货品丢失破损、设施设备损坏、食物污染和变质等事故。

（3）根据货品的可燃性、易燃性、自燃性等性质的不同，预防储仓、堆场、实载运输工具发生火灾；对已发生的相关物流火灾进行及时消防扑救，以减少火灾损失。

(4) 确保账物相符或单据实物相符。一旦发现账物不符或单据与实物不符,应查找原因,追究责任,减免货品损坏、丢损短少,及时发现被窃被盗,尽快侦查追回。

(5) 按强腐蚀品、剧毒品、易爆炸品和贵重物品等的不同物理、化学、生物特性,强化管理,以保证其在物流中的安全。

物流安全管理的关键,一是全员必须始终保持高度的安全意识,并掌握相关安全法规和安全知识;二是按相关规定,在物流场所配备安全设施设备,制订物流安全应急预案;三是严格执行相关法规,实施合规的物流作业;四是落实物流安全责任到岗和责任到人,并强化督查。

二、物流伦理责任:诚信、良知与慈善

物流伦理或物流企业伦理,和其他企业伦理一样,凝聚企业道德修养、诚信、良知和相应的社会责任,表达人类内心世界的和谐与关爱意愿,是一种全球性的共同话语。

(一) 物流伦理与物流伦理责任

物流企业在物流运营、物流各环节作业中,能否诚实守信,能否维护行业信用,满足客户、服务社会,需要物流伦理予以规范和约束。

(1) 物流伦理,按照一般性描述,通常是指与物流相关的各种行为规范和道德准则,除了已被定义为物流法律法规的,包括未纳入法律范畴用以评判物流中善与恶、适当与否的道德准则;也可理解为客户、公众、社会对企业的物流运营决策和相关行为的善恶价值判断,即判断物流是否符合各利益相关者利益。

物流伦理也是渗透于物流的所有道德现象,涉及物流企业与各利益相关者之间在法律关系外的复杂关系。

(2) 物流伦理责任(logistics ethical responsibility)是社会对物流企业及物流从业人员知善知恶、为善去恶和诚实守信的期望,要求以道德准则规范其物流,以及履行相应的社会责任,能给社会带来最大福利。

物流伦理责任是一种道德力量,即使在法律产生并被执行的场合,它也存在着,而且其作用是法律所替代不了的。首先,可提升自律能力,避免出现损人利己甚至损人不利己的行为,调节企业与各利益相关者之间的关系,营造和谐环境,拓展新的发展领域。其次,增强企业内部凝聚力,从而激发和提升企业的自主创新能力,不断寻求新发展。第三,诚信兴业,将诚信贯穿于物流各环节,塑造良好社会形象,可增强企业竞争力和生存力,促进物流业健康有序发展。

(二) 物流败德行为和现象防治

物流中的败德行为和现象,主要是订货虚假、包装偷工减料或用材不当、货品假冒、野蛮装卸、超载超速、送货拖延或不到位、乱加价或乱收费、投诉处理推

诿、加工掺杂、信息不实或有隐瞒、不守信等。这都是与各物流的主体对私利的过度追求有关，除强化法律制约外，还需加强物流伦理约束和综合治理。

（1）企业自律。加强物流伦理宣传教育，培育和提高从业者物流伦理素养，在思想观念上彻底摒弃短期功利行为，完善物流伦理准则，建立物流伦理自律约束长效机制，有效对物流败德行为和现象进行自我约束、自我控制，并纳入企业责任管理系统，增进物流行为理性化，增强物流企业社会责任感。

（2）制度惩戒。完善物流行业惩戒制度及行政、法律、社会监督制度的设置，使违背物流伦理道德者所付出的最低成本高于其预期收益，营造良好的物流伦理氛围，遏制和杜绝物流败德行为和现象。

（3）媒体监督。媒体舆论作为一种社会监督，对物流败德行为和现象的抑制作用，虽然不像行政、司法监督手段那样具有强制性，但却是不可替代的，甚至在某些方面比行政、司法更有影响力。

（三）物流公益与慈善责任

物流企业也负有对公益和慈善事业的社会责任，在自愿的前提下，应尽力参与社会公益和慈善活动。这是物流企业履行其社会责任的一种主要方式，也是获得政府、公众、社会认可和扩大影响力的有效路径。

物流公益和慈善可以是多样化的，主要包括安排运输车辆，为灾区运送救灾、赈灾物资；鼓励员工参加志愿和社会公益活动；向医院、养老院、患病者、贫困者等，进行慈善性捐赠救助和无偿提供物流服务；接受残疾人、缺乏劳动技能者或其他就业困难者进入物流企业，并安置在合适的岗位就业；向教育机构提供奖学金和其他款项；参与公共应急系统，并无偿提供资金或相关物流设施设备条件；无偿帮助社区改善公共环境，自愿为社区工作等。

三、物流企业社会责任促进

物流企业社会责任的推进，既需要物流企业的自觉担当，也需要包括政府在内的社会各界的共同努力。

（1）充分发挥物流企业的主体作用，不断强化社会责任意识，完善履行企业社会责任管理机制。

（2）强化政府引导作用，采取多种奖惩措施，尤其是加强执法监督和法制建设，规范企业行为，促使企业主动履行社会责任。

（3）联系实际，推广国际通行的社会责任标准体系即 SA8000 认证；加强对社会责任标准体系的物流从业人员的岗位培训，提高企业履行社会责任的能力，规范企业社会责任行为。

思考题

1. 结合案例解读物流战略管理。

2. 结合案例解读物流流程管理及流程技术。

3. 结合案例解读物流质量管理与标准化。

4. 结合案例解读物流企业社会责任。

5. 案例分析：阅读所给的案例材料，结合所学的相关知识展开分析，并加深对知识的理解。

案例9-2 上海新邦物流传递温暖和爱心

上海新邦物流有限公司创立于2003年，是一家集公路运输、航空货运代理、城际配送于一体的跨区域、网络型、信息化，并具有供应链管理能力的国家5A级综合型物流企业。截至2012年，新邦物流旗下拥有10家全资子公司，500多家自有营业网点，员工近8 000人，自有车辆600多辆，社会整合车辆1 500多台，物流设备500多套，仓库、分拨场地超过$1.1\times10^5\ m^2$，日吞吐能力超4 500 t；业务网络覆盖全国二级以上城市248个、三级以上城市725个，在全国50多个大中城市开通了专、快线长途零担与整车业务，并在珠江三角洲与长江三角洲区域内开展城际配送业务，是国内四大零担物流供应商之一。

自创办以来，新邦物流一直大力推行节能、环保、爱心、可持续性发展的理念，建立专业的绿色物流体系，并积极投身相关的公益活动。同时，以现有的资源，建立了一个其他同行业所没有的公益项目——“爱心传递”。“爱心传递”利用物流的自身优势和资源，与社会上知名公益机构合作，免费提供捐赠物资运输服务，它曾为“低碳起点，爱心传递”毕业回收物资活动等免费运输捐赠物资。

2011年年底，腾讯网新闻中心发起了“衣加衣”温暖行动，由于物资都是运往偏远山区，运输费用成了很大负担。新邦物流获悉后积极参与，与腾讯网新闻中心达成合作，并拟定了一个国内未有先例的合作模式——新邦物流将在此次活动中免费承担全国各地发往贫困山区的运输服务。尽管当时正是年底，属于物流行业一年当中最旺的季节，成千上万的货物正在仓库里面等待发货。但新邦物流快速建立起一套有效的流程，在短短一个月内，免费发往西部地区达近百万件衣物。这一切，最初的出发点只是为能让山区的孩子及时感受到冬天里的温暖。

活动刚启动的第二天，新邦物流就接到了9单要从全国各地运输至昆明、成都、兰州等地的捐赠物资。那天刚好是周末，新邦物流的工作人员果断放弃休息，快速按照流程运作起来，针对需求开通了绿色通道，从广州到达昆明的第一批货物，包括前期沟通及后期物流运作配送，仅用了两天。在活动期间，负责该项目的品牌推广部甚至接到了很多来自公司其他事业部强烈要求加入该活动的电话。

新邦专门服务社会公益事业的“爱心传递”项目，有管理章程、组织设置、岗位职责、内部流程运作。这种可复制的公益模式，让新邦随时可以服务社会上任何一家符合条件的公益组织。在公司成熟制度的保障下，参与公益组织项目就像对自身其他收费商业项目一样按照标准审核运作每个需求。捐赠物资也像其他普通物资一样，一批批送进来，一批批送达目的地。

新邦物流以自身现有资源投身公益，并让员工切身参与到具体的公益活动当中去，相比于许多企业动辄上百万元的钱物捐赠，相对低调却高效，有力地支持了公益组织，是对可持续性践行公益的探索创新，对行业品牌的塑造，也许更具启发意义。

（佚名：《新邦物流公益，传递温暖传递爱心》，(2012－03－26)[2015－06－22]，http://www.chuanbo365.com/qiyexinwen/4410.html）

参考文献

[1] John Mangan, Chandra Lalwani, Tim Butcher. Global Logistics and Supply Chain Management. Publisher: Wiley, June 2008.

[2] Alan Rushton, Phil Croucher, Peter Baker. The Handbook of Logistics & Distribution Management(Fourth Edition). LonDon:Kogan Page,2010.

[3] 戴维·格兰特:《物流管理(英文版)》,中国人民大学出版社,2014年。

[4] 小保罗·墨菲,迈克尔·克内梅耶:《物流学(第11版)》,陈荣秋,等译,中国人民大学出版社,2015年。

[5] 苏尼尔·乔普拉:《供应链管理》,陈荣秋,等译,中国人民大学出版社出版,2013年。

[6] 王之泰:《新编现代物流学(第3版)》,首都经济贸易大学出版社,2012年。

[7] 崔介何:《物流学概论(第5版)》,北京大学出版社,2015年。

[8] 汝宜红:《物流学(第2版)》,高等教育出版社,2014年。

[9] 马士华:《企业物流管理》,中国人民大学出版社,2011年。

[10] 逯宇铎:《国际物流学(第3版)》,北京大学出版社,2015年。

[11] 孙家庆,姚景芳:《国际货运代理实务》,中国人民大学出版社出版,2015年。

[12] 董千里:《特种货物运输》,中国铁道出版社,2007年。

[13] 武钧:《特种货物储存管理》,中国物资出版社,2009年。

[14] 邓汝春:《冷链物流运营实务》,中国物资出版社,2007年。

[15] 王斌:《化工物流管理与技术》,上海财经大学出版社,2014年。

[16] 王云:《国际危险货物运输实务》,北京大学出版社,2014年。

[17] 韩松,谢慧:《应急物流理论与实务》,化学工业出版社,2010年。

[18] 章竟,汝宜红:《绿色物流》,清华大学出版社,2014年。

[19] 甘卫华:《逆向物流》,北京大学出版社,2012年。

[20] 黄兴华,邱江:《固体废弃物收运物流系统导论》,化学工业出版社,

2010 年。
[21] 王道平,张大川:《现代物流信息技术(第 2 版)》,北京大学出版社,2014 年。
[22] 王喜富:《物联网与智能物流》,北京交通大学出版社,2014 年。
[23] 王忠伟:《物流工程导论》,高等教育出版社,2013 年。
[24] 谢如鹤:《物流系统分析与规划》,高等教育出版社,2015 年。
[25] 徐杰:《物流组织网络:结构与运作》,社会科学文献出版社,2008 年。
[26] 杨光华:《区域物流网络结构演化机理与优化研究》,经济科学出版社,2012 年。
[27] 董千里:《物流运作管理(第 2 版)》,北京大学出版社,2015 年。
[28] 骆温平:《第三方物流(第 2 版)》,高等教育出版社,2012 年。
[29] 徐天芳,江舰:《物流方案策划与设计(第 2 版)》,高等教育出版社,2014 年。
[30] 闫国庆,等:《第四方物流》,清华大学出版社,2015 年。
[31] 董千里:《高级物流学(第 3 版)》,人民交通出版社,2015 年。
[32] 宋华:《供应链金融》,中国人民大学出版社,2015 年。
[33] 何娟,冯耕中:《物流金融理论与实务》,清华大学出版社,2014 年。
[34] 郭慧馨,杜文龙,沈玲:《会展物流》,南开大学出版社,2012 年。
[35] 李海刚:《电子商务物流与供应链管理》,北京大学出版社,2014 年。
[36] 戴恩勇,江泽智,等:《物流战略与规划》,清华大学出版社,2014 年。
[37] 李育蔚:《物流公司流程化与规范化管理手册》,人民邮电出版社,2011 年。
[38] 周晓晔,刘鹏,余维田,李传博:《物流质量管理》,清华大学出版社,2012 年。
[39] 索海尔·乔德利,侯汉平,李令遐:《物流理论演化的历史考证与最新发展》,《北京交通大学学报(社会科学版)》,2010 年第 1 期。
[40] 徐寿波:《“物流科学技术”的研究和发展前沿》,《北京交通大学学报(社会科学版)》,2004 年第 3 期。
[41] 徐寿波:《大物流论》,《中国流通经济》,2005 年第 5 期。
[42] 徐寿波:《大物流再论》,《中国流通经济》,2007 年第 10 期。
[43] 宋伯慧,徐寿波:《物流定义探讨》,《北京交通大学学报(社会科学版)》,2010 年第 3 期。
[44] 孙红:《GIS 在物流运输管理信息系统中的应用》,《中小企业管理与科技旬刊》,2011 年第 30 期。
[45] 孙利民,沈杰,朱红松:《从云计算到海计算:论物联网的体系结构》,《中兴通讯技术》,2011 年第 1 期第 17 卷。

[46] 孙凝晖,徐志伟,李国杰:《海计算:物联网的新型计算模型》,《中国计算机学会通讯》,2010 年第 7 期第 6 卷。
[47] 章合杰:《智慧物流的基本内涵和实施框架研究》,《商场现代化》,2011 年第 21 期。
[48] 周世咏:《"4 + 1 体系"架构在智慧城市综合体中的应用》,《可编程控制器与工厂自动化》,2012 年第 3 期。
[49] 鞠颂东,徐杰:《物流网络理论及其研究意义和方法》,《中国流通经济》,2007 年第 8 期。
[50] 王成金:《中国物流企业的空间组织网络》,《地理学报》,2008 年第 2 期第 63 卷。
[51] 宗会明,周素红,闫小培:《全球化下地方综合服务型物流企业的空间网络组织——以腾邦物流为案例》,《地理研究》,2015 年第 5 期。
[52] 刘存绪,熊宗辉,霍丽娅,陈嘉翔:《现代物流网络结构类型的研究》,《成都工业学院学报》,2013 年第 4 期。
[53] 姚玮:《物流企业伦理及其治理问题初探》,《兰州商学院学报》,2007 年第 5 期第 23 卷。
[54] 吴兴南,王健:《利益相关者视阈下物流企业社会责任的再思考》,《中国流通经济》,2013 年第 1 期第 27 卷。
[55] 肖敏,傅勇,等:《托运行李"旅行记"》,《中国民航报》,2011 年 7 月 25 日第 06 版。
[56] 刘念:《对发展深圳高端物流业的思考》,(2012 - 04 - 23)[2015 - 04 - 19]. http://www.szass.com/newsinfo_402_16928.html.
[57] 佚名:《什么是第一公里物流? 了解它才能应付越来越快的库存周转》,(2016 - 08 - 20)[2016 - 10 - 22]. http://www.sohu.com/a/111337017_465892.

主要网络资源

[1] 美国物流管理协会 https://cscmp.org/
[2] 英国皇家物流与运输协会 http://www.ciltuk.org.uk/
[3] 国家质量监督检验检疫总局门户网站 http://www.aqsiq.gov.cn/
[4] 国家标准化管理委员会网站 http://www.sac.gov.cn/
[5] 中国物流与采购网 http://www.chinawuliu.com.cn/
[6] 百度文库 http://wenku.baidu.com/
[7] 豆丁网 http://www.docin.com/
[8] 道客巴巴 http://www.doc88.com/
[9] MBA 智库百科 http://wiki.mbalib.com/

[10] 万联网物流资讯中心 http://info.10000link.com/
[11] 中国物品编码中心 http://www.ancc.org.cn/
[12] 物流天下 http://www.56885.net/
[13] 56 联盟网 http://www.56lem.com/
[14] 中国物流资料中心：http://www.edit56.com.cn/
[15] 物流管理导航 http://www.edit56.com.cn/index.asp/
[16] ZBGB 国家标准行业标准信息服务网 http://www.zbgb.org/

后　记

这本教材是对物流学课程教学中的问题思考和困惑求索，以及相关教学活动的尝试所得积淀的系统性总结和提升。其中，既包括对与该课程相关学科的前沿动态吸收，对物流业发展最新态势截面的认知，也包括由此萌生的相应的前瞻和感悟。此教材的编著在2010年之前就有所打算，并逐步进行了体系结构设计、优化和选择；正式动手编撰是在2012年，到2015年暑期基本完成初稿，接着几经修改和完善，重点是体系结构优化和内容精简；总耗时四年有余。全部编著工作由我和王臣昊老师合作完成，但由我负全责。其中，教材的体系结构、编著提纲、统稿工作，以及第一章、第四章、第五章、第六章和第七章的编著工作，主要是由我完成的；第二章、第三章、第八章和第九章的编著工作，以及英文资料的搜集与翻译、半数的案例和图表等大量工作，主要是由王臣昊老师完成的。这是我俩的第一次合作，我们的合作非常愉快。王臣昊老师的信息技术基础较扎实，信息技术和流程技术应用能力较强，也很有学术研究的潜质和潜能，期待我俩有更多的合作。

本教材于2016年6月初版。经几轮使用，由我负责再版的全部修改工作，现第二版将付梓。

在初版的编著过程中，与邵举平教授和杨传明副教授、贾海成副教授、陈三毛副教授、徐天舒副教授、秦菲菲博士等多次进行了探讨和交流，让我获益良多，特别是贾海成、陈三毛、徐天舒、秦菲菲四位老师在英文资料查阅、翻译等方面给予了许多的帮助。本教材被批准列入江苏省“十二五”高等学校重点教材立项建设项目，苏州科技大学在申报工作上给予了有力支持；江苏省教育厅在遴选和审批上严格照章办事，并提供了相关服务。对此，由衷地表示感谢。还有，我的爱妻给予的细致生活照料、关爱与体谅，更是让我不可忘怀，也是让我疚心常存的。

同时，编著（含再版）所参考或所涉及的资料包括部分国家标准和行业标准、部分图表和全部案例素材，主要来自我们已标注的或已列出的那些资料，以及许多学人的研究成果，还有不少佚名的网络资料，尽管我们做了大量资料源的查证工作;有些却难以一一尽列,甚至很可能有遗漏——但那绝非故意;有许多的案例,我们根据内容匹配度、篇幅及规范进行了删改、整理,包括对有些文句的改动或润色;我们还对某些图表中的差错或欠缺做了修正,可能有发生欠妥或不当的,真诚地表示歉意。当然,更重要的是,我们从中获得到了不少启迪和参考,特致以最诚挚的感谢。

本教材初版后,我的一些企业界朋友、校外同仁提出了中肯建议;我的学生们也提供了学习体验,并与我进行了交流,让我从中获得了许多启发。借此教材第二版的出版之机,同样深表感谢。

再者,要感谢江苏大学出版社汪再非先生、李经晶女士为本书的出版及再版所给予的帮助和付出的辛劳。

物流,是一个生动的大课堂,是一本读不完的书,既丰富了我们的知识,又激活了我们的智慧。我们期待物流持续有序健康发展,也将继续关注未来的物流。

王仲君

2018 年初春姑苏石湖畔